I0276051

LÉOPOLD DAUVIL

SOUVENIR d'un SPIRITE

PARIS
Librairie des Sciences Psychiqu[es]
Éditeur : P.-G. LEYMARIE
42, RUE SAINT-JACQUES
1908

Tous droits réservés

Souvenirs d'un Spirite

E. VALLOIS, PHOT., PARIS

Souvenirs d'un Spirite

Vieilles notes

Roman de deux Ames

L'Abbé Bornave

Jérusalem

PARIS
LIBRAIRIE DES SCIENCES SPIRITES ET PSYCHIQUES
Éditeur : P. LEYMARIE
42 — Rue Saint-Jacques — 42

1908

PREMIÈRE PARTIE

Vieilles Notes

Je prie mes amis dévoués, le Docteur Howard Draper Speakman et sa chère compagne Ellen, de vouloir bien agréer très simplement la dédicace de ces premières " *Vieilles Notes* " souvenirs modestement écrits, mais sincèrement contés par un magnétiseur devenu spirite.

N'est-ce pas dans l'intimité de leur *home*, si hospitalier, qu'il m'a été donné de voir, pour la première fois, les phénomènes étranges qui ont fait de moi l'adepte convaincu d'une sainte et solide croyance.

Cette philosophie seule, je le déclare, a posé sur les plaies de mon cœur un baume vraiment salutaire.

Qu'ils soient donc convaincus, l'un et l'autre de mon inaltérable affection.

Léopold Dauvil.

Paris, 1er octobre 1907.

VIEILLES NOTES

I

Ce volume est la réédition d'articles parus dans la *Revue Spirite*. Je les ai relus et corrigés avec soin et je pense que mes amis, vieux et jeunes, les liront avec quelque plaisir, surtout s'ils veulent bien y ajouter de leur part un peu de bienveillance.

Ces « vieilles notes » sont celles d'un magnétiseur devenu spirite parce que, magnétiseur. Elles n'avaient aucune raison de voir le jour, mais quelques entretiens me les ayant replacées sous les yeux, j'ai été encouragé par plusieurs de mes amis à publier certains faits qui leur ont paru intéressants et je les exhume du carton où les plus vieilles notes datent de quarante ans... les plus récentes de quelques années seulement.

Ce que j'apporte à mes lecteurs n'aura sans doute point pour eux l'attrait littéraire auquel tous sont en droit de s'attendre, mais je leur affirme la sincérité, la véracité de ces souvenirs, ce qui est déjà quelque chose.

J'avais seize ans lorsqu'un de mes camarades me conduisit en soirée à Paris, rue Pagevin, chez un magnétiseur fort en renom vers 1860, lequel, — après avoir provoqué chez plusieurs jeunes gens les phénomènes, merveilleux alors, fort communs depuis, tels que faire avaler au sujet un oignon pour une pêche et lui faire piquer une tête dans un fleuve imaginaire pour sauver un enfant non moins fictif en danger de se noyer, — vint à moi et essaya vainement de me faire tomber en son pouvoir... « Jeune homme, me dit-il, si je ne me trompe, vous serez magnétiseur. » S'il avait pu me dire, sans se tromper, « vous serez bachelier dans trois semaines », j'aurais ressenti de sa prédiction un plaisir beaucoup plus sensible.

*
* *

Je ne quittai point le salon de ce magnétiseur sans rire aux dépens d'un de nos condisciples, un Juif que nous avions rencontré là, par hasard, jeune homme d'un caractère fort enjoué mais d'un orgueil fâcheux, qui fut un peu rabattu en cette séance, laquelle il n'a sûrement point oubliée. Le magnétiseur, je dois le confesser, me faisait l'effet d'un Robert Houdin parce que, selon l'usage, il avait commencé sa représentation par des tours de cartes. Je n'avais pas alors l'idée que j'ai acquise ensuite par moi-même, de cette sorte de puissance occulte d'un être humain sur quelques-uns de ses semblables. — Notre jeune fils d'Israël avait, sans la plus minime résistance, cédé au pouvoir du magicien qui lui avait fait exécuter plusieurs culbutes grotesques au milieu du salon. — Remis debout et réveillé par une légère insufflation sur les yeux, notre camarade que j'appelai vint s'asseoir près de nous. « Qu'as-tu ressenti en dormant, lui demandai-je ? — Es-tu sot, je n'ai pas dormi, me dit-il, j'ai fait semblant. — Allons donc, tu plaisantes ? » et, comme un gamin que j'étais, je me mis à crier en interpellant le sorcier : « Monsieur, il dit qu'il ne dormait pas. » — « Voyons, dit celui-ci en revenant vers le jeune homme qui pouvait bien l'avoir « bluffé » et le reprenant, il l'endormit jusqu'à le planter en état cataleptique sur deux chaises, la tête sur l'une, les talons sur l'autre et, afin qu'il n'en ignorât, il lui enfonça une grosse épingle dans le lobe de l'oreille en disant : « Je vais le réveiller et il ne s'apercevra point du léger martyre qu'il aura subi », puis, à l'aide de passes successives, il rendit la souplesse à son corps, le fit se redresser et, lui soufflant de nouveau sur les yeux : « Je vous remercie, mon ami, en effet, vous ne dormiez pas davantage, n'est-ce pas ? — Non monsieur. » Cette négation effrontée provoqua un rire général et notre petit Juif revint s'asseoir près de moi. « Eh bien, lui demandai-je, tu dormais cette fois ? — Non, me dit-il, je faisais toujours semblant. — Tu as un rude toupet, alors tu as senti l'épingle qu'il t'a plantée dans l'oreille ? —

Où ça ? — Mais là. » Portant alors la main à son oreille et sentant la preuve de son mensonge audacieux, notre camarade se mit à hurler comme s'il avait été écorché et, couvert de ridicule, s'enfuit au milieu des huées des assistants vers le chemin de l'escalier où nous le suivîmes, du reste. Inutile de dire qu'une fois dans la rue je retirai de son oreille l'épingle qu'il piqua au revers de son paletot absolument comme Laffitte. J'ajouterai qu'il est devenu, comme lui, banquier, riche et très honnête au demeurant. Si ces lignes tombent sous ses yeux — ce n'est pas moi que les y placerai — il se rappellera mon nom qu'il n'a point entendu depuis ma promotion de sous-lieutenant, et, comme je ne l'ai point nommé, je suppose qu'il ne me gardera point rancune.

*
* *

Je ne tardai pas à constater chez moi le pouvoir de magnétiser qui m'avait été prédit et, dans une circonstance qui aurait pu me couvrir de ridicule. J'avais alors dix-huit ans, j'étais à Versailles, chez M. L..., ingénieur, où j'étais reçu comme l'enfant de la maison. Un soir que je piochais dans son bureau certain problème de géométrie dans l'espace qui avait eu le don de m'endormir sans l'effort d'aucun magnétiseur, j'entrai au salon où la femme de chambre, jolie fille de vingt ans, ravivait le feu pour le retour de M. et Mme L... qui étaient allés au théâtre. Sans penser à mal — j'étais bien innocent alors — je lui dis à brûle-pourpoint en la regardant avec plus d'ardeur qu'il n'eût peut-être convenu : « Quels beaux yeux vous avez ! » A ces mots la belle fille demeura plantée là, les yeux hagards, rivés aux miens, au point que j'en fus effrayé et que je m'enfuis au bureau, mais, poursuivi par ma victime qui, me saisissant par les épaules avec une vigueur étrange, m'enfonça comme deux braises ardentes ses yeux de folle dans les miens. Je me dégageai et montai en courant l'escalier qui conduisait à ma chambre afin de m'y enfermer, mais en quelques bonds de panthère cette fille me dépassa et, se plantant sur le seuil, m'en barra l'entrée. Je me détournai pour fuir son regard de Méduse et, perplexe, apeuré, je redescendis les marches trois par trois, puis, pris de terreur, je courus au jardin sentant sur mon cou le souffle chaud de cette pauvre fille qu'un regard avait suffi à changer en une sorte de furie. La cloche heureusement tinta, M. et Mme L..., rentraient du théâtre... C'était la délivrance. Je me précipitai vers la porte accompagné de mon trop bon sujet. L'ingénieur vit tout de suite mon effroi et ce qui l'avait causé... Sans perdre de temps, il appliqua sur la joue de sa femme de chambre une gifle, que j'avais bien mieux méritée qu'elle, mais qui eut pour effet immédiat de la remettre dans son assiette. « Tiens, Monsieur et Madame ! dit-elle, comme sortant brusquement d'un rêve..., c'est drôle, je ne les avais pas entendus sonner... — C'est pour ça que vous méritiez une petite punition, dit l'excellent M. L... en lui donnant le change. Puis il m'adressa quelques questions auxquelles je répondis par le récit très véridique de ma sotte aventure. — « Ne recommencez jamais pareille expérience, me dit-il, en riant doucement. Cette fille est somnambule et un tantinet hystérique. Une autre séance pourrait tourner à mal pour vous deux. »

Et cette petite comédie n'eut pas d'autre représentation. J'ai revu cette fille quinze ans après, en Savoie, où elle avait épousé un brave brigadier de gendarmerie à qui elle avait déjà donné quatre beaux mioches. Cette bonne grosse ménagère ne s'est jamais doutée que sa vertu avait été un certain soir à la merci d'un jeune poltron, magnétiseur sans le savoir.

Une autre fois, c'était à la foire de Saint-Germain où je m'étais rendu avec mon bon ami F..., ancien condisciple, fils d'un grand négociant de Mexico et qui dirigeait à Paris une maison de commission fort prospère. Le pauvre garçon fut pris de la fantaisie de pénétrer dans la loge d'une somnambule extra-lucide... où je le suivis. Trois personnages nous reçurent, la somnambule, le magnétiseur, ou soi-disant, et une carto-chiromancienne. La première, endormie et (un voile sur les yeux), nous émerveilla par la clarté de ses réponses. Aux questions posées par son barnum, elle dit les initiales de nos chapeaux, les noms imprimés sur nos cartes et le millésime de la seule pièce d'argent que je tenais dans ma main. Tout cela elle le voyait dans le cerveau de son maître. Peu familiarisé alors avec les effets si incompréhensibles des divers états de l'hypnose, je n'ajoutais qu'une foi assez restreinte à ce qui me paraissait n'être que le résultat de trucs. Je voulus voir si je pourrais essayer mon pouvoir sur cette fille et j'en demandai l'autorisation au « patron ». « Je ne crois pas que cela vous soit possible, mais si Mlle Henrietta le veut bien, je ne vois pas qu'il y ait de mal à cela. » J'endormis Henrietta d'un regard et il eut mieux valu que je n'y eusse point réussi, car la suite de cette aventure est si triste que le souvenir en est encore pénible à mon cœur, bien que quarante ans se soient écoulés depuis.

Ayant adressé quelques questions banales à Mlle Henrietta je la réveillai en lui soufflant sur les yeux comme je l'avais vu pratiquer par mon initiateur de la rue Pagevin que les lecteurs n'ont point oublié.

Nous allions quitter la baraque après avoir rémunéré le magnétiseur forain et sa compagne lorsque la bohémienne, qui tenait aussi à « être étrennée » ainsi qu'elle en fit la prière, nous fit son petit boniment : « Messieurs, voulez-vous savoir le passé, le présent, l'avenir. je dis toujours la vérité, rien que la vérité, étant élève de Mlle Lenormand qui, vous le savez, messieurs, a su prédire au général Bonaparte que son épée et sa cape de lieutenant d'artillerie se changeraient un jour en l'épée et en le manteau de Charlemagne. »

— Va pour l'avenir, lui répondit F..., mais dites-moi bien tout ce que vous verrez, ne me cachez rien... fortune, mariage, mort.... allez jusqu'au bout.

— Alors, messieurs, c'est le grand jeu, dit la pseudo Egyptienne voyant sans doute qu'elle avait affaire à deux naïfs. — Va pour le grand jeu, répondit F... en allongeant deux pièces de cent sous qui disparurent dans le corsage de la fille comme une lettre à la poste. — Vous direz aussi l'horoscope de mon ami, ajouta F... — J'aurais voulu me sauver en l'emmenant de force, sentant malgré moi comme un pressentiment me serrer le cœur. Pendant que la Sibylle préparait ses cartes et ses tarots, Henrietta, la somnambule, s'était rapprochée ; je la regardai avec des yeux anxieux et fixes, elle s'endormit subitement, et, sans que nous pussions nous rendre compte de ce qu'elle allait faire, elle arracha les cartes des mains de sa compagne et s'assit en la repoussant. « C'est moi qui parlerai, dit-elle. » J'allais me récrier, mais l'autre nous dit : « Laissez-la faire, ma sœur Henrietta voit mieux que moi. Elle dit toujours vrai. »

Je pensai un instant que F... et moi étions les victimes d'une comédie, mais très curieux de savoir ce que la somnambule allait lui dire, mon ami me pria de ne plus parler.

« C'est une vraie voyante que ma sœur », dit encore une fois la tireuse de cartes qui lui ressemblait trait pour trait, ce dont je ne m'aperçus qu'alors.

Ce que nous dit cette fille était lugubre et, quoique souriant et pâle, mon pauvre ami en fut horriblement impressionné. Ce ne fut pas long du reste. « Ton père est vieux, « lui dit-elle en le tutoyant, ta mère est très belle. Est-ce « ta sœur qui peint un tableau dans ce beau salon ? Je vois « de l'or, beaucoup d'or dans un coffre-fort. C'est à Paris, « dans une belle maison d'une rue qui monte, attends, je lis « le nom, rue de Dunkerque (tout cela était exact). Suis bien « mon conseil. N'accepte pas la proposition qui te sera « faite sous peu. C'est par un honnête homme, c'est vrai, « mais j'y vois un danger, accident, coup à la tête, mort. »

Puis se tournant vers moi : « Donne-moi ta main, me dit Henrietta, toujours sous le charme de l'hypnose. Toi tu es militaire, tu vas entreprendre une longue traversée. Tu verras la mort bien des fois près de toi sans qu'elle te touche de sitôt... Je vois une grande guerre, de grandes batailles, encore des voyages sur mer, des combats loin, loin, un boulet de canon, mort. » — Est-il pour moi ce boulet de canon ? m'écriai-je. Mais la somnambule poussa un éclat de rire, et se réveilla avant de m'avoir répondu. Pour moi l'horoscope, vrai jusqu'au dernier chapitre, n'est pas encore accompli. Moins savant que Napoléon, j'ignore si le boulet en question a été fondu pour moi.

J'ai fait deux fois le tour du monde, j'ai assisté à quelques combats au Sénégal, en Cochinchine. En 1870, j'ai été trois jours sur le champ de bataille, à Mouzon, à Sedan, à Bazeilles où j'ai été fait prisonnier et envoyé à Magdebourg. J'ai fait naufrage, j'ai été renversé deux fois de cheval. Tout cela c'est bien avoir vu la mort de près, sans grand mérite je l'avoue, puisque ce fut sans jamais attraper la plus petite égratignure. J'ai quitté le service jeune pour me marier loin de France. Mais le boulet de canon dont si souvent mes camarades ont ri, parce que chaque fois que je partais pour une campagne lointaine je disais : « Je vais au-devant de mon boulet », n'a jamais paru et je doute qu'il vienne. Après tout, qui peut dire jamais ? Quant à mon pauvre ami F..., j'ai là une lettre reçue en Nouvelle-Calédonie où j'appris, deux ou trois ans après la prédiction de la somnambule, qu'il s'était associé, sur les avis de son père, à un grand entrepreneur de constructions en fer. Un jour, en visitant des travaux, une lourde barre de fer en tombant le frappa à la tête, la blessure très grave ne fut pas mortelle sur le coup, mais F... y vit comme la réalisation de son horoscope, il devint sombre, taciturne, triste, la démence l'envahit en peu de temps et il mourut de folie furieuse dans un cabanon de Bicêtre !

Voilà mes plus lointains souvenirs, ceux des plus vieux feuillets, j'ai cru pouvoir les publier pour prouver que la science occulte est vraie parfois et, qu'en l'étudiant, elle mérite qu'on ne lui oppose pas toujours le doute de parti pris. J'ai des feuillets plus gais, je vous les promets.

II

Je relis et tourne bien des pages avant de m'arrêter à celles qui me semblent offrir un intérêt réel. J'ai revécu plus de vingt années exhumant à chaque feuillet des souvenirs exotiques que j'avais oubliés, dont les uns m'on fait sourire, dont quelques autres ont oppressé mon cœur.

Pendant les années 1878 à 1883, durant plusieurs séjours

en France entre des campagnes faites au Sénégal et aux Antilles, je suivis avec une application sérieuse tous les progrès du magnétisme qui passionnait alors bien des membres de l'Académie de médecine en France et de l'autre côté du Rhin, et je me tenais au courant des travaux et des expériences des professeurs et docteurs Paul Broca, Bernheim, Lafontaine, Richet, Cullerre et autres dont les récits me firent mieux comprendre le pouvoir magnétique. Je recherchai pour les lire avec profit les mémoires de Mesmer, le médecin allemand qui prétendait avoir découvert le fluide subtil et qui, le premier, remit au jour, en la réveillant d'un long sommeil, une science oubliée. Je parcourus avec intérêt l'ouvrage un peu vieilli du baron du Potet que m'avait prêté une vieille dame de mes amies, et, entre autre profit, je tirai de ce volume un autographe du baron autorisant une personne à venir assister à l'une de ses soirées en octobre 1850 et signé du grand praticien. Une traduction de James Braid, chirurgien anglais qui, en voulant combattre le magnétisme, découvrit l'hypnotisme, me permit d'appliquer son système à plusieurs sujets que la brusquerie de l'hypnotisme énerve parfois et qui cèdent au sommeil en fixant les regards sur un objet brillant qu'on rapproche insensiblement des yeux en provoquant le strabisme convergent qui amène le sommeil. Je suivais avec intérêt les expériences du Dr Charcot à la Salpêtrière et je les produisis sur de nombreux sujets des deux sexes avec la collaboration d'un camarade médecin de la marine, ce qui assurait à mes yeux la sécurité des patients et de ma conscience. Mais tous ces faits ont été publiés, réimprimés, répandus, et la réédition dans ce volume n'offrirait que peu d'attraits aux lecteurs à qui je veux narrer quelques expériences qui ont mérité d'être soulignées parce qu'elles me sont particulières et qu'elles ont attiré l'attention d'un nombreux personnel médical et de témoins dont j'ai gardé les noms.

J'arrive, en mes notes, à l'époque où vint en France un Belge qui obtint un succès immense, l'hypnotiseur Donato. Très sérieux d'acquérir la pratique certaine qui doit mettre « l'amateur » que j'étais, à l'abri de toute imprudence à l'égard des sujets qui se prêtent, pour la plupart, avec trop de confiance aux pratiques de gens qui se croient ou se disent magnétiseurs, je me fis présenter tour à tour aux trois praticiens dont la publicité consacra le talent, et qui opéraient avec certitude, à Donato, à Vermesch et à Pickman que bon nombre de lecteurs ont certainement connus. J'ai rencontré dans mes voyages d'autres magnétiseurs, moins habiles, mais plus jongleurs. C'est à Paris que je vis Donato pour la première fois ; j'avoue qu'il m'émerveilla par la rapidité que je qualifierai d'électrique avec laquelle il hypnotisait du regard et du geste les nombreuses personnes qui se prêtaient à ses expériences sur la scène devant une salle toujours comble. J'ai vu des jeunes gens résister à la première décharge du fluide, mais, après la deuxième ou la troisième qui ne durait pas plus de quinze à vingt secondes, ils succombaient pour la plupart, c'est-à-dire 8 sur 10.

Quand il avait pratiqué un bon sujet, Donato en faisait un appareil électrique vraiment curieux et les nombreux spectateurs qui ont connu Lucile et Émile ont dû être étonnés comme moi de ce qu'il leur faisait produire.

Donato présentait peu d'effets scientifiques, et ses expériences n'ont pas eu les résultats qu'ont obtenus deux savants médecins de la marine que j'ai connus, les Drs Bourru et Burot, mais sa méthode, pratiquée par eux, permit de faire sur des malades et des blessés quelques applications heureuses très profitables à la médecine et à la chirurgie.

Quelques mois après la séance parisienne qui m'avait impressionné et instruit, j'étais arrivé à reproduire sur des soldats, des marins et des jeunes filles tout ce que Donato montrait à son public satisfait.

Lorsqu'il vint, en 1883, donner une ou deux soirées à Cherbourg, le docteur D... que je lui présentai et moi l'invitâmes à prendre un verre de champagne après la représentation et, dans la salle du café du Grand Théâtre, nous reproduisîmes sous ses yeux et en présence de vingt officiers et d'autres témoins, sur l'un des garçons de café et sur deux actrices toutes les expériences que Donato venait de faire au théâtre.

J'ai revu le célèbre magnétiseur plusieurs fois depuis et la dernière à Saint-Jean-de-Luz au Casino, en 1898, peu de mois avant sa mort. Il était devenu névropathe à l'extrême et sa volonté de fer, toujours surexcitée, avait fini par l'user comme la lame use son fourreau.

Il présentait ce soir-là sa Lucile, troisième du nom, une jolie fille, excellent médium, liseuse de pensées d'une subtilité étrange. Donato servait naturellement d'intermédiaire entre les spectateurs et le sujet, et cette fille lisait dans son cerveau réceptacle et traducteur des pensées des spectateurs comme elle aurait lu dans un livre.

Je priai tout d'abord Donato de laisser Lucile s'approcher de moi. Sans se retourner vers elle il lui donna mentalement l'ordre de venir et de m'obéir. Elle vint, je la regardai sans parler et pensai : *Retournez sur la scène et criez;* « France et Russie... hurrah ! » Ce qu'elle exécuta à la surprise de Donato lui-même.

Dans l'entr'acte j'emmenai Donato au salon et je lui rappelai Cherbourg et nos expériences... « Comme c'est loin, me dit-il, quinze ans !... c'était le beau temps, celui de ma gloire ! aujourd'hui que mes expériences sont plus belles on ne se précipite plus à mes séances comme en ce temps-là... Et puis, voyez-vous, ajouta-t-il sur un ton triste, je suis usé, fini, je sens que je m'en vais. »

Effectivement, celui qui avait endormi tant de gens qu'il réveillait s'est endormi du sommeil éternel pour se réveiller dans l'au delà. *Sic transit gloria mundi!*

Le souvenir de ce pauvre Donato me suggère une pensée bizarre. Je la transmets aux meilleurs praticiens spirites de la table et de la plume... et même de l'objectif.

C'est d'évoquer l'âme de ce magnétiseur disparu et de lui demander s'il hypnotise encore dans l'autre monde ?

Mon honorable camarade, le commandant Tégrad (je saisis cette occasion pour lui présenter mes compliments en lui tendant la main et pour féliciter sa chère fille, du plaisir que j'ai ressenti à la lecture de ses jolies poésies) pourrait peut-être photographier Donato hypnotisant sa première Lucile puisque la mort les a réunis. Un peu d'orgueil très légitime animait celui qu'on encensa du titre de « prince des magnétiseurs » et dont l'habileté égalait en ce genre celle des Cagliostro et des Saint-Germain. Il provoquerait peut-être chez son âme le désir de se matérialiser et Lucile n'hésiterait pas à reprendre un moment sa gracieuse enveloppe terrestre pour poser devant un savant.

Plus tard, j'aurai l'occasion de reparler des émules de Donato, de Vermesch et de Pickman que j'ai déjà cités mais, en parlant du premier, je me suis laissé entraîner à franchir bien des pages. Il me faut revenir en arrière pour raconter les faits promis ; mais je tiens à redire que c'est à Donato (que j'ai souvent cité comme mon maître) que je dois certainement d'être convaincu que le magnétisme est la clé qui m'a ouvert le sanctuaire du spiritisme.

Les sujets dont je vais vous entretenir ont démontré qu'à un certain degré d'hypnose leur esprit, leur âme s'extériorise pour aller bien loin de leur corps voir des choses dont la réalité a été évidente pour beaucoup de témoins.

J'arrivai à l'île de la Réunion, en 1884, comme adjudant-major, au bataillon des volontaires créoles à former pour reconquérir Madagascar avec le corps d'occupation placé sous les ordres de l'amiral Miot. Très occupé du matin au soir je n'avais guère le temps de songer au magnétisme lorsque le hasard me fit rencontrer plusieurs sujets qui rallumèrent mon feu endormi et provoquèrent une série d'expériences qui furent le point de départ de réunions, et de soirées que rien ne me faisait prévoir à mon arrivée dans l'île.

Un soir, après une représentation théâtrale, la troupe et quelques officiers étaient réunis à l'hôtel où des jeunes gens de la ville offraient un punch. La prima dona, Mlle Blanche C., récemment arrivée de France avec quelques artistes, dit à une camarade qui lui semblait fatiguée : « Vous dormez, allez donc vous mettre au lit.

— Oui, dit celle-ci, et vous, vous n'avez donc pas sommeil ?

— Pas du tout, et à moins d'être hypnotisée je ne dormirai pas de sitôt car j'ai à étudier pour demain et mon piano m'attend.

— Qu'à cela ne tienne, dit un lieutenant arrivé par le même paquebot que moi, voici le capitaine Dauvil qui va vous endormir séance tenante.

— Je serais curieuse de voir cela, dit la jolie chanteuse. »

Une minute après qu'elle m'eût permis de prendre ses mains et de plonger mon regard dans ses yeux elle signait sa défaite et se révélait un sujet remarquable. Une autre artiste, européenne aussi, succomba à son tour, puis un jeune écrivain de marine, nommé Cossé, qui aida à me faire en peu de jours, à Saint-Denis, une réputation fort bruyante due à la curiosité. Dans un pays comme le chef-lieu de cette ravissante et lointaine petite colonie si française, où toute la société se connaît et entretient des relations constantes, on ne parlait plus, au bout de huit jours, que des expériences curieuses données par un officier de la garnison. Le colonel S., aujourd'hui général en retraite, me représenta qu'en ma qualité d'officier je ferais bien de cesser ces séances données le soir à l'Hôtel de l'Europe où les curieux étaient nombreux. Mais, quelques jours après, il était le premier à me prier de vouloir bien donner une séance chez le maire, puis, deux jours après, chez le directeur du service de santé ; la semaine suivante, chez le consul d'Angleterre; enfin, un mois après, tous les salons des notabilités avaient été témoins des expériences d'hypnotisme et j'y avais vu naître, ce dont je remercie ma bonne étoile, des sympathies et des amitiés qui ont été entretenues et ne se sont point éteintes.

Mais ma plume, expansive, court malgré moi et bavarde. Je tourne toujours les feuillets de ces vieilles notes, et si je ne commence point à entrer tout de suite dans mon récit, je sens que je vais rester trop longtemps ennuyeux, pour vous, chers lecteurs.

A la soirée donnée par le consul d'Angleterre en octobre 1884, un samedi, je trouvai réunie toute la société distinguée de Saint-Denis, et si ce livre passe sous les yeux de quelques créoles, présents à cette réunion, ils constateront que j'ai rapporté les faits dans toute leur simplicité vraie.

Parmi les nombreux sujets (quarante-deux) plus ou moins bons que j'avais hypnotisés, soit dans le grand monde, soit dans le demi, j'avais choisi ces quatre meilleurs, ceux chez qui le colonel de Rochas, à qui j'ai raconté les faits, eût pu demander tout ce que l'hypnose a produit de degrés depuis le sommeil calme, inerte, inintelligent, jusqu'à l'extériorisation de la sensibilité sous toutes ses formes, enfin jusqu'à la séparation du corps et de l'âme ainsi que va le prouver ce que je relis et que je copie exactement.

Ces quatre sujets étaient MM. Cossé et Drau, écrivains de marine, Mlle Loubelle, aujourd'hui femme d'un général, et M. Radigué, officier de marine d'une intelligence et d'un savoir étendus.

Donc, nous sommes chez le consul et lady Saint-John, au milieu de plus de cent spectateurs parmi lesquels M. Beaucastel, médecin en chef et tout son personnel médical.

J'endors Cossé sur lequel je produis toute la gamme des expériences de Charcot. Le Dr Beaucastel me prie de provoquer la catalepsie, elle l'est sans peine. Puis, ce qui n'avait jamais été obtenu jusque-là, c'est le calme du réveil. « Mon ami, disais-je doucement au sujet, je vais vous rendre la connaissance. » Je le remettrais debout à l'aide de quelques passes pratiquées de la tête aux pieds. « Maintenant dites-nous vous-mêmes ce que je dois faire pour amener un réveil calme et pour éloigner toute fatigue de votre corps. » Cossé prenait ma main gauche, la passait sur sa tête, de l'occiput à la base du cervelet, la promenant sur toutes les circonvolutions, puis faisant demi-tour, il ajouta pour la première fois, sans jamais avoir entendu parler peut-être de médecine ni d'anatomie : « Priez l'un des médecins de mettre l'index entre la quatrième et la cinquième vertèbre, endroit sur lequel vous projetterez « une gerbe de fluide. »

Je le fis et Cossé ouvrit les yeux en souriant après avoir démontré par les mouvements du dos, du cou et de la tête qu'il éprouvait un bien-être évident.

« Pourriez-vous, demanda Mme la Consulesse, prier Monsieur d'aller au loin, à Londres, à Berlin, à Paris, voir quelque chose qu'il décrirait ?

— Nous allons l'essayer, madame. »

Pour endormir ces quatre sujets je leur jetais un simple regard et je portais le doigt sur le front, ils étaient hypnotisés, les yeux restant ouverts, mais fixes et hagards, le corps souple, l'esprit libre. Cossé étant donc rendormi et assis dans un fauteuil, une dame lui demanda s'il connaissait Bordeaux? — Non. — Pouvez-vous y aller? — Oui. »

Le médecin en chef continua les interrogations, car je laissais le sujet complètement indépendant.

« Mon ami, lui dit-il, nous débarquons à la gare de Bordeaux, la voyez-vous ? — Oui, c'est une belle gare neuve. — En effet, c'est la gare Saint-Jean, vous la voyez bien ? — Parfaitement. — Nous suivons les quais. — Je les suis, je vois un pont splendide. — Nous voici sur le cours de l'Intendance. — J'y suis. »

Je demandai à reprendre mon sujet.

« Vous voyez, dites-vous, ce que vous a prié de voir M. le médecin en chef ? — Très bien. — Eh bien dites ce que vous voyez maintenant. »

Ses yeux grands ouverts, le corps immobile, Cossé semblait regarder à droite et à gauche, comme dans le vide...

« Je vois, dit-il, de belles maisons, à gauche, un grand café, des tables de marbre, beaucoup de monde assis, des consommateurs sans doute, des musiciens. Oh ! les belles lampes, quelle lumière éclatante, on dirait des lunes. (Sans doute les lampes Jablochkoff.)

— Et à droite, derrière vous, que voyez-vous ? — Un grand monument tout éclairé. — Oui, c'est le grand théâtre. Et le sujet en fit une description exacte, avec son péristyle, son grand escalier de six ou huit marches, sa torsade de becs de gaz.

« Tout cela ne me surprend pas, dit un jeune médecin, le sujet lit dans le cerveau du magnétiseur. — Comme il lisait alors dans le mien, lui répondit le médecin en chef ; et vous osez dire que cela ne vous surprend pas... moi, cela m'émerveille, Monsieur. »

— Mais dit un pharmacien, M. Cornuel, nous pourrions acquérir une preuve de l'indépendance de l'esprit du sujet. Ne dit-il pas que le théâtre de Bordeaux est illuminé? — Oui, dit Cossé toujours endormi, oui en ce moment beaucoup de personnes montent les marches. — Eh bien, continua le jeune pharmacien, dites-nous ce que l'on joue et notre conviction est faite: » Il se passa alors un fait étrange, le sujet se leva brusquement, sortit de son fauteuil, traversa le salon, fit le simulacre de gravir des marches en soulevant une jambe après l'autre et se baissa vers un tableau. — Que regardez-vous là, lui demandai-je ? — L'affiche. — Quelle affiche ? Mais celle qui est dans ce cadre, sous ce grillage. — Alors dites ce que vous voyez. — Une affiche jaune... Attendez — et, à 3.000 lieues du théâtre de Bordeaux, ce jeune homme lut, au milieu du silence profond des spectateurs :

« *Grand théâtre de Bordeaux, ce soir samedi 20 (ou 21) octobre 1884 première représentation d'Aïda. Musique de Verdi.* » Certes, cela n'était pas imprimé dans le cerveau des assistants. Mais où le merveilleux se confirma c'est que, vingt-cinq jours après, à l'arrivée du paquebot de France, tout le monde courut à la poste où l'un des médecins, qui était de Bordeaux, ouvrit le journal de la Gironde, qu'il recevait, et nous fit constater qu'à la date de la soirée du consul anglais, on jouait, au théâtre de Bordeaux *Aïda, musique de Verdi*.

Je laisse aux lecteurs le soin de faire à ce sujet les réflexions qu'ils voudront... moi, je me contente de leur affirmer le fait dont le souvenir m'émerveille encore.

III

Ce jeune sujet était connu de toute la ville de Saint-Denis, parce que je l'avais présenté à l'hôtel de l'Europe et dans la plupart des familles créoles qui donnaient des soirées et qui m'avaient demandé de faire quelques expériences de magnétisme.

Je viens de raconter de lui l'un des faits les plus curieux et, pendant plusieurs mois que je passai à l'île de la Réunion, avant mon départ pour Madagascar. Cossé, Mlle Loubelle et M. Radigué furent les meilleurs de mes sujets, ceux dont je puis parler à mes lecteurs avec quelque chance de les intéresser.

Cossé était d'une sensibilité remarquable et mon pouvoir sur lui était tel que l'ayant regardé dans un bal sans vouloir lui faire nullement la mauvaise plaisanterie de l'hypnotiser, il en eut la suggestion toute personnelle et il s'endormit dans les bras de sa danseuse qui ne s'aperçut de ce cas étrange qu'en remarquant la fixité des yeux de son cavalier, lequel continuait à danser comme un automate. Lorsqu'il passa devant moi je lui soufflai légèrement sur le front en lui disant : « Bonsoir, mon ami... Excellente valseuse que mademoiselle B. ! — Oui, mon capitaine. » Il ne se souvenait de rien. Il s'endormait et se réveillait comme s'il avait ressenti le léger choc d'un bouton électrique que j'aurais pressé par la pensée.

A Saint-Denis, le Barachois, pont en fer qui s'avance dans la mer, est, le soir, un lieu de rendez-vous agréable où la Société vient jouir de la fraîcheur pendant la période lunaire. On s'y rencontre, on y fait les cent pas, on y respire la brise de mer qui repose de la chaleur du jour ; les dames et les demoiselles y viennent en toilettes légères, la tête couverte d'une mantille. On y cause sans façon et l'on y amasse quelquefois de ces doux souvenirs que savent si bien vous laisser les gracieuses créoles.

Un soir, que j'y arrivais seul et rêveur, quelques demoiselles m'appelèrent de l'un des grands bancs qui bordent le Barachois et me prièrent d'appeler Cossé en lui suggérant l'idée de venir au Barachois.

« C'est très difficile cela, mesdemoiselles, c'est presque impossible, mais je vais essayer pour la rareté du fait, pour vous être agréable d'abord et pour constater si mon pouvoir, dont je doute un peu, serait capable d'aller jusque-là ». Je pris alors mon front dans mes mains en appuyant mes coudes sur le parapet du pont du Barachois et, mentalement, avec toute la puissance dont ma volonté était susceptible, je me transportai chez mon sujet dont je connaissais la demeure et, me persuadant que je lui adressais réellement la parole, et qu'il devait m'entendre je lui dis à voix basse, mais avec fermeté. « Cossé... Viens au Barachois... viens... tu m'entends? je t'attends. » J'avoue, je le répète, que je doutais fort que mon désir violent eût quelque efficacité sur le cerveau de Cossé qui, sans aucun doute, était bien loin de songer à son magnétiseur en ce moment-là.

Quelle ne fut pas notre surprise, j'ose presque ajouter et ma stupéfaction lorsque, dix à douze minutes plus tard, nous aperçûmes, marchant d'un pas alerte, mon écrivain de marine qui, me « flairant » pour ainsi dire, vint droit à moi, salua le groupe féminin, pressa la main que je lui tendais et me dit bien bas : « Vous m'avez appelé ? »

Ajouter le moindre commentaire à ce fait serait l'amoindrir... Toutes les personnes qui, ce soir-là, aspiraient la brise sous la voûte étoilée dans notre petite île de l'Océan Indien s'en souviennent encore et M. Creuse professeur de Sciences au Lycée de Saint-Denis, qui était dernièrement en congé en France et que j'ai eu le plaisir de rencontrer à la Sorbonne, m'a rappelé qu'il fut témoin de ce fait.

Après mon départ, mon pouvoir sur ce sujet disparut tout naturellement et Cossé ne subit celui de personne. Il est aujourd'hui au Tonkin, dans le service colonial, il a 37 ans, il est marié et père de deux beaux enfants. J'ai eu de ses nouvelles il y a trois semaines, au Ministère des Colonies.

— Je vous présente maintenant mon second sujet, Mlle Louise Loubelle, grande et belle jeune fille, de 19 ans alors, blonde aux yeux vert de mer, au front penseur, plutôt taciturne qu'expansive, au tempérament nerveux, impressionnable, peut-être sur la pente légère de l'hystérie, sans qu'elle en eût donné toutefois des marques pendant les quatre mois que je l'hypnotisai... Les lauriers de la prima dona l'avaient un peu rendue jalouse et ce n'est qu'après avoir été ardemment sollicité par elle que je consentis à l'endormir et à la produire comme sujet dans la société créole. Elle se magnétisait seule par le système de Braid, avec sa bague, depuis qu'un soir la boucle d'oreille en diamant d'une dame l'avait mise en état d'hypnose.

Elle usait de ce moyen en mon absence, à toute heure du jour et resta la première fois endormie durant cinq heures, jusqu'à mon retour chez moi où m'attendait un petit domestique indien : « Viens vite, mam'zell y dort et personne n'a pas cacable réveill' à li » me dit-il, en ce joli jargon créole que tout le monde, là-bas, a tant de plaisir à parler. Je montrai à sa mère le moyen de réveiller la belle au bois dormant, qui devint en quelques jours une voyante extra-lucide. Jamais personne ne put soupçonner sa bonne foi parce qu'elle pratiquait par amour de l'art et un peu par orgueil d'être appelée « la belle Sibylle ».

Dans les premières semaines, son esprit vagabond s'attachait à mon individu qu'elle suivait comme une ombre. Elle tenait des monologues dans le genre de ceux-ci, que sa mère me répétait après les avoir notés pour la plupart : « Voici le capitaine qui sort de sa « case »... Il est en tenue... Il prend le chemin de la petite Ile... Il entre à la caserne, il parle au factionnaire... Il monte l'escalier. Je le vois dans une grande salle, il s'assied, il écrit... Il prend une carte de géographie » et elle riait aux éclats.

Un autre jour : « Le capitaine va monter à cheval... cette bête n'est pas la sienne... C'est un grand cheval noir... qui ne veut pas se laisser monter... Oh ! maman ! le cheval se cabre, le capitaine est à terre !... Il s'est relevé... Il n'a pas de mal, il s'est remis en selle... Il part, il traverse le petit bois de filaos... Il est au galop... Il va passer dans la rue... Regarde, maman, il passe sous la fenêtre. »

Et toutes ces choses défilant en rapides images cinématographiques dans le miroir de Psyché qu'était le cerveau de cette fille étaient toujours vraies.

Je vais rappeler d'elle un fait de haute envolée magnétique qui eut lieu chez le chef de la gendarmerie, le colonel Moriali, à l'une de ces réunions si intimes, si charmantes où l'on trouvait toujours un accueil qu'on n'oublie point.

Mlle Louise étant en état de sommeil avec les yeux très grands ouverts et hagards, une ravissante femme, Mme Lidin, épouse d'un commissaire général (elle n'est plus, hélas ! l'impitoyable faucheuse l'a ravie à ses amis) demanda en souriant si le gracieux sujet pouvait aller chez elle, à Albi, pour lui donner des nouvelles de son père ?

Mlle Loubelle, aujourd'hui la femme d'un général, je crois l'avoir dit, n'avait jamais quitté les rivages de son île lointaine. « Volontiers, répondit-elle, et, par sa propre pensée ou par le cerveau de la questionneuse, elle se vit à Albi sur une place, qu'elle décrivit fort exactement, bien que le jour tombât, disait-elle ; elle arriva devant la maison désignée, sembla s'arrêter et considérer cette demeure dont elle décrivit la simple architecture, fit le simulacre de monter deux marches et tira horizontalement un bouton de sonnette; ce geste surprit Mme Lidin, qui n'avait point songé à cette particularité remarquable. Pourquoi la main de la dormeuse n'avait-elle pas pressé sur le bouton — ou tiré un cordon..., ou simplement frappé? La porte s'ouvrit sans doute devant l'invisible visiteuse qui dit : « Voici une servante âgée de 50 ans environ, avec un foulard « jaune, à pois sur la tête... ses cheveux sont grisonnants. « J'entre, continua-t-elle, porte à gauche, porte à droite, petit « corridor, escalier au fond. La porte à droite s'entr'ouvre, « je vois un monsieur à cheveux blancs, assis et accroupi de « vant un petit poêle en faïence blanche. Votre sœur, ma « dame... Ce ne peut-être que votre sœur tant elle vous res « semble, est auprès de votre père .. Elle est blonde et jolie « comme vous ».

« — Assez ! assez, s'écria Mme Lidin qui avait des larmes dans les yeux... « Merci ! Je crois. C'est mon père, c'est « ma sœur avec notre vieille Brigitte. Je suis bien heureuse, « mais je n'en veux pas savoir davantage. »

— Cette séance eut deux parties, voici la seconde non moins intéressante, voulez-vous l'écouter ? Un chef de bataillon natif d'Albi comme Mme Lidin et jusque-là incrédule de parti-pris, voulut à son tour interroger Mlle Loubette que j'éveillais de la façon que m'avait enseignée Cossé pour lui-même et qui assurait toujours un retour calme et exempt de fatigue en l'état de veille. Je pratiquais de légères passes sur le front, l'occiput et les vertèbres du cou et de la colonne et le sujet s'éveillait en souriant comme sortant d'un rêve agréable.

Après un quart d'heure de repos, je la priai de se rendormir ; elle fixa une belle pierre topaze qu'elle portait à la main gauche et, replongée dans le sommeil, elle demanda au commandant Héral : Que désirez-vous ? — « Que vous « fassiez, avec moi, le tour de cette place (toujours à Albi) « et que vous me disiez, Mademoiselle, ce que vous y voyez « de particulier. — J'avoue que je ne vois guère clair, pour-« tant, il me semble distinguer là, au bout de la place, à « droite, un peu élevée, sur un haut piédestal, comme la « silhouette d'une statue qui se découperait dans le ciel

« sombre, mais je vois mal... Tiens ! comme c'est drôle,
« voilà un homme qui porte du feu au bout d'une longue
« perche et qui vient d'allumer des lampes. »

Ce fait demande à être expliqué car il est caractéristique.
Il était en ce moment à la Réunion, 10 h. 20 du soir; or, sa
longitude à l'Est d'Albi étant de 52 degré 50′ donne une
différence de 3 h. 53 minutes; c'est-à-dire que lorsqu'il était
10 h. 20 à Saint-Denis, il n'était encore que 6 h. 27′ environ à Albi, moment auquel, en septembre, on devait songer à allumer les becs de gaz.

Qui donc, parmi les nombreux témoins de ce salon créole
aurait songé à cette différence de longitude, à ce retard solaire que signalait si nettement la voyante ? Donc le gaz venait d'éclairer la place d'Albi et, sans doute, la statue qui attirait l'attention de notre nouvelle Isis était plus visible. Je lui rends la parole. « Cette figure me semble celle d'un of-
« ficier, dit-elle, n'a-t-il pas la main gauche sur son épée ?
« Sa chevelure est comme attachée, son costume est du
« temps de Louis XV ou de Louis XVI. Sa main droite tient
« une carte déployée... Est-ce un ingénieur, un marin ? Mais
« une grille assez élevée me dissimule en partie le bas du
« corps, et puis, entre la statue et la grille, et me cachant le
« piédestal, j'aperçois des objets bizarres comme des chaînes,
« des petits canons... »

— « Bravo ! bravo ! s'écria le commandant albigeois,
« j'avais totalement oublié ces détails, c'est parfaitement
« cela. — « Et vous remarquerez, mon cher commandant,
« lui dis-je, que n'étant jamais allé moi-même à Albi, je ne
« puis suggérer les réponses du sujet. — « Eh bien, ajouta
« le commandant, si mademoiselle peut lire le nom qui est
« sur le piédestal, je m'avoue vaincu et convaincu. »

— « Veuillez donc lire ce nom, mademoiselle, dis-je à
la voyante, vous le pouvez. » — « C'est très haut... dit-elle
en ouvrant démesurément les yeux. C'est long à lire, il y a
beaucoup de mots écrits. » — « Le nom, le nom seul, dis-je,
en pressant son esprit. » — « Attendez ! c'est, c'est... et, épelant elle dit... L...a... La R...o...u...s...e La Rouse. » — Je
me rapprochai d'elle, une pensée avait jailli dans mon cerveau
— « Je crois, lui dis-je, que quelque objet, une chaîne ou un

« barreau de la grille s'oppose à ce que vous lisiez le nom
« en entier » et, prenant dans mes mains la tête de la jeune
fille, je la déplaçai légèrement... La Pérouse ! s'écria-t-elle
au milieu d'un tonnerre d'applaudissements des spectateurs
émerveillés.

Quelque mois après j'étais promu chef de bataillon et
m'embarquais pour Madagascar.

J'appris par un ami resté à l'Ile de la Réunion, que
Mlle Loubelle était devenue un médium guérisseur très
couru, mais, comme elle n'usait de ce don mystérieux que
pour soulager les pauvres gens, personne, là-bas, ne songea à lui jeter la pierre du ridicule ou de la médisance. Elle
reçut sa récompense en épousant un officier supérieur, qui
avait de la fortune et de l'avenir et laissa dans sa petite ile,
en partant pour la France, le charme de la magicienne, se
contentant d'emporter celui aussi précieux de l'épouse, de la
mère.

Je tiens à ajouter que ces souvenirs — grâce à mes Vieilles
Notes — ne s'étaient point effacés de ma mémoire, lorsqu'en
1896, devant aller avec quelques cyclistes faire une tournée
de Pau à Tarbes et Auch, j'eus une violente envie d'aller à
Albi et, mettant ce projet à exécution, je fis seul plus de 100
kilomètres de route pour contempler par moi-même ce que
j'avais entrevu douze ans auparavant par les yeux de mon
sujet, et j'eus la joie de reconnaître sur un côté de la place
d'Albi la petite maison paternelle de Mme Lidin et, tout
au bout, la statue du célèbre navigateur La Pérouse, telle
qu'elle avait été décrite à 3.000 lieues de France, par une jeune
créole endormie.

Vous le voyez, comme un simple feuilletonniste j'aime —
lorsque je le puis — à donner un épilogue à mon histoire —
je dirai donc encore que j'ai eu le plaisir de revoir l'hiver
dernier, dans un salon parisien, Mme la générale L...., mon
sujet de la Réunion... Un salut, un sourire, une poignée de
main gantée, un adieu discret, c'est tout ce qui fut échangé
entre nous... et je la quittai bien convaincu que son esprit
ne suivait plus jamais mon ombre.

Que m'ont laissé ces expériences si curieuses ainsi que
celles que j'ai à vous conter encore, si cela ne doit pas

provoquer trop de bâillements d'ennui ? des souvenirs fugitifs et rien de plus; la vérité que j'ai cherchée et après laquelle je cours encore, n'est-elle qu'une illusion ?

>Derrière nous, le ciel s'enfuit mystérieux,
>On a beau s'arrêter pour chercher dans la nue
>L'image du passé, il faut fermer les yeux
>Le songe est effacé... la nature inconnue !

IV

Je vais vous entretenir à présent d'un autre sujet, dont l'intelligence, le caractère, l'éducation et l'instruction faisaient un officier accompli, et si je tiens à mettre ses belles qualités en relief, c'est afin de démontrer que tous les individus susceptibles de céder à l'hypnotisme ne sont pas toujours des esprits faibles, comme beaucoup de gens le présument ou l'affirment bien à tort.

J'ai déjà nommé M. Radigué avec Mlle Loubelle et Cossé et je le présente de nouveau pour le mieux faire connaître au point de vue psychologique et montrer un caractère tout différent. Il est encore un pauvre diable dont la touchante histoire remplira mon prochain article, mais n'anticipons pas.

Revenu de Madagascar depuis quelques mois, Radigué avait été tout désigné par ses connaissances techniques pour assurer à l'état-major du Gouverneur de l'île de la Réunion le service très compliqué avec Tamatave et Vohémar, pour les troupes de terre et la marine.

Comme camarade Radigué était gai, expansif, causeur charmant.

En attendant l'arrivée de France de sa jeune femme et d'une fillette de deux ans dont il nous entretenait chaque jour avec tendresse, cet officier vivait à notre table au même restaurant que moi et nos relations amicales qui n'ont jamais cessé, datent surtout des soirées de magnétisme auxquelles il assistait en homme aimant le monde, et un peu en curieux.

Un matin il vint chez moi en compagnie du chancelier du consul d'Angleterre, également notre commensal, jeune et vigoureux Anglais dont la franche cordialité lui avait attiré la sympathie générale. « Mon cher, me dit Radigué, vous devez être étonné de recevoir de nous une visite aussi matinale et vous allez l'être bien davantage lorsque vous en connaîtrez le but. Depuis que vous nous avez donné de si attrayantes séances, où vous nous avez montré ce que c'est que le magnétisme, l'hypnotisme, la suggestion, je vous ai suivi avec un intérêt croissant.

« Eh bien, Master Barton et moi désirons vivement connaître les sensations éprouvées par les sujets endormis, hypnotisés, suggérés ! Je viens à vous, mon cher Dauvil-Charcot et je vous dit : Magnétisez-moi, Méphisto, je me livre à vous !

— « Et moa aussi, je vous demandé le même féveur, ajouta Barton avec calme... » Ce qui nous fit bien rire.

Je dois avouer que j'eus beaucoup de peine à mettre Radigué en état complet d'hypnose ce matin-là. « A ce soir, lui dis-je, un meilleur résultat. »

Quant à Barton, un athlétique Londonien adonné à tous les sports, ce me fut de toute impossibilité d'agir sur lui. « A cette soar oune meilleure résoultète ! » me dit-il en répétant ma phrase et en me serrant la main.

Quelques jours après, Radigué était complètement en mon pouvoir au point que je le frappais de mutisme à table en étendant ma main vers sa bouche ou que j'arrêtais net son bras élevant son verre pour boire. « Vous voulez me prouver, disait-il sans se fâcher, qu'il y a loin de la coupe aux lèvres ».

C'était du reste dans l'intimité des camarades et avec la plus parfaite discrétion que j'usais de mes moyens sur lui, car je ne songeais nullement à le produire dans le monde comme un sujet.

Mais il manifesta de lui-même ce désir constaté comme un besoin chez la plupart des sensitifs, comme une nécessité inconsciente de se produire. Ce fut chez le lieutenant-colonel Moriali, chef du service de la gendarmerie, que pour la première fois Radigué s'offrit à la curiosité des hôtes de cette maison amie dont je parlerai toujours avec plaisir. Le colonel, ancien officier de cavalerie, ouvrait tous les soirs sa porte aux camarades qui venaient souvent user de son accueil aimable et franc. J'étais parmi eux l'un des plus assidus, ayant connu cinq ans auparavant les Moriali à la Martinique en des jours heureux. Miss Betty, comme nous appelions la charmante fille de Mme Moriali, faisait avec une simplicité rare, et sans la moindre coquetterie, les honneurs de ce petit salon où les rires éclataient en fusées joyeuses. « Miss Betty » doit bien avoir conservé les pensées grotesques et quelques dessins plus ou moins drolatiques dont nous couvrions les pages de son album... Je retrouve dans mes vieilles notes quelques-uns de ces mauvais vers qui ont certainement rongé depuis l'album de certaine dame créole. Si elle a eu le courage de les relire elle a dû se moquer de leur auteur (se moquer, n'est pas oublier.) Voici entre autres un mauvais quatrain qui s'envole des feuillets poussiéreux comme un papillon et me fait sourire :

> Dans la brise du soir, tendre baiser d'Éole,
> Que suave est le chant par vos lèvres parlé !
> O filles de Bourbon ! J'aime votre créole
> Qu'accompagne joyeux votre rire perlé !

Mais, revenons à mon sujet... Ce soir-là, Mme Gibert, excellente musicienne, avait préludé par quelques accords sur le piano et entamait une romance sans paroles de Mendelssohn, si je ne me trompe ; Radigué, assis près de moi, se levant sans bruit, prit une chaise, la plaça à la gauche de la pianiste, tira son mouchoir qu'il fixa à sa cravate, fit le simulacre d'accorder un violoncelle imaginaire et de passer un archet sur de la colophane, puis se mit à exécuter la romance du maître avec un art consommé, promenant les doigts avec agilité sur les cordes de l'instrument absent en violoncelliste habile, fixant les yeux sur une musique absente, puisque Mme Gibert jouait de mémoire, se levant deux fois pour tourner des pages qu'il semblait voir, s'arrêtant aux endroits où le violoncelle se tait, reprenant *a tiempo*, ne manquant aucun *pizzicato*, enfin terminant *largo* par un grand coup d'archet en même temps que la pianiste achevait son accord final.

Tous les spectateurs en voyant Radigué simuler si sérieusement le jeu du violoncelle et s'imaginant qu'il se livrait à une plaisanterie, riaient aux larmes, mais l'exécutant ne riait pas, lui, il était impassible et tout à sa musique... Je le regardai attentivement, je compris seul la cause de son calme. Imposant doucement silence aux plus rieuses et à ces messieurs. « Chtt ! fis-je... Il dort... » Le silence et l'étonnement succédèrent au bruit joyeux.

Mais Radigué ne voyait, n'entendait rien, il remettait son mouchoir dans sa poche, passait l'archet dans les cordes, et sembla porter et appuyer le violoncelle visible de lui seul dans un coin du piano, s'assurant qu'il ne tomberait point, serra la main de la pianiste étonnée comme tous ses auditeurs, salua d'un gracieux sourire et revint s'asseoir. C'est ici pour moi l'instant merveilleux que je voudrais qualifier : « la rentrée de l'âme. » Sitôt assis, il était réveillé... ne se souvenant d'aucun des actes qu'il venait d'accomplir. — « Vous jouez du violoncelle, Monsieur Radigué ? lui demanda Mlle Betty. — J'en ai joué, oui, Mademoiselle, qui peut vous faire croire cela ? — Simple question, on joue toujours d'un instrument quelconque... j'aurais aussi bien pu vous dire... jouez-vous du violon ou de la flûte ? pincez-vous de la guitare ? » repartit Miss Betty fine comme l'ambre.

L'acte que venait d'accomplir Radigué avait été parfaitement inconscient ; il résultait de l'auto-suggestion musicale comme l'a dit Charcot. C'était la première fois que je constatais ce sommeil bizarre et involontaire surtout chez un sujet encore « mal pratiqué, mal accordé ».

Je voulus trouver la clé du mystère et je l'eus quelques jours après que j'avais réuni dans ma case ombragée de lianes et de palmiers Radigué et plusieurs camarades. Je pris ma flûte qui, avec un violon, furent mes deux fidèles amis des heures de solitude coloniale et, sans prévenir, je jouai sur un rythme doux et lent, une berceuse martiniquaise : « Bonnes gens Saint-Pierre ». Rien que d'écrire ce titre, les larmes me montent aux yeux. Pauvres bonnes gens Saint-Pierre, plus une de vous ne chantera cet air que j'ai entendu là-bas dans cette belle et douce cité. Un cataclysme horrible l'a changée en une nécropole où gisent tant de vous qui m'accueillîtes si bien !!

Dieu ! qu'il est fatigant avec ses digressions, cet ennuyeux conteur ! doivent penser mes lecteurs... la plume n'y est pour rien ici, c'est le cœur ! seul... pardon, je continue.

Donc, sans prévenir, je jouai cette réminiscence musicale exotique... Aux premières notes Radigué, que j'observais, redressa la taille, prêta l'oreille comme à un bruit lointain et, ouvrant tout à coup démesurément les yeux, il demeura hypnotisé.

La mélodie terminée, il s'éveilla de lui-même. Je compris en ce moment à quel danger une intellligence semblable était exposée ; le lendemain je l'accompagnai chez lui à l'heure de la sieste et lui avouai franchement son cas et les conséquences qui pourraient en résulter, puis l'endormant d'un geste amical en passant ma main devant ses yeux de gauche à droite, je lui donnai l'ordre formel, en magnétiseur doublé d'un ami, de ne jamais plus s'endormir en entendant la musique.

Le soir chez les Moriali je priai Miss Betty de se mettre au piano sans rien dire... elle joua l'Invitation à la valse, la célèbre pensée musicale de Weber.

— « Inutile, me dit Radigué en riant... C'est fini... invulnérable ! Vous m'avez raconté une histoire de voleurs, ce matin. Imaginez-vous que Dauvil prétend que la musique m'endort, moi qu'elle a toujours tenu éveillé. Orphée lui-même cherchant Eurydice ne m'attendrirait pas. Il endormirait des fauves, pas Radigué, je l'en défie! « Et depuis lors, la musique n'eut plus d'effet fâcheux sur ce caractère ferme. Ce n'est pas dire qu'il ne céda plus au sommeil magnétique, mais ce fut toujours sur sa demande que je l'hypnotisai pendant trois mois.

Un soir au Consulat d'Angleterre Radigué, endormi après Cossé et Mlle Louise Loubelle, fut remarquable de lucidité. Il se transporta à Londres dont il décrivit à Lady Saint-John un quartier, un hôtel, les amis qui l'habitaient et tout cela traduit dans un anglais très pur, car Radigué est un vrai polyglotte que l'on prend pour un Anglais à Londres, pour un Allemand à Vienne et pour un Espagnol en Andalousie, et vous n'allez pas croire qu'en l'endormant je lui eusse offert le don des langues, non, il lui est naturel.

Une belle créole lui demanda ensuite si sa femme était encore à Toulon ?

— « Oui, elle s'embarque à Marseille dans huit jours, je l'attends dans un mois.

« Elle est encore au Mourillon... » et, dans son sommeil, l'âme de l'époux, du tendre père, ressentit une joie qui fut partagée par tous les assistants. Il ne fit de doute pour personne qu'il voyait la jeune femme que nous avons connue, qu'il embrassait sa fillette qui, disait-il, était laissée imprudemment seule sur une chaise de jardin d'où elle allait choir... Son âme était là-bas en Provence.

Une autre fois j'endormis encore Radigué en public et je vais vous dire comment je rompis volontairement le fil invisible mais solide par lequel cette belle intelligence était liée à ma volonté. C'était encore chez le colonel et Mme Moriali qui avaient réuni des amis pour le départ prochain de deux créoles pour la France et invité mes « sujets diaboliques » comme les appelait Miss Betty, Mlle Loubelle, Cossé et un nommé Raud qui, à l'état d'hypnose, avait la particularité de siffler comme un merle.

Je venais de faire avec Cossé une expérience de suggestion qui consiste à ordonner au sujet qu'au réveil il verra durant un temps déterminé un objet, une image ou même une personne qui n'est pas là. Ayant donc endormi Cossé je lui avais mis dans la main une carte de visite qu'il avait lue — puis, lui faisant voir l'envers blanc, je lui avais dit que c'était la photographie de Mme Moriali, ce qui avait tout de suite semblé exact à l'obéissant écrivain de marine qui trouvait le portrait un peu noir... « trop de pose », disait-il. Lorsque la suggestion fut bien imprimée dans le cerveau du dormeur, je l'éveillai et durant un quart d'heure il fut convaincu qu'il avait sous les yeux le portrait de l'aimable maîtresse de la maison, qu'il considérait en reportant ensuite la vue sur ma carte avec l'intérêt que l'on prend à regarder une jolie gravure.

« Ah ! me dit Radigué, celle-là, vous ne me la ferez pas

avaler, mon cher Dauvil et je parie bien que vous ne me forcerez pas à voir autre chose que votre carte.

— « Vous êtes dans l'erreur, mon bon camarade, vous avez bien voulu vous mettre en mon pouvoir et tant que vous ne demanderez pas à secouer ce joug amical, vous le subirez entièrement ; je puis, lorsque je vous ai endormi, vous envoyer porter un bouquet à Madame la Gouvernante, vous prier de passer chez vous revêtir le costume de votre Malabar, et revenir ici sans vous rappeler rien, ni, — chose étrange — vous en apercevoir à votre réveil.

— « C'est trop fort, me répondit l'aide de camp du gouverneur : — endormez-moi, et je parie trois bouteilles de champagne qu'à mon réveil je ne verrai que votre carte, rien que votre carte.

— Eh bien, mon ami, nous allons tout à l'heure en faire sauter les bouchons à votre santé... et, si vous le voulez bien, à votre délivrance... faisons d'abord l'expérience. Lisez bien ma carte tout haut.

Léopold DAUVIL,

Capitaine adjudant major
au Bataillon des Volontaires de
l'île de la Réunion

Ile de la Réunion　　　　　　　　　　　*Saint-Denis*

— Très bien — retournez-la. Vous voyez que le dos est immaculé. — Oui. — Eh bien, avant de vous endormir, je vous dis que vous tenez la photographie de Mlle Betty Moriali. Il est 10 h. 15. A 10 h. 1/2 sonnant l'image s'effacera subitement et vous aurez dans la main ma carte de visite nette et blanche.

— Dormez, pensez et voyez ce que j'ai dit, ce que je veux : éveillez-vous maintenant. Eh bien, que tenez-vous ? »

Jetant les yeux sur la carte, Radigué s'écria sur le ton de la fâcherie : « Croyez-vous donc me tromper ? Est-ce que je ne vois pas que vous avez profité de cette minute de sommeil pour me jouer un tour : la carte que j'ai dans la main est bien la photographie de Miss Betty, mais c'est celle de l'album que vous avez substituée à votre carte de visite... Me prenez-vous pour un enfant ?

— Non, mon pauvre Radigué, vous tenez ma carte de visite, pas autre chose.

— Allons donc ! A d'autres, je vois les bavures d'une photographie mal coupée, mal collée.

— Mais, ajoutai-je, retournez la carte, vous lirez mon nom.

A la stupéfaction générale, Radigué était à ce point la proie de la suggestion qu'au lieu de voir mon nom, il lut : Garnier, photographe, passage des Panoramas, Paris.

J'avoue que je fus moi-même atterré.

A ce moment, tous les yeux se dirigèrent sur la pendule, la demie sonnait.

— Regardez la carte Radigué.

Jamais visage humain ne refléta semblable étonnement. Il jetait alternativement les yeux sur nous, puis sur ma carte d'où l'image s'était envolée.

— La suggestion vient de cesser pour vous comme pour Cossé... Voilà tout !

— Assez, assez, dit-il d'une voix presque étranglée, je ne veux plus de cette possession, je vous en supplie, rendez-moi mon libre arbitre, ma liberté ! ne m'endormez plus jamais.

— C'est entendu, je ne demande que cela, je ne vous ai point pris de force, cher ami, vous avez été vous-même la victime de votre curiosité... Pourtant il faut me permettre de vous endormir... mais pour la dernière fois, je vous le jure. Après cela, vous pourrez ajouter : un point, c'est tout ! »

Je l'hypnotisai le temps nécessaire de lui dire: « Radigué, souvenez-vous toujours que ce fut sur votre prière que je vous endormis. Selon votre désir, je ne le ferai plus et je vous rends votre volonté ferme, virile, pour résister à toute tentative de suggestion d'où qu'elle vienne.

« Je dirai plus, oubliez que je vous ai hypnotisé, et n'en parlons plus jamais. »

— Et là prit fin mon pouvoir sur l'un de mes meilleurs sujets.

Il y a dix-huit ans de cela... Radigué et moi, séparés par nos campagnes, nous sommes revus d'abord à des intervalles divers. Maintenant je le vois fréquemment... Cette semaine encore nous avons déjeuné avec sa ravissante fille dont il va confier les vingt printemps à un brave garçon qui sort de Saint-Cyr.

Radigué dont, vous le comprenez bien, lecteurs discrets, j'ai dénaturé le nom, est un de nos futurs brillants officiers généraux. Et ce qui vous étonnera tous, Messieurs, surtout vous, Mesdames, — et ce sont là les surprises du magnétisme, c'est que, si cet article tombe sous les yeux de celui dont je viens de parler pendant une heure, il y prendra peut-être quelque intérêt ; mais, ne reconnaissant point en mon sujet de cette vieille histoire sa brillante personnalité, il se dira : Quel pouvait être ce Radigué ? ce qui invite ma plume à parodier malgré moi les deux derniers vers du beau et célèbre sonnet d'Arvers dont la mémoire me pardonnera :

Il se dira, lisant ces pages de lui pleines,
Quel était donc cet homme ? et ne comprendra pas !

Nous causions de lui dernièrement avec la femme de M. R., un des avocats les plus distingués du barreau de Tours. Toujours jeune, svelte et gracieuse, elle est restée fidèle à nos souvenirs de la Martinique et de la Réunion. Cette dame n'est autre que Miss Betty Moriali, notre ancienne et bonne amie commune.

V

Le pauvre garçon qui fait l'objet de cet article est un souvenir triste pour moi ; dirai-je un remords ? Non, car dans la série ininterrompue des actes de l'existence, il en est tant que l'on accomplit sans préméditation et avec le désir de bien faire.

Que d'actions commises à la suite d'une pensée bonne et juste, avec la conviction certaine de vouloir faire le bien, et dont le résultat inattendu amène souvent au cerveau le regret amer d'avoir écouté le cœur et non la raison !

Je connus le photographe Ducorney peu de temps après mon arrivée à l'île de la Réunion ; à l'époque dont je vous ai parlé déjà où la prima donna du théâtre de Saint-Denis, non contente de ses succès, était fière de s'exhiber comme sujet hypnotique et surtout comme « liseuse de pensées ».

Un jour, l'un de ses adorateurs, jeune capitaine qui oubliait dans les bras de la belle les ennuis et les privations de sa dernière campagne à Madagascar, me demanda fort discrètement de consentir à endormir la diva devant l'objectif d'un photographe, afin, disait-il en riant, de conserver d'elle une image éthérée ; il me donna donc rendez-vous pour le lendemain chez Ducorney. C'est la première fois que je vis ce pauvre diable dont les jambes étaient paralysées, et qui se servait d'un tabouret comme véhicule et cela avec une agilité remarquable.

Pour être agréable à mon jeune camarade, j'endormis la jolie chanteuse à qui je fis prendre une pose d'extase qui faisait valoir ses charmes, et lui donnait l'air d'un ange déchu implorant le pardon du ciel.

« Est-ce que je dois photographier Madame comme cela ? « demanda l'artiste créole. — Oui, si vous n'y voyez pas « d'inconvénient. — Aucunement, mais pourquoi garde-t-elle « cette pose ? elle va se fatiguer et ne sera plus si bien lors- « que je serai prêt. — Ne craignez rien, Madame peut con- « server cette attitude durant une heure sans la changer, elle « est magnétisée, elle dort ! — Que dites-vous là ? » Et le pauvre infirme de rire franchement croyant que nous plaisantions. Toutefois, pour complaire à ses clients, il plaça son objectif au point et photographia la belle dans plusieurs poses successives au goût de son ami.

Toujours courant sur son tabouret, du salon de pose au cabinet noir, le pauvre Ducorney, dont la figure longue et anguleuse de Méphistophélès ou mieux d'Ésope, dont tout l'ensemble grotesque rappelait le type à mon esprit, dissimulait mal un sourire de doute et de moquerie. « Les « épreuves sont très belles, très nettes, nous cria-t-il du fond « de son cabinet noir ; Madame a posé avec un rare talent, « une immobilité parfaite et, ce qui m'étonne, sans bouger « les yeux ; mais si elle dort, ainsi que vous le dites, ce « dont je doute encore, il n'y a rien de surprenant. »

— « Alors, vous ne croyez pas au sommeil magnétique ? »
— Ma foi, puisque vous me posez nettement la question, je

vous répondrai de même, capitaine, non, je crois que ce sommeil est simulé fort adroitement. »

J'avais jugé l'infirme d'un coup d'œil : maigre, nerveux, les yeux démesurés, il vivait plus par le cerveau que par un cœur et des poumons solides. « Si vous voulez essayer, je « vais vous magnétiser, et, si je réussis, vous allez dormir « de la même façon que Madame. — M'endormir ! je de- « mande à voir cela ! » me répondit le cul-de-jatte en riant... Mais, quelques minutes plus tard, en présence de sa mère, de ses deux sœurs qui poussaient des cris d'orfraie, et de la divette, l'artiste était magnétisé. Pour rassurer aussitôt Mme et Mlles Ducorney, je soufflai sur les yeux de ce nouveau sujet et il s'éveilla jurant qu'il n'avait pas dormi, et dans cette minute d'inconscience qui succède à l'hypnose, il nous traita de « blagueurs » !

« — Voulez-vous une preuve évidente, Monsieur Ducorney ? — Certainement. — Eh bien ! préparez une plaque et donnez-la-moi dans son châssis. — Volontiers ». La chose faite, je replongeai mon photographe dans le sommeil somnambulique, je lui mis à la main une guitare suspendue à l'un des coins du mur, et donnai au modèle assis sur son tabouret la pose d'un chanteur comique : puis le temps de mettre l'appareil au point, d'introduire la plaque et d'ouvrir le châssis. Mon Ésope créole était croqué.

La guitare remise à son clou, une pose plus sérieuse donnée à ma victime ; je lui rendis la connaissance par un léger souffle sur le visage.

« Eh bien, avez-vous dormi, cette fois ? — Pas davantage », répondit l'entêté malgré les affirmations de sa mère, de ses sœurs et de nous trois. « Alors dites-nous ce que vous avez fait durant les quelques minutes que vous dites n'avoir pas dormi ? — Je n'ai pas dormi, vous dis-je. » En l'entendant nier, la prima donna riait à gorge déployée, en vraie chanteuse. Il fallut, pour convaincre le pauvre diable, qu'il allât lui-même, révéler sur la plaque l'image dans laquelle il se reconnut enfin... et des rires, des exclamations sortaient du cabinet noir... « Rien à répondre, c'est bien toi Ducorney et la guitare à la main... Elle est bonne cette farce-là, to magnétisé ! »

Puis, sortant de son laboratoire : « Mon capitaine, je vous fais mes humbles excuses, le fait m'est impossible à nier, Madame dormait... et votre serviteur aussi. »

Le soir, à la représentation théâtrale, je fus surpris de reconnaître Ducorney à l'orchestre, assis dans une stalle comme tout le monde ; son tabouret l'avait quitté. En m'apercevant il me salua gracieusement. Ce qu'on joua ce soir-là je ne m'en souviens guère, mais ce que je n'oublierai jamais, c'est le départ de mon infirme qu'un nègre vint prendre à sa stalle et emporta en le plaçant sur ses épaules, les jambes autour de son cou comme on voit souvent un père porter son enfant. En passant devant moi Ducorney enleva son bonnet et je me sentis si ému que je lui pris la main et la pressai avec effusion.

« Il est plus malheureux qu'un vrai cul-de-jatte, pensai-je, car celui-là n'a pas l'embarras de ses jambes ».

La prima donna avait fait circuler des photographies très réussies et soignées, car Ducorney était réellement artiste, et le plaisir de se voir portraire en somnambule devint contagieux pour tous ceux et celles qui voulaient bien, pour quelques instants, prier la Parque fileuse de me confier le fil de leur existence.

Cette idée vous fait sourire, aimable lectrice ? Cela est exactement vrai cependant, le magnétiseur, souvent sans le penser ni le savoir, tient la vie du sujet qu'il endort. Je n'ai pas le temps d'aligner pour vous le démontrer des arguments très convaincants, et je vous donnerai seulement le conseil de ne point vous faire endormir sans la présence d'un docteur, et je continuerai mon histoire si elle ne vous ennuie pas trop, madame.

Il me fallut donc bon gré mal gré retourner souvent chez Ducorney, à qui je faisais une belle et curieuse clientèle, pour faire photographier dans une pose extatique d'ange ou de Jeanne d'Arc entendant des voix, quelques jeunes gens des deux sexes qui, par ce motif, pouvaient sans se compromettre par aucune promesse, échanger leurs gracieux portraits.

J'avais une jolie collection de ces souvenirs auxquels le magnétiseur avait droit, le premier, mais je ne vous les puis montrer, l'album étant resté dans les flancs du « Tage » englouti entre les rochers des îles Leuven sur la Côte Est de Madagascar d'où, plus heureux, j'ai pu me tirer. Une grande intimité entre Ducorney et moi était résultée de ces relations fréquentes ; il m'avait vite voué une affection réelle et, souvent, lorsque je passais devant son atelier, j'entrais le voir et je trouvais, entre sa mère, Bretonne veuve, et ses deux sœurs créoles, un accueil dont je fus parfois touché.

Le pauvre Ducorney n'avait pas toujours été privé de ses jambes dont il avait joui jusqu'à 16 ans ; à la suite d'un bain dans l'eau glaciale d'un ruisseau torrentieux de Saint-Benoît il fallit perdre la vie, mais n'en réchappa qu'en payant sa guérison de ses jambes restées paralysées. Il y avait quinze ans qu'il se servait de ce tabouret qui semblait faire partie de lui-même. Très intelligent, assez instruit, bon chimiste sa photographie faisait vivre toute sa famille et lui avait permis de placer de l'argent au Crédit créole.

Ducorney avait une ambition : très au courant des progrès scientifiques en Europe par la *Revue des arts et des Sciences* à laquelle il était abonné, il rêvait de doter sa petite île de l'éclairage électrique. « Mais, me disait-il, est-ce qu'il est possible à un escargot de sortir de sa coquille ? Ah ! si j'avais des jambes ! J'irais en France, je travaillerais une année à Paris et je reviendrais électricien. Mais, ne pensons pas à cette folie... Continuons à faire de la photographie : Limaçon je suis, limace il me faut rester ! »

Un matin, je le trouvai gais. « Savez-vous, capitaine, ce que j'ai rêvé cette nuit ? — Non, parbleu. — Que vous me rendiez mes jambes.

Un autre jour il m'affirma qu'il sentait ses pieds vivants. L'auto-suggestion était éclose en son cerveau. Enfin quinze jours après, il m'assura qu'il était convaincu que le magnétisme lui rendait l'usage de ses deux membres inférieurs endormis, atrophiés seulement, disait-il, mais non morts et il me supplia de tenter l'épreuve de sa guérison. J'avoue que la confiance du pauvre garçon me rendait perplexe et le priant de me laisser réfléchir mûrement, afin d'étudier son cas, je lui demandai d'ajourner la tentative à quinze jours ou même à un mois.

La solution de pareille question m'intéressait vivement, mais je n'osais prendre sur moi d'assumer la responsabilité de semblable épreuve et je résolus d'en parler aux représentants de la docte Faculté.

Le chef du service de santé, M. Beaucastel, qui avait vu plusieurs de mes sujets et me jugeait prudent, m'engagea à n'opérer que devant quatre de ses confrères au moins, après leur avoir fait visiter Ducorney et avoir reçu leur avis. Quant à lui, il ne croyait pas au succès de cette bizarre tentative et refusa, vu sa situation élevée et officielle, d'assister à la réunion.

Le médecin du bataillon des volontaires qui suivait toutes mes expériences depuis deux mois, le Dr Legoller et était venu voir le sujet, pencha pour l'affirmative et, m'accompagnant chez tous les médecins de Saint-Denis, il entraîna le concours de MM. Mac Auliffe, Charles Legras et Paul Mahé (Je donne exactement les noms de ces honorables praticiens).

Un rendez-vous fut pris pour un matin éloigné, ce qui me donna quinze jours que j'employai utilement à magnétiser mon sujet, et à le préparer par la suggestion à cette conviction, enracinée déjà en son esprit, qu'il marcherait réellement avant un mois, et, chaque soir, je constatais que ses rotules craquaient, et que les apophyses n'étaient pas soudées.

Le grand jour de la réunion des quatre docteurs arrivé, je fus le premier au rendez-vous et, très ému, je le confesse, plus même que Ducorney qui était plein de confiance en moi. Trois des médecins m'autorisèrent à endormir le photographe devant eux et à lui suggérer la pensée de marcher ; ce furent MM. Legoller, Mac Auliffe et Charles Legras. — Seul, le Dr Paul Mahé ne voulut point s'associer à l'idée de ses confrères, convaincu, dit-il, que je pouvais briser les jambes du patient sous l'effet irrésistible de l'ordre que j'allais lui donner de marcher, et il refusa d'accorder son consentement.

Je priai néanmoins le Dr Mahé, l'un des médecins les plus renommés de l'île, de vouloir bien demeurer afin de m'accorder son témoignage en cas de besoin. J'endormis donc Ducorney et lui dis : « Mon ami, écoutez-moi bien ; selon votre désir je veux tenter aujourd'hui de vous rendre l'usage de vos jambes, je vais vous commander dans un instant de vous lever, de quitter votre tabouret et d'essayer de venir à moi, mais faites cela autant par votre volonté que par la mienne, si vous éprouvez quelque souffrance, rasseyez-vous. — Non, dit le photographe, je veux marcher, je marcherai, donnez-moi l'ordre de me lever et de marcher. »

Semblable au patron d'une barque qui va faire larguer l'amarre ou à l'aéronaute qui va crier : lâchez tout, je maîtrisai l'émotion qui m'étreignait la gorge et je prononçai d'une voix calme, mais ferme : « Ducorney, levez-vous, marchez » ! — Et nous vîmes avec une stupéfaction bien compréhensible le pauvre infirme se lever, se redresser, quitter son tabouret, prendre sur la table un gros album et venir à moi, marchant comme un singe, mais marchant.

Il me remit le livre et, sur mon ordre, retourna vers son tabouret.

Réveillé alors par moi, il lut dans nos yeux la satisfaction éprouvée par tous. — « Ai-je marché ? demanda-t-il anxieux. — Oui, mon ami, et maintenant vous allez recommencer l'expérience sans être endormi. Levez-vous, marchez ! ». La réussite fut complète. Ésope vint à moi et retourna trois fois de suite à l'autre bout du salon.

Sur l'avis des quatre médecins il fallait que Ducorney ne répétât l'expérience que le lendemain, puis les jours suivants, en allant progressivement par un exercice gradué et journalier.

Pendant un mois j'eus la constance d'aller chaque soir, après la manœuvre de mes volontaires, faire marcher le très heureux photographe, qui m'attendait toujours comme un Juif espère le Messie. Puis sa mère lui faisait, durant près d'une heure, sur chaque jambe, une friction d'axonge et d'alcool, après quoi le ci-devant cul-de-jatte marchait en progressant chaque jour. Son dos voûté s'était redressé, ses jambes reprenaient la vie avec le mouvement, les nerfs se détendaient et jouaient, enfin, la synovie apparut dans les circulations et fit cesser tous les craquements. Les docteurs avaient fini par s'intéresser au sort d'un sujet si digne de sympathie et entraient souvent le voir et le féliciter de son état, qui annonçait une guérison bientôt radicale.

Enfin, un jour, les Dionysiens créoles furent stupéfiés de voir arriver à la musique du jardin de l'Etat, marchant seul, les jambes un peu écartées, mais avec agilité, le photographe Ducorney, la canne à la main.

Je ne pensais point à pareille apparition et je dus m'enfuir chez moi pour échapper aux félicitations de tous les promeneurs, qui tenaient à me dire que j'avais fait là une cure merveilleuse.

Certes à cette époque je fus heureux, et la joie d'avoir rendu à un infirme l'usage de ses jambes me paya amplement du peu de dévouement que j'avais donné à l'un de mes prochains, mais je ne me doutais pas des conséquences désagréables qui allaient résulter pour moi de ce « miracle » qui, huit jours durant, défraya les conversations de Saint-Denis.

Dès le lendemain de la promenade de Ducorney au jardin, je reçus dix lettres de créoles me priant d'aller les voir pour les guérir !... Tous se disaient convaincus que j'allais les débarrasser de leurs maux. Plus heureux que moi, notre Sauveur Jésus ne connut point la poste, le chemin de fer, ni les voitures, il se contentait de rencontrer les aveugles, les paralytiques, les lépreux. Sur son chemin il n'avait qu'à dire aux aveugles : « Ouvrez les yeux, voyez; aux paralytiques : Jetez vos béquilles, allez, marchez... et aux lépreux : Grattez-vous et faites peau neuve ». A moi, il avait fallu six semaines pour faire marcher Ducorney comme un gorille et ce haut fait me valut une clientèle obsédante.

Oui, j'ai guéri quelques malades, mais la suggestion a été mon grand préparateur, mon aide le plus intelligent, sans lequel je serais resté après comme devant ce que je me retrouve toujours simple et presque ignorant.

Je vais citer quelques faits... Mes vieilles notes y passeront presque toutes. Je voulais ne vous donner qu'un article ou deux et voilà que je vais copier un volume. Après quoi je puis m'écrier avec Salomon : *Vanitas vanitatum !*

VI

Il existe dans la chère petite île lointaine dont j'ai toujours plaisir à parler, un lieu ravissant qui m'a fait songer souvent au paradis terrestre, alors que j'y goûtais le calme et le bonheur dans notre modeste Villa « Sans Souci » : c'est Salazie, joli bourg, dont la source thermale située à 900 mètres au-dessus de la mer a fait la réputation et la fortune. Ce petit Eden, où l'on accède par une route aussi pittoresque qu'accidentée, qui serpente et traverse plusieurs fois la torrentueuse rivière du Mât, est posé gracieux au pied du sourcilleux diadème des trois Salazes, qui sert d'écran, de ce côté de l'île, au Piton des neiges. Ce sommet, le plus élevé de l'île, noie sa cime blanche et chenue dans l'azur d'un ciel pur, à 3.266 mètres. Presque tous les ans, en juillet et août, on y aperçoit de la neige. Cette île possède toutes les latitudes qu'un voyageur peut traverser en quelques heures. En quittant la zone torride sur le littoral, vers 7 heures, il arrive à Salazie, en pleine zone tempérée, pour déjeuner, et, s'il lui plaît d'aller coucher sur le rempart de Belouve, un guide le mènera le lendemain se rafraîchir dans la neige du grand Piton... s'il y en a encore. Les créoles de la Réunion sont aussi très fiers de leur joli volcan dont le léger panache, brillante aigrette, éclaire la plupart du temps, du soir au matin, la montagne du Grand Brûlé dans les belles nuits de ce lointain... là-bas. Moins sournois et cruel que le Mont Pelé de la Martinique, que j'ai gravi aussi il y a vingt ans, le Brûlé, très souvent en travail, met l'île de la Réunion à l'abri d'un cataclysme horrible comme celui qui, le 8 mai 1902 a anéanti Saint-Pierre et sa chère population créole.

Patience, lecteur, je reprends mon récit, mais mon cœur tenait à payer ce léger tribut d'admiration à ce petit coin de terre perdu dans les flots bleus de l'Océan Indien à qui je dois mon fils et sa mère.

Adoncque, j'étais allé passer quelques jours à Salazie pour me reposer à l'hôpital militaire, où les bonnes sœurs nous gâtaient tant, et boire un peu à la source chaude, de cette eau merveilleuse par excellence, car les malades qui montent la déguster sont en général bien portants. Ce sont, la plupart du temps, des fonctionnaires qui y vont en famille, aux vacances, ou des Mauriciens qui passent de l'île sœur à la Réunion, en quelques heures de paquebot.

Un matin que j'étais allé m'asseoir sur la terrasse fleurie de l'hôtel Cuzard, j'entendis des plaintes venir d'une chambre d'où sortit le Dr Roussel médecin de la marine, excellent camarade autant que bon médecin. » Bonjour, docteur... Il y a donc des malades à Salazie, cette année ? — Oui, j'en ai un là, et assez mal hypothéqué, il souffre d'une lymphangite au bras droit, il ne dort pas de la nuit, il est ici depuis huit jours, et je ne sais pas quand je le tirerai de là... Rien de plus traître que cette affection. — Quel est ce monsieur ? — Un avocat de l'île Maurice, venu pour se reposer et prendre les eaux, et c'est ici qu'il a été pincé... délicieuse l'eau de la source, mais il n'en faut point abuser. — Hé bien, docteur, essayons du magnétisme, dis-je riant. — L'idée n'est pas si mauvaise, me répondit Roussel qui m'avait vu opérer à Saint-Denis, il paraît que vous avez rendu les jambes à Ducorney, ce qui a « épaté » notre grand chef, M. Beaucastel. Rien ne s'oppose à faire l'essai du magnétisme sur le bras de mon Mauricien. — Et puis, docteur, avouez que si je ne lui fais pas de bien, je ne lui ferai pas de mal... la suggestion, docteur, tout est là. » Aussitôt dit, aussitôt fait. M. Roussel me précède dans la chambre du malade, à qui il me présente comme un ami, qui a le plus grand désir de soulager les maux de son prochain, et qui, chose incroyable, a la chance de réussir neuf fois sur dix... Je ne pouvais pas trouver meilleur complice. « Permettez donc, Monsieur, dis-je au malade, que je vous fasse quelques passes. — Oh ! monsieur, faites-moi tout ce que vous voudrez, pourvu que mes douleurs cessent, il me semble que mon bras va éclater. » Et l'avocat de l'île sœur, un garçon de 30 ans environ, me livra le membre endolori, très rouge, très gonflé, sur lequel apparaissait en relief le réseau veineux. Je le lui flattai doucement, le soutenant légèrement, faisant des passes de l'épaule à la saignée jusqu'à l'extrémité des doigts. De temps en temps je laissais tomber un regard sur ses yeux et ma main droite passait sur son front. « Vous n'avez pas dormi depuis longtemps ? — Depuis quatre jours à peine me suis-je assoupi une heure par jour. — Eh bien, je suis sûr que vous allez dormir, voyez-vous, la douleur du bras diminue, elle va cesser peu à peu. — Oui, je me sens mieux. — Si vous dormiez, elle pourrait disparaître. Il faut donc dormir... dormez... » Sans lutter nullement contre un sommeil réparateur qu'il attendait, M. L. ouvrit et referma les yeux, et, vingt minutes après mon entrée dans cette chambre d'hôtel, j'avais la douce satisfaction de voir sa douleur calmée, et le Dr Roussel et moi nous nous retirions, laissant l'avocat mauricien endormi. Le lendemain matin j'attendis sous la galerie de « Mamzell Rose », vieille mulâtresse héritière de l'hôtel Cuzard, le Dr Roussel, qui m'affirma que mes soins avaient amené un résultat efficace et inattendu, que le bras du défenseur de la veuve et de l'orphelin était complètement désenflé après un sommeil qui avait duré six heures la veille et toute la nuit, après que le malade eût mangé avec appétit.

Je me rendis deux fois encore auprès de M. L. et, à quatre heures du soir, moins de trente-six heures après ma première visite, le bon Dr Roussel ne craignait pas de me déclarer que, grâce au magnétisme, son malade était hors de danger, aussi m'offrait-il un certificat constatant cette cure opérée sous ses yeux.

Le Dr Roussel a dû ne pas apposer sa signature sur la dénonciation faite par les médecins qui ont fait condamner l'année dernière à la prison et à l'amende un magnétiseur, qui n'eut d'autres méfaits à se reprocher que d'avoir guéri, gratuitement et sans prescrire d'ordonnance pharmaceutique, plusieurs de leurs malades que, très probablement, ces enfants d'Esculape ne soignaient pas à « l'œil ».

Deux jours après, mon Mauricien et moi, devenus des amis, faisions joyeusement la jolie promenade de la Mare aux poules d'eau.

La suivante histoire s'est terminée par une guérison plus complète encore, vous allez en juger, et je reconnais que bon nombre de docteurs en obtiennent d'aussi radicales. Un après-midi, j'étais à la caserne de Saint-Denis à surveiller la manœuvre de mes volontaires créoles, laquelle se faisait après les heures chaudes, lorsqu'un jeune homme, amené vers moi par l'adjudant, me supplia de venir voir son père très malade, M. Achille Boreau, très connu dans le commerce maritime. « Mais, Monsieur, je ne suis pas docteur, et n'ai nullement le droit d'aller voir un malade autrement que comme ami, et je n'ai jamais été présenté à monsieur votre père. Quel est son médecin ? — Le Dr Charles Legras, et je dois vous avouer, Monsieur le capitaine, que c'est lui qui m'envoie près de vous. » Le Dr Legras, je vous l'ai dit, avait été mon collaborateur dans la guérison de Ducorney et, chaque jour, soit au Barachois, soit au jardin, j'avais le plaisir de rencontrer ce causeur aimable autant qu'infatigable. « C'est bien, Monsieur, répondez au docteur que j'irai ce soir après dîner chez monsieur votre père », dis-je au fils de M. Boreau.

Comme je sortais de table, je trouvai ce jeune homme à la porte de l'hôtel, m'attendant avec une voiture. J'eus l'idée malencontreuse de passer prendre un de mes sujets, une mulâtresse de 23 ans, qui avait comme particularité, constatée chez elle par mon ami le docteur Legoller, celle de diagnostiquer très bizarrement, je l'avoue, mais très sûrement, le mal d'autrui. — En état de somnambulisme cette fille avait l'intuition du mal ressenti par celui ou celle qu'elle touchait. On aurait eu tort d'attendre qu'elle désignât par un mot scientifique, soit en grec, soit en latin, la maladie qui couchait sur son lit le patient qui l'avait appelée. Elle voyait, elle décrivait et le vieux Dr Legras — naïf aux yeux de ses confrères — l'avait écoutée plusieurs fois et s'en était loué. Nous arrivons devant une jolie villa, nous descendons du coupé et le fils Boreau nous introduit au salon, où Mme Boreau, sa famille et le Dr Legras m'attendaient. Dupuytren, Broca ou le Dr Péan n'aurait pas trouvé l'accueil qui salua mon entrée chez ces bonnes gens. Le docteur me mit tout bas au courant de l'état de son malade... « affaiblissement général, arrêts fréquents du cœur... rien à faire. Mais je dois vous dire, mon cher capitaine, qu'on a tant parlé de vous au pauvre M. Boreau qu'il ne cesse, depuis deux jours, de croire que si vous venez le toucher il sera guéri. — Docteur, docteur, que n'ai-je une main royale pour guérir les écrouelles, et la lèpre ! »

Sachant à quoi m'en tenir sur son client j'entrai après le docteur, suivi de ma somnambule. « Ah ! que vous êtes bon, Monsieur le capitaine, d'avoir cédé au désir d'un malade qui vous est inconnu, me dit le vieux M. Boreau en me tendant ses mains exsangues et décharnées, mais on m'a dit tant de merveilles de votre pouvoir magnétique que je crois que vous seul allez me rendre la santé, c'est l'avis de mon ami le Dr Legras… n'est-ce pas docteur ? — Certainement, Monsieur, je puis vous soulager en calmant un peu vos douleurs, mais il faut vous armer de patience… » Je pressai les mains du bonhomme, je touchai son front, son cœur usé, et je réussis à lui donner un léger assoupissement, après quoi je rentrai au salon sans avoir cru nécessaire de faire « usage » de ma somnambule qui s'était assise au pied du lit.

J'allais me retirer lorsque la garde-malade vint appeler Mme Boreau. Son mari s'était réveillé se plaignant et demandant encore à me voir. — Cette fois j'endormis la somnambule, à qui j'avais suggéré tout bas de dire que la guérison arriverait lentement, en continuant les bons soins, et je l'amenai doucement près du malade dont elle prit la main.

Mais la sotte innocente, au lieu de répéter ce que je désirais, se mit à hurler :

« Hélas, il est trop tard, le cœur s'affaiblit ! »

J'essayai, avec calme, de donner le change en disant, après avoir secoué et réveillé la voyante, que j'aurais envoyé au diable si j'avais connu son adresse.

« En effet, il est tard ce soir, cette fille est plus lucide dans le jour ». Mais je lus sur tous les visages, et surtout sur celui du moribond, que le coup était porté. Je saluai et me retirai, maudissant le Dr Legras et mon trop bon sujet.

Deux jours après on accompagnait M. Boreau à sa dernière demeure.

Encore une autre anecdote sur le magnétisme envisagé sous son côté comique; je vous ferai grâce du reste des guérisons opérées par ce moyen, et je reviendrai, pour la terminer, à l'histoire de mon pauvre Ésope Ducorney.

Un garçon, employé de commerce et comptable, m'attendait chaque jour à l'ombre des flamboyants, dont l'ombrage protège la galerie de la caserne ; il s'asseyait, et, lorsque je sortais, me saluait d'un air piteux et triste — je ne faisais guère attention à lui, lorsqu'un jour, il vainquit sa timidité, et me dit qu'il venait chercher la guérison près de moi. Il était affligé de la crampe des écrivains, et de plus était légèrement ataxique. Son médecin fatigué de le soigner inutilement l'avait envoyé vers moi, en lui assurant que le capitaine Dauvil le guérirait et, confiant, ce pauvre diable, affligé du nom ironique d'Hilarion, était venu me chercher à la caserne. Je le fis entrer dans mon local et l'ayant magnétisé, il écrivit couramment sans doubler ses lettres, et marcha sans cette précipitation mécanique particulière aux ataxiques. Chaque jour il venait pour sa petite consultation, et l'adjudant, à mon arrivée, me disait en souriant : « Mon capitaine, votre malade est là ». Sa ténacité aurait dû obtenir un meilleur résultat, mais la suggestion magnétique n'avait aucun effet sur sa nature sans ressort. Exaspéré de le rencontrer à ma porte comme un vrai Terme, je le renvoyai en le priant de ne plus revenir, mon pouvoir étant sans valeur pour lui. Mais, têtu comme un zèbre, il était à son poste le lendemain.

Cette fois, sans pitié, je le chassai réellement, avec une brutalité que j'ai eu tort de regretter, car elle eut plus d'effet que ma douceur : « Allez, fichez votre camp ailleurs, lui dis-je, vous n'êtes malade que d'imagination; couchez-vous à l'heure des poules ; levez-vous avec les coqs, marchez et buvez de l'eau, et ne revenez plus m'importuner. »

Le piteux Hilarion fila avec une vélocité surprenante, et, comprenant que l'ordre était formel, il ne revint plus.

Je ne songeais point à lui lorsque, quelques mois après, je le rencontrai et pus l'arrêter comme il allait se jeter à mon cou. « Je vous dois la vie, me dit-il avec une joie exubérante, je suis guéri, j'écris sans trembler, je marche sans tomber et j'ai retrouvé l'emploi que j'avais perdu. Depuis plus de trois mois je suis vos prescriptions, vous en voyez le résultat. — Et que faites-vous donc ? — Hé bien, ce que vous m'avez ordonné. Je me lève à cinq heures, je fais une promenade de 5 à 6 kilomètres, je mange bien, mais je ne bois plus que de l'eau, et à huit heures du soir je me couche ». Et, ravi, Hilarion, tout hilare, me quitta en me serrant les deux mains.

Combien de malades verraient promptement la fin de leurs maux en suivant simplement ce traitement, sans avoir recours au médecin ni au magnétiseur.

Revenons à Ducorney, à qui vous vous êtes sans doute intéressés, chers lecteurs. Il avait donc recouvré la santé par un miracle dont je vous prie de ne point m'accorder tout le mérite. Sa marche pouvait sembler baroque, mais, après être demeuré quinze ans collé à un tabouret, mon Ésope se croyait une gazelle, et bien loin de soupçonner qu'il pût prêter à rire, c'est avec un semblant d'orgueil, une pointe de vanité, qu'après son travail, aux heures fraîches du soir, il prenait sa canne, coiffait son panama et descendait au square Richaud ou au Barachois. Le dimanche, il profitait du chemin de fer, qui fait aujourd'hui une ceinture à l'île, et allait avec ses sœurs faire quelque excursion vers un des jolis quartiers qui bordent le littoral.

Son idée de venir en France avait germé, elle mûrissait... elle ne porta que trop vite ses fruits et, comme je m'embarquais pour Madagascar, Ducorney, tout joyeux, m'annonça qu'il avait retenu son passage pour Marseille sur le paquebot qui allait partir dans huit jours.

Mon absence dura une année... ma plume allait écrire... un siècle. Quand je revins à la Réunion, après avoir failli sombrer entre le Cap d'Ambre et Vohémar, je me rappelai Ducorney en passant devant son atelier. Son rêve s'était accompli, il avait étudié l'électricité dans une grande usine et venait de rentrer, porteur d'appareils qui, disait l'enthousiaste Ésope, allaient procurer avant peu la « lumière divine » à Saint Denis, qui n'avait connu jusque-là que celle de mauvais reverbères, qui comptaient toujours sur la lune, ou de la lune, qui comptait sur les reverbères, de sorte que les Dyonisiens n'y voyaient goutte. Ducorney fit là, je l'appris plus tard, une mauvaise affaire, la force motrice demandée à la rivière de Saint-Denis étant insuffisante, et nécessitant une grosse dépense pour ouvrir une prise d'eau à deux kilomètres.

Je passai plusieurs années sans revoir Ducorney, car, après avoir déposé l'épée, pour unir mon sort à celui d'une jeune et aimable créole, je vins deux fois en France, et vécus le reste du temps sur une habitation sucrière au « Bois Rouge » ou à Salazie, à Sans Souci. Je venais donc assez rarement à Saint-Denis.

Peu de temps avant mon départ définitif de la Réunion, pour venir habiter la France avec ma femme et notre bambin de cinq ans, aujourd'hui grand lycéen de seconde, j'entrai voir Ducorney pour lui faire mes adieux — je trouvai sa sœur seule au salon — « Ah ! Monsieur Dauvil, me dit-elle les larmes aux yeux, notre pauvre frère est bien malade; il nous donne de grandes inquiétudes. Montez à sa chambre, il sera si heureux de vous revoir ! » Je gagnai cette pièce, où l'atmosphère de la mort me saisit à la gorge... Mon pauvre Ésope était assis plutôt que couché, le buste et la tête reposant sur plusieurs oreillers. — « Ah ! me dit-il d'une voix caverneuse, je pensais bien que vous ne me laisseriez pas mourir sans venir me revoir, vous allez me soigner, me guérir, n'est-ce pas ? » et, dans ses grands yeux brillants, sur ses joues amaigries et blêmes passa un doux sourire d'espoir.

— « Eh bien ! mon pauvre Ducorney, ça ne va donc pas, vous avez pris les fièvres ? » lui dis-je comme si son mal n'était pas trop visible. — « Oh ! non, ça ne va pas, si ce n'était que la fièvre je ne serais pas inquiet, mais je souffre de la poitrine, et le Dr Legras prétend que, si je ne vais pas à la montagne, je n'en ai pas pour plus de deux ou trois ans, je ne dors ni ne mange. Irai-je même deux ans ? Ah, mon cher commandant, que de fois je me suis demandé si vous m'aviez rendu un réel service en me donnant l'usage de mes jambes, et j'ai regretté souvent de n'être plus l'escargot traînant sa coquille, l'oiselet enfermé dans sa cage, le hanneton attaché par un fil ! Alors, je n'osais pas goûter aux plaisirs que mon imagination ne concevait point, mais hélas ! dès que j'en ai approché la coupe de mes lèvres, je m'en suis tout de suite grisé. Oh ! Paris, Paris ! Pourquoi ai-je voulu te connaître ? Pendant l'année que j'y ai passé, j'y ai travaillé, mais je m'y suis vautré dans tous les plaisirs ! J'avais beau me souvenir du conseil du sage, *uti non abuti*, j'ai vidé cent fois la coupe jusqu'à la lie, et je me suis usé en quelques mois. Mon rêve d'apporter ici l'électricité n'a pas réussi, la noire guigne m'épiait et s'est acharnée à moi depuis mon retour, j'ai voulu combattre, je n'avais plus de forces, je suis terrassé. J'ai perdu ma mère, et mon frère vient de mourir à Madagascar. J'ai dépensé ce qui me restait de ce que j'ai follement jeté dans la cuve parisienne, mes appareils électriques dorment sans travailler, je n'ai plus de goût à la photographie... Je sens que tout est fini. » Et le pauvre garçon, que j'avais vu si joyeux, versait des larmes amères qui coulaient le long de ses joues pâles. J'appelai sa sœur aînée, et, devant elle, j'endormis son frère comme un petit enfant, en lui donnant l'ordre de reposer jusqu'au soir, lui assurant qu'il s'éveillerait dispos et content. Je revins au moment de son réveil et le trouvai presque joyeux.

Je retournai chaque jour pour l'endormir et entretenir son rêve. La veille de notre départ j'allai pour la dernière fois lui serrer la main, et l'entretenir dans la pensée de sa guérison. Il était plus calme, souriant presque. — « Quand reviendrez-vous, monsieur Dauvil ? — Dans deux ou trois ans, mon ami. — Tant mieux, vous me retrouverez tout à fait rétabli a' rs, je vais partir pour Cilaos dans huit jours, l'air pur de nos belles montagnes m'aura vite rendu la santé, et je redescendrai vaillant pour me remettre au travail. A votre retour, vous trouverez Saint-Denis brillamment éclairé à l'électricité, et peu à peu j'irai porter le flambeau dans tous les quartiers. Alors, vous serez fier d'Esope, n'est-ce pas ! »

J'approuvai tout ce qu'il disait, cherchant encore à embellir son rêve, comme au soir les chauds rayons d'un beau soleil couchant dorent de leurs derniers feux la cime des montagnes.

Avant de le quitter il m'ouvrit bien grands ses bras décharnés, et me donna un long baiser que je lui rendis avec une émotion poignante, et je l'endormis pour la dernière fois, en lui disant de rêver qu'il reverrait la France après qu'il aurait bien travaillé à refaire fortune.

Le lendemain à quatre heures du soir nous étions, ma femme, mon fils et moi, au port de la Pointe des Galets, sur le *Pei-Ho*, qui était sous pression et allait quitter la Réunion, lorsqu'une embarcation se détachant des appontements vint droit accoster le paquebot. « Une dépêche pour le commandant Dauvil », dit le patron. Je la reçus moi-même et l'ouvris avec empressement.

Voici ce que contenait ce petit bleu :

« Notre pauvre frère vient de mourir ».   *Marie Ducorney*

VII

Parmi les derniers feuillets écrits par le magnétiseur, je trouve encore à glaner quelques miettes que je réunis et que j'ajoute aux précédentes. Du cahier plus récent qui contient les notes du spirite, je tirerai les plus intéressantes qui formeront deux ou trois histoires acceptables; plus serait abuser certainement de la patience de mes lecteurs.

En 1884, je l'ai dit déjà, j'étais au service à l'île de la Réunion et, à cette époque, ma puissance magnétique était dans toute sa force... question d'âge, évidemment. Plusieurs médecins de la marine, que je rencontrais chaque jour à l'hôtel, voulaient bien s'intéresser aux curieux faits qu'ils constataient, au lieu de les dédaigner ou de s'en moquer comme tant de leurs confrères plus entêtés qu'ignorants. Le Dr Ségard, dont les poésies charmantes ont appris le nom à bien des jeunes mères, était de ceux-là ; avec Legoller, notre médecin du bataillon des volontaires créoles, il suivait avec plaisir mes expériences, auxquelles tous les deux prêtaient quelque valeur par leur présence toute sympathique et désintéressée.

Ségard devint fervent adepte du magnétisme, et, depuis, un partisan du spiritisme, si j'en crois le colonel de Rochas qui, dans son bel ouvrage « L'extériorisation de la motricité » cite le nom du Dr Ségard, médecin principal de la marine, comme ayant assisté aux intéressantes expériences faites par l'éminent professeur Charles Richet à Carqueirane et à l'île Roubaud (Var), avec le médium italien Eusapia Paladino.

C'est là que Ségard affirma, par une lettre adressée au comte de Rochas, avoir vu de l'écriture directe en traits bleus s'effectuer sans plume ni crayon au gré du geste d'Eusapia, directement, sur une feuille de papier ou à travers plusieurs feuilles superposées.

Le Dr Legoller, à qui ses loisirs permettaient de donner bien des soins à de nombreux malades de Saint-Denis, surtout aux pauvres, me signalait souvent des sujets aptes à se prêter au magnétisme. Un matin, il vint me prendre pour aller voir une jeune fille de 22 ans qui se plaignait de fréquents étouffements causés, disait-elle, par la présence d'une boule qui lui semblait monter de la poitrine à la gorge, et suspendait sa respiration au point de causer chez elle des évanouissements fréquents. Ce phénomène, tout nerveux et probablement imaginaire, désignait un tempérament hystérique sur lequel la suggestion devait avoir des résultats bienfaisants.

Dès que je vis la malade et que, sur le conseil amical du docteur, elle eut consenti à se prêter au magnétisme, l'effet fut instantané. Mlle C..., s'endormit presque sur l'ordre que je lui en donnai en mettant ma main sur son front, et elle accepta avec une conviction sincère l'assurance que la boule qui l'empêchait de respirer diminuait sous mes doigts et serait fondue avant quelques jours.

Legoller l'ayant revue la semaine suivante me la signala comme somnambule et je retournai chez elle avec le docteur. C'est ici que se place un fait curieux, et simplement vrai, sur lequel j'appelle l'attention du lecteur, alors qu'on nie l'existence des liseurs et des liseuses de pensées, ceci dit à l'adresse de M. Gaston Méry qui, dans l'un des derniers numéros de l'*Echo du merveilleux*, exprimait ses doutes à ce sujet.

Comme nous allions pénétrer dans la demeure de la malade, un soldat-planton courant après moi me remit sans rien dire un pli de service, fit demi-tour et s'éloigna. Plus intéressé par notre malade que par l'avis quelconque reçu, je glissai le pli dans la poche de mon dolman sans en prendre connaissance tout de suite.

Après avoir serré la main de Mlle C..., et causé de ses sensations déjà moins pénibles, l'idée me passa par l'esprit de voir si, chez elle, la somnambule était lucide et pourrait traduire une pensée non exprimée par la parole. Je m'apprêtais donc à rompre l'enveloppe du pli qui venait de m'être remis et à demander à Mlle C..., une fois endormie, s'il lui était possible de traduire ce que j'allais lire mentalement. — « Faites mieux, mon cher capitaine, me dit le docteur, n'ouvrez pas cette lettre et remettez-là à Mademoiselle » ; puis il me fit signe de l'hypnotiser. Ce qui fut dit fut aussitôt fait; j'endormis le sujet et lui remis le papier, enfermé dans une grande enveloppe carrée jaune, qui indiquait un pli de service dont je n'aurais pu dire la provenance. Aussitôt Mlle C..., tourna et retourna la lettre, puis l'appuya sur son front comme pour en deviner le contenu. « Je vois, dit-elle, une écriture longue, fine, mais, pliées en quatre les lignes se croisent et je ne puis distinguer; dépliez la lettre et je lirai bien. — Faites, dis-je au docteur, mais sans la lire veuillez l'appliquer sur le front et les yeux de Mademoiselle, l'écriture en dessous bien entendu.

La chose faite Mlle C..., lut couramment ce qui suit :

Saint-Denis, le 27 décembre 1884.

Mon cher capitaine,

En l'absence du commandant H..., en tournée, veuillez passer à mon bureau ce soir de 4 à 5 heures, pour régler la question du détachement à expédier à Madagascar par la « Romanche », attendue ces jours-ci de Tamatave.

Sentiments distingués,

Le gouverneur, CUINIER.

J'enlevai le pli des mains de la jeune fille, la lecture en avait été textuelle. J'ajouterai que le pauvre docteur Legoller est mort des fièvres au retour de Madagascar, que la jeune fille, mariée et mère de famille en Cochinchine, ne tient sans doute pas à voir publier son nom et que je reste donc le seul témoin de ce fait, que vous trouverez étrange, et qui ne l'est peut-être point... Mais je vous prie de le croire exact.

En 1896, à Pau, où je donnais mon temps à la propagation si intéressante des « OEuvres de mer » pour venir en aide à nos pauvres pêcheurs de Terre-Neuve et d'Islande, le prestidigitateur, magnétiseur et liseur de pensées Pickman vint donner quelques séances dans la ville pyrénéenne.

Je l'avais déjà vu à Cherbourg, et mes relations avec le pauvre Donato m'avaient poussé à faire sa connaissance, et comme cet autre Belge est, comme feu son compatriote, un homme fort aimable, nous eûmes ensemble d'intéressants entretiens.

Le soir de sa première représentation, je me rendis au Théâtre du Cirque et, m'étant placé avec ma femme assez près de la scène, Pickman me reconnut et nous salua.

Vers le milieu de la soirée, quelle ne fut pas ma stupéfaction d'entendre mon Pickman dire à l'assemblée très nombreuse : « Messieurs, mesdames, nous avons l'honneur de posséder parmi nous un praticien de valeur, M. le commandant D..., à qui je serai heureux de livrer les sujets ici présents, s'ils y consentent, afin qu'il veuille bien nous montrer quelques-unes des expériences dont il m'a entretenu, et qui seront d'un intérêt réel et nouveau pour l'aimable société et pour moi-même, je l'avoue. »

Le boniment du prestidigitateur était-il ironique ou sincère ? était-ce un défi ou un piège ? Je me demandai tout cela en une seconde de surprise, tant j'étais loin de m'attendre à être invité *ex abrupto* à paraître sur une scène pour m'y donner en spectacle !

Refuser de souscrire à la demande de Pickman c'était l'autoriser à douter de ce que je lui avais raconté ; accepter, c'était peut-être, en me plaçant volontairement au pied du mur, courir au-devant d'un échec ridicule. Retenu par ma femme qui redoutait cette solution, sollicité par quelques amis, je cédai, je l'avoue, à un sentiment d'orgueil et je montai sur le théâtre, où je pris la parole pour affirmer à l'assistance que je n'avais pas prévu l'honneur que voulait bien me faire M. Pickman en me prêtant ses sujets, et j'ajoutai que les expériences que j'allais avec plaisir tenter sur eux étaient d'un tout autre ordre que celles que venait de nous montrer le célèbre magnétiseur. Il avait pris le corps de tous ces sujets et nous avions vu des choses étonnantes : perversion de tous les sens, ordres exécutés sans réflexion, illusions imposées, forces détruites ou augmentées, etc. Je voulais m'adresser à leur cerveau et non plus à leur corps, et obtenir des effets moins brillants peut-être, mais aussi curieux. Mes paroles couvertes d'applaudissements de politesse je commençai :

1ʳᵉ *expérience*. — Au lieu d'hypnotiser les 6 sujets qui s'étaient mis volontairement à ma disposition, par le regard ou des passes magnétiques, je pratiquai par suggestion en annonçant que j'allais les endormir tous en leur présentant de l'eau magnétisée. Je fis demander au café du théâtre une carafe d'eau, un verre et un morceau de blanc de billard. Tenant la coupe dans la main gauche j'y versai le quart d'eau et fis des passes au-dessus à la façon de Mesmer. « A tout seigneur tout honneur », dis-je à Pickman en lui offrant le verre, sachant qu'il était lui-même un excellent sujet et qu'il aurait donné certainement l'exemple aux autres, mais il déclina l'honneur en souriant et n'osant insister, je passai rapidement le verre devant les lèvres des 6 sujets qui tombèrent immédiatement tous en état d'hypnose. Je dois avouer que la prédisposition dans laquelle les avait placés Pickman, depuis une heure qu'il les pratiquait, assurait la réussite d'une expérience de pure suggestion que je n'aurais peut-être pas tentée sans cela.

2ᵉ *expérience*. — Ayant réveillé les sujets par un souffle léger sur leurs fronts j'en pris un au hasard, le plus jeune, et le plaçant sur sa chaise face aux spectateurs, je lui dis : Mon ami, je vais avec le morceau de blanc écrire quelques mots sur le mur derrière vous ; sans tourner la tête vous allez les lire, si vous appliquez fortement votre volonté à voir dans mon cerveau ce que je vais penser, puis ce que j'écrirai — et, derrière lui, je traçai en gros caractère, sur le fond du théâtre :

Vive la France, vive la Ru.....

Je n'eus pas besoin de terminer le mot que mon sujet criait : Vive la France, vive la Russie ! Je pourrais laisser croire au lecteur que c'est dans mon cerveau qu'il avait lu ce que j'écrivais derrière lui. Non, c'est dans celui des spectateurs dont il voyait les yeux et dont il lut les pensées..

3° *expérience*. — Je priai un des assistants du parterre de vouloir bien écrire une ligne sur sa carte et de me la passer, après l'avoir communiquée à ses deux voisins dont le témoignage pourrait avoir de la valeur... bien que je ne fisse point à l'assemblée l'injure de la croire capable de suspecter la bonne foi d'un officier. J'appliquai cette carte sur le front d'un second sujet et, au simple contact du vélin, il cria : « Je dois mourir pour ma patrie. » Or, c'était plus qu'exact, c'était merveilleux, car le monsieur du parterre avait écrit : Tu dois mourir pour ta patrie, et le sujet s'appropriant cette patriotique pensée, l'avait traduite à la première personne.

4° *expérience*. — Parmi les sujets montés sur la scène se trouvait le fils du comte de M..., parent d'un ambassadeur; je fis sur lui des expériences de simple suggestion, mais sans sommeil. Je lui mis l'une des mains contre le mur et lui assurai qu'elle y adhérait si solidement qu'il ne pouvait l'en séparer, ce qui eut lieu malgré les efforts violents qu'il paraissait faire pour se détacher. Un seul geste de ma main sur la sienne et elle quitta la cloison.

5° *expérience*. — Au même sujet, toujours à l'état de veille, je fis prendre une chaise et la lui faisant tenir des deux mains le corps courbé, je lui dis qu'elle avait acquis par ma volonté un poids tel qu'il lui serait impossible de la déplacer et les plus grands efforts que fit ce jeune homme pour la soulever ou a pencher furent vains ; il serait mort à la peine avant que la chaise n'eût bougé.

6° *expérience*. — A ce moment j'entendis murmurer au parterre, non loin de moi : Quelle plaisanterie ! Jetant les yeux assez froidement vers le point d'où était partie cette réflexion, je dis que, loin d'en être blessé, je l'acceptais comme devait le faire un homme qui se présente en public, et je priai M. de M... le père du jeune sujet que j'en croyais l'auteur, de vouloir bien oser venir près de moi sur la scène où j'étais bien monté moi-même, afin qu'il me permît une expérience dont il pourrait confirmer ou infirmer la véracité.

Ce gentilhomme se prêta de bonne grâce à mon désir et,

changeant de sujet, je dis tout haut ! « Si Mme de M... veut
« bien me permettre de pénétrer chez elle à l'aide d'une effrac-
« tion qui ne laissera pas de traces, je vais ordonner à ce
« garçon ici endormi d'aller en esprit dans la chambre où
« elle voudra bien l'autoriser à entrer, et il nous donnera
« tout haut la description des lieux où ni lui ni moi ne
« sommes allés. — Certainement, me répondit Mme de M...
« Dites-lui d'entrer dans ma chambre à coucher et de faire
« savoir ce qu'il y verra ». Le sujet hypnotisé se leva, tourna
la tête à droite et à gauche, fit le simulacre de saisir une
rampe d'escalier et de gravir des marches, s'arrêta, puis sembla pousser une porte. « Pas de lumière, dit-il, je ne vois
rien. Mais à côté est une chambre éclairée par l'entrebâille-
ment de la porte. — Eh bien ! entrez-y, dit Mme de M.... se
ravisant. — Ah ! dit en riant le sujet, c'est un grand cabinet
de toilette, quelle belle glace ! 2 candélabres à droite et à
gauche, beaucoup de flacons à odeurs... il y a un « larbin »
qui dort les coudes sur la table de toilette, le nez dans la
cuvette, la bougie va lui roussir ses cheveux jaunes! — Assez!
dit le comte de M..., tout cela est fort exact, c'est mon valet
de chambre qui attend là notre retour ; je n'en demande pas
davantage et je suis convaincu, Monsieur le Commandant,
de l'exactitude du fait que je n'hésite point à qualifier de
merveilleux. »

Il était temps de rendre Pickman à son public, et le public
à Pickman, et je quittai la scène au milieu d'applaudissements que je n'avais point songé à récolter ce soir-là.

Mais ces expériences faites sans les avoir préparées, sur
la prière de Pickman, me condamnèrent à les renouveler
quelques jours plus tard à l'occasion d'une fête de charité,
et ce ne fut pas sans un certain effroi que la veille je pus
lire sur une grande affiche de couleur jaune, collée aux
quatre coins de la belle cité paloise qui s'honore d'avoir
donné le jour au bon roi Henri :

FÊTE DE CHARITÉ
Avec le concours gracieux d'un amateur de
la ville en ses expériences
d'hypnotisme.

Au lendemain de cette soirée, il ne tenait qu'à moi de parcourir notre beau pays de France pour y donner des représentations aussi attrayantes, en me proclamant sur de belles affiches, ainsi que le publiait dernièrement un bien modeste prestidigitateur... si toutefois modeste il était :

Élève incontesté du célèbre Donato.

VIII

Puisque quelques lecteurs aimables ont bien voulu s'intéresser à mes histoires de magnétisme, je vais leur conter celles, plus récentes, qui ont trait au spiritisme. Je n'extrairai de mes vieilles notes que les faits les plus intéressants et les exposerai tout simplement comme je me suis appliqué à le faire jusqu'ici :

Rien de scientifique, rien que des historiettes vraies. Si vous souriez, Madame, achevez-en la lecture ; si vous bâillez, tournez les pages ou fermez le livre il en est d'autres autrement intéressants et ne me gardez pas plus rancune que moi.

Comme ils sont vivaces nos souvenirs d'enfance ! Avez-vous remarqué combien certains émergent sur le lointain sentier vers lequel nous retournons quelquefois la tête; ils rappellent ces vieux troncs d'arbres que semble vouloir respecter le temps.

Je vous dirai plus tard comment j'ai admis les idées spirites et j'évoquerai d'abord quelques souvenirs demeurés vivaces en mon esprit comme le lierre toujours vert qui rampe autour de vieux murs. Sur la longue et sinueuse route de la vie, on marche en songeant, sans regarder le paysage, les ruisseaux, les hameaux qui passent, et, pour se remémorer les beautés de son voyage, on est souvent contraint de revenir en arrière.

C'est ainsi que je vois renaître bien des souvenirs de ma jeunesse qui n'avaient laissé que de vagues souvenirs en ma mémoire, fleurs fanées qui ne parlent pas et qui disent tant de choses.

La plus vieille note de ma prime enfance... elle a bien près d'un demi-siècle, se rappelle à ma pensée par un mot, un seul, il est de ma mère, et reste là ineffaçable.

Nous habitions à Paris une maison calme et retirée où venait quelquefois causer le soir un vieil ami de mon père, un méridional âgé dont je dessinerais encore la silhouette exacte ; il nous racontait des choses étonnantes d'esprits évoqués, de fantômes apparus qui laissaient mon père dans un doute froid et amical, qui endormaient régulièrement ma mère et qui me donnaient des cauchemars.

Un soir que le vieillard conteur menaçait d'appeler chez nous tous ses esprits fantômes, ma mère se leva en lui disant qu'il était temps d'aller se coucher avec eux et, peu respectueuse pour les cheveux blancs du bonhomme, ajouta à haute voix, après l'avoir reconduit jusqu'à la porte : Oh ! la vieille ganache ! ! L'huis était-il bien clos lorsqu'elle les prononça, les éclats de rire de mon père et les miens parvinrent-ils aux oreilles du vieux spirite ?... Alla-t-il rejoindre ses amis invisibles là-bas, là-bas ? Je l'ignore, mais il ne revint jamais.

— Plus tard, j'avais 15 ans, ma mère devenue veuve, un autre ami, compatriote de mon père, vint présenter à ma mère une demi-page d'écriture qu'il affirmait être de la main de mon père.

« Qu'y a-t-il d'étonnant à cela ? lui dit ma mère. Je sais bien que mon mari vous a écrit souvent et comme cette lettre me serait pénible à relire, gardez-la.

— Mais, chère Madame, c'est hier soir qu'il l'a écrite. — Allez conter à d'autres vos histoires de revenants, lui dit ma mère, qui ne crut jamais aux choses de l'au-delà... ni aux autres. »

— Des anecdotes plus intéressantes se rattachent à ma famille créole.

Ceci se passait à « l'époque fiévreuse des tables tournantes », ainsi que dit l'aimable femme qu'est ma belle-mère — Est-ce au spiritisme que je dois cette charmante exception ? — Partout, à l'île de la Réunion, à l'île Maurice, en France, en Angleterre et surtout en Amérique, où les premiers esprits frappeurs avaient signalé leur présence chez la famille Fox, on faisait tourner les tables, on appelait les esprits, et partout ils accouraient pour dire et faire des choses surprenantes, choses comme on n'en voit plus, ajoute toujours Mme B. — Sans doute parce que, très obéissante aux avis éclairés de son confesseur, elle a promis alors de ne plus appeler les esprits suppôts de l'enfer. Il semblait qu'à cette époque déjà lointaine de 1850 à 1860, les portes de l'au-delà fussent restées ouvertes, ou qu'une grande brèche eût été pratiquée au mur du Purgatoire et du Paradis ; car ce qu'il y a de certain, c'est que les esprits échappés en masse accouraient revoir la terre et ses habitants. Des faits merveilleux se succédaient dans toutes les familles, sur toutes les habitations où régnait une agitation fiévreuse causée par le nouveau, l'inconnu, le merveilleux, pour tout dire. Tout le monde s'en occupait, et alors, on voyait peu de mal à cela, car les prêtres des quartiers, les vieux s'en souviennent encore, venaient assister à ces réunions où leurs amis disparus arrivaient leur dire que s'ils étaient trépassés, leurs âmes éternelles étaient près d'eux.

Cependant, ces réunions de chaque jour autour des tables commençaient à faire tort à celle de la chapelle et le clergé s'en émut et se ressaisit. Il prétendit arrêter le développement du mal. « Il est temps d'étouffer les progrès de la contagion », dirent les évêques, et des ordres arrivèrent un jour dans la petite île de l'Océan indien, prescrivant de cesser tout commerce avec le diable... sous peine d'excommunication ! Et les bonnes gens obéirent à leurs curés.

Voici quelques faits datant de cette époque :

Un soir que la famille B... était réunie autour d'une table dans le grand salon, en pleine lumière, un esprit pria d'appeler M. A. B... grand-père de ma femme — laquelle n'était pas encore au monde — afin de lui faire une communication très importante. M. A. B... fumait tranquillement sa pipe sous la varangue, songeant à ses champs de cannes, à son café, à son usine plus qu'aux esprits auxquels il n'ajoutait pas foi. Alors on l'appela une seconde fois. « Venez, cher père, l'esprit vous attend pour vous dire son nom. — Laissez-moi en paix, mes enfants, avec vos amusements. » Enfin l'une de ses filles vint le supplier de rentrer au salon.

« Allons, mon enfant, voir ce que me veut ton esprit », et l'excellent homme s'approcha du guéridon qu'entouraient tous ses enfants en prononçant la formule : « Esprit, que me veux-tu ? » — Et l'invisible dicta : « Cher Monsieur B..., je suis le capitaine Biarnès, vous vous souvenez que j'ai chargé vos sucres sur votre voilier le « Bois Rouge » il y a deux mois, j'ai mis à la voile le — date exacte — vous le rappelez-vous ? — Oui. Eh bien ? — Eh bien je viens vous dire que votre voilier « Bois Rouge » s'est perdu corps et biens dans la tempête sur les côtes rocheuses de Simon's Bay au Cap de Bonne-Espérance, il y a dix jours, moi et tous mes matelots avons péri et mon âme ne pouvait quitter les flots sur lesquels elle erre depuis ce jour-là. Je ne serai tranquille qu'après vous avoir assuré que nous avons tout fait pour sauver le navire, mais la mer était trop mauvaise et la volonté de Dieu s'est accomplie. — Si le fait est vrai, répondit M. B..., c'est votre mort et celle de vos braves marins que je déplore le plus, mais jusqu'à preuve du contraire, permettez-moi de douter de la véracité de cette triste nouvelle. Si vous êtes noyé, comment pouvez-vous être là dans cette table ? — C'est pourtant la vraie vérité, dicta le guéridon en s'agitant et en frappant du pied rapidement, vous verrez, mon cher Monsieur B..., que l'armateur de Nantes vous confirmera la nouvelle dans quatre mois; adieu Monsieur B..., portez-vous bien, vous et votre famille. Merci, adieu ! » Et quatre mois juste après ce soir-là, me disait le cher aïeul de ma femme en me racontant cette histoire trente-cinq ans plus tard, car à cette époque nous n'avions pas comme aujourd'hui les vapeurs qui nous apportent le courrier deux fois par mois, la perte du navire « Bois Rouge », de son équipage et du brave capitaine Biarnès me fut réellement confirmée. Que répondre à cela ? ajoutait philosophiquement le cher vieillard.

Une autre fois, c'était vers la fin de l'année 1855, un navire mouillé en rade de Saint-Denis venait d'apporter le courrier. On avait alors l'habitude d'envoyer au chef-lieu deux Malabars qui faisaient la route de Sainte-Suzanne à pied pour aller chercher les lettres. Partis le matin avant l'aube, ils étaient de retour au coucher du soleil quand ils ne s'arrêtaient pas trop souvent chez quelque boutiquier chinois de la route pour boire « un coup de sec ».

En attendant les deux Indiens, les enfants se mirent à la table et appelèrent l'un des esprits familiers qui se présentaient régulièrement chaque jour et, pour des commissionnaires de Belzébuth, répondaient à nos tantes, charmantes demoiselles alors, avec politesse et bonté. On leur demanda d'aller à Saint-Denis chercher les nouvelles saillantes et de revenir les annoncer. L'un d'eux qui se disait avoir été mage et s'appeler Bé Bagdo revint moins d'un quart d'heure après annoncer par la corbeille au crayon, que dirigeait la main innocente et inconsciente d'une de ces demoiselles, que le tzar Nicolas était mort le 2 mars et que les armées alliées avaient terminé le long siège de Sébastopol dans la première quinzaine de juin. Lorsqu'on lui demanda la date exacte de la prise de la ville russe, Bé Bagdo répondit. — Je ne sais au juste, c'est le 7, le 8 ou le 9. Ce fut en effet le 8 juin 1855.

— On avait hâte de vérifier la nouvelle et l'on attendait anxieusement le retour des Malabars. Encore une question, dit notre grand-père à ses enfants : « Nous allons recevoir 6 ou 8 numéros de la *Revue des Deux Mondes*. Si votre mage est assez malin pour nous dicter ici le dernier alinéa de la dernière page du dernier fascicule je lui brûle un cierge ». L'esprit écoutait, il entendait, puisque immédiatement la petite corbeille courut sur le papier, dirigée malgré elle par Mlle C. B. et écrivit : Point ne veux de cierge ; oui je vais aller lire les lignes demandées.

Et ce qui suit ainsi que l'histoire qui succédera a encore été raconté par notre oncle M. Émile B., lundi dernier, chez nous, dans le salon, en prenant le café, à ma femme et à nos hôtes émerveillés :

« Quelques minutes de silence succédèrent à la courte réponse de Bébagdo, puis la corbeille courut de nouveau sur le papier, commença quelques lignes qu'il effaça, puis couvrit une page. Bebagdo avait écrit : « Je me suis trompé de « feuillet, mais je recommence », et dix lignes d'un article scientifique étaient écrites très nettement. Le courrrier arrivé, on était si pressé de vérifier le fait qu'on déchira la bande du numéro de la *Revue des deux Mondes* avant de lire les lettres de France et l'on constata que le dernier alinéa était exactement dicté et que les lignes écrites d'abord et effacées par Bebagdo se rapportaient au chapitre précédent qu'il avait cru le dernier.

Si ces faits sont diaboliques, s'écria M. B..., quel intérêt gagnera le démon à me dire une heure d'avance un article de la *Revue des Deux Mondes* ?

Amis lecteurs, écoutez encore ceci. Le grand-père de Mme Dauvil me l'a conté plusieurs fois là-bas, le soir, sous la varangue du Bois Rouge qu'éclairait d'une lueur argentée le ciel étoilé dans lequel brillait la belle constellation de la Croix du Sud, alors que la brise de la montagne nous arrivait légère, après avoir caressé les palmiers et le bois des filaos chantés par Léon Dierx, le prince des poètes créoles de la Réunion et cousin de ma femme.

> Là-bas, au flanc d'un mont couronné par la brume,
> Entre deux noirs ravins roulant leurs frais échos,
> Sous l'ondulation de l'air chaud qui s'allume
> Monte un bois toujours vert de sombres filaos
> Pareil au bruit lointain de la mer sur les sables.
> Là-bas, dressant d'un jet ses troncs raides et roux,
> Cette étrange forêt aux douleurs ineffables
> Pousse un gémissement lugubre, immense et doux.

et les flots de la mer agitaient bruyamment les galets qui s'entrechoquaient à cent pas de nous en se retirant. L'aimable octogénaire n'est plus de ce monde, mais son fils aîné, M. Émile B., oncle de ma femme, nous l'a racontée encore lui-même lundi dernier, elle n'en aura que plus de saveur si je la remets sur ses lèvres :

« En 1853, nous dit-il, j'avais l'intention de me présenter à l'École navale et j'entreprenais mon second voyage comme 2e lieutenant à bord du *Beautemps-Beaupré*, navire à voiles qui portait une cargaison de mules à Buenos-Ayres.

« La traversée avait été excellente et, tout joyeux, j'allais revoir les belles montagnes de ma chère île; j'avais écrit de France, par un navire qui avait dû l'annoncer depuis un mois, que nous serions bientôt à la Réunion où je passerais quelques semaines et vous pensez si j'avais hâte de revoir ma famille qui devait compter les jours en m'attendant.

« Or, en arrivant dans les parages de Madagascar, le capitaine décida de profiter d'un vent très favorable pour brûler Bourbon et gagner rapidement l'île Maurice où il avait la certitude de vendre avantageusement son chargement de mules. Je ne pus lui cacher mon dépit car, à cette époque, les vapeurs étaient rares sur les rades des deux îles sœurs et je me demandais quand j'aurais la chance de trouver à Port-Louis un voilier se rendant à la Réunion. Mais le sort me favorisa car deux ou trois jours après avoir mouillé dans le port anglais, un navire l'*Eva et Marie* annonça son départ pour mon île natale et je pus décider le capitaine à m'inscrire sur son rôle d'équipage comme 2° lieutenant, non pour demeurer à bord, mais pour ne pas perdre un jour de navigation pour l'École navale.

Avant de débarquer à Saint-Denis, laissez-moi vous mettre au courant de ce qui se passait dans ma famille. On me l'a conté tant de fois que je rétablis l'ordre chronologique.

Toute ma famille, ma mère, mes tantes, mes frères, mes sœurs, mes cousins et mes cousines, tous étaient pris de la fièvre des tables tournantes, et les lettres qui me venaient de mon cher pays étaient remplies d'histoires fantastiques auxquelles je ne croyais guère. Or, depuis une quinzaine de jours on attendait le *Beautemps-Beaupré* avec son chargement de mules, et surtout le cher enfant que la mer berçait depuis si longtemps loin de sa mère.

On demandait aux esprits de renseigner mes parents et mes amis sur le point du globe où je me trouvais, et, s'il faut en croire le cahier de notes tenu au jour le jour, on me suivait pas à pas. La Vigie de la montagne de Saint-Denis signala-t-elle à l'horizon le « Beautemps » se dirigeant vers Maurice, je me le demande, mais l'esprit de la table assura que mon arrivée venait d'être retardée par une circonstance indépendante de ma volonté, et que je n'arriverais que dans une semaine. Puis, un jour il dicta : « Allez à Saint-Denis, Clémentine embrassera son fils demain avant midi. » Et, sur la foi d'une table tournante, père, mère, enfants, cousins, tout le monde, fort convaincu de l'exactitude des communications quitta le Bois Rouge pour se rendre à Saint-Denis ! Le frère de ma mère, le bon oncle Paul qui était à la tête d'un cabinet d'affaires à Saint-Denis, ancien polytechnicien, fort peu enclin à partager toutes ces crédulités, avait fait presque une scène à sa sœur, à mon père, en leur disant : « Mais, vous êtes insensés de croire à des sornettes pareilles. Émile est sur le « Beautemps-Beaupré » et ce voilier n'est pas signalé encore en vue. Un navire qui louvoie au large entrera demain, il a signalé son nom à la Vigie. C'est « l'Eva et Marie ». On lui a demandé s'il avait des passagers, il a répondu : Aucun. Par conséquent, vos esprits vous ont induits en erreur et vous ne verrez pas Émile demain ». Désolée, ma pauvre mère commençait à douter; avant de se coucher, elle dit à ses enfants : Voyons, demandons encore à la table ce qu'il en est — et l'esprit qui semblait être de la famille et l'avoir suivie à Saint-Denis répondit : « Je répète que Clémentine embrassera son fils demain avant midi... » Pas très convaincue ma mère se coucha et dormit peu.

Le lendemain, vers 9 heures, « l'Eva et Marie » jetait l'ancre devant le Barachois, et le pilote, puis l'officier de santé venu pour donner la libre pratique, redescendirent à terre sans que je leur eusse dit un mot.

L'oncle Paul les attendait sur le quai. — Eh bien y a-t-il un passager à bord ? — Non, nous n'avons vu que le capitaine et un lieutenant, il n'y a pas un seul passager. Le cher oncle courut porter, presque satisfait, la nouvelle à ma mère et à mon père. — Êtes-vous convaincus maintenant ? Vous n'avez plus qu'à vous en retourner à la campagne. — Nous partirons après le déjeuner, dit mon père... Au diable les esprits et leurs mensonges ! Avons-nous été assez sots de les croire !

A 10 heures du matin, ayant fait ma plus belle toilette, continua notre oncle, je me fis mettre à terre chez le capitaine de port, le père Lacombe, un vieil ami de ma famille, qui témoigna une stupéfaction étrange en me voyant... « Venez vite, me dit-il, votre cher oncle Paul ne vous espérait guère, mais toute votre famille est arrivée hier vous attendant ce matin », ce qui me plongea dans l'étonnement.

Dès que mon oncle Paul m'aperçut il fit un saut tel que je le crus fou. Au lieu de me permettre de me jeter à son cou, il me regarda, puis, se croisant les bras : — Ah ! ça, d'où sors-tu ? — Mais, mon oncle, je viens de débarquer. — De quel navire ? — De « l'Eva et Marie ». — Ce n'est pas possible, il a signalé n'avoir pas un passager. — C'est vrai, cher oncle, je ne suis pas sur la liste des passagers, mais sur le rôle de l'équipage, comme lieutenant. — Ah bien ! elle est bonne celle-là, personne n'y a songé ! et l'oncle Paul m'ouvrit ses bras. — Courons chez tes parents, ils t'attendent ce matin. — Mais c'est là ce qui me fait tomber des nues, comment m'attendent-ils ce matin, demandai-je. — Ah ! voilà, ils t'expliqueront cela. Crois bien, mon neveu, que je tombe de plus haut que toi, c'est incroyable, c'est inouï, ces imbéciles ont raison, ils ont dit vrai ! — Qui ceux-là, mon oncle ? — Mais les Esprits !

Cinq minutes après j'étais dans les bras de ma mère qui pleurait de joie, mais j'avoue que je fus un peu humilié de l'accueil de mon père et de mes frères et sœurs dont la stupéfaction prenait le temps de la réflexion.

On semblait écrasé sous la réalité du fait.

— Il n'est pas midi, Clémentine, disait mon père, il n'est pas midi et notre Emile est dans tes bras. Mais ma mère ne répondait que par des baisers sur ma tête qu'elle pressait dans ses mains.

— Les esprits avaient raison, conclut l'oncle Paul, je leur fais mes excuses.

Voilà l'histoire que nous a dite notre oncle Emile revenu il y a quelques jours de l'île de la Réunion et ma chère belle-mère nous l'a confirmée.

Si vous n'y croyez pas, venez vous la faire conter par eux.

IX

J'ai tout d'abord à rectifier une erreur involontairement commise par ma plume. Elle appartient en toute propriété à M. Emile B., mon oncle qui, dans le récit des faits si curieux de tables tournantes accomplis à l'île de la Réunion de 1850 à 1860 avait nommé le Capitaine *Biarnès* comme s'étant perdu sur le voilier *Bois Rouge* dans une tempête au cap de Bonne-Espérance.

Ayant eu le plaisir de lire ce passage de mes vieilles notes à un déjeuner chez M. Emile B., en la société de vieux parents créoles, l'un d'eux nous assura que le capitaine Biarnès vivait encore à Nantes en 1869. C'est le capitaine Régnier qui disparut avec son équipage et son navire et dont l'âme vint annoncer elle-même le sinistre relaté.

Rectification faite, un nom change, une erreur de mémoire en est seule cause, mais le fait démontrant la survivance du capitaine 8 ou 10 jours après avoir péri dans les flots à 500 lieues de l'île de la Réunion est vrai et fut confirmé par vingt témoins dont six encore de ce monde me l'ont certifié.

*
* *

Comment êtes-vous devenu spirite ? Voilà une question qui m'a été posée bien des fois depuis quelques années par des gens qui ne demandent qu'à croire pour la plupart, mais qui, avant tout, voudraient bien voir les phénomènes dont on les a entretenus comme de choses incroyables et merveilleuses. De quelle manière voudraient-ils les voir ? Tout simplement en demandant un billet pour votre plus prochaine réunion, et en s'y rendant, persuadés qu'on va là comme au théâtre, où une fois assis on n'a plus qu'à attendre le lever du rideau. Ceux-là sont simplement des curieux et rien que des curieux.

D'autres personnes m'ont renouvelé la même question avec l'expression de la pitié : Comment ! vous que nous supposions intelligent, sensé, vous croyez au spiritisme ?

A tous j'ai répondu : Oui, cela est vrai, je suis spirite ; croyez bien que j'ai longtemps douté comme vous, mais j'ai cherché, j'ai lu, beaucoup lu, je doutais encore, j'ai continué mes recherches et j'ai trouvé ; j'ai frappé, l'on m'a ouvert.

A mes lecteurs je dois avouer que mes nombreuses expériences de magnétisme et d'hypnotisme ont souvent mis en mon pouvoir des sujets dont l'état psychique me causa des surprises que je leur ai fait partager dans ces *Vieilles notes*. Cependant, mes études, interrompues par mes longues campagnes, ont fait cesser mes expériences et m'ont séparé de sujets qui m'auraient fait connaître plus tôt et davantage ce que je n'ai vu et admiré que depuis douze années, mais que, je l'avoue loyalement, je suis loin d'avoir encore compris.

J'avais assisté à bien des séances privées, j'avais vu pas mal de tables tourner, se lever, frapper du pied, j'y avais aidé même en mettant les mains sur la table, et en accusant souvent mes voisins de tricher — j'ai pu ne pas me tromper quelquefois — mais j'ai rencontré plus d'honnêtes gens que de trompeurs.

J'avais pris ma part des communications venues de l'empire des morts; des amis disparus avant l'âge en emportant mes regrets avaient répondu à mes questions verbales ou mentales. Des preuves indéniables m'avaient été apportées de l'exactitude de leurs assertions; cependant, je quittais presque toujours ces réunions sans emporter la conviction profonde de la vérité.

Plusieurs fois, je fus ébranlé, je me disais : Cela est vrai, je ne saurais en nier l'évidence, et la nuit, qui apporte ses conseils sensés ou perfides, détruisait, au lever de l'astre de la lumière, l'échafaudage de mes croyances fragiles.

Je relisais souvent quelques chapitres d'Allan Kardec, je consultais la logique fine et spirituelle d'Eugène Nus, j'ouvrais un volume de Gabriel Delanne, dont les démonstrations mathématiques redressaient un instant ma foi... mais je doutais encore.

Je me persuadais que mon fluide magnétique uni à celui de mes amis avait suffi pour imprimer à la table les divers mouvements constatés, je me disais avec le Dr Flournoy que les réponses étaient dictées par notre sub-conscience, et j'abandonnais la partie pendant des semaines, comme le joueur malheureux qui jure de ne plus toucher une carte. Je doutais, je doutais toujours, quand un soir, un fait inexplicable, un seul suffit à dessiller mes yeux et à faire apparaître tout d'un coup devant moi, nette, précise, indubitable la vérité que rien n'a pu amoindrir depuis lors en mon esprit, que ceux qui me connaissent veulent bien reconnaître sain et assez équilibré.

Voici le phénomène dans toute sa simplicité; et si, parmi

ceux et celles qui liront ces lignes il en est qui aient assisté à pareil spectacle, je les prie de m'en fournir l'explication et je verrai si les raisons présentées m'autoriseront à repousser ma croyance à une puissance invisible.

C'était à Nice chez le docteur et Lady Blackwell, spirites convaincus et distingués, dont G. Delanne a quelquefois entretenu ses lecteurs l'année dernière dans la *Revue Scientifique et Morale du Spiritisme;* le frère du docteur, sa femme, et leur fillette âgée de 11 ans, arrivés depuis peu de Philadelphie pour passer quelques mois en Europe, étaient non moins croyants. Cette famille américaine avait bien voulu m'admettre en sa charmante et simple intimité.

Lorsque ces nouveaux amis surent que j'avais l'ardent désir de voir et de croire, ils me prièrent d'assister à l'une de leurs séances privées où rarement ils dépassaient le nombre de six membres, ainsi que cela se pratique au delà de l'Atlantique chez des gens ennemis de la plus petite fraude et par cela même à l'abri du moindre soupçon.

Un solide et massif guéridon en bois, qui servait le jour à supporter la cage d'un vieux perroquet, intelligent, bien élevé et polyglotte, était le meuble préféré de ce petit cercle et des esprits familiers qui l'avaient également adopté. A peine étions-nous assis que des coups frappés, ou raps, annonçaient que les invisibles étaient près de nous. L'un d'eux dicta fort gracieusement qu'il saluait l'hôte nouveau au nom des amis de l'au-delà et que cette soirée lui serait profitable. Je le remerciai poliment. Tous nous étions autour du guéridon, les deux frères Blackwell, leurs deux épouses, moi et la fillette, que je comptais pour une quantité négligeable, parce qu'elle s'était assise en disant : *And me also I will play with you at electric game.* (Et moi aussi je veux jouer à l'électricité avec vous).

Tout ce qui se passa durant une heure et demie fut de nature à satisfaire ces adeptes convaincus, mais n'avait qu'endormi mes doutes; la petite fille allait les tuer d'un seul coup.

Vers onze heures, cette enfant, qui sans le savoir, était le médium du groupe, ce que ses parents lui laissaient ignorer « reçut l'ordre d'aller se coucher, et elle se retirait tranquillement avec sa mère, après avoir donné à chacun de nous cette douce chose qu'est un baiser d'enfant, lorsque le vieux guérion isolé et délaissé près duquel je me trouvais se mit à s'agiter, et courut après l'enfant puis se pencha vers la *Young Girl*, à qui — Dieu me pardonne — il sembla demander une caresse et dire adieu. La fillette embrassa le guéridon et se retira.

Mes hôtes paraissaient n'y prendre point garde; ils étaient peut-être habitués à cette manifestation du meuble familial, mais moi je restai émerveillé.

Le salon était brillamment éclairé, et je puis assurer aux incrédules qu'on n'avait attaché au guéridon du perroquet ni ficelle, ni crin de cheval, pour le contraindre à saluer devant moi une fillette qui s'en allait faire dodo. Ce soir-là, en quittant les Blakwell, je leur déclarai que je venais de jeter mes derniers doutes au feu qui brillait à leur foyer, et je me déclarai spirite.

Quelques semaines après je fondais un petit comité dans une ville du Midi, que je ne pourrais nommer sans désigner trop clairement les membres dispersés depuis par la mort de deux d'entre eux et par mon départ — et, ne leur ayant point demandé l'autorisation de publier nos notes je ne puis donner leurs vrais noms, — ce sera donc, si les lecteurs le permettent, à Nice que je placerai notre petit cénacle spirite, ce qui importe peu, si ce que je leur conterai est vrai.

J'avais réuni huit adeptes et nous fûmes rarement plus de 6 en séances, il fut convenu d'en avoir 2 par semaine, le mardi et le samedi de 9 heures à 10 heures et demie. Nous n'avons jamais dépassé onze heures pour une raison péremptoire : c'est qu'à ce moment précis, toutes les manifestations cessaient comme si les invisibles, qui nous furent très fidèles durant près d'une année, eussent adopté eux aussi les statuts signés par nous.

J'habitais une villa assez vaste, où j'aurais pu disposer une chambre pour nos réunions et nos études spirites, mais à cause de ma femme qui appréhendait de diaboliques visites, et de mon fils que la curiosité aurait pu distraire de ses études classiques, je préférai transporter autre part mes petits démons. Un vieil ami, artiste peintre polonais, Paul

Lédeski, mit obligeamment son atelier à notre disposition, et je reconnais que ce lieu calme, isolé au fond d'un jardinet, convint parfaitement à notre petite académie silencieuse.

De l'avis du Dr de Cladous, frère de Mme Lédeska, et polonais comme elle et son mari, tous les trois spirites, nous adoptâmes comme meuble parlant un guéridon triangulaire à angles coupés, avec 3 pieds réunis par une seconde planchette. Cette petite table fit merveille dès le premier jour.

Elle peut suffire à deux adeptes, elle opère par mouvements discrets et légers, j'en recommande donc l'usage pour les expériences familiales. Dès le second jour les invisibles y répondaient par coups frappés à l'aide des ongles ou des phalanges, et souvent de petites batteries rappelant un bruit sourd et lointain de tambourin nous annonçaient l'ouverture et la fin des séances.

Nous avions eu la chance d'attirer deux médiums, Mme Delfini et un jeune journaliste, M. Ravel, avec l'assistance desquels nous n'avons jamais cessé d'avoir des communications intéressantes.

Nous nous mettions toujours trois autour du guéridon et loin des trois autres assistants qui prenaient, sous la dictée des esprits, les notes dont je n'ai gardé que les plus intéressantes.

La mort du Dr Cladous, trouvé un matin inanimé dans sa chambre où il avait succombé à la rupture d'un anévrisme, dont il nous avait toujours prédit les prochains effets avec le calme digne d'un philosophe grec, ne suspendit nullement nos séances dont il fut, dès sa désincarnation, l'un des guides les plus dévoués.

Malheureusement, après la mort de sa sœur, Mme Lédeska, qui succomba au même mal que son frère, mais plus lentement et avec moins de stoïcisme, nous reçûmes de nos amis de l'au-delà l'ordre de cesser nos réunions et, deux mois après, le pauvre Lédeski restait seul dans son atelier silencieux. Je partais pour Paris, Mme Delfini pour l'Algérie et Ravel s'en allait à Bordeaux collaborer à la *Petite Gironde*. Lorsque j'allai faire mes adieux à Lédeski, je le trouvai triste. Vous voilà tous partis, me dit-il fort ému, ma pauvre femme, son frère, vous, Ravel, Mme D...; mais les autres, nos amis invisibles, restés fidèles, viennent me consoler le soir en frappant dans mes tableaux et sur le vieux piano, comme ils le faisaient chaque soir. Il me pria de recopier pour lui les notes de nos séances, que j'emportais à Paris. J'ai attendu cinq ans pour satisfaire cet ami, il les lira imprimées en même temps que vous, lecteurs.

> Et si là-bas, le soir, sous le ciel étoilé
> Il reconnaît toujours de nos chers invisibles
> Les coups frappés, bien doux... S'il voit venir voilé,
> Le spectre qui, la nuit, sous des traits impassibles,
> Traversa l'atelier à nos yeux étonnés,
> Le vieux peintre rêveur, isolé, sans envie,
> Parmi ses chers tableaux, de nous abandonnés
> Peut-être trouvera le secret de la vie !

X

Pendant un mois notre petit cercle niçois traversa la période des tâtonnements que je qualifierai plutôt de la mise en train. Chaque séance pouvait sembler intéressante. Notre petit guéridon noir s'agitait dès que Mme Delfini ou Ravel y posait la main, et des esprits de tout âge, du sexe aimable et du sexe fort, se présentèrent tout d'abord par douzaine et dans un désordre inimaginable.

C'était comme l'assaut donné par une avant-garde peu sérieuse, mal armée et qui devait être sacrifiée sans pitié. Lédeski très positif, très mathématicien, dirigea d'abord chaque séance pendant que le docteur de Cladous, assis sur une table chargée de livres et de musique, près du piano qui servait à Mme Lédeska à donner les leçons à ses élèves, écrivait nos observations ou les réponses plus ou moins évasives des premiers visiteurs de l'au-delà.

Un esprit qui se désigna docteur V., ami de Charcot, et qui nous dit un soir : Appelez-moi Charcot, je viens de la part de mon illustre maître, fut le premier correspondant sérieux qui vint rassurer nos esprits troublés par la succession trop rapide et trop variée de ces esprits futiles. Priés de vouloir bien donner leurs noms, ils se désignaient par : un ami,— un soldat — un musicien, ou par une interminable série d'initiales absolument anonymes.

Tous ceux qui ont débuté avec méthode dans la science spirite ont éprouvé comme nous, ces alternatives de sérieux et de grotesque qui ont découragé bien des néophytes et en ont fait fuir quelques-uns que j'ai rencontrés un peu partout, que vous avez vus comme moi et à qui vous avez, ainsi que moi, entendu proclamer que le spiritisme est une vaste « fumisterie ». Je connais ça, disent-ils, j'en ai fait ! Pourquoi n'ajoutent-ils pas : Je n'ai pas eu le courage d'aller plus loin ?

Eh bien, si ces braves gens avaient voulu, comme mes amis et moi, dépenser plus de persévérance, s'ils avaient poursuivi leurs essais jusqu'au jour où ils deviennent une étude intéressante, attachante, captivante, ils auraient été récompensés au delà de leurs espérances, ainsi que nous l'avons été.

Plusieurs fois des esprits légers, plaisantins, s'emparaient de la table au détriment de plus sérieux. Un silence avait lieu et deux coups frappés, d'une manière qui n'a jamais varié, par l'ami de Charcot, que, selon son désir, nous avons toujours appelé, depuis, Charcot, demandaient l'alphabet qui dictait : « Renvoyez !... » Aussi, ces deux coups significatifs (un coup fort suivi d'un léger) nous suffisaient. « Merci, cher ami, disait le peintre Ledeski, s'adressant poliment à l'âme importune, sur un ton qui nous fit sourire les premiers jours, merci, ne revenez plus avant d'être rappelé. » Aussi puis-je affirmer qu'après les douze séances du premier mois, la sélection était opérée et que nous avions réuni autour de nous, dans cet atelier intime et silencieux, quelques esprits d'anciens amis et de parents qui firent leurs preuves d'authenticité l'un après l'autre.

A la fin du second mois, notre petit cercle était rempli d'une telle atmosphère d'amitié qu'à l'entrée de chacun de nous chez Ledeski, des coups frappés se produisaient de tous les côtés, sur les murs, sur les tableaux et sur le piano, et signifiant, à n'en point douter : Amis, nous sommes là.

Dès que nous mettions les mains sur le guéridon il se

soulevait dans tous les sens pour faire à chacun de nous une salutation manifeste à laquelle nous répondions sans songer à rire : Salut, amis, et merci.

Riez, lecteurs incrédules, mais croyez que ma foi profonde en ces amis de l'au-delà et en tout ce qu'ils m'ont appris de la vie future, est telle que, de corps et d'âme je suis devenu invulnérable à toute humaine douleur et que, sans appeler la mort ainsi que le fit le bûcheron du Bonhomme, si je la voyais apparaître devant moi, je laisserais à terre le pesant fardeau sans prier la cruelle de m'aider à le recharger et je la suivrais sans regretter rien, sans retourner la tête...

Combien de bons catholiques pratiquant leur religion et croyant avec la foi du charbonnier, ont une peur horrible de la mort bien que le sentier de la vertu qu'ils ont toujours suivi, sans s'en écarter, doive les mener tout droit vers ce paradis dont la description, avouons-le, excite si peu la tentation.... et provoque tant de doute... et, j'ose ajouter... de défiance.

Pourquoi donc craignent-ils tant la mort puisqu'elle doit leur assurer la vie éternelle en face d'un Dieu éternellement immobile sur son trône ? C'est à dater du départ du bon docteur de Cladous, mort subitement, je l'ai dit, que nous obtînmes ces communications qui rendent évidentes et palpables les preuves de la présence constante d'une humanité invisible au milieu de nous.

Comme médecin des pauvres, le Dr de Cladous fut inhumé provisoirement dans le dépositoire municipal pendant le temps que dura la construction d'un tombeau que lui vota la municipalité reconnaissante.

Le surlendemain de sa mort, comme nous entrions à l'atelier, trois coups frappés sur la table, au moment même où nous allions la prendre pour la séance, nous annoncèrent l'arrivée du frère de Mme Ledeska. Sa communication dura toute la soirée. Recopier ici les questions et les réponses serait d'un certain ennui pour mes lecteurs et pour moi, je les résume donc avec sincérité. « Aussitôt saisi par la mort brutale qui me frappa sans me prévenir, nous dit de Cladous, je demeurai dans l'état d'un homme que l'ivresse aurait presque entièrement privé de la raison, mais mon cerveau chassa peu à peu les fumées qui obscurcissaient mes pensées. Je fus rempli d'étonnement lorsque je me vis étendu sur mon lit, vêtu de mon habit noir, immobile, entouré de ma famille. C'est en entendant les cris de ma femme, c'est en voyant pleurer et sangloter mes deux fillettes que je compris tout. Mes convictions spirites se firent jour aussitôt en mon âme, encore sous la sensation de cette ivresse indéfinissable, et, peu à peu, je vis se soulever devant moi le rideau qui me cachait la chose vraie... Etais-je donc mort?.... non, j'étais seulement désincarné. Mon enveloppe mortelle était là couchée, inerte à jamais mais mon âme qui, peu à peu, reprenait possession d'elle-même, était bien en vie, agissante et pensante. »

« J'assistai à mes obsèques, je vous vis, l'un après l'autre, venir jeter un dernier regard sur ma dépouille; je vis couler des larmes que j'aurais pu arrêter et sécher d'un mot, mais, une force que je ne définis pas, m'empêchait de parler. J'étais au milieu de vous tous lorsque les pauvres ont voulu porter mon cercueil jusqu'au cimetière, et j'étais étrangement surpris de constater que personne ne semblait me voir. Moi qui voyais tout, j'étais invisible. »

« Je suis parfois tout surpris de ce changement incompréhensible et si prompt; comment suis-je là, près de vous, cher frère, chère sœur, avec vous, mes amis? Il me semble que j'arrive de loin, de très loin, je crois avoir vu des choses étranges, non vues encore; j'ai certainement traversé une foule innombrable d'esprits désincarnés comme moi. Quelques-un m'ont appelé, d'autres m'ont souri. Où donc étais-je? J'ai vu des bois, des montagnes, de l'eau, un ciel d'azur, un soleil éclatant... Etait-ce l'espace? Etais-ce un rêve? Je crois que je pourrai mieux vous traduire cela une autre fois. Pour l'instant présent, je ne puis encore me détacher de la terre, je me sens attiré par vous dont l'affection est la cause de vos regrets. Je viens vous dire que rien ne doit changer dans cet atelier où le simple appel de mon nom me ramènera. J'entends ma femme et mes pauvres fillettes qui pleurent toujours, je vole vers elles, mais il ne me sera pas possible de me faire voir ni entendre d'elles et je compte sur vous, mes amis, pour les consoler et les préparer doucement, tendrement, à supporter le coup de la séparation qui est si cruel pour elles... qui n'est rien pour moi, je vous l'avoue. »

A chaque séance l'esprit de de Cladous était le premier arrivé, il dictait quelques mots d'amitié, puis, aimable et modeste comme durant sa vie, il dictait quelques conseils à communiquer à sa femme, à sa fillette préférée, France, puis il se retirait en laissant la place à d'autres amis de l'au-delà qu'il se plaisait souvent à annoncer lui-même, comme on le verra par la suite.

Un mois après sa mort, le caveau destiné à la famille du Dr de Cladous étant achevé, la translation des cendres de notre ami eut lieu de la chapelle municipale à sa dernière demeure.

Je prononçai quelques paroles d'adieu à l'adresse de l'honorable défunt, puis je passai au journal l'*Indépendant* de la province où j'écrivis rapidement et remis au directeur, M. Garet, ami du regretté docteur, un article nécrologique dicté par une plume sympathique et attristée; enfin, je me dirigeai vers l'atelier de Ledeski tout rempli de parents et d'amis qui étaient venus serrer la main de Mme Ledeska une seconde fois. Comme tous s'étaient retirés, le hasard laissa en présence les membres de notre petit cercle, Ledeski et sa femme, Mme Delfini, Ravel et moi, tous assis dans l'atelier, sans songer à une tentative spirite. Tout à coup, sur le guéridon près duquel Mme Delfini, notre médium, était assise et sur lequel reposait son avant-bras et sa main, plusieurs coups précipités se firent entendre comme un appel pressant.

Notre surprise fut éveillée car, dans la journée, nous n'avions pas tenu séance.

C'était l'esprit du docteur de Cladous qui demandait l'alphabet et qui dicta littéralement ce qui suit :

« Très touché des devoirs qui ont été rendus aujourd'hui à ma dépouille, je viens vous remercier tous, toi ma sœur et ton mari, mais plus particulièrement notre ami Dauvil dont j'ai entendu avec émotion les paroles d'adieu qu'il a prononcées sur ma tombe. Je le prie d'aller remercier M. Garet pour l'article qu'il va insérer ce soir et que j'ai lu pendant que Dauvil l'écrivait. Merci, au revoir ! »

Si quelques incrédules accusaient notre subconscience d'avoir dicté ces lignes je leur répondrais qu'elles nous causèrent trop d'étonnement par la spontanéité de la communication; car, si nous ne pouvions manquer de penser au brave Cladous, puisque nous arrivions tous du cimetière, pas un de nous ne pouvait attendre la visite de son âme avant la prochaine réunion du soir.

Chacun pensera de ces faits ce qu'il voudra, je respecte l'opinion de tous. Je raconte des choses vues et c'est tout.

Jusqu'au jour de la rupture de notre petit cercle, le cher docteur vint à chaque séance nous prouver qu'il était présent près de nous et qu'il s'intéressait à nos études.

A cette époque un de mes camarades, en garnison dans une ville voisine, le commandant C..., breveté d'Etat-Major, perdait l'une de ses filles de la fièvre typhoïde, quinze jours à peine après sa sortie de la maison de la Légon d'honneur de Saint-Denis où elle avait été élevée. J'avais appris le malheur qui venait de le frapper, le matin même, par une dame parlant dans la rue à une autre personne qui n'avait dit que ces simples mots : Le pauvre commandant C... a perdu sa fille. Or, si je me souvenais de C... c'était seulement pour avoir été présentés l'un à l'autre devant la caserne, puis pour nous être serré la main plusieurs fois. Mais si je le savais marié, nous n'avions jamais échangé de visites, et j'ignorais le nombre de ses enfants, leur âge et leur sexe : conséquemment, dans l'histoire suivante qu'on ne soupçonne ni moi ni mes amis d'avoir rien su de ce que je vais rapporter fidèlement.

Le soir même du jour où j'avais appris la mort de Mlle C. nous venions de commencer notre séance spirite lorsque des coups frappés doucement, faiblement, sous ma main, attirèrent mon attention. « Est-ce un ami ? interrogeai-je. — Non. — Vous êtes connu de nous ? — Non. — Connaissez-vous l'un de nous ? — Non. — Etes-vous décédé ? — Oui. — Depuis quand ? — La nuit dernière. — Voulez-vous vous nommer ? — Oui, Elisabeth-Aline C... — Vous seriez donc la fille du commandant C. ? — Oui. — Ma pauvre enfant, par quel hasard votre esprit, à peine dépouillé de son enveloppe mortelle, peut-il être attiré ici ? — A Saint-Denis, une de mes amies, dont les parents sont spirites, m'a initiée aux vérités de l'au-delà et, depuis ce matin, je cherche à communiquer avec des spirites. J'ai rencontré le docteur de Cladous qui connaissait ma mère, et c'est par son entremise que je viens vers vous. — Soyez la bienvenue, ma pauvre enfant et dites-nous si nous pouvons vous soulager de quelque manière ? — Oui, je serais heureuse que, pour apaiser l'immense douleur de ma mère et la consoler, M. Dauvil, qui connaît mon père, allât dire à ma mère que je vis toujours et que je reste auprès d'elle. — Pourquoi ne pouvez-vous faire cela vous-même ? — Cela m'est de toute impossibilité, je ne puis faire le moindre bruit pour attirer l'attention, ni reprendre une forme visible sans que je sois soutenue par des amis initiés à ces mystères. »

Nous représentâmes à Mlle Elisabeth-Aline C..., qu'il m'était impossible d'aller faire près de sa mère la démarche qu'elle exigeait de moi. Elle ne me croirait pas et le commandant son père, ne m'accueillerait-il pas d'une façon sévère, sans doute même comme un intrus.

J'exprimai tous mes regrets à cette chère âme et l'unanimité des sentiments de mes amis sembla la convaincre, elle dicta : Merci ! et se retira.

Le lendemain, Ledeski, que j'allais journellement voir à son atelier, si souvent témoin de nos bonnes causeries philosophiques, me montra un journal de la région qui publiait un entrefilet nécrologique où nous pûmes constater que la jeune morte portait bien les prénoms d'Elisabeth-Aline. Mais nous commencions à ne plus nous étonner de rien.

A la séance suivante Aline, comme je la nommerai pendant le cours de ce récit, vint dès que le guéridon fut entouré par Mme Delfini, Ravel et moi. Elle nous apprit que son père avait emmené son corps à Beaune..., elle frappa des coups et dicta : erreur, ce n'est pas à Beaune, c'est Bône en Algérie.

Par cette âme délicate nous fûmes au courant des faits accomplis au jour le jour depuis sa mort : le transport de son corps en mer, la station, à Alger, l'enterrement à Bône dans un caveau de famille de sa mère. Elle nous dit que son cercueil était placé sur ceux de son grand-père et de sa grand mère.

Un soir, quelques jours après, Aline vint nous dicter très rapidement les lignes qui suivent. Mme Delfini et Ravel, fort intelligents, devinaient presque tous les mots dès la première syllabe, ce que confirmait toujours l'esprit communiquant par une série de petits coups d'ongles rapidement frappés sous la table :

« Mon père retourne en France; il est à Alger à l'hôtel ; il s'embarque demain matin à 8 heures sur le paquebot le *Général-Chanzy* et sera à Marseille dans soixante heures ».

Forcé, pour une affaire, de me rendre à Marseille deux jours après cette communication, j'étais le lendemain de mon arrivée, assis à l'un des beaux cafés de la Cannebière lorsque j'aperçus le commandant C... qui, sans doute, venait de débarquer.

Poussé par un sentiment de vive curiosité que le lecteur comprendra je le rejoignis et lui exprimai toutes mes condoléances bien vives, pour le malheur qui venait de le frapper et auquel j'avais pris une part bien sincère; (on devine que, des communications spirites que nous devions à l'esprit de sa fille, je me serais bien gardé de lui dire un mot). — « D'où venez-vous donc, mon cher commandant ? — Hélas ! je viens de faire un bien lugubre voyage. J'ai dû accompagner en Algérie les restes mortels de ma chère enfant, et les conduire jusqu'à Bône où ils reposent maintenant avec ceux de son grand-père et de sa grand'mère.

— Avez-vous fait une bonne traversée de retour ? — Oui et très rapide vu le beau temps. — Sur quel paquebot êtes-vous revenu ? — A bord de l'*Emile-Péreire*.

Je songeai : Aline nous a induits en erreur en nous annonçant le départ de son père sur le *Général-Chanzy*.

Mais je n'osais faire une question... Pourtant je hasardai une réflexion : — Il me semblait avoir lu que c'était le *Général-Chanzy* qu'on attendait, et non l'*Emile Péreire* ?

— C'est très vrai, me répondit le commandant C..., c'est le *Chanzy* qui devait me ramener d'Alger. je m'y étais même embarqué à 8 heures du matin, avec ma valise, mais, un peu avant l'heure fixée pour le départ, il survint un accident à la machine, et, à midi, des réparations sans gravité, mais qui demandaient toute la journée, empêchant le départ du *Géné-*

ral-Chanzy, les passagers et le courrier furent transbordés sur l'*Emile-Péreire*. »

Ainsi donc l'esprit d'Aline ne nous avait pas trompés lorsque, la veille du départ de son père, elle nous avait dicté : « Demain mon père s'embarquera à 8 heures du matin sur le *Général-Chanzy* pour retourner en France ».

Dira-t-on que les pensées réflexes de nos cerveaux étaient la cause d'une communication vraie la veille et non réalisée le lendemain ?

L'esprit d'Aline était capable de nous faire savoir ce soir-là que le commandant C..., son père, avait reçu son billet d'embarquement pour le *Général-Chanzy*, mais, ne devinant pas l'avenir, il lui était de toute impossibilité de nous communiquer qu'un accident à la machine causerait, le lendemain, le départ de l'*Emile-Péreire*.

Je suis même convaincu que, si le jour du départ de son père, nous avions pu l'évoquer à midi, l'esprit d'Aline eût fait la rectification.

XI

Les séances très suivies de notre petit cercle étaient délicieuses, suivant l'expression de Ravel, toujours le premier rendu à l'atelier où il trouvait une hospitalité dont il usait et abusait. Tous nous attendions les soirs de réunion avec impatience, nos communes idées nous ayant liés de cette affection fraternelle que le temps, hélas ! se charge de détruire et d'effacer trop vite.

Chacun de nous venait oublier dans cet atelier silencieux et calme où nos amis vivants et disparus nous faisaient un si doux accueil, les chagrins ou les ennuis qui les saisissaient au dehors.

Et qui n'avait pas les siens ?

Ledeski infirme d'une jambe ne pouvait marcher sans béquilles et sa vue s'affaiblissait; aussi voyait-il diminuer les commandes de portraits ou de copies de maîtres; or le pauvre ami n'avait que son pinceau pour vivre ! Et pourtant, il était un vieil élève de Devéria et de Charles Jacques.

Il acceptait certains travaux mal rétribués bien que sa délicatesse en souffrît. Parfois sa conscience elle-même fut mise à l'épreuve et il se vit contraint de lui faire des compromissions qui répugnaient à ses idées. « La première des libertés morales, disait-il, est celle de penser et j'entends penser librement ». Ce dont je le félicitais très fort.

Cet aphorisme plaintif, il l'avait exhalé un matin à la suite d'une histoire que Ledeski ne m'en voudra pas de vous conter, parce qu'elle vous fera juger une ou deux fois de plus ceux que l'on qualifie d'âmes pieuses. Un père jésuite très révérend était venu commander à l'artiste pour une chapelle qui s'était transformée en une mine d'or, depuis qu'un saint fort en vogue amenait chaque jour nombre de pénitentes à son autel, un tableau de saint Antoine de Padoue.

Lorsqu'il fut terminé, un autre fils de Loyola, moins révérend que l'autre, vint voir la toile, la critiqua, pria l'artiste d'en diminuer le prix et se retira promettant de revenir, mais ne revint jamais.

Que de fois j'ai regardé le portrait abandonné du pieux moine portugais semblant jouer avec l'enfant Jésus, que les peintres de toutes les écoles se sont plu à représenter, quoique son enfance ait été rien moins que connue. Je pensais : « O toi qu'on dit un grand et puissant protecteur de la pauvre humanité, toi qui daignes faire retrouver, lorsqu'on t'implore, les objets égarés ou perdus, toi qui ne refuses point une faveur si tu l'entends formuler avec ferveur, fais donc retrouver à celui qui t'a peint ici, la chance perdue et envoie acheter par ces hommes pieux qui, grâce à toi ne manquent de rien en ce monde... ni en l'autre, la toile sur laquelle je te contemple si calme et si serein. »

Mais ma prière sortait d'une âme trop peu catholique et n'eut point l'heur de plaire au saint qu'on dit bon et généreux, car la toile demeura longtemps à l'atelier des Ledeski et s'y trouve sans doute encore, à moins que le pinceau de l'artiste n'ait changé Antoine de Padoue en Faust ou en Fra Diavolo, pour un musée quelconque... J'avais peut-être omis de promettre quelque chose pour le tronc de la chapelle.

A quelque temps de là survint une histoire semblable que j'apporte quelque malice à raconter, parce qu'elle se rattache à des gens *ejusdem farinœ*. Des pères et des frères franciscains venus très pauvres dans la ville la plus voisine y possèdent aujourd'hui, grâce aux aumônes qu'ils reçoivent toujours mais ne font jamais, à ce que dit Voltaire dans « l'homme aux quarante écus », une église, un couvent et un vaste jardin renommé par ses fruits délicieux.

Le supérieur vint un jour trouver Ledeski et lui commanda un chemin de croix, quatorze tableaux pour 7 ou 800 francs. C'était un peu de travail et le pain assuré pour quelques mois; la satisfaction du peintre fut vive mais dura peu. Avant de conclure le marché, l'homme à la robe de bure exigea une petite promesse; d'un air bonhomme, d'une voix cauteleuse, il osa dire au vieil artiste polonais : « On vous sait libre penseur, Monsieur Ledeski, athée même ; vous ne pratiquez point vos devoirs religieux, aussi, vous le voyez, le ciel vous abandonne. Promettez-moi de venir nous voir, nous vous aiderons à vous rapprocher de Dieu, votre conversion sera d'un bon exemple pour notre sainte chapelle. Acceptez et l'affaire est faite. Vous pourrez mettre dès ce soir votre première toile sur le chevalet et je vous ferai une petite avance ».

La réponse de mon ami Ledeski ne pouvait être que ce qu'elle fut.

Il refusa tout net de rien modifier à ses convictions et l'on devine bien que le chemin de croix ne sortit jamais du pinceau de l'artiste.

Mme Ledeska souffrant chaque jour davantage de la maladie de cœur qui devait l'emporter quelques mois après son frère le bon Dr de Cladous, voyait ses élèves l'abandonner et ses leçons s'en aller.

Ravel, dont la situation était plus que modeste dans un journal de Nice, attendait son départ pour Bordeaux ou Paris. Mme Delfini, veuve depuis quelques années, avait très embrouillé ses affaires d'intérêts qui lui causaient d'incessants tourments.

Enfin, le conteur de ces vieux souvenirs lui-même venait oublier dans ces réunions paisibles les légers chagrins du foyer. Une femme jeune, agréable, instruite, eut été la compagne rêvée sans sa piété rigoriste, sœur de l'intolérance ecclésiastique qui jetait parfois un épais rideau entre eux. Le temps a passé, la piété angélique de celle que j'aime tendrement ne pouvait s'accroître, mais mes convictions ne changèrent pas; si elles n'ont pas tué l'intolérance, elles l'ont endormie et le *modus vivendi* entre la chrétienne et le spirite repose maintenant sur l'estime et l'amitié. — Vous le voyez, nul n'est heureux complètement et si les fidèles dogmatiques vont chercher leurs consolations à l'église auprès du prêtre, nous venions prendre les nôtres autour d'un guéridon qui ne nous a dicté que des pensées de haute morale et de douces consolations.

Après l'esprit « Charcot » vint celui d'un musicien qui fut fidèle à nos réunions, et qui imita le premier en nous disant : Appelez-moi « Gounod ».

Ce fut un aimable visiteur, il venait, nous disait-il, plus souvent pour lui que pour nous, il demandait de la musique, indiquant lui-même le morceau à exécuter.

Un soir que j'étais au salon avec Mme Delfini, qui accompagnait au piano une romance en vogue, chantée très joliment par Ravel, l'esprit du pseudo Gounod frappa sur le piano accélérant la mesure, et d'une main forte.

A de certains jours, nous trouvions bon de nous départir de notre rigueur et nous admettions à nos séances quelques amis dont nous avions appris les idées spirites et qui s'intéressaient à nos travaux.

Il arriva un soir un fait trop bizarre pour que je ne le raconte point ici; il est exact, c'est l'essentiel.

Mme Ledeska s'était mise au piano pendant que nous formions la chaîne autour du guéridon qui, tout à coup, sortit du cercle et alla se coller au piano où il se mit à frapper en marquant la mesure. Mme Ledeska accéléra la valse de Chopin qu'elle jouait trop lentement, et nous reprîmes la petite table que Mme Delfini interrogea. — Est-ce vous Gounod ? — Oui. — Désirez-vous quelque chose ? — Oui, vous allez mettre devant le piano la première personne qui va venir, vous verrez à deviner ce que je lui ferai jouer. » On attendit en continuant la valse et la chaîne. Vers 10 heures on sonna, c'était un ouvrier cordonnier qui rapportait à Mme Ledeska une paire de pantoufles et qui se retira. — La porte était à peine refermée sur le disciple de saint Crespin que le guéridon s'agita. — C'est vous Gounod ? — Oui. — Qu'y a-t-il ? — C'est lui, rappelez cet ouvrier.

Ravel courut après le cordonnier et le ramena. — « Mon ami, lui dis-je en souriant, faites-nous le plaisir de vous mettre au piano. — Pourquoi faire ? — Apparemment pour jouer. — Mais je n'ai jamais touché un piano, vous vous moquez de moi, regardez mes pattes » et le pauvre diable qui paraissait avoir 25 ans, étala sous nos yeux ses deux mains noires de poix.

Le guéridon manifestait de l'impatience. — « Qu'il se mette au piano dicta Gounod et que Dauvil tienne ses mains au-dessus de la tête de cet homme. »

Moitié confus, moitié riant, le cordonnier s'assit sur le tabouret. Je plaçai ses mains au-dessus du clavier en le priant d'attendre quelques instants et j'étendis les miennes sur sa tête sans la toucher. L'effet fut prompt, les doigts de l'ouvrier commencèrent à faire jouer les touches de la main droite, puis de la gauche de la façon la plus incohérente, mais peu à peu la cadence fut marquée, la mesure s'accentua, la basse résonna seule, puis lentement la main droite dessina la mélodie. — Tous nous étions plongés dans l'étonnement. — La musique, d'abord inconcevable pour nous, causait la surprise de Mme Ledeska qui s'approcha de l'exécutant et lui dit à *mezzo voce*... recommencez, *da capo* — et les mains inhabiles reprirent le morceau d'une façon plus compréhensible : *dolce ! dolce !* disait tout bas Mme Ledeska, pendant que le guéridon, sous les mains de Mme Delfini et de Ravel battait la mesure. *Crescendo*... dit Mme Ledeska, qui ajoutait... merveilleux !

Ce que nous exécuta ce cordonnier qui ignorait la musique et n'avait jamais approché un piano n'était autre que la première fugue de Sébastien Bach dont Gounod s'est inspiré pour son divin *Ave Maria*.

Bravo ! Bravo ! cria-t-on autour du cordonnier mélomane par accident, dont les mains s'étaient arrêtées d'elles-mêmes, et dont la tête était tombée sur la poitrine... Il dormait ! Je l'avais magnétisé, et c'est sous l'empire de l'hypnose que l'esprit de Gounod ou soi-disant s'était emparé de cet homme et l'avait fait jouer du piano (1).

Je n'ose vous affirmer que l'âme de Gounod lui-même était présente, pas plus que l'esprit du Dr Charcot n'animait notre guéridon, mais, pour des serviteurs, ces esprits valaient les maîtres. — Fait curieux. Au moment où j'écris cette ligne, un coup violent frappé dans ma table semble confirmer ce que j'écris... Mystère !

Ces coups frappés, ces signes intimes pour moi seul, que de fois je les entends, soit dans ma table de travail ou dans ma bibliothèque quand j'écris ou que je lis dans mon bureau, soit sur le buffet dans la salle à manger, même sur le bois de notre lit dans la chambre à coucher. Ils répondent presque toujours, ces coups discrets frappés certainement par les amis invisibles qui nous entourent, à une parole entendue, à une réflexion justement traduite, quelquefois même à la simple lecture d'une pensée que l'ami lirait avec nous et soulignerait.

Comme je pense ici tout haut, bien simplement pour mes frères et sœurs en croyance, je sais qu'ils n'en riront pas, car je connais nombre d'entre eux qui m'ont assuré que, comme moi, ils entendent souvent ces coups frappés chez eux, quand ils sont seuls ou en famille.

Que les autres, ignorants ou incrédules, en rient et me qualifient d'imbécile, ce m'est indifférent, et pas un cheveu de ma tête n'en tombera de dépit.

Un soir, Ledesky demanda à l'esprit du bon Cladous, si nous pourrions être favorisés par la venue d'un poète. — « Appelez-en un vous-mêmes répondit le frère de Mme Ledeska. — On convint d'écrire chacun sans le communiquer aux autres, le nom d'un poète sur une carte pliée. — Ravel les porta sur le piano. — On se mit au guéridon en songeant chacun au poète désigné, et l'épreuve réussit au delà de nos espérances. — Quatre coups frappés... C'était l'alphabet : Victor Hugo. — Silence, on redemande l'alphabet. — Al-

---

(1) C'est ainsi que, sous le pouvoir des grands maîtres disparus, le médium Georges Auber arrive à jouer, sans connaître la musique, les morceaux les plus difficiles, mais sans être endormi.

fred de Musset — puis Leconte de l'Isle — et Parny. — On attend le cinquième silence prolongé, puis quelques coups disent : c'est tout. Nous étions cinq, nous pouvions attendre le nom d'un cinquième poète puisque quatre avaient semblé répondre : Présent ! — L'explication est simple, quatre poètes seulement avaient été appelés. Ledesky et sa femme ayant inscrit chacun sans se le dire, le nom de Victor Hugo. — Mme Delfini avait écrit : Musset. — Ravel, poète léger à ses heures, avait préféré Parny. — Moi j'avais évoqué Leconte de Lisle.

Il est assez naïf de croire, direz-vous, que de grands poètes, des guerriers glorieux, des hommes célèbres se mettent tout de suite à votre disposition et qu'il vous suffise d'inscrire des noms illustres sur une carte, pour qu'aussitôt ils soient avertis par un marconigramme ou télégraphie sans fil, et poussent la bienveillance jusqu'à venir dans votre guéridon répondre : toc, toc, présent ! Demeurent-ils donc réellement là haut à votre service ?

Vos lecteurs spirites, plus que les autres, ont l'âme naïve, peut-être, mais pas jusqu'à croire cela.

Ce n'est pas vous seuls qui pensez ainsi, lecteurs et lectrices aimables, et cette juste observation, c'est moi qui la fis ce soir-là à mes amis. — Et voici ce qui me fut répondu par un esprit élevé M. A. B., mort il y a douze ans à l'île de la Réunion : « Oui, mon cher Dauvil, vous êtes en droit d'être étonné, émerveillé de recevoir une réponse aussi prompte que la question posée à des esprits comme Horace, Virgile, Alexandre, Dante, Shakespeare, Lamartine, Hugo, Annibal, Napoléon et mille autres de leur valeur. Sachez qu'une phalange d'âmes dignes de celles-là les entoure, les aime, les admire, les suit dans leurs réincarnations et les représente toujours et partout. Ces esprits supérieurs entendent et voient tout et ne dérogent point en venant à un appel sérieux répondre pour l'instruction des humains qui cherchent la vérité ! » C'est là pour eux sans doute un mystérieux devoir que nous comprendrons plus tard.

Un long silence succéda à cette communication du grand-père de Mme Dauvil, et le guéridon frappant de nouveau, dicta :

« Je viens vous satisfaire le premier. Ceux que vous avez appelés viendront l'un après l'autre, eux ou leurs représentants. « *Signé* : LECONTE DE LISLE. »

Compatriote et ami de M. A. B., je n'étais point surpris que le grand poète eût bien voulu me répondre.

Posez vous-même une question au grand poète créole, dis-je à Ledesky, qui demanda à Leconte de Lisle de nous dicter s'il lui plaisait un vers pris au hasard dans ses « Poèmes barbares » et de nous dire le titre de la poésie.

Le guéridon dicta aussitôt :

Quelqu'un m'a dévoré le cœur, je me *rappelle !* »
(Dernier souvenir.) (D. S.)

Merci, cher maître, nous vérifierons, si vous le permettez, demain soir, car nous ne possédons pas vos œuvres à l'atelier. Ravel, enfant des Muses, nous les apportera ici.

Le lendemain soir, nous pûmes, à l'aide de Ravel, lire le *Dernier souvenir*, qui contient seize beaux vers, et constater que Leconte de Lisle ou son représentant avait commis une erreur de mot et de rime en terminant le vers qui est exactement :

Quelqu'un m'a dévoré le cœur, je me *souviens !*

Je ne voudrais pas oublier de dire après cela que, dans une soirée spirite donnée à Paris il y a quelques années chez une famille de l'île de la Réunion, où j'avais le plaisir d'être invité et où j'avais conduit deux médiums, la vieille Mme Rodière et sa fille, une charmante société créole fut curieuse de voir quelques-unes de ces choses mystérieuses, inexplicables, qu'on demande au spiritisme mais qui, devenant spectacle promis, donnent rarement des résultats satisfaisants.

Malgré la présence des médiums dont j'avais apprécié la valeur chez Mme Nœggerath « la bonne maman » (1), un soir

---

(1) Mme Rufina Nœggerath, l'auteur de *Survie*, âgée aujourd'hui de 85 ans, est la doyenne des dames spirites. Son salon a toujours eu une réputation de sincérité et de bienveillance. Depuis 40 ans il a vu défiler toutes les notabilités du spiritisme, et le doux titre de « bonne maman » a été décerné et accordé unanimement à Mme Nœggerath par tous ceux qui sont admis chez elle.

qu'une petite table s'était enlevée au-dessus des assistants pour aller donner, de la part d'un époux décédé, une caresse à la vieille comtesse de C..., qui mourut dix jours plus tard, je craignais que la présence d'esprits frivoles ne troublât la séance. La maîtresse de la maison désirait qu'on se plaçât autour d'un petit guéridon. « Non, dit Mme Rodière, si vous « n'y voyez pas d'inconvénient, je préfère qu'on entoure la « lourde table de la salle à manger », ce qui fut fait. Les coups frappés tardèrent peu. On fit dix questions auxquelles on obtint des réponses. Léon Dierx, le prince des poètes, créole de la Réunion comme presque tous les assistants, se baissa pour regarder sous la table qui frappait, en me disant : C'est toi qui frappes !

« Appelle toi-même l'esprit d'un compatriote, lui répondis-je et je le prierai de frapper sous tes mains à l'endroit de la table où tu les mettras ». Dierx, s'éloigna au bout de la table et, tout naturellement il évoqua Leconte de Lisle le poète académicien dont il avait été l'ami pieux, l'élève dévoué. La réponse fut prompte :

Trois coups très forts furent frappés sous les mains de Léon Dierx, et Mlle Rodière, qui avait étalé sur la table un alphabet brodé dont elle indique les lettres à l'aide d'un crayon, pria l'esprit du poète de frapper un coup à chaque lettre à signaler.

Au bout d'une minute, on eut une réponse :

Salut à mes amis de la terre natale.

LECONTE DE LISLE.

Que les incrédules, au lieu de s'écrier que c'est l'un de nous qui dicta ce vers, fassent eux-mêmes des essais suivis, patients, et ils obtiendront comme nous des résultats couronnés par le même succès.

Vous avez sans doute lu Caïn des *Poèmes barbares* de Leconte de Lisle, mais, qui de vous est capable d'en souffler *ex abrupto* le 65e vers sans prendre le temps, ou de se remémorer les 64 précédents s'il sait le poème par cœur, ou de les compter vers par vers sur le livre ? et cependant chez un académicien spirite mort aujourd'hui, son neveu obtint ce vers de Leconte de Lisle par coups frappés.

Ah ! si l'on avait demandé à l'immortel Racine de dicter le premier vers d'*Athalie !* C'eut été plus facile et tout le monde l'aurait pu souffler.

XII

Le lecteur se rappelle sans doute... Pourquoi : sans doute ? Quel intérêt aurait-il à se remémorer ? Tous orgueilleux les faiseurs d'articles ! Ils s'imaginent, très simplement, que tout le monde a du plaisir à les lire et que chacun, conséquemment, doit se souvenir, le lendemain, de ce que le hasard a fait passer sous ses yeux la veille et même le mois précédent.

Il est fort peu présumable que le lecteur ait songé à prendre note de la promesse que j'avais faite à mon ami de Nice, le vieux peintre polonais Ledeski, lorsque le destin lançant un beau, ou plutôt un sombre matin un pavé au milieu de notre petit cercle en dispersa tous les membres.

Ledeski m'avait confié la plupart des notes prises, au jour le jour (au soir le soir serait plus juste) et cette réflexion me rappelle le mot d'un vieux maître de marine à qui je demandais le nom de son pays natal et qui me répondit : « Capitaine, j'ai vu la nuit à Saint-Malo... Pourquoi pas le jour ?... Parce que je suis né à une heure du matin ».

Ces notes étaient écrites de la main de plusieurs de nous, du Dr de Cladous, de Ledeski, de Ravel et de moi. En me les remettant, l'artiste m'avait prié, lorsque mon dessein de les transcrire au net serait exécuté, de lui en envoyer une copie autographiée ou, mieux encore, de lui rendre les brouillons auxquels il semblait tenir davantage.

Durant plus de quatre années j'avais oublié ma promesse, et, tel est le cœur humain, que j'aurais même oublié Ledeski si, chaque année, à l'époque des vacances, je n'étais allé revoir Nice, le vieil atelier et le solitaire qui m'accueillit toujours avec une égale affection. Il a fallu la bienveillance de l'aimable directrice de la *Revue Spirite*, Mme Leymarie, qui avait écouté plusieurs fois très patiemment le récit de quelques-uns de mes souvenirs, pour faire reparaître au jour ce qu'elle a bien voulu publier de passable pour ses abonnés, et c'est par ce moyen fort économique de multiplier mes notes que j'ai enfin pu mettre à exécution la promesse faite à Ledeski, en lui faisant parvenir, sous forme de colis recommandé, tous les numéros de la *Revue* qui contenaient les *Vieilles notes*.

Ce vieil enfant de la Pologne a certes dû ouvrir la première brochure à l'arrivée du paquet; mais, insouciant comme tout véritable artiste, il a mis juste un mois pour lire les autres, ce qui m'a donné la valeur exacte de ma prose.

> Et pourtant, mon colis, afin d'être acceptable,
> Etait parti suivi de quelques mots rimés
> Que j'avais griffonnés sur le coin de ma table
> Très rapidement mais, suffisamment limés.
> J'avais donc ajouté certaine courtoisie
> Avec ce post-scriptum fleurant la poésie.

Et j'avais eu raison car voici la longue et amicale lettre, portant le timbre de la poste de Nice, que j'ai enfin reçue de Ledeski. Je lui demande et à vous aussi qui la lirez, l'autorisation de la publier presque en entier.

Elle vous fera connaître l'homme par le style et, grâce à lui, voici une page qui m'aura peu coûté.

« Mon cher ami,

« Excusez le retard que j'ai apporté à répondre à vos lettres si cordiales ; une crise de rhumatisme et des préoccupations morales en ont été la cause. Je n'ai presque pas eu de travail cet hiver, et l'artiste sans travail quand il n'a de rentes assurées que des douleurs de goutte, ce qui est mon cas voit, fatalement, se dresser devant lui, dans l'ombre appréhendée de chaque soir le spectre de la misère... conseillère mauvaise !

« N'étant allé ni à confesse ni à la messe j'ai laissé fuir les protections cléricales qui m'avaient été offertes. La pratique intéressée, sans un brin de foi, n'est-elle pas autre chose que de l'hypocrisie ? Or, la faim elle-même ne me fera point couvrir le visage du masque d'une vertu que je n'ai point, celle de la piété.

« J'ai lu attentivement vos vieilles notes dans les brochures que vous m'avez fait tenir; vos souvenirs de magnétiseur, dont vous m'aviez entretenu il y a quelques années, m'ont semblé plus curieux redits par votre plume; et l'historique de notre modeste petit cercle, dont vous avez été le véritable fondateur, m'a plus particulièrement intéressé en me rappelant une époque de ma vie qui me semble déjà lointaine, bien qu'un lustre à peine se soit écoulé depuis.

« Vos impressions portent d'un bout à l'autre, le cachet de la sincérité loyale; je l'ai constaté avec satisfaction et vous en félicite de tout cœur. Merci, cher ami, des vers que vous m'avez adressés et qui m'ont touché au bon endroit.

« Vous semblez m'annoncer votre dernier article renonçant, dites-vous, à inventer désormais des faits qui auraient pour résultat de tromper les lecteurs de la *Revue* qui vous a accueilli.

« Je me joins à ceux, mon cher ami, qui ont ressenti la même impression que moi, en lisant ces souvenirs racontés sans prétention, je le reconnais, mais où vous avez semé quelque intérêt, pour vous engager à ajouter encore quelques feuillets à ces *Vieilles Notes*.

« Je viendrai du reste vous remémorer quelques faits que vous semblez avoir oubliés à dessein et qui, brodés par vous sur le fond un peu assombri de la trame, pourront offrir encore quelques sujets bien coloriés.

« J'ai eu cet hiver le plaisir de voir et d'entendre Léon Denis, que le Dr Blackwell et vous connaissiez déjà et dont vous m'aviez souvent parlé. J'ai assisté à deux conférences de lui sur le spiritisme et je vous assure qu'il a séduit la nombreuse et intelligente assistance qui était venue l'écouter, autant par son talent d'orateur que par la conviction profonde de ses théories clairement présentées et que je partage depuis que j'ai lu, avant d'en connaître le sympathique auteur, son premier ouvrage : *Après la mort*. Aux temps jadis j'aurais dit : cet homme est un prophète.

« J'ai dû quitter mon vieil atelier (trop vaste) pour un logis plus modeste ; en fermant la porte j'ai caché deux larmes montées de mon cœur et qui roulaient sur mon visage... Tout m'y disait adieu ! Celle qui y avait vécu plus de vingt ans avec moi ; l'ombre de son frère, ce bon Dr de Cladous, dont vous avez parlé avec tant de vérité ; puis l'image des amis qui s'étaient si souvent réunis entre ces murs, aujourd'hui nus, pour y évoquer, assis autour du petit guéridon de bois noir, les chers disparus... Amis et esprits vous êtes tous partis ! Et je reste seul, avec le souvenir bien vivace de vous tous.

Mais pourquoi les vivants sont-ils partis en emportant les autres ? On dirait que tous ces esprits, si fidèles lorsque nous étions réunis, joyeux et confiants, ont eu peur du silence — ou n'ont plus voulu le troubler. — Que de fois, prenant mon front blanchi dans mes mains, je vous évoque encore les uns et les autres :

« Vous, mon cher Dauvil, que j'attends bientôt et qui restez fidèle à l'amitié.

« Ravel qui semble avoir oublié l'hospitalité que je lui offrais chaque jour et que je regrette si peu de lui avoir donnée. Un mot de lui, qui n'est jamais venu, me l'eût payée plus qu'elle n'a valu. Perdu dans Paris où il s'est marié, il est peut-être malheureux ! Et je lui pardonne... Malheureux ! que dis-je peut-il l'être avec ses 25 ans, son amour et sa santé !

« Et notre médium, la fine et aimable Mme Delfini, qui a mis, je crois, les flots bleus de la Méditerranée entre elle et nous. Nos esprits, nos bons amis de l'au-delà, si fidèles à nos réunions, s'en sont allés ailleurs consoler d'autres cercles d'amis. Après votre départ les coups frappés ont été plus rares, les vieilles toiles sont demeurées muettes — tout a cessé et le silence est venu. Je suis donc resté seul, triste, me demandant parfois, mon cher Dauvil, si nous n'avions pas collaboré à la création d'un rêve charmant et consolateur... Je ne veux rien approfondir et, après avoir absorbé de la coupe le plus doux de ce breuvage enivrant, je n'ose la vider d'un coup et j'attends paisiblement le jour où, de mes yeux, je pourrai, s'il existe, me convaincre du divin phénomène de l'au-delà. Et, si cela est en mon pouvoir, je reviendrai vous le confirmer... selon notre promesse.

« Un de ces jours que je serai plus courageux je vous communiquerai mes réflexions toutes philosophiques, à propos de l'idée de Dieu, que la plume fine, vigoureuse et un peu malicieuse de l'un de vos plus intelligents collaborateurs a traitée d'une humeur trop voltarienne, et dont l'article a soulevé une polémique violente. Moi, j'appelle Dieu la volonté ordonnatrice. Quant à essayer de décrire Dieu lui-même, quant à oser en dire un mot de plus, vous verrez, mon cher Dauvil, comment je voudrais faire comprendre sa puissance, vaste dissertation que je n'ai ni le temps ni le désir de vous imposer aujourd'hui.

« Je termine en plantant une croix encore dans le jardin des morts : un des collaborateurs temporaires de notre petit cercle, dont vous n'avez pas oublié le nom, Lacalle, vous qui lui avez témoigné tant d'intérêt, est mort de consomption, il y a deux mois. Vos prévisions ne se sont que trop réalisées... Le spiritisme l'a tué. Racontez son histoire, ce ne sera pas un chapitre perdu pour vos lecteurs spirites.

« Qu'ajouterais-je bien, mon cher ami, à cette lettre déjà bien longue pour moi qui l'ai écrite, davantage pour vous que je condamne à la lire; elle vous rappellera le dicton : Rien de plus audacieux qu'un poltron qui s'échauffe ! Je comptais vous écrire quatre lignes, vous recevrez quatre pages.

« Le moment est arrivé de dire, comme ce grotesque témoin de certain Conseil de guerre, appelé à juger une grave affaire, lequel croyait devoir ajouter, après chacune de ses réponses : un point, c'est tout.

« Excusez-moi, encore une fois, mon cher Dauvil, de mon retard et laissez-moi, en vous disant encore merci, vous tendre ma main amie.

« THADEUS LEDESKI. »

« P.-S. — Vous recevrez, sous peu, le travail de mes calculs faits sur les probabilités des chances à la roulette... Je suis certain maintenant d'assurer un gain tous les quatre coups... Malheureusement le grand levier, le nerf de la guerre, me manque pour aller à Monte-Carlo démontrer la preuve de ce que j'avance.

« Si vous trouvez quelque curieux qui veuille, sans risquer le capital qu'il apporterait m'accompagner à la roulette, je lui promets un bénéfice de 20 0/0 par jour sur lequel bénéfice je demanderai 10 0/0. Adressez-le donc à votre vieil ami.

« T. L. »

Les Slaves sont enclins à quelque flatterie et ont le caractère enjoué. Le vieux peintre en a donné la preuve dans cette lettre due surtout à la plume d'un ami. S'il a dans ces lignes déposé à mon intention plus de miel que de fiel, ma modestie, vu mon âge, ne s'en est point effarouchée. Son post-scriptum sent le mathématicien ; je le livre aux friands de la roulette, reconnaissant ses calculs fort ingénieux, la preuve en ayant été faite devant plusieurs amis... Mais je ne puis affirmer le succès constant de son problème.

Pourquoi ai-je contraint mes lecteurs à avaler cette lettre ? je vais le leur dire.

Mon intention était de clore ici la série de mes Vieilles Notes.

— Tout a une fin, n'est-ce pas ? — J'en éprouvais pour moi-même... ô, pas pour vous, lecteur, un regret sincère, et Ledeski me remémore plusieurs faits qui m'assurent quelque pâture intellectuelle pour deux ou trois chapitres... Un lecteur averti en vaut quatre... On pourra les passer.

— C'est la faute du vieux spirite polonais qui les a exhumés de ma mémoire, en ce petit coin du cerveau réservé aux objets égarés.

XIII

Malgré ce titre de Vieilles Notes, qui s'est placé de lui-même par habitude autant que par encouragement, je demande humblement à mes quelques lecteurs de les suspendre aujourd'hui et de laisser tomber le rideau pour un entr'acte.

C'est une question personnelle que je prends la permission de traiter, et je le fais d'autant plus volontiers que j'y trouve quelque attrait et que l'intérêt en sera le ciment littéraire.

Ayant été invité fort gracieusement à noter des souvenirs qui se rattachent à des expériences de magnétisme et de spiritisme, je m'y suis prêté de bonne grâce, d'une plume peu exercée peut-être, mais simple et honnête, en essayant d'éviter l'ennui à moi et à autrui.

Quelques-unes de ces Vieilles Notes ont été reproduites en d'autres publications et je viens d'autoriser la traduction de trois d'entre elles.

Lorsque j'ai raconté les faits curieux dont j'ai été témoin

dans le cercle intime que j'ai placé à Nice, chez mon ami Ledeski, le peintre polonais sur qui je ne pensais pas attirer la généreuse sympathie qui s'était manifestée ainsi que j'aurai la joie de vous le montrer, j'avais prévenu le lecteur — si j'ai bonne mémoire, qu'il m'était bien difficile de nommer mes amis, pas plus que la ville dans laquelle tous étaient connus, le regretté docteur de Clauda, feu Mme Ledeska, Ravel et les autres.

C'eût été les désigner tous, attirer l'attention sur eux et leur créer probablement quelques ennuis que je me fusse reprochés.

Le mal n'eût pas été grand puisque la vérité eût été publiée, mais je m'étais cru condamné à plus de discrétion encore, notre cercle étant dissous par la mort et la séparation de ses membres, il m'était impossible de récolter l'autorisation des vivants disséminés aux quatre points cardinaux. Quant à celle des morts, c'est — la chose est bizarre — la seule que j'aie reçue.

Je me disais *in petto* que la plupart des abonnés de la *Revue* parcouraient ces Vieilles Notes sans y attacher une grande valeur, mais, contrairement à cette opinion, il s'est trouvé quelques lecteurs curieux, recevant la *Revue* à Nice, à Toulouse, à Tours, à Bordeaux et à Pau qui ont tenu à s'assurer si l'auteur des Vieilles Notes est bien digne de foi.

De là une correspondance plutôt aimable qui m'était remise à la Librairie Spirite ou chez un de mes amis, à laquelle j'ai répondu et qui me fait un devoir de m'expliquer publiquement aujourd'hui, pour l'honneur de la *Revue*, pour celui de mes amis, pour le mien enfin.

Dans la *Revue Scientifique et Morale du Spiritisme*, si supérieurement dirigée par M. Gabriel Delanne, j'ai publié l'année dernière, sous le pseudonyme du Major Péheim et sous le titre de *Carnet des Blackwell*, des choses curieuses, dont j'ai été témoin, et des faits que le docteur lui-même me faisait connaître en des lettres que j'ai conservées pour la plupart, et que je me suis fait un devoir de communiquer à mon ami Delanne. J'attendais la réponse du docteur et de Lady Blackwell pour les faire connaître. Je l'ai reçue, ils me donnent carte blanche, je les nommerai tout à l'heure.

Ledeski, dont j'ai publié une ou deux lettres, m'en adresse deux autres en me priant de lever le rideau sur la vérité. Je cherche le gland et la cordelière... un peu de patience.

Deux dames ayant pressenti la vérité, je leur ai dévoilé les noms réels et elles ont été libres de correspondre avec le docteur ou les autres.

Dans sa dernière missive, l'aimable M. Léon Denis me reproche également d'avoir caché sous un voile ce que j'ai tant fait que de publier; ce qui peut laisser planer le doute moqueur qu'il serait bon de faire cesser. Malgré tout, j'aurais continué le silence, mais une lettre venue de Nice et signée Alpha Oméga me décide à tout dire...

Elle vous semblera originale autant qu'à moi, qui ne m'en suis pas formalisé. En vous la livrant, j'ai tenu à bien dire tout haut que dans la *Revue Spirite*, de même que dans celle de M. Delanne, les collaborateurs ne vendent pas leurs articles, s'estimant suffisamment rémunérés si la rédaction leur fait l'honneur d'accueillir leurs idées... Voici cette lettre plus plaisante que méchante :

Casino de Nice, 12 avril 1903.

Monsieur Léopold Dauvil,

Un indiscret m'ayant soufflé votre nom et votre adresse, me serait-il permis de vous télégraphier sans fil les trois questions suivantes :

Connaissez-vous le docteur Blackwell ?

Comment se porte le peintre Ledeski ?

Enfin, pouvez-vous me démontrer la quadrature du Cercle spirite de Nice ?

Plusieurs des lecteurs de la *Revue* ont fouillé le Botin niçois, les hôtels, les places, les rues, les carrefours, le port et les faubourgs. Ils n'ont trouvé ni docteur, ni peintre, ni cercle spirite :

Le vrai peut quelquefois n'être point vraisemblable.

Un mot, je vous prie, de votre complaisance pour nous faire savoir où trouver ces personnages sympathiques et l'antre des ombres qui les abrite.

ALPHA OMÉGA.
Poste-restante, Nice.

Je n'ai pas voulu laisser ce jeune Grec du Casino dans l'incertitude et, sur le même ton, je lui ai adressé les bouts rimés suivants, dont je demande pardon :

> Spirituel Omega, je serai very well
> Enchanté de pouvoir, au cher docteur Blackwell,
> Vous présenter ainsi qu'à Ledeski l'artiste,
> Puis à tous les amis dont vous savez la liste.
> Si j'ai celé leurs noms c'était par discrétion ;
> J'attendais, pour les dire, une autorisation.
> — De notre cercle, enfin cherchant la quadrature,
> Constatez que, pour base, il avait la droiture.
> — Voilà, penserez-vous un mathématicien
> Aimant fort les esprits, mais montrant peu le sien.
> Entre nous, cher Alpha, c'est là la différence
> J'ai vu le vôtre et...
>   Vous tire ma révérence.
>
>   L. D.

A tout seigneur, tout honneur, je laisse le Dr Blackwell se présenter lui-même par la lettre qui suit, que j'ai alors présentée à mes collaborateurs.

             Pau, 8 mai 1903.

Mon cher ami Dauvil,

L'alternative où vous placent plusieurs de vos lecteurs me fait un devoir d'autoriser l'auteur du « Carnet des Blackwell » et des « Vieilles Notes » à déclarer que tout ce qu'il a dit de nos séances est de la plus entière exactitude, qu'il y a assisté, comme témoin très souvent, et que ma femme et moi lui avons fourni le compte rendu de plusieurs faits aussi curieux que véritables.

Vous pouvez donc, mon cher ami, faire procéder à notre déménagement de Nice à Pau, et publier mon nom et mon adresse.

Amitiés de ma femme et de votre toujours fidèle et dévoué

      HOWARD-DRAPER SPEAKMAN,
      Docteur-médecin de Philadelphie,
     Château Nirvana, Coteau de Gélos,
       Pau (Basses-Pyrénées).

Revenons maintenant au peintre polonais Ledeski dont je vous ai longuement parlé en contant l'histoire de notre petit cercle et tout ce qui s'y rattachait au point de vue des faits spirites. Je vais encore, avec son autorisation, vous entretenir de cet ami, dans cet article que j'aurais voulu intituler *morale en action*, heureux que je suis de montrer qu'il y a de bonnes gens sur la terre, chez les spirites comme ailleurs; et la correspondance suivante fera plaisir, je n'en doute pas, à ceux et à celles qui voudront bien la lire jusqu'au bout.

Je tairai le nom de l'homme généreux et délicat qui a ouvert le feu de la charité, pour deux raisons, la première par devoir puisque je vais le faire connaître malgré lui, l'autre parce que je lui épargnerai les effets de l'indiscrétion de quelques malheureux qui ne savent pas toujours attendre qu'une main charitable se tende vers leur détresse.

Toulouse, 8 avril 1903.

Madame Leymarie,

Je vous serai très obligé de vouloir bien me faire connaître l'adresse de M. L. Dauvil à qui j'ai un petit renseignement et un service à demander.

Veuillez agréer, etc.

Signé : Couzinet.

La réponse de notre directrice me valut la lettre suivante que je copie textuellement.

Toulouse, 12 avril 1903.

Monsieur,

Grâce à l'amabilité de Mme Leymarie je puis me permettre de vous demander un service :

— Moins sourd ou plus sensible que le saint auquel vous adressiez vos prières en faveur de votre ami malheureux, je désirerais être utile à M. Ledeski.

Je vous serais donc reconnaissant de vouloir bien me fournir les indications nécessaires pour m'aider à lui venir en aide, ainsi qu'aux autres membres nécessiteux du groupe de

Pau dont vous nous avez entretenus dans les intéressants articles insérés dans la *Revue Spirite*.

Veuillez excuser, Monsieur, la liberté que je prend, sans avoir l'honneur de vous connaitre et agréez, je vous prie, l'assurance de mes meilleurs sentiments.

Signé : Couzinet.

La réponse à la lettre d'un si excellent homme ne devait pas se faire attendre; je lui donnai le nom et l'adresse du peintre polonais que je crus devoir prévenir en lui envoyant la copie de ce qu'on vient de lire. Voici ce qu'il reçut deux jours après de M. Couzinet. Très justement ému, Ledeski que je nomme ainsi pour la dernière fois m'envoie sa lettre reçue et la réponse qu'il crut devoir y faire. A vous de juger les caractères et les cœurs.

Autorisé par M. Podolecki à faire de cette correspondance l'usage que je croirais bon, à la condition de n'y rien modifier, ce qui est juste, je pense que publier ces lettres, c'est honorer ceux de nos frères qui les écrivent de même que ceux à qui elles sont adressées.

Pau, 20 avril 1903.

Mon cher Dauvil,

Je viens de recevoir de M. Couzinet une lettre si pleine de cœur, de pensées élevées et de véritables sentiments de fraternité chrétienne et spirite que je m'empresse de vous la communiquer ainsi que la réponse que mon cœur n'a pas eu de peine à dicter à ma plume.

C'est grâce à vous, grâce à vos souvenirs si sympathiques de notre petit Cercle, grâce à nos bons amis invisibles que j'accusais d'oubli, grâce enfin à vos articles de la *Revue* que je dois la précieuse connaissance de l'ami envoyé à mon secours et qui est accouru vers moi avec une si exquise délicatesse.

A vous une fraternelle poignée de main.

T. Podolecki.

Toulouse, 18 avril 1903.

A M. Th. Podolecki,

    Artiste peintre à Pau, 18, rue du Lycée.

Monsieur,

C'est un frère en croyance, un spirite convaincu, qui vous écrit grâce à l'obligeance d'un de vos amis, M. Léopold Dauvil, qui m'a donné votre adresse.

Je viens donc vous demander si vous voudriez bien faire mon portrait d'après la photographie que vous trouverez ci-jointe ?

Cette reproduction, déjà un peu ancienne, m'oblige à vous donner quelques indications complémentaires (qui suivent). Tout cela est le résultat des épreuves et des vicissitudes plus ou moins douloureuses que nous avons tous à supporter pendant le cours de notre vie matérielle, vie transitoire et passagère, il est vrai, mais qui n'est que la résultante de notre passé inconnu ici-bas et qui nous prépare un avenir meilleur si la fermeté et la résignation ne nous ont point fait défaut durant l'épreuve.

Cette croyance en la justice de Dieu et en l'avenir qui nous est réservé est bien faite pour nous donner le courage nécessaire et pour nous prémunir contre les défaillances inhérentes à notre faible et humaine nature.

En ce qui concerne mon portrait je vous prie de faire ce travail à temps perdu... de la grandeur que vous jugerez convenable... Ce que vous ferez sera bien fait.

J'espère, cher Monsieur Podolecki, que vous voudrez bien me considérer comme un ami qui sera toujours disposé à vous être agréable, aussi vous prié-je de m'excuser si je me permets de joindre à ma lettre un mandat poste à titre d'acompte, en vous laissant le soin de fixer vous-même le prix du tableau.

Veuillez agréer, etc.

                                  Couzinet.

Pau (Basses-Pyrénées), 20 avril 1903.

A Monsieur Couzinet, à Toulouse.

Monsieur,

Je ne saurais trouver d'expressions assez vives pour vous témoigner toute la reconnaissance qui déborde de mon cœur après la lecture de votre lettre si fraternelle et si remplie de pensées élevées.

Cette grande solidarité humaine, à laquelle nous rêvons tous, vous la mettez noblement en pratique et vous le faites avec cette exquise délicatesse si souvent inconnue à ceux qui croient exercer la plus belle vertu chrétienne... la charité.

Combien en déshonorent le doux nom en humiliant ceux envers qui ils pensent la pratiquer !

Charité et aumône dans notre société encore mal organisée reposent trop souvent sur l'arrogance sans la pitié de ceux qui se croient des bienfaiteurs et sur l'umilité servile et hypocrite de ceux qui en sont l'objet. La solidarité telle que nous l'entendons est seulement et véritablement fondée sur le principe admirable de la fraternité, et cette fraternité détruit fatalement l'hypocrisie et le mensonge parce qu'elle ne saurait produire la tyrannie d'une part, l'humiliation de l'autre.

Merci, cher Monsieur, merci du fond du cœur, plus encore pour le procédé que pour le grand service que vous venez de me rendre en m'envoyant si généreusement 200 francs, dont je vous accuse réception les yeux humides.

En face de cet acte si fraternel de votre part envers un inconnu d'hier, je n'éprouve aucune honte à vous avouer que j'étais arrivé à ce jour sombre où l'on va connaître le profond dénûment, où le crédit s'achève, où l'on appréhende même la visite d'un ami devant qui l'on se tait... tant on pressentait la venue d'un créancier vous criant que vous n'avez plus le droit... non de boire, le Ciel ne nous a point refusé l'eau... mais de manger... faute de travail.

Votre secours si inattendu est un vrai phénomène de télépathie qui, chose rare, se produit entre deux inconnus... ou qui croient l'être... Serait-ce comme un instant de réveil dans le songe interrompu d'une autre vie ?

En considérant les traits si pleins d'affabilité de votre portrait, il m'a semblé reconnaître un ami connu autrefois. Non, je persiste à croire que mon vieil et digne ami Danvil, notre frère en spiritisme, a provoqué de sa main dévouée l'étincelle qui a établi entre vous et moi la communication télépathique analogue à une dépêche télégraphique sans fil.

Recevez, cher monsieur, avec l'assurance de mon amitié, l'expression de ma vive reconnaissance.

T. PODOLECKI.

Je pense que, maintenant, les lecteurs laisseront leurs doutes s'évanouir et que tous, d'Alpha à Oméga, seront satisfaits. Je terminerais mal mon récit découpé, comme je le disais, dans « la Morale en action », si je n'ajoutais que je fus réellement touché de l'acte généreux accompli par M. Couzinet envers mon vieil ami Podo, ainsi que nous l'appelions toujours par habitude et amitié en entrant chez lui. Je devais l'expression de mes remerciements à cet exellent homme; je l'ai fait dans des termes mérités qui m'ont valu comme récompense l'amitié d'un homme de bien.

Nous avons échangé nos portraits et derrière celui qui quittait mes pénates pour aller vers les lares de ce nouvel ami, j'ai cru devoir mettre ce quatrain amical :

> Mon image, vers vous s'en va toute joyeuse
> De pouvoir saluer votre âme généreuse.
> Sans nous connaître encor, il nous est bien permis
> De presser nos deux mains comme de vieux amis.

L. D.

J'attends quelques notes que m'a promises M. Podolecki concernant le pauvre Lacalle dont j'ai donné le nom comme celui d'une victime du spiritisme. Cette histoire aura pour but de mettre en garde nos frères et nos sœurs en croyance contre l'abus des pratiques occultes du spiritisme; elle fera le sujet de mon prochain chapitre.

XIV

Je l'ai dit et je le répète, pour qu'un cercle spirite soit homogène et bien constitué, il est nécessaire que ses membres soient unis par les liens de l'estime et de l'affection. C'est ce qui existait dans notre petit cercle qui, restant discrètement fermé, satisfit à tous nos désirs. Nos réunions toujours régulières, étaient rarement troublées par des visites importunes, moyen sage d'assurer le bon fonctionnement des séances. Nos entretiens avec nos amis de l'au-delà étaient sérieux autant qu'attachants et instructifs, et (ce que d'autres spirites ont sûrement constaté) il n'était pas rare qu'une communication interrompue à la précédente réunion fût reprise et continuée à la fois suivante, dès que nous étions assis autour du guéridon, sans que nous eussions la peine d'évoquer l'esprit qui l'avait commencée et suspendue. Parfois, celui qui avait donné la première se contentait de dicter : *Suite*.

— Nous nous étions donc promis de ne point admettre d'autres membres tant que nous n'aurions qu'à nous louer de nos amis invisibles et de nous-mêmes.

Cependant, un soir en arrivant à l'atelier de Podo, je trouvai un jeune homme de 25 à 28 ans, qui me fut présenté : « M. Lacalle, me dit le vieux peintre, c'est un spirite instruit, un frère convaincu, un médium. » Je tendis la main au nouveau venu que j'examinai. De taille moyenne, maigre de corps et de visage, son teint pâle, ses yeux brillants me frappèrent ainsi que son air sombre. Le bon docteur de Cladous nous avait déjà quittés pour toujours, ce qui nous poussa à inviter le nouveau venu à assister quand il le voudrait ou le pourrait à nos réunions. Très silencieux, ce jeune homme apportait peu de vitalité à notre groupe, et les premières fois il refusa, quoique médium, de s'approcher du guéridon. Lui ayant demandé la cause de cette obstination que je qualifiais de trop discrète, il me répondit : « Je craindrais d'amener chez vous des entités moins paisibles que les vôtres, et puis, je dois éviter de fatiguer ici mon esprit, car j'ai à travailler cette nuit. »

Rien d'extraordinaire à ce que ce garçon eût des occupations, mais elles devaient être attirantes, car il nous quittait vers le milieu de la séance à cet instant qui est le plus intéressant, et se retirait sans bruit sur la pointe des pieds comme s'il eût craint de déranger nos esprits et de les faire fuir.

Ravel était retenu souvent à son journal; une fois il ne vint pas et Ledeski (je continuerai à nommer ainsi notre bon président), pria Lacalle de vouloir bien le remplacer. Peu d'instants après qu'il eût posé sur la petite table triangulaire ses mains pâles et maigres, aux ongles socratiques, aux phalanges noueuses, mains impressionnantes pour celui qui a l'habitude de considérer ce membre divin, le meuble se mit à se soulever, à sauter à droite et à gauche, tantôt sur deux pieds, tantôt sur un seul.

Je dirigeais presque toujours la séance. « Qui est là ? demandai-je. — Au lieu de répondre, l'esprit donna sur le guéridon un formidable coup de poing. — Dites-nous qui vous êtes: si vous ne savez pas écrire, répondez : non, en frappant un coup, oui, en frappant trois coups : deux coups voudront dire : « Peut-être ou je ne sais pas ». Enfin, si vous savez lire, quatre coups indiqueront que vous désirez l'alphabet. J'appellerai les lettres doucement et vous m'arrêterez en frappant à la lettre désignée. Vous avez compris ? — Parfaitement. — Reprenez votre calme. Donnez-nous votre nom. — Après une minute d'hésitation et de secousses, cet esprit se décida à dicter : Laurent. — Etes-vous mort depuis longtemps ? — Très longtemps. — A quelle époque ? — L'année de la bataille de Fontenoy. — Alors en 1745, dit Ledeski, fort en histoire. — Je ne sais pas. — Pourquoi n'avez-vous pas exprimé le désir de vous réincarner depuis ? — Je ne le pouvais pas. — Pour quelle raison ? — A cause de mon suicide? — Dites-nous votre histoire, mon ami, nous vous conseillerons, nous soulagerons votre peine. » — Alors ce pauvre esprit nous dicta ce qui suit, que nous n'avions ni le désir, ni les moyens de vérifier après plus de cent cinquante ans : « Je me nommais Laurent. Je travaillais chez un chapelier, rue Saint Honoré, à Paris. J'avais tous les défauts, j'étais noceur, buveur, querelleur. Un jour, étant ivre, j'ai battu une fille que j'aimais pourtant beaucoup ; de chagrin elle est allée se jeter à la Seine; j'en ai éprouvé un chagrin si grand que deux jours après, m'étant complètement soûlé, je suis allé me flanquer à l'eau au même endroit. Depuis ce temps-là, je ne sais pas si je suis mort ou si je suis encore en vie, mais je ne quitte pas la berge, et j'y passe mon temps à regarder au fond du fleuve où je vois toujours mon corps à côté de celui de ma maîtresse. Je ne puis pas me détacher de là, et, ce qu'il y a de plus cruel, c'est que jamais on ne me donne à boire, malgré la soif qui me dévore. — Tout cela est-il bien vrai, Laurent ? — Puisque je vous le dis, je ne suis pas un menteur. — C'est bien, nous allons prier pour vous et intercéder près de bons et bienveillants esprits, qui vont s'intéresser à vous, qui vous consoleront et vous tireront de là, si vous consentez à les y aider par votre repentir. — Je ne veux pas que vous priiez pour moi... adieu... M...!

— Après nous avoir dicté le mot sublime de Waterloo, Laurent, comme s'il était ivre, se mit à secouer la table avec une violence telle que notre médium, Mme Delfini, se leva effrayée et que la séance fut levée. — Lacalle très penaud, s'excusa en avouant que c'était lui qui nous avait amené ce mauvais esprit qui devait être un de ses « clients ! » Il en avait, paraît-il, une bande du même acabit qui le harcelaient chaque nuit, mais que grâce à ses conseils il espérait réduire et ramener à Dieu. »

Je demandai à notre nouveau frère dans quel cercle spirite on avait pu consentir à attirer de tels esprits malades ou vicieux. — Dans aucun, nous avoua ce pauvre jeune homme, c'est chez moi qu'ils viennent. — Chez vous, malheureux ? — Est-ce lorsque vous êtes seul ? — Oui. — Vous êtes plus imprudent que coupable, mais vous jouez votre vie. Il faut changer de maison, et ne plus vous livrer au spiritisme, si vous voulez, mon ami, conserver votre raison lucide, je vous le dis franchement. Et je fis comprendre à Lacalle que le spiritisme a des lois qu'il ne faut pas enfreindre. Le moyen âge a fui en emportant les pratiques secrètes des alchimistes, pratiques démoniaques ou réputées telles et qui ne doivent plus être de mode à présent. Les communications permises avec les esprits sont une chose sainte, et l'expérience a démontré que, pour les attirer à nous, il faut réunir des forces qui leur sont utiles pour s'approcher et se faire entendre. Il est évident que plus il y a de membres réunis et unis, moins il sera demandé à chacun de son fluide vital, et par conséquent il y aura pour chacun moins de fatigue, moins de déperdition de force.

Certains médiums écrivains, dessinateurs, musiciens, lorsqu'ils sont appelés par un esprit qui s'empare de leur personne tracent malgré eux des communications dont ils n'ont souvent nulle idée, leur main écrit ou dessine, ou transcrit la musique sans que leur cerveau collabore nullement à ce travail, ils se fatiguent donc peu. Néanmoins, il est préférable que le médium écrivain ou le médium dessinateur se livre aux exigences des invisibles en présence de deux autres spirites au moins. Allez demander à M. Desmoulins, le poétique pastelliste des esprits de l'au-delà, ses impressions à ce sujet.

Après ces conseils, j'engageai Lacalle à voyager un peu de façon à quitter le milieu pernicieux dans lequel il s'était plongé avec une inconscience blâmable. Il me quitta pâle et attristé sans me répondre, et demeura une semaine sans venir à l'atelier de Podo.

Mais, dès qu'il reparut, il ramena avec lui Laurent qui s'imposa par la force sans doute, éloignant les bons esprits par sa seule présence, et s'emparant du guéridon pour demander l'alphabet et nous envoyer une injure qui était le signal de la fin de la séance.

En ce temps-là, nous avions parmi nos visiteurs invisibles quelques-uns de mes condisciples, Lucien J., le peintre, mort en 1879, Auguste F., celui dont j'ai conté la triste fin au début de mes vieilles notes, et Emile Person, cœur sensible, généreux, qui avait en mourant, abandonné un corps d'athlète. Il avait perdu une belle position par son penchant pour l'alcool auquel il s'était livré peu à peu au point d'avoir abrégé ses jours de moitié.

La première fois qu'il vint, amené par Lucien et Auguste, ce bon Person nous fit des aveux touchants. Il dicta que sa faiblesse devant l'absinthe l'avait conduit au tombeau d'où il avait mis plus d'une année à sortir ; que, par une juste punition du ciel, il avait perdu la notion du temps, et que son âme était restée longtemps comme bercée dans une demi-ivresse. Il lui semblait, disait-il, que l'alcoolisme avait été pour lui ce qu'est le suicide.

Notre rencontre l'avait consolé et, peu de mois après, tout à fait remis de son trouble, il vint nous dire que, grâce à nos conseils, de bons esprits l'avaient amené à demander sa réincarnation afin de racheter sa dernière existence, gâchée par sa fatale passion, leur promettant bien de faire de la sobriété sa principale vertu.

Si j'évoque le souvenir de Person, c'est que je n'avais jamais oublié la bonne amitié de gros chien qu'il avait eue pour moi toute sa vie, ni la force peu commune de ses muscles d'acier.

Il me vint alors à l'esprit une pensée plaisante. L'ayant appelé je lui contai tout haut l'histoire de Laurent, mauvais esprit que nous avait amené l'ignorance d'un membre du cercle et je lui demandai s'il ne pouvait pas nous en débarrasser ? — Sois tranquille, me répondit Person, je me charge de l'éloigner. Et Laurent étant revenu avec ses manières bruyantes je prononçai tout haut le nom de mon ami Person. Aussitôt, fait inouï que mes amis n'ont certes pas oublié, nous perçûmes par le guéridon comme le bruit d'une lutte et, quelques instants après, Emile vint nous dire qu'il avait été forcé de battre Laurent, lequel se tint pour averti, car il ne reparut plus qu'une fois pour moi trois ans après... bien loin de là, à Vittel, où j'initiais de nouveaux amis. Laurent, comme à son habitude, entra très bruyamment en communication pour me saluer et me dire qu'il avait suivi nos conseils et qu'il était bien aise de m'apprendre qu'il était plus heureux, ayant enfin quitté les bords de la Seine et retrouvé sa femme. — C'est encore à ce Person que nous dûmes la première lévitation de notre guéridon, qu'il se faisait un plaisir de nous offrir tous les soirs, jusqu'à ce qu'il vint nous apprendre son prochain retour sur la terre..., fait réel sans doute, car nous n'entendîmes plus parler de ce vieil ami d'enfance.

Mais revenons à Lacalle : Un jour que je le rencontrai en ville je l'emmenai au parc Beaumont et je l'invitai à me raconter son histoire ; il avait passé plusieurs années à Paris chez un notaire et avait fait la connaissance de spirites dont — je n'eus pas de peine à le comprendre, — le cercle était plus que médiocrement composé. Les esprits qui y étaient évoqués devaient être de nature à démontrer la véracité du dicton : « Dis-moi qui tu hantes, je saurai qui tu es. » Est-ce bien se dire spirites que de se réunir autour d'une table pour rire de futilités coupables ? Les meilleurs spirites n'ont bien souvent jamais assisté à une séance de table ni rencontré un médium, mais ils ont beaucoup lu et se sont contentés d'adopter nos belles croyances chrétiennes de fraternité et de charité et, surtout, de les pratiquer. Revenu à Pau, après une maladie assez grave, Lacalle avait rapporté de la capitale toute une collection d'ouvrages de sciences occultes, découverte dans les casiers des marchands de vieux bouquins des quais de la Seine, livres de magie plus ou moins noire, qu'il dévora et étudia en essayant de mettre en pratique des conseils pernicieux pour un esprit sain et bien équilibré, mortels pour celui de ce jeune homme au cerveau faible. Lacalle s'enfermait tous les soirs et à l'aide d'une certaine puissance de médiumnité résultant de sa propre suggestion, il évoquait de pauvres esprits dans le style de Laurent qui lui dictaient ou lui faisaient écrire un véritable grimoire, où le bon sens et la morale étaient foulés aux pieds. D'un tempérament maladif, ce déséquilibré en arriva à se convaincre qu'il avait reçu comme mission du ciel, de réunir une légion d'esprits malheureux et souffrants, afin de les ramener à se repentir, et ce pauvre diable pensait, par ce moyen, obtenir pour lui-même une récompense céleste.

Je fis promettre à ce frère malade de me montrer sa bibliothèque et les communications reçues de ses amis, et je le conjurai de ne plus se livrer seul à de pareilles manifestations, qui étaient rien moins que spirites et qu'un dévot n'aurait pas manqué de lui représenter comme diaboliques. Croyez-vous, lui demandai-je, pouvoir à vous seul préparer la réhabilitation de tels coupables ? Insensé que vous êtes ! A ces esprits il faut peut-être, sachez-le, des siècles de repentir, comme à Laurent attaché durant plus de cent cinquante ans à l'endroit de son crime.

Ces esprits pervers vous démontrent-ils leurs regrets, exhalent-ils leurs remords, leur désespoir ? Non, vous les voyez se complaire dans le sabbat infernal dont vous serez la victime ; je ne vous dis pas de les abandonner aux Erinnyes vengeresses, mais conseillez-leur de rechercher des juges consolateurs et surtout d'apprécier leurs crimes et de les regretter. En les appelant isolément, c'est-à-dire l'un après l'autre, vous eussiez pu trouver, peut être, dans le nombre, une âme clairvoyante, y faire naître une lueur de repentir, mais, rentrée dans ce chœur voué à un aveuglement invincible, cette légère flamme serait vite éteinte. Hélas, je sentais bien que mes paroles étaient perdues.

Autre naïveté de Lacalle : Il s'était épris d'une jeune ouvrière de la ville dont il nous parlait comme d'un sujet merveilleux au point de vue psychique, magnétique et spirite, qu'il tenait à nous présenter, mais Ledesky, toujours calme et prudent, le pria de n'amener cette fille au cercle qu'après que nous l'aurions examinée chez elle. Pour en avoir le cœur net je consentis à aller la voir, conduit par Lacalle. C'était une jolie fille évidemment hypnotisable, et je la magnétisai, mais sans être bien convaincu de son état de sommeil parfait. Pour l'éprouver, je dis à son ami qu'elle semblait effectivement un fort bon sujet et que je serais heureux d'avoir des preuves de sa clairvoyance. Convaincu qu'il avait devant les yeux une voyante extraordinaire, ce naïf jeune homme était émerveillé de toutes ses réponses évasives et insignifiantes, je me gardai bien de le détromper. Le félicitant à voix basse et de façon à ce que le sujet m'entendit, j'ajoutai que j'allais essayer de la mettre en catalepsie. A ces mots, cette fille, croyant que j'allais me livrer sur elle à quelque expérience terrible, poussa un cri et, très éveillée, demanda : Qu'allez-vous me faire ? Rien, mademoiselle, lui répondis je, que de vous remercier et de vous conseiller de ne plus vous faire endormir, ce qui serait très préjudiciable à votre genre de beauté.

Enfin, superstition plus forte, un autre jour, Lacalle confia à Ledeski qu'une sorcière de Bizanos, village voisin de Pau, l'avait frappé d'envoûtement et que cette vieille le rendait malade et l'empêchait ainsi de ramener ses esprits au bien. Il nous invita à aller voir cette bonne femme afin de la forcer à avouer ses machinations et lui ordonner d'y mettre fin. Je lui promis par charité mais, de ce jour-là, je compris qu'il marchait vers la folie.

Avant d'aller à Bizanos faire la visite promise, je me rendis, en me promenant, chez Lacalle qui demeurait à Geslos, village situé de l'autre côté du gave de Pau, au bout de Jurançon. J'y trouvai le pauvre garçon plus pâle et plus abattu que de coutume.

Son père et sa mère, honnêtes paysans béarnais, me voyant entrer, jetèrent vers moi un regard défiant et soupçonneux. Lacalle m'introduisit dans sa chambre et commença à me parler de sa puissance magique. « Sans cette mégère qui m'a envoûté, rien que par jalousie je vous avoue que je serais arrivé à produire des résultats merveilleux. »

Tout en le laissant causer, je jetai les yeux sur la bibliothèque étalée pêle-mêle sur une vieille et large huche et je lus, parmi les titres, les mots magie, sorcellerie, signes cabalistiques ou écritures diaboliques. *Le merveilleux révélé, Miracles d'outre-tombe, Mystères de l'alchimie, Suicide et folie, Conjuration des démons, Songes dévoilés, Double vue, Des obsessions, Incubes et Succubes*, etc.

« Vous allez m'envoyer tous ces livres là, lui dis-je, que je les étudie. Vous vous dites spirite, mon pauvre Lacalle et vous voulez pratiquer la magie, mais, cher ignorant, sachez que le spiritisme n'a pas plus d'analogie avec la magie et la sorcellerie que la chimie et l'astronomie n'ont d'affinité avec l'alchimie et l'astrologie.

« Le spiritisme ne saurait vous avoir poussé vers ces sciences occultes et nuisibles, puisqu'il les proclame néfastes, puisqu'il les démasque et les discrédite, puisqu'il les réprouve.

« Vous allez me promettre de vous reposer et de changer de chambre pour dormir, au lieu de vous croire désigné par Dieu pour ramener à lui les âmes des criminels, des suppliciés et des suicidés. Croyez bien, mon ami, qu'il n'a besoin ni de vous, ni de moi pour cela.

« Ce n'est pas une mission acceptable et si, parfois, dans une réunion de spirites sensés, apparaît un esprit, comme

Laurent, il faut lui assurer qu'on priera pour lui, mais lever la séance.

« Demain j'irai voir votre envoûteuse, et, si vous voulez aider à votre délivrance, promettez-moi de ne plus vous occuper de spiritisme. Je le quittai et le voyant aller au jardin derrière la maison, j'entrai chez son père, un brave homme, qui me demanda si c'était moi qui donnais à son fils tous ces conseils du diable ? « Loin de là, lui dis-je, je suis venu pour le guérir; il a promis de m'envoyer tous ses livres, qui sont ses pires conseillers et je ferai en sorte qu'il ne les revoie point. »

« Notre pauvre enfant ne dort point, dit la mère en larmes, il se promène la nuit, il parle à je ne sais qui ; son logis est quasiment hanté, car il s'y fait des bruits qui nous effraient. Ah ! mon bon Monsieur, tâchez de lui faire passer ces manigances-là. Il tousse beaucoup et ne veut pas se soigner : pour sûr qu'on lui a jeté un sort. »

Le lendemain, j'allai avec Ravel à Bizanos, voir la prétendue sorcière, une marchande de sable qui nous reçut avec affabilité et qui rit beaucoup de l'histoire que nous lui contâmes. Elle nous avoua que Lacalle était venu deux fois chez elle et qu'il lui avait dit, entr'autres bêtises, qu'un mort lui avait désigné cette bonne femme comme lui ayant jeté un sort. « Je me suis mise à rire au nez de ce monsieur, nous dit la marchande de sable, et lui ai répondu que je n'avais jamais fait d'autre mal à mon prochain qu'en lui raccommodant les jambes cassées, les pieds foulés, les bras démis, ou en le guérissant des entorses, et que, je n'avais pu lui désirer du mal, puisque je ne l'avais jamais vu. Comment voulez-vous que je guérisse ce pauvre jeune homme ? » — « Nous allons vous l'envoyer, lui dit Ravel en riant, s'il veut vous donner de l'argent vous le refuserez et vous lui assurerez, en lui jetant une poignée de sable dans les jambes, qu'il est délivré.

— Entendu, dit la bonne femme. » — En rentrant à Pau, Ravel alla voir Lacalle, lui contant notre visite à la rabouteuse et lui conseilla d'aller la voir et de lui faire un cadeau, assurant qu'elle n'avait plus rien contre lui. Le lendemain soir, nous vîmes arriver Lacalle alerte et souriant. « Je viens de chez la vieille, nous dit-il, elle a consenti à me retirer le soit qu'elle m'avait jeté, j'ai voulu lui offrir dix francs, mais elle les a refusés, ce qui est une preuve de ses bonnes intentions, et afin de m'assurer de sa loyauté, elle m'a jeté du sable sur le corps. » Je gardai mon sang froid, mais Ravel dut s'esquiver pour ne pas éclater de rire. Et le pauvre Lacalle demeura réellement convaincu qu'il était désenvoûté. Il envoya sa bibliothèque au cercle où personne n'en ouvrit jamais une page et peu à peu le malade revint à la vie avec le calme et l'oubli de ses pratiques exagérées. Une année se passa ainsi et je le croyais guéri. Hélas ! À mon départ de Pau, je le rencontrai sur le boulevard des Pyrénées. Il vint à moi et, d'un air inspiré, me confia qu'il était en relations avec l'esprit de Cagliostro qui voulait lui transmettre sa puissance. — Je le regardai de travers et compris que s'il avait abandonné la mauvaise route, il y revenait peu à peu par des sentiers qui l'y ramenaient malgré lui.

Je tentai de l'exhorter de nouveau en le suppliant de moins songer aux êtres invisibles, et en lui assurant qu'il aurait à gagner davantage en la compagnie des esprits bien vivants, des bons vivants mêmes. Enfin je lui défendis de revenir chez Ledeski, mon prochain départ et celui de Ravel ayant pour conséquence la dislocation prochaine de notre cercle. Je l'engageai à se livrer à la lecture avec modération et, s'il ne consentait pas à abandonner le champ du spiritisme, à relire chaque jour, un chapitre des beaux livres d'Allan Kardec, *Choses de l'autre monde* d'Eug. Nus et à comprendre ce qui nous attend *Après la mort* avec Léon Denis. Mais tous les arguments de ma rhétorique étaient dépensés en pure perte et je compris que je causais avec un condamné à mort.

Ledeski me parla une ou deux fois de lui, après mon départ de Pau et j'avoue que, pendant les mois de vacances *de mon lycéen* qui nous ramenaient vers les Pyrénées, j'évitais de voir ce pauvre Lacalle. Un jour, à la tombée de la nuit, à cette heure crépusculaire si douce qui succède au soleil couchant, alors qu'il fait si bon respirer la brise et sentir la joie de vivre, je croisai sur le boulevard du Midi un homme à l'aspect cadavéreux, au teint jaune, aux yeux brillants de fièvre dans leurs orbites creux, aux cheveux et à la barbe incultes. En l'apercevant mon cœur se serra, car j'avais déviné plutôt que reconnu le malheureux Lacalle... Etait-il possible qu'il eût changé si complètement en moins de quelques années, et que je retrouvasse un vieillard, en celui que j'avais vu jeune homme. Se pouvait-il que la fatalité implacable l'eût marqué de son fer rouge et que son destin funeste dût s'accomplir si vite.

En m'apprenant sa mort, Ledeski ajoutait quelques réflexions bien tristes sur la vie qui est si peu de chose, et me disait combien il serait utile de donner un exemple à nos jeunes frères et sœurs en croyance la vie malheureuse de cet homme, victime de ses pratiques solitaires du spiritisme. Je l'ai fait simplement, puissent-ils tirer de cette histoire vraie tout le profit désirable ! Pauvre et bon Lacalle, il est mort victime de sentiments qui eussent été parfaits si la faiblesse de son jugement ne les eût étouffés dès leur essor et, les sapant à la racine, arrêté l'éclosion des fleurs et des fruits qu'il était en droit de voir mûrir et de récolter. Son âme était belle mais son cerveau incomplet !

Au lieu de descendre dès le début de sa vie le cours d'eau dont les rives étaient peut-être bordées d'arbres ombreux, de fleurs odorantes, il avait pénétré dans un affluent bourbeux sur les rives duquel il n'avait plus trouvé que ronces et épines et où il avait sans retour perdu la voie tracée. Cette erreur ne lui sera pas comptée comme une faute, puisqu'elle est le résultat d'une fausse manœuvre qui ne saurait appeler de châtiment. Vie nulle, mission incomprise qu'il devra recommencer. Sans aucun doute, il acceptera sa future incarnation avec reconnaissance ; alors, Lacalle mieux armé pour la lutte, plus expérimenté, ne quittera plus la route vraie sur laquelle il répandra les bonnes actions qui, dépensées avec discernement, lui permettront de récolter les fruits savoureux de la satisfaction, récompense du devoir rigoureusement et intelligemment accompli.

En tournant encore lentement les feuillets jaunis de mes Vieilles Notes, j'y cueille un bouquet d'anecdotes, fleurs non complètement fanées. Cela sort du spiritisme, je vais vous lire quelques-unes de ces pages avec la pensée de vous distraire un peu après cette histoire triste de Lacalle qui pourrait peut-être faire du tort à notre croyance et à mon volume.

QUELQUES SOUVENIRS

XV

Souvenir d'Ambassadrice

Pauvre camarade Lhôtelier ! Qui de nous se souvient encore de lui ? Vers quelle région de l'au-delà s'est envolée son âme d'artiste ? Je veux ici recopier une page légère sur laquelle je trouve son nom dans une charmante et discrète histoire que seul j'ai connue et que ma conscience ne me reproche point de lire à haute voix... C'est un beau papillon aux ailes d'azur et d'écarlate piqué dans la boîte d'un antique collectionneur. Je lui rends la vie... il s'envole. Qui m'accusera d'indiscrétion ?

Lhotelier n'a fait que passer parmi les privilégiés de ce monde puisqu'il mourut jeune... Lady G..., la petite consulesse est devenue ambassadrice. Elle est veuve depuis longtemps et sous les brouillards de la Tamise, elle sourirait peut-être en jetant ses beaux yeux sur ce petit conte de Boccace que les lectrices rougissantes me pardonneront : une fois n'est pas coutume.

En ce temps-là, Lhotelier était un beau lieutenant, un grand garçon de vingt-cinq ans, à la figure intelligente, avec une jolie bouche aux lèvres fines ombragées d'une légère moustache, au sourire doux et souvent mélancolique... En un mot, c'était un bel officier et, ce qui ne gâtait rien un excellent musicien. A la petite île, dès que nous entendions, après l'heure de la sieste, les préludes de sa flûte harmonieuse, nous écoutions, attentifs et charmés.

A l'époque (oh ! bien lointaine) où survint cette aventure délicieuse, nous étions ensemble à l'Ile de la Réunion, dans ce petit coin de paradis terrestre qui a nom Salazie, station balnéaire cachée à mille mètres dans les montagnes au milieu des bambous, des fougères arborescentes, des cafés sauvages et des lianes aux fleurs orchidées. Nous occupions une chambre à deux lits dans un petit hôtel voisin de l'hôpital fort gai où les officiers qui, alors ne souffraient que rarement des fièvres importées depuis par une race impure et qui ne connaissaient guère de maladies graves, étaient envoyés à tour de rôle deux par deux, boire à la fontaine l'eau exquise qui devait les guérir de leurs maux heureusement imaginaires.

Un soir, la veille même de notre retour à Saint-Denis, l'hôtelier et moi étions assis sous la galerie de l'hôtel Cuzard, absorbés dans la contemplation du décor grandiose que les Salazes, le grand Bénard et le piton d'Anchin découpaient dans le sombre azur étoilé, sans que nos yeux pussent s'en détacher. La nuit étendant partout son beau voile pailleté et parfumé, nous nous faisions part mutuellement du regret que nous éprouvions de quitter ce séjour enchanteur que seul je devais avoir le bonheur de revoir.

Comme la fraîcheur nous invitait à regagner la vaste chambre que nous partagions en frères d'armes, une grande calèche attelée de quatre mules vigoureuses s'arrêta devant l'hôtel, chose assez rare à pareille heure ; elle ne contenait qu'une seule voyageuse, une femme jeune, une délicieuse Anglaise, belle comme sont belles les filles d'Albion quand elles veulent l'être. Elle était enfouie dans les flocons vaporeux d'une légère toilette de mousseline rose, d'où émergeait la plus ravissante tête entourée d'une luxuriante chevelure blonde; avec cela des yeux bleus et une petite bouche rose, véritable écrin de perles fines. Un domestique de l'hôtel l'aida à mettre pied à terre et, surpris de la voir seule, lui demanda si d'autres voyageurs la suivaient.

— Oh no ! répondit-elle souriante, j'étais montée toute seule, car j'avais beaucoup chaud à Saint-Denis; mon mari, le consul d'Angleterre à Zanzibar, avec nos domestiques, viendra demain. J'étais très fatiguée, donnez-moa une bonne chambre, servez-moa une petite en-cas et du thé et, tout de souite je voulai me mettre au lit. Mais, comme j'ai beaucoup peur la nouit, alors, je priai quelqu'un de demeurer dans une cabinète voisine. »

Nous vîmes passer, puis s'évanouir la radieuse apparition

de cette beauté si fraîche qui prit possession de la plus belle chambre séparée de la nôtre par un cabinet.

Nous nous étions traduit mutuellement notre admiration et nous allions regagner notre chambre pour la dernière fois lorsque Maxime, le bon noir de l'hôtel, s'approcha discrètement de mon camarade et lui dit doucement :

— Mon lieutenant, Mme la « Consule » vous prie d'aller lui parler.

— Moi ? ah ! ça, tu dois faire erreur.

— Non, mon lieutenant, deux fois elle a dit : « Envoyez-moi M. l'hôtelier ». Or, Maxime n'entendant jamais dénommer son maître que le « père Cuzard », ou « le patron » s'était aisément mépris; de plus Cuzard était à Saint-André ce soir-là.

— Vas-y, dis-je en souriant et en clignant de l'œil à L'hôtelier, que je savais homme assez adroit pour mener à bonne fin une histoire de cœur.

Encouragé, il suivit donc Maxime près de la jolie consulesse qui, apercevant ce beau garçon vêtu d'un costume de laine sombre et coiffé d'un béret de velours qu'il mit respectueusement à la main se dit certainement : Il est bien jeune le père Cuzard dont m'a parlé Mme la gouvernante... Ce doit être son fils. « Vous êtes monsieur l'hôtelier ? — Oui, madame et, pour vous être agréable, je suis tout à vos ordres. — Yes, j'ai si tellement peur que je vous prie de faire venir quelqu'un dans la petite chambre à côté. — Très volontiers, madame, et, si vous le permettez, j'y resterai moi-même, mais soyez rassurée, les bêtes féroces sont très rares dans ce beau pays, les voleurs viennent seulement rôder quelquefois. — Oh ! vous m'effrayez beaucoup, monsieur l'hôtelier, restez là tout près. — No craignez rien, madame, j'ai à travailler, je veillerai toute la nuit près de vous.

Quand la jeune Anglaise eut grignoté du bout de ses dents de nacre un petit blanc de poulet et humecté ses lèvres roses d'un doigt de Malaga, elle commença à se déshabiller dans un léger frou-frou troublant pour son voisin qui lui semblait bien silencieux. Êtes-vous là, monsieur l'hôtelier ? — Oui. madame la Consulesse. — Que faites-vous ? — Je lis. — Oh ! lisez tout haut. — Bien bizarre, la mignonne fille d'Angleterre, pensa le prisonnier. — Chantez-vous, monsieur l'hôtelier ? — Non, madame, mais je joue de la flûte. — Oh ! charming. Voulez-vous jouer pour moa tout dè souite, je vous prie, doucement pour endormir moa ? — Mais très volontiers ! et mon camarade, après être venu quérir son instrument de musique, retourna à son poste où, quelques instants après, il préludait par l'air si doux de *La flûte enchantée* de Mozart qu'il exécuta délicieusement. — Aoh ! vous jouez très bien, monsieur l'hôtelier, encore autre chose, voulez-vous ? » Sans répondre, l'artiste joua lentement l'*Invitation à la valse* de Weber qui fut suivie d'un léger silence. — Encore ! dit la voix douce et affaiblie de la jeune femme gagnée par le sommeil. Lhôtelier distilla alors une berceuse de Chopin si remplit de tendre mélodie qu'elle acheva de livrer la jolie voyageuse à Morphée. N'entendant plus qu'un souffle faible et régulier, Lhôtelier ouvrit la porte donnant sur la chambre de la belle endormie qui la croyait fermée à clé. A la clarté d'une bougie agonisante il entrevit la forme repliée et charmante de la délicieuse créature qui, percevant un bruit léger, murmura sans ouvrir les yeux : « Aoh ! Monsieur Lhôtelier, jouez encore un peu de flûte pour moa ! ! »

. . . .

L'aurore aux doigts de rose avait doré légèrement de ses premiers feux le sommet des Salazes, lorsque le jeune lieutenant, comme une ombre fugitive, regagnait notre chambre.

Deux heures après, avant que la belle Anglaise eût ouvert les yeux, Lhôtelier et moi étions à cheval sur la route de Saint-André au chef-lieu.

Deux semaines après, à un bal donné au gouvernement, la petite consulesse de Zanzibar était assise sur le large sofa du grand salon entre Mme la gouvernante de Bormel et la consulesse d'Angleterre à la Réunion. Tous les officiers et les fonctionnaires de la colonie défilaient devant elles, saluaient respectueusement puis se retiraient.

Lorsque vint le tour de mon camarade il avait fait une profonde révérence et allait passer sans mot dire, lorsqu'il fut gracieusement retenu par Mme la gouvernante qui dit en le présentant à la ravissante consulesse : « M. Lhôtelier, un musicien de talent hors ligne; vous aurez le plaisir de l'entendre tout à l'heure jouer de la flûte avec accompagnement de piano. »

La jeune femme, à ces mots et à la vue du beau lieutenant, pâlit étrangement et faillit s'évanouir derrière son éventail. Quant à Lhôtelier, il demeura impassible et respectueusement courbé, la frange d'or de son épaulette caressant un moment la blonde chevelure qui lui rappelait, dans un amoureux effluve, l'un des plus beaux rêves de sa vie, puis il se retira muet et glacial.

Pauvre Lhôtelier! deux ans après il se faisait tuer en Cochinchine.

— Madame l'Ambassadrice, si cette petite feuille allait par hasard voler indiscrète sous vos yeux, vous sauriez qu'il est mort sans parler et que la plume qui, trente ans après, écrit ce bien doux conte, ne l'a su que par de vieilles notes, sorties de l'oubli. Vous donneriez un soupir au souvenir de cette nuit si lointaine et, qui sait ?... peut-être une larme !

XVI

Demande en mariage

Une histoire vraie que je retrouve dans l'arsenal de mes souvenirs d'antan.

C'est au Midi de notre belle France, dans une ville ensoleillée qu'embellit le délicieux panorama des Pyrénées, où l'hiver est doux, que se passa ce que je vais vous raconter.

Sur la magnifique promenade au milieu de laquelle s'élève la statue du roi brave et galant, l'excellente musique du régiment d'infanterie attire, deux fois par semaine, une population aimable et gaie, comme le beau ciel de cette province. Des jeunes gens, des officiers croisent de jolies filles au milieu desquelles des Espagnoles, des Anglaises, des Américaines étalent leurs toilettes et leur beauté sans faire pâlir la grâce de notre jeunesse française.

Deux lieutenants, presque du même âge, bien pris dans leurs dolmans, gantés de frais, arpentent les allées en causant.

L'un est de taille légèrement au-dessous de la moyenne, bien fait, à l'air un peu hautain, mais d'ensemble distingué; il sort de Saint-Cyr et figure au tableau d'avancement pour le grade de capitaine. L'autre est un grand garçon vigoureux, aux épaules larges, de prestance agréable, avec une bonne figure sur laquelle se lit la loyauté... en un mot, c'est un beau soldat.

— « Dis donc, Furty, lui demanda son compagnon, le « lieutenant de Margin, est-ce que tu ne penses pas quelque-« fois à te marier ? » — « Moi, pas du tout, un lieutenant « sans fortune ne peut qu'épouser une bonne fille ayant la « dot réglementaire. S'il vient des enfants, ce n'est pas gai; « non, je ne veux pas me marier. C'est bon pour toi, vi-« comte, qui as un nom, de l'aisance, de l'avenir et qui n'as « qu'à choisir au milieu de cet essaim de filles à marier. »

En cet endroit de leur entretien, le morceau de musique s'achevant, une Américaine, gracieuse et jolie, Miss Ellyson, accompagnée de son père, se leva pour reprendre la promenade, ce qui obligea les deux lieutenants à s'arrêter et à les saluer.

— « Eh bien, mon cher, dit de Margin à son ami, voici la « fleur que je choisirais s'il m'était permis de la cueillir: « comment la trouves-tu ? — « Ravissante, tu la connais ? » — « J'ai eu le plaisir de la faire danser chez le trésorier gé-« néral, elle est simple, bonne et... » — Et riche ? compléta « Furty. » — « Oui, très riche ; le père après avoir fait une « grosse fortune à Philadelphie, est venu se fixer ici pour « quelque temps. La mère est morte ; un parti splendide, « tu le vois. » — « Et tu crois que cette héritière épousera « un officier... un lieutenant ? tu es naïf, vicomte. Si tu étais « colonel, afin d'être vicomtesse, pour broder une couronne « sur son mouchoir et faire peindre tes armes sur les pan-« neaux de son coupé, peut-être te prendrait-elle pour mari, « mais elle te ferait donner ta démission. Une riche Amé-« ricaine ne se résoudra jamais à courir les garnisons de « Quimper à Grenoble, ni d'Amiens à Perpignan ; cherche « autre part, mon ami, je te le dis en vérité, cette jolie fille « n'est pas pour toi. »

Cependant, un mois après cette conversation, un matin

que Furty après l'exercice, était occupé à sa toilette et se disposait à se rendre au mess, il vit entrer de Margin, tout joyeux, qui lui dit sans préambule : « Mon cher, je viens te « demander un service, qu'on ne réclame que d'un ami. » — « Comment, le 20 du mois ? » — « Et que peut faire la date ? » — « C'est que, du 20 au 30, je n'ai plus le sou, répondit « Furty en éclatant de rire, ce qui signifie que si tu as besoin « d'un louis, je te conseille d'aller voir le trésorier. »

« Tu n'y es pas, je n'ai nul besoin d'argent, je viens te « prier de te raser, d'endosser ta tenue numéro 1, de choisir « ta plus belle paire de gants et d'aller... » — « Viens-tu me « chercher pour aller à une noce ? » — « Pas encore, im- « patient Pylade, mais, si tu réussis dans ta mission diplo- « matique je te promets qu'avant un mois nous irons en- « semble à la cathédrale, l'un comme marié, l'autre comme « témoin. » — « Voyons, où faut-il aller ? » — Eh bien, « n'ayant d'autre parent que mon frère, le comte, qui est en « Russie, je ne puis attendre son retour de Moscou pour « demander la main de celle que je convoite et j'ai songé à « toi, mon bon Furty pour aller, aujourd'hui même, trouver « M. Ellyson et lui demander la main de Miss Dora, sa fille. » « — Nom d'un tambour ! Elle ! tu as réussi ? toutes mes « félicitations, vicomte ; et la Dulcinée répond à la flamme ? » — « J'ose l'espérer, du moins, serai-je fixé ce soir. »

— « Mais, sapristi, tu sais bien que je ne suis pas un « mondain, moi, pourquoi n'envoies-tu pas le colo ou le « gros major ? » — « Non, c'est un ami tel que toi que je « veux ; ton cœur trouvera des accents sincères pour plai- « der la cause du camarade qu'il estime et qu'il affectionne. » — « Oh ! pour ça, tu peux compter sur moi, mais que devrai- « je dire ? — « Eh bien ! tu diras ceci : Monsieur, un de mes « amis m'a prié de venir vous dire qu'il aime Mademoiselle « votre fille, qu'il croit ne lui être point indifférent, que « la question de fortune n'est rien pour lui, qu'il ne recher- « che que le bonheur, et qu'il croit l'avoir trouvé en Ma- « demoiselle Dora ; en conséquence, j'ai l'honneur... — là, tu « te lèves, tu salues, — j'ai l'honneur de vous demander... »

— « Oh ! mon ami, moi j'ai l'honneur de te demander de

« m'écrire tout cela, sans quoi, je me connais, je vais ba-
« fouiller et demander la main du père pour ma sœur.

A 2 heures, de Margin revint chez son ami s'assurer qu'il savait bien son monologue et veiller à la régularité de sa tenue. Furty était rasé et poudré, sa belle chevelure noire était séparée en deux par une raie irréprochable, ses bottines étaient neuves, et sa paire de gants couleur fromage mou n'avait servi qu'une fois pour une visite obligatoire à Mme la Préfète. — « Tu es splendide, mon camarade, avec « un messager si brillant, je suis certain de ton succès. » — « C'est du fond du cœur que je le désire, mon cher vicomte. »

Quelques minutes après, le beau lieutenant faisait passer sa carte par un valet de pied à M. Ellyson et se voyait introduit dans le salon. L'officier fut reçu par le père. — « Puis-je « savoir, Monsieur, ce qui me vaut l'honneur de votre vi-
« site ? » lui demanda poliment celui-ci. — « Une raison fort « sérieuse, Monsieur, répondit Furty dont la voix tremblait « un peu, mais croyez bien qu'il m'a fallu tout mon courage « pour céder à... pour venir vous traduire... Enfin, Mon-
« sieur, en officier loyal et peu habitué à parler pour ne rien « dire, j'irai droit au but : Mademoiselle votre fille verrait-
« elle d'un œil sévère un officier français, un cœur sincère « et tendre, un simple lieutenant rechercher sa main ? Sa « beauté, sa simplicité l'ont troublé... que vous dirais-je de « plus ? il est fort épris de ses charmes et serait heureux « s'il pouvait croire que sa vue n'a pas déplu à Mademoiselle « Ellyson. »

Pendant qu'il parlait ainsi, le lieutenant messager d'amour ne s'était pas aperçu qu'un épais rideau qui séparait le salon d'une chambre voisine se soulevait et que deux beaux yeux l'examinaient attentivement.

— « Celui qui ose prétendre à la main de votre chère fille, « continua Furty avec plus d'assurance, est fort modeste en « ses goûts et je puis vous affirmer, Monsieur, que la for-
« tune ne le guide nullement dans la recherche de celle qui « suffira à assurer son bonheur. »

— « Monsieur l'officier, répondit le père, avant d'aller « plus loin, je vous avoue que je ne verrais pas d'empêche-
« ment à une union entre ma fille et un officier français si

« j'étais convaincu qu'elle assurât le bonheur de mon en-
« fant, mais tout en vous remerciant d'une démarche qui nous
« honore, vous trouverez juste que je consulte les sentiments
« de ma fille au sujet du mariage. » Et, se levant, il salua
l'officier qui, heureux d'avoir enfin achevé sa mission, rendit le salut et se retira en poussant un soupir de satisfaction.

— Dès que l'officier eut quitté le salon et la villa, M. Ellyson appela sa fille qui accourut, le visage rouge comme une
grenade. « Ma chère Dora, lui dit-il, un lieutenant français
« dont la personne prévient fort en sa faveur, sort d'ici...
« Vous doutez-vous de ce qu'il est venu me demander? » —
« Oui, mon bon père, j'ai tout entendu derrière le rideau.
« C'est, je le reconnais, un fort beau garçon, qui respire la
« loyauté et la bonté, mais il faut bien que je le connaisse,
« pour répondre à sa demande. »

Et le lendemain, les deux amis tombèrent des nues en
lisant le billet suivant adressé à Furty, par M. Ellyson, le
riche Américain : « Monsieur le lieutenant, ma fille et moi,
vous prions de vouloir bien nous faire le plaisir de venir
dîner demain soir dans l'intimité la plus entière, afin de reprendre notre entretien. »

— « Qu'est-ce que cela signifie? s'exclamèrent-ils en
« chœur. »

— « Je devine ce que c'est, dit l'honnête Furty, tous les
« deux veulent avoir sur toi des renseignements plus com-
« plets; habille-toi donc, de Margin, et, puisque la place est
« battue en brèche, entres-y en vainqueur... va faire toi-même
« ta présentation et ta demande. »

— « Pas du tout, cher ami, je n'ai pas été appelé, je me
« ferais mal juger. Termine toi-même ton ambassade. En
« dînant tu seras plus à l'aise pour exprimer mes senti-
« ments. » — « Puisque tu le veux, vicomte, je ne demande
« pas mieux, mais je suis si maladroit que je ferai quelque
« sottise que tu regretteras. »

Au dîner, la jeune et jolie Américaine, pratique comme le
sont les filles du Nouveau-Monde, demanda brusquement à
Furty : « Dites-moi donc ce qui vous a plu en moi, Monsieur
« l'officier, pour que vous soyez venu si franchement et sans
« hésiter demander ma main ? » A cette question si inat-

tendue, l'officier pâlit et se troubla : « Mademoiselle, Mon-
« sieur, dit-il, je suis un étourdi, un grand coupable, mais
« je vous jure que je ne saurais être soupçonné d'une trahi-
« son semblable et je confesse que si j'avais connu et admiré
« Mademoiselle comme en ce moment, je n'aurais pu me
« défendre d'un sentiment que je dois chasser de mon cœur.
« Jamais, sachez-le, je n'eusse osé faire pour moi la de-
« mande que je suis venu vous présenter au nom de mon
« ami, le lieutenant vicomte de Margin. »

— « Monsieur l'officier, répliqua la délicieuse Yankee, si
« j'avais cru que cette demande présentée hier à mon père
« par vous, l'était au nom de vous-même, et que je l'eusse
« acceptée... que me répondriez-vous ?

— « Mademoiselle, dit le lieutenant en se levant, la gorge
« étreinte par l'émotion, je vous répondrais que votre ques-
« tion fait de moi le plus malheureux des amis, mais le plus
« heureux des hommes ? »

Alors, d'un geste noble, la fille de M. Ellyson tendit sa main simplement au bon Furty qui la porta à ses lèvres et pour bijou de fiançailles y laissa tomber une larme... « Ah ! Mademoiselle... Ce bonheur si inattendu ! Qui a pu le valoir « à un pauvre lieutenant comme moi ? » — Cela est un secret « que vous ne me demanderez qu'après notre mariage, lui « répondit cette fiancée volontaire. »

— Vous voulez savoir la fin, mes amis... De Margin, en homme d'esprit et de cœur, comprit qu'il avait eu tort de ne pas faire ses affaires lui-même. Il n'en voulut jamais à son ami, et, en souriant, il lui rappela que la cathédrale les verrait entrer, au jour heureux de l'hymen, l'un en marié, l'autre comme témoin... et il fut loyalement celui du lieutenant Furty son ami.

Peut-être une rare et curieuse lectrice voudra-t-elle connaître le secret de la fiancée ? Je vais le lui dire, car mon ami Furty me l'a dévoilé. Le lendemain de son mariage, le bon et heureux lieutenant demanda à sa charmante femme ce qu'elle avait promis de lui révéler. « Eh bien ! lui dit-elle
« en l'embrassant pour cacher sa rougeur, c'est qu'une Amé-
« ricaine qui veut avoir de beaux enfants choisit toujours un
« beau garçon. »

Vingt ans et plus ont passé depuis ce mariage. Le colonel Furty, officier de la Légion d'honneur, commande un régiment territorial ; Mme Furty a suivi son mari dans toutes ses garnisons sans avoir laissé sa beauté nulle part, et elle a donné à son cher mari un fille belle aussi qui choisira bientôt son époux, et un vigoureux fils qui est le plus beau maréchal des logis de son régiment de dragons.

XVII

Estudiantina

> Un poète l'a dit : c'est toujours la jeunesse
> Qui, par des souvenirs égaye la vieillesse,
>   Et, parmi les sombres autans,
>   Lui fait revivre ses vingt ans.

Et comme il a raison, ce poète : Je ne sais qui ? de nous assurer qu'un souvenir de jeunesse peut amener encore le sourire sur de vieilles moustaches.

Je me disais cela, le 31 janvier dernier, en rentrant bien tard de l'autre bout de Paris, dans la nuit, par un vent glacial, regagnant nos pénates après une soirée dans laquelle j'aurais peut-être fait valser une ou deux jolies femmes si le respect humain de mes cheveux blancs ne m'eussent retenu par les basques de mon habit noir. « Quel temps ! on ne mettrait pas son chien dehors par ce froid », disais-je à ma femme, décolletée et emmitouflée dans sa fourrure au fond du coupé.

Et voilà qu'un souvenir bien vieux, bien jeune aussi, de l'époque des boucles brunes, apparut à mon esprit et me mit un bon souvenir au cœur... Vieux feuillet jauni, je le déchire et vous le livre.

*
* *

La ville semblait endormie sous son épais manteau de neige. Il y avait quelques heures que les échos des casernes, de la rade et du fort du Roule avaient répété la sonnerie triste de l'extinction des feux. Le théâtre avait depuis longtemps laissé tomber son rideau sur les dernières notes cristallines d'une voix sympathique, celle d'une ravissante diva. A la Préfecture maritime, un grand bal en était aux instants de l'inoubliable cotillon. Enfin, en cette nuit du 1er janvier 187... Cherbourg, sous sa pelisse blanche, commençait gaîment les premières heures de cette année.

Au bal, quelqu'un avait dit : « La Estudiantina espagnole, après avoir été acclamée et fêtée à Paris par la jeunesse des écoles, est invitée à Londres ; elle s'arrêtera un jour à Cherbourg ». Ce propos avait suffi pour qu'une pensée amusante s'emparât aussitôt de l'esprit de deux danseurs qui, se l'étant communiquée, s'échappèrent aussitôt du bal pour la mettre à exécution.

Rentrés chez eux ces deux joyeux estudiantes, deux capitaines se couvrirent de longs manteaux, et leurs chefs abrités sous de vastes feutres, ils redescendirent dans la rue, l'un d'eux dissimulant, non des épées, mais une guitare, l'autre une flûte. Les duos que répétaient chaque jour les deux camarades les avaient mis à même d'exécuter en plein air avec un certain brio, un répertoire assez varié.

— Par où commençons-nous notre sérénade ? demanda la flûte.

— Pardon, notre aubade, fit observer la guitare, il est deux heures du matin.

— Va pour l'aubade; à tout seigneur tout honneur; allons sous les fenêtres du Préfet maritime M. Cl...

Quelques minutes après, au grand ébahissement des deux factionnaires et du poste des mathurins veillant aux barrières du palais, le concert préludait par la « Sérénade de Don Pasquale » :

> Nuit parfumée
> Astre aux rayons d'argent,
> Brise embaumée,
> Nuage au front changeant...

Et vraiment, la lune dans son plein, dardant ses rayons sur la neige, dessinait là, dans cette nuit d'hiver, un vrai décor d'opéra. Aux premières notes, une des fenêtres du grand salon de la Préfecture maritime s'entrouvrit et la voix d'une folle danseuse s'écria : « La Estudiantina ! » En un instant, toutes les dames et les officiers furent aux fenêtres. Et la sérénade redemandée fut recommencée, couverte de bravos et les deux artistes de fleurs... Mais, de peur d'être reconnus, ils enfoncèrent leurs sombreros jusqu'aux oreilles et disparurent dans la ruelle voisine.

— A présent, chez le Major général ; l'Amiral et Mme de Vill... sont partis du bal à une heure.

Sous les fenêtres de ce grand chef, la sérénade éclata joyeuse sur l'air de « Mandolinata ». Mme l'Amirale, encore debout, ouvrit sa fenêtre et s'écria : Attendez, puis disparaissant un instant elle revint tenant à la main un gros bouquet pris sans doute dans un vase de son salon et le jeta aux pieds des musiciens en leur criant : Merci...

Au même instant, parut à une fenêtre voisine le capitaine Pell... qui, d'une voix sonore et pleine, entonna dans l'air pur de la nuit, aux accords de la flûte et de la guitare :

> Amis, la nuit est belle, la lune va briller,
> A sa clarté,
> En liberté,
> Allons nous-en rêver !

Ce fut comme le signal d'un lever de rideau... et de dormeurs et d'un succès fou pour le chanteur et pour l'orchestre. Les fenêtres s'ouvrirent des deux côtés de la rue et de toutes s'envolèrent des applaudissements plus chauds que les doigts *delos dos Estudiantes*, et une pluie de gros sous, qui ne furent point ramassés, tomba sur leurs feutres paralunaires.

— Maintenant, dit la guitare, au tour du « colo », ça fera plaisir à la Colonelle.

Arrivés sous les fenêtres derrière lesquelles reposait le noble drapeau du 1er de Marine, où dormait, abritée sous ses franges d'or la plus belle des colonelles, flûte et guitare envoyèrent gaîment une barcarolle madrilène ou vénitienne, et le guitariste, dont les lèvres étaient libres, osa chanter à *mezzo voce*:

> A tes joyeux rêves
> Cher ange fais « Trèves »
> Et reçois en ce jour
> L'aveu de notre amour !

Le drapeau demeura immobile, mais le Colo, dont le nom résonna à ses oreilles, ouvrit l'œil tandis que, plus curieuse, la Colonelle ouvrait la fenêtre : Merci, Messieurs, cria-t-elle. — Laisse partir ces ivrognes, lui dit son auguste époux et ferme la fenêtre. — Ce sont deux de tes officiers, lui répondit Mme T... et j'ai, je crois, reconnu la voix du chanteur.

Cet avertissement était suffisant et fit, après un accord plus bruyant que brillant jeté sur l'instrument à cordes, déguerpir « los dos musicos » qui s'évanouirent dans l'ombre avec l'idée joyeuse, autant que malencontreuse, de continuer leur concert sous les fenêtres de la diva. La rue qui abritait sa beauté était étroite et deux alguazils intimèrent l'ordre aux représentants de la « Estudiantina » d'avoir à circuler. — « Dans la nuit du premier janvier ! Y pensez-vous, Monsieur l'agent? » — « Voilà l'heure des aubades! » Et nos deux musiciens s'installèrent sous le balcon de Rosine à qui Almaviva fit entendre des paroles d'amour à la barbe du Bartolo, caché peut-être dans l'alcôve de l'actrice :

> Rosine bien-aimée,
> Sous la lune brillante,
> Ecoute ma charmante,
> En la nuit parfumée, etc...

Tremblant d'amour, je veux dire de froid, le pauvre chanteur n'avait pas prononcé la douce parole *parfumée* que, d'une fenêtre située au dessus de celle de Rosine, une main perfide et lâche osa vider... — Pas d'erreur, dit la flûte... c'en est. — Hélas, je ne le sens que trop, répondit la guitare !...

Fort heureusement pour la diva, elle n'avait pris que le temps d'entrebâiller sa fenêtre et dans le simple appareil d'une beauté qu'on vient d'arracher au sommeil, de crier : « C'est gentil, ça, merci, Messieurs » ; puis, gelée, s'était retirée aussitôt en fermant sa fenêtre, sans quoi elle eût reçu dans sa chevelure blonde ce dont son balcon préserva les artistes, sur qui ne rejaillirent que quelques étincelles trop odorantes.

La pauvre fauvette ainsi réveillée eut certainement accusé les deux mélomanes d'avoir préparé ce crime au lieu de les plaindre comme ils le méritaient.

Mais la vertu est toujours récompensée. Vis-à-vis du balcon de Rosine, d'une fenêtre éclairée, deux voix jeunes et généreuses traduisant tout à la fois l'enthousiasme et la pitié, crièrent aux deux pauvres artistes transis et méconnus. — Montez chez nous, Messieurs, vous trouverez ici de l'eau de Cologne, du feu et de quoi souper.

— Vous souvenez-vous de cela, Colonel de Vou...

— Je crois bien, mon cher Commandant... Quel âge avions-nous donc alors ?

— Je l'ai oublié, mon Colonel, mais n'avons-nous pas toujours vingt ans en nous rappelant cela ?

Hélas, pauvre Colonel ! il a dit son ultime solo il y a trois mois au Val de Grâce.

XVIII

Le dernier duel du lieutenant Chabillon

Combien loin dans mon passé de marsouin me recule ce souvenir héroï-comique !

C'était en 1868 ; sous-lieutenant frais émoulu, j'arrivais en Nouvelle-Calédonie, après la plus longue, mais la plus charmante des traversées, faite sur une de ces frégates à voiles que l'on conserve à Brest comme curiosités de la vieille marine. *La Sybille* qui me portait et sa jumelle *l'Isis* naviguaient de conserve emmenant dans leur sein la dernière promotion d'aspirants du *Borda*.

Oh ! la belle, intime et joyeuse vie que j'ai passée là durant 153 jours de Toulon à Nouméa, au milieu de cette jeunesse gaie, instruite, intelligente, mêlée de musiciens, d'artistes, de poètes et de quelques toqués de valeur. Tous sont aujourd'hui capitaines de vaisseau, amiraux, ou.... là-bas !!

Aussi, lorsque la *Sybille* m'eut déposé sur le quai de Nouméa, me sentis-je le cœur gros, car je tombais au milieu de types qu'on chercherait en vain à collectionner aujourd'hui, bons camarades, vraiment, mais bizarres. La garnison était commandée par un chef de bataillon, vieux créole de la « Matinique », excellent homme qui avait nom Ruilhier, mais que je n'entendis jamais appeler autrement que « le pé Huilier »; les capitaines étaient détachés, et j'eus pour commensaux à la popote des « trois moineaux », fondée 3 ou 4 ans auparavant par les premiers venus, des êtres comme, je le répète, on n'en trouve plus. Le vieux lieutenant Quitery, louche ou borgne, je n'ai jamais osé le dévisager, petit, gros et âgé de près de 50 ans, parlait -- quand il parlait, — du 12ᵉ léger et de l'Algérie du temps du général Lamoricière, mais, par habitude, ne desserrait pas les dents; quelle fourchette néanmoins ! Le second, méridional de Carcassonne, était si vieux, si blanc, que je lui donnai tout de suite 60 ans, et qu'en le voyant sur le quai, en veston, sans galons, je l'avais appelé en balbutiant « mon commandant ». Il portait le nom claironnant de Chabillon. Il discutait ou disputait sur tout indistinctement et s'emportait régulièrement comme une soupe au lait une fois par repas tandis que son adversaire ordinaire, le docteur Feitu, excellent garçon du port de Brest, riait à gorge déployée de n'importe quoi. En présence de ces vieux Troyens, moi je me taisais.

Un jour, nous avions pour invité un jeune magistrat nouvellement débarqué et qui, si je ne me trompe, portait seul alors la balance de Thémis. Il était de Toulouse, avait le verbe haut, sonore, le ton sarcastique, mais était bon et conciliant.

Il raconta une histoire plaisante arrivée dans le Midi... je ne sais plus laquelle. Le Dʳ Feitu éclata de rire, le lieutenant Quitery n'ouvrit pas la bouche, mais Chabillon dit brusquement au conteur : « -- Est-ce que vous vous f... de nous ? »
— « Pas le moins du monde, lieutenant, je vous affirme que

c'est la vérité. » — « Moi, je vous dis que vous blaguez. » — « Moi je vous dis que c'est vrai. » — « Vous êtes un vantard, Monsieur le juge ». — « Et vous un vieil imbécile, Monsieur l'officier. » A cette apostrophe, Feitu de s'esclaffer bruyamment comme Panurge et Chabillon se levant, jeta au visage de son interlocuteur: — « Vous m'en rendrez raison ! »

Saperlotte ! pensai-je, comme ils ont l'oreille près du bonnet, ces gens-là ! Est-ce le climat, ou les Canaques qui les rendent si belliqueux ? On se sépara sans prendre le café. Un quart d'heure après, Chabillon et le Dr Feitu entraient chez moi. — « Je me bats demain matin, faut pas que ça traîne ! Voulez-vous être mon témoin ? » — « Je veux bien... mon lieutenant. » Ce vieux batailleur m'imposait, jamais je n'aurais osé l'appeler par son nom, ni même « Mon cher camarade ». — Je hasardai cependant : « Le motif de ce duel ne me semble pas grave, et vous avez été... un peu... sévère pour notre invité, un magistrat. » — « Je suis comme ça, moi, le duel, je ne connais que ça ! » — « Il est comme ça, lui », répéta le docteur, en éclatant de rire comme un cent de mouches. J'allai avec Feitu chez le juge qui fumait tranquillement sa pipe: — « Ah mais ! c'est donc sérieux, nous dit-il, je croyais à une simple farce de ce vieux fils de Mars. Mais, puisqu'il veut ferrailler, allons-y, battons-nous, M. Quitery et mon greffier seront mes témoins. » — Une heure après tout était réglé, le jeune Toulousain laissait le choix des armes à son adversaire; la rencontre aurait lieu le lendemain à 7 heures du matin au bord de la mer.

Le Docteur et moi retournâmes donc chez Chabillon lui dire la chose : — « Dites donc, est-ce qu'il veut me tuer, ce sauvage-là ? » — « Pas du tout, lui dit Feitu en riant, c'est vous qui allez l'escoffier. » — « Moi, pas du tout ! Qu'il me fasse des excuses et je le tiens quitte ! Vous devinez que l'affaire s'arrangea et qu'elle fut, au dîner, l'occasion de faire sauter le Champagne offert par le Toulousain et son adversaire réconciliés.

Un mois après, pas plus, un autre invité, commissaire de bateau, dans le cours d'une anecdote amusante, fit un rapprochement avec le bonhomme de Nadaud qui mourut sans voir Carcassonne. Mon Chabillon voyant là une allusion à sa

patrie, fit taire encore une fois cet invité et quitta la table
de la façon la plus grotesque en disant : « Restons-en là, Monsieur ! Je ne puis pourtant passer ma vie à me battre en
duel ! »

Le Docteur donna, par un éclat de rire, le signal de la
gaîté générale.

— Un jour, en promenade avec le vieux Chabillon, bon
et brave camarade au demeurant, j'eus la naïveté de lui dire
qu'avec son caractère... un peu emporté, il avait dû avoir
bien des duels. — « Un seul, me répondit-il brusquement...
et cela m'a suffi ! » Je m'imaginai que le souvenir de cette
affaire lui laissait un remords et je me tus. — ... Pourtant,
curieux, anxieux, à un kilomètre de là, je lançai timidement :
Vous l'avez tué... peut-être ?

Le silence de Chabillon me fit trembler. Puis, tout d'un
coup redevenant le capitaine Fracasse et me regardant les
yeux dans les yeux, il me cria : — Ah çà ! Espèce d'imbécile ! Tête de linotte, est-ce que vous oubliez que vous avez
été mon témoin dans mon... dernier duel ?

XIX

Pipe et rabat

Encore un souvenir un peu léger ; passez-le, madame,
c'est le dernier. Il m'a rappelé quelques anciens camarades...
tant pis, je vous le conte... Je redeviendrai plus sérieux en
laissant aller le rideau qui tombe sur ces vieilles notes.

Après tout, elle n'est pas méchante l'histoire que mon ami
Cherbinet nous conta un soir sur le gaillard d'arrière où nous
formions, tout oreilles, le cercle autour de lui en fumant pipes
et cigares, et je peux bien vous la redire.

La mer était belle, le ciel pur et brillant d'étoiles, la brise
d'alizé bien établie, les amures à bâbord. Cherbinet, jeune
enseigne alors, vice-amiral aujourd'hui, était et est resté
un conteur charmant ; mais, le phonographe n'existant point
en ce temps-là, c'est à ma mémoire que je fais appel tout en

laissant ce conte sur les lèvres du jeune officier d'antan. Si la chose est mal traduite, ne vous en prenez qu'à moi.

« J'étais alors, nous dit Cherbinet, aspirant sur la *Vénus* en station à la Martinique où la frégate était souvent mouillée devant Fort de France. Un vrai paradis de Mahomet, mes amis, dont les houris nous accueillaient toujours avec affabilité. Le soir, sur la place de la Savane où la blanche Joséphine Tascher de la Pagerie, l'aimante impératrice, s'ennuie à périr sur son piédestal de marbre et voudrait bien en descendre lorsqu'elle entend le bruit des rires et des baisers, nous trouvions réuni tout un essaim de beautés peu farouches Que d'heures délicieuses les aspirants ont passées là, sous l'ombrage épais et discret des beaux arbres qui entourent cette place charmante. Les jeunes créoles y sont encore vêtues comme au temps de Joséphine, avec de longues robes légères aux couleurs éclatantes, dont la taille est attachée sous les seins et la traine flottante comme celle des déesses de l'Olympe.

L'une d'elles, jolie blanchisseuse le jour, odalisque ravissante du coucher au lever du soleil, venait chaque semaine à bord de la *Vénus* avec une suite choisie de porteuses de corbeilles remplies de linge. Elles se répandaient dans la batterie, à l'arrière, chez les officiers et au poste des aspirants où, sous le prétexte d'échanger les chemises et les mouchoirs, elles apportaient une heure de vive gaîté sur la vieille frégate.

Celle qui semblait les diriger avait été plusieurs fois remarquée par l'amiral Tempis qui lui adressait des sourires égrillards en arpentant le pont et qui n'aurait pas demandé mieux que de descendre avec elle compter et vérifier son linge, mais le Pacha n'était pas seul, l'aumônier du bord, l'abbé Mauroze, était attaché à lui comme son ombre. — « Jolie fille, l'abbé, lui dit l'amiral un jour. » — « Fille de Satan », répondit l'aumônier tout en baissant les yeux en coulisse vers l'image diabolique ».

— « Voyons, l'abbé, vous savez bien distinguer une belle fille d'une vieille femme ? »

— « Fruit empoisonné, amiral, je ne touche pas à l'arbre défendu. » — « Moi non plus, l'abbé, et pour cause… Ces midshipmen sont-ils heureux d'être encore jeunes ! »

— « Amiral, répondit le prêtre âpre et sec... songez à votre salut »... — « Plus tard, l'abbé ».

Un quart d'heure après, chez l'amiral, à son matelot : « Dis donc, Maduree, sais-tu où demeure la blanchisseuse ? » « Oui, amiral, au Carénage ». « C'est bon, il faudra qu'un de ces jours j'aille lui tirer doucement les oreilles : mes plastrons sont mal empesés, mes cols trop raides. »

Chez l'aumônier, à Le Gall son domestique : — « Un renseignement ? » — « Lequel, M'sieur l'aumônier. » — « Sais-tu où demeure cette demoiselle à qui tu donnes mon linge à repasser ? » — Oui, M'sieur l'aumônier, au Carenage. Vous n'aurez qu'à demander Madeleine, tout le monde la connaît. »

— « Ah ! ça crois-tu que je veuille pénétrer chez cette créature ?... Tu iras toi-même demain lui dire de mieux soigner mon linge. »

— Le soir, l'état-major et l'équipage étaient consignés à bord pour une manœuvre de nuit ; l'amiral Tempis et l'aumônier descendirent seuls à terre ; le premier, invité chez les de la Rougerie dont la maison hospitalière fut de tout temps ouverte généreusement aux officiers de terre et de mer ; l'abbé Mauroze dînant chez le curé de la cathédrale qui avait invité ses confrères de Saint-Pierre, du Lamentin, du Petit Bourg et du Morne Rouge.

— « A ce soir onze heures, l'abbé, dit l'amiral à l'aumônier en mettant pied à terre ; à 11 h. 5 ma baleinière poussera de terre ».

Tous les deux, l'amiral et le prêtre, se rendirent aux invitations qui leur avaient été faites, dînèrent bien et passèrent une soirée exquise.

A onze heures moins cinq minutes, chacun regagna l'appontement où l'attendait la baleinière.

La lune brillait, la lame clapotait amoureusement, les deux voyageurs embarquèrent.

— « A bord », dit l'amiral au patron, en fouillant dans ses poches à droite, à gauche, derrière... « Sapristi, s'écria-t-il, j'ai oublié ma pipe chez les La Rougerie ! » C'était une privation pour l'amiral de ne pouvoir fumer en se rendant de Fort-de-France à la *Vénus* mouillée très au large. — « Faut-il retourner, amiral », demanda respectueusement le patron ?

— « Inutile... je me passerai de fumer ce soir. » — Examinant alors l'aumônier à qui il demandait s'il avait passé une bonne soirée, l'amiral s'aperçut qu'il n'avait pas son rabat et lui demanda ce qu'il en avait fait ? — Interloqué l'aumônier porta la main à son cou et constatant le fait : « Il faisait si chaud chez le curé notre amphitryon, qu'il nous a invités à ouvrir nos cols et nos soutanes », répondit l'abbé avec une rougeur que la lune discrète ne chercha point à trahir.

Le lendemain, au retour du canot des vivres, l'amiral et l'aumônier recevaient chacun un petit paquet et un billet que le patron remit discrètement sur leurs tables.

Billet à l'amiral : « Cher et bon amiral, je m'empresse de vous renvoyer votre pipe que vous avez laissée sur ma commode hier soir à 9 heures. Elle a dû vous manquer beaucoup.

Billet à l'aumônier : Mon bien doux abbé, merci de la bénédiction que vous êtes venu m'apporter hier à 10 heures. — Je vous renvoie discrètement votre rabat que j'ai retrouvé sur mon tapis. »

Et ces deux billets, on l'a deviné, portaient la même signature : « Madeleine ».

DEUXIÈME PARTIE

Roman de deux âmes

A Madame Thérèse B. j'offre ce souvenir de notre vieille et pure amitié.

Elle a inspiré ces pages que j'ai cru devoir réunir sous ce titre: *Roman de deux âmes*.

Elle voudra donc bien en accepter la dédicace de la part de celui dont elle connait l'entier dévouement et le respect inaltérable.

LÉOPOLD DAUVIL.

Paris, 10 octobre 1907.

ROMAN DE DEUX AMES

I

L'histoire que je vais raconter, peut très justement recevoir le titre de « Roman de deux âmes » que je suis autorisé à lui donner. Puisse-t-il vous causer en le lisant, chers lecteurs, le plaisir que j'éprouve à l'écrire. En parcourant sur des pages jaunies les notes éparses semées de temps en temps sur le chemin de mon passé, notes concernant deux amis que vous connaîtrez et aimerez, lecteurs, je me suis demandé s'il ne valait pas mieux laisser dans l'ombre ces souvenirs non encore effacés ; je me disais aussi que cette histoire n'étant pas la mienne, je ferais mieux de replacer ces vieux feuillets sous l'enveloppe de la discrétion, dans le tiroir de l'oubli.

Mais comme j'avais rempli un certain rôle dans les premières scènes bien lointaines de ce roman, enfin, l'amitié de mes héros m'ayant par les lèvres et la plume fait connaître les dernières, je crois pouvoir exhumer cette nouvelle de mes Vieilles Notes, certain de n'être désagréable ni aux lecteurs qui voudront bien les parcourir, ni à celle dont le souvenir m'est resté cher par l'affection qu'elle m'accorda. Je devine qu'elle me pardonnera d'avoir osé emplir quelques chapitres de sa personnalité, elle qui vit maintenant loin du monde bruyant sous le beau ciel du Midi.

Lorsque ces pages passeront sous ses yeux, elle y retrouvera l'assurance d'une amitié respectueuse que le temps n'a point amoindrie, et s'il arrive qu'une larme mouille sa paupière au souvenir de celui dont elle relira le nom à chaque page, son cœur, que je connais tendre et généreux, ne saura me blâmer d'avoir fait revivre quelques instants une image aimée.

L'émotion réveillée en son âme si pure, sera mon meilleur avocat, et sa bonté achèvera de gagner la cause de l'indiscret écrivain.

— Puisse ma plume retracer fidèlement deux caractères aimables, peindre deux cœurs dont toute l'affection l'un pour l'autre, restée toujours chaste, n'a cessé de reposer sur une estime réciproque profonde et sur leur ferme croyance en les promesses idéales du spiritisme dont ils furent tous les deux des adeptes convaincus.

Au moment de commencer mon récit, je vois qu'il me faut regarder bien loin dans mon passé, et je fais des réflexions que ma philosophie rêveuse ne peut s'empêcher de traduire... Avec quelle rapidité s'enfuit le temps ! Comme il emporte l'esquif léger sur lequel nous descendons le fleuve accidenté de la vie ! Est-il vrai que depuis lors plus d'un quart de siècle se soit fondu dans l'éternité.

Quand le conteur qui voit ses cheveux blanchir — si le vent ne les a pas emportés — regarde derrière lui dans son passé, il le fait sans effroi, quel que soit le ciel qui le recouvre ; les orages sont finis, le tonnerre s'est apaisé sur ce tableau plus ou moins sombre, le penseur déploie largement ses ailes et s'enfonce plus loin, sans hésiter, dans un vol rapide. Mais au seuil de l'avenir, l'imagination, s'effraie et replie ses ailes, nous n'osons point ouvrir les yeux sur l'horizon qu'il nous reste à parcourir : l'espérance chancelle, nous avons peur d'apercevoir le précipice... Est-il loin encore ?... Est-il sous nos pas ? nous ne voulons pas savoir.

Après la cinquantaine, on se complait dans le passé, on a peur de l'avenir.

En 1876, vous voyez qu'il y a longtemps, je fus appelé un beau matin par mon colonel qui me communiqua un avis du ministère de la Marine, lui ordonnant de me délivrer ma feuille de route pour le Sénégal où je devais continuer mes services, comme capitaine. J'allais, pour la cinquième fois, quitter la France, et je le faisais avec cette belle insouciance qui devient le fond du caractère du navigateur et du soldat de marine.

Je quittais sans regret ma garnison de Cherbourg, disant au revoir aux camarades du régiment — on ne se dit jamais adieu dans la marine, mais toujours : au revoir ! On se rencontre à Paris, sur les boulevards... Tiens X, où vas-tu? — Au Tonkin, et toi Z? — Je pars pour les Antilles. — Bonne chance et au revoir ! et les deux camarades se serrent la main, chacun partant sans se retourner ni se demander s'ils se reverront jamais — J'avais passé quelques jours à Paris, les délais réglementaires, le temps de bien embrasser ma mère, fille de soldat breton, dont le cœur très viril surmontait courageusement sa peine et prenait avec philosophie ces séparations assez longues auxquelles il avait bien fallu se faire, habituée qu'elle était par mes campagnes passées, préparée de même pour celles de l'avenir.

La veille de mon embarquement qui devait avoir lieu à Bordeaux, j'arrivais dans la belle cité girondine avec la même tranquillité d'esprit qui présida à tous mes voyages, avec l'esprit léger de l'homme qui sait pouvoir compter sur sa bonne étoile.

Que dire de ces soirées qui précèdent l'embarquement ? Vous laisserai-je croire que ce sont des veillées d'armes, oh non !

A l'hôtel où j'étais descendu, j'avais trouvé deux officiers de vaisseau, un lieutenant de spahis sénégalais, La Hubardière, puis Guillart et de Surgy, capitaines d'artillerie de marine, vieux camarades en la compagnie joyeuse desquels j'avais couru les cafés-concerts et cueilli un dernier bouquet de baisers sur les joues roses, blanches ou brunes, des bonnes filles de France.

Le lendemain, par un radieux après-midi de printemps, le 5 avril, disent mes vieilles notes, j'avais expédié ma malle et ma cantine par l'omnibus de l'hôtel au quai de Bacalan, où nous attendait, se balançant vis-à-vis des Docks et des hangars des Messageries, le petit vapeur qui devait recevoir les passagers et les bagages, afin de leur faire descendre la Gironde jusqu'à Pauillac, où le transbordement aurait lieu sur le Transatlantique « *Equateur* ».

Puis, doucement, en flânant, léger d'allures et de soucis sous un doux rayon de soleil encore français, je m'étais acheminé en fumant un cigare vers le vapeur dont la sirène aux cris stridents m'avertissait en hurlant que je n'avais plus que deux ou trois quarts d'heure à fouler le sol de la terre natale.

Et je songeais, malgré moi, à tous ceux que j'y laissais ; les reverrai-je tous ? — aux deux ans d'absence que j'allais vivre là-bas, sur la terre africaine ; aux épreuves qui m'y attendaient, aux marches dans le sable aride, sous un soleil torride, à la soif cruelle que tous connaissent dès que les expéditions commencent, à la fièvre jaune impitoyable, et aux combats inévitables. Enfin à tout ce que tant de camarades m'avaient raconté du pays noir, et, souriant, je me disais que ceux-là en étaient revenus et que si j'avais bien des raisons mauvaises pour y rester, j'en avais quelques bonnes pour me persuader qu'on en revient... J'approchais de la cale de Bacalan, où je distinguais le vapeur impatient de me happer, lorsque, d'une voiture de place qui emportait plusieurs officiers se rendant à bord, j'entendis l'un d'eux m'interpeller joyeusement — Dauvil ! — Sagrin ! — Par quel hasard ? Le véhicule s'arrête, mon ami saute à terre et m'ouvre ses bras ; nous nous étreignons — Tu t'embarques ? — Oui, et toi ? — Egalement je vais au Sénégal au 1er tirailleurs — Quelle chance de nous retrouver et de servir encore une fois ensemble.

Le capitaine Sagrin, âgé de 32 à 33 ans, était un vieux camarade, un vrai frère d'armes à qui me liaient de bons souvenirs. Nous avions fait ensemble le tour du monde sur les frégates à voiles *Sibylle* et *Néréide*, nous avions passé deux ans en Calédonie et *bouclé la boucle* par le Cap Horn, après nous être arrêtés ensemble vingt jours à Tahiti où la *Néréide* avait dû réparer une avarie à son gouvernail et consolider une partie de sa mâture.

Tahiti ! Le souvenir que je relis de cette délicieuse relâche est si gai, si frais, si jeune que je ne résiste pas au plaisir d'en copier dix lignes à cause de Sagrin. — « Oh ! les folles nuits dans cet autre coin du paradis de Mahomet — oh les rires joyeux ! Dame, nous étions sous-lieutenants et nous avions vingt-cinq ans. Tous les soirs, Sagrin qui avait trouvé une guitare chez un camarade en garnison à Papeete, moi qui ne naviguais jamais sans ma flûte, et un boute-en-train nommé de la Contrie, commis de marine qui battait du tambourin comme un canaque, nous donnions avec ou sans la lune, qu'on remplaçait par des lampions, des concerts très acceptables, vu la latitude et la longitude.

Les *himénés*, chœurs des chanteuses et toutes les filles des districts de Papeete et de Paré y Papaoa, accouraient pour danser la *oupa oupa* et chanter leurs chœurs si bien d'accord, d'une voix charmante, dans cette langue tahitienne si harmonieuse. Les belles Canaques vêtues de longues robes flottantes, à la chevelure dénouée, exhalant le parfum enivrant du *monoï* et ornée d'une ou deux fleurs attachées avec art, nous attendaient dans le palais de la vieille reine Pomaré qui adorait entendre chanter ses femmes. Son vieil époux Arii Phaïté, et son fils Joinville (nommé ainsi, dit la chronique, parce que le prince de Joinville passant à Tahiti alors que Pomaré était jeune et belle, lui avait laissé ce royal et vivant souvenir) assistaient à nos bals en plein air sous les manguiers, les palmiers, les tamarins et les flamboyants qui ombrageaient délicieusement la demeure de la vieille Reine. Les Tapouni, les Rouretia, les Fatina, les Otali dansaient là jusqu'à une heure du matin, avec les officiers de la frégate et de la garnison à qui elles donnaient ensuite l'hospitalité sous leurs paillottes en feuilles de moufia et de pandanus... Et le jour du départ, toutes ces filles étaient à la mer, nageant autour du bâtiment, interpellant chaque officier par son nom : *Ya horana-Atia*. « Bonjour, adieu, n'oublie pas Raïta — pense toujours à Tapouni ! Il me souvient d'un joli garçon blond, enseigne de la marine suédoise, Axel de Dalman, que la frégate allait rapatrier après deux ans qu'il avait passés au service de la France sur le *Chevert*, et qui pleurait comme un grand enfant en regardant une de ces naïades au beau corps couleur de cuivre, qui pleurait aussi, la pauvrette, en criant : Atia, Atia, Axel, oublie pas Nuria ».

Ai-je eu tort de recopier ce passage pris dans ces feuillets anciens encore parfumés de jeunesse et comme exhalant un relent de fleurs tahitiennes ? Peut-être, mais pardonnez-moi, madame, je les puis relire ces vieilles pages, mais, hélas, je ne les revivrai jamais plus !

Rentrés en France au commencement de l'année terrible, Sagrin et moi, prenions part comme lieutenants à notre stupide guerre contre l'Allemagne ; nous étions à Bazeilles où ni l'un ni l'autre ne fûmes blessés, quand tant de nos camarades et de nos marsouins jonchèrent le village et la plaine de leurs cadavres. Faits prisonniers par les Bavarois de von der Than, le 1ᵉʳ septembre, nous fûmes emmenés en captivité, lui à Cologne, moi à Magdebourg ; nous ne nous étions point revus depuis. On comprendra donc avec quelle émotion Sagrin et moi nous nous retrouvions sur les quais de Bordeaux tout joyeux de courir ensemble une bordée d'une dizaine de jours vers la côte ouest d'Afrique.

Jacques Sagrin possédait l'un des plus heureux caractères que j'aie rencontrés, et je crois bien ne l'avoir jamais vu morose, quoi qu'il lui fût arrivé. Son tempérament d'artiste m'avait attiré par affinité de goûts et de sentiments dès notre première rencontre. Au physique, c'était un grand garçon mince, souple, adroit, vigoureux, infatigable. On ne pouvait dire de lui qu'il fût un bel homme, mais un de ses colonels l'avait noté : beau soldat. Au moral, plein de droiture et de franchise, d'une éducation parfaite, il était mondain à l'occasion. Il passait pour un homme à bonnes fortunes, mais il n'afficha jamais une maîtresse et je crois que ses ailes de papillon l'attiraient vers toutes les fleurs dont il aimait à butiner le parfum.

Enfin, son regard bien loyal, sa chevelure abondante, d'un châtain très foncé, toujours peignée en coup de vent, son sourire bon et bienveillant, une fine moustache ombrageant des lèvres plutôt sensuelles, tout, en un mot, se réunissait en mon ami Sagrin pour en faire un être sympathique. Ses modestes talents de dessinateur et de musicien lui aidaient à remplir agréablement ses loisirs et sa voix, assez mélodieuse, plaisait à entendre. Je me souviens avec plaisir de nos soirées à Nouméa et à bord où, s'accompagnant de la guitare, il nous disait de jolies chansons dont quelques-unes inédites, sans nom d'auteur, d'une facture poétique assez originale, pouvaient bien être de sa composition.

Sagrin était un bon soldat, aimant son métier, sans chauvinisme, et remplissant son devoir exactement. Toutefois, quelques actes d'indépendance native lui avaient attiré deux ou trois fois des arrêts qu'il ne regrettait pas et qui ne diminuaient en rien la sympathie qu'il imposait à ses chefs. Enfin, très aimé de ses camarades, je le vis toujours adoré de ses hommes qu'il aurait conduits au bout du monde.

En politique, il prétendait qu'un soldat doit avoir pour devise : « La patrie avant tout », et en religion il nous avait quelquefois parlé au Mess de son admiration pour la doctrine spirite et avait même fait acheter pour la Bibliothèque du régiment les ouvrages d'Allan Kardec.

Tel est le portrait de mon camarade Sagrin. S'il est flatté — hélas, il ne le saura pas — c'est que les couleurs un peu vives dont je me suis plu à le peindre sont restées fraîches sur la palette de l'ami qui le regrette.

Tout à la joie de nous être retrouvés, nous allions à petits pas vers la Cale de Bacalan, causant bruyamment, gaîment, en approchant du petit vapeur ; il me disait qu'il arrivait de Toulon et que sa dernière colonie avait été le Tonkin.

Nous trouvâmes à l'appontement le commandant d'artillerie Jeffroy, mon lieutenant Maurer, arrivé de l'île d'Oleron avec sa femme et sa fille, mon sous-lieutenant Morelli, bon soldat corse, comme ils le sont tous, et le lieutenant de Craverse, fils d'un officier général, et qui devait finir tragiquement à Gorée. A l'écart, un groupe de cinq ou six dames, qui semblaient étreintes par la tristesse, fille de la séparation, attira notre attention. Devaient-elles s'embarquer toutes ? Venaient-elles seulement dire adieu à l'un de nos camarades ?

C'est ce que la sirène se chargea de nous apprendre, en lançant son dernier cri déchirant, qui annonçait que l'instant du départ était venu. Chacun gagna la passerelle, et tout le monde descendit à bord. Les caisses, les malles, tous les colis mis pêle-mêle sur le pont, chacun des passagers chercha une place pour la traversée de deux heures que dure le voyage de Bordeaux à Pauillac. La passerelle tirée sur le quai, les amarres larguées, la machine commença à faire entendre son balancement régulier et accéléré qui rappelle un métronome passant du piano à l'allegro. Un jet de vapeur, un coup de sifflet traduisant notre adieu au rivage de la pa-

10

trie et nous quittions les quais, nous étions en route vers l'Océan.

J'étais assis sur une caisse, non loin de Sagrin, qui, silencieux, regardait fuir la ville, les quinconces, les quais Saint-Jean, la Bastide et successivement toutes les terres basses et riches du Médoc et du Bordelais. Nous avons dépassé le bec d'Ambès, nous voici en pleine Gironde où les eaux sont profondes et terreuses.

Je fumais sans rien dire, jetant les yeux tantôt sur une rive, tantôt sur l'autre. Sagrin, lui, semblait intrigué par les dames réunies et laissant couler leurs larmes. Il avait remarqué qu'aucune n'avait adressé la parole à un officier passager. Ces dames, je les vois encore, et, si leurs physionomies sont restées présentes à ma mémoire, c'est à Sagrin que je le dois, à cause de toutes les observations qu'il faisait en les étudiant, sans quoi je ne me fusse sans doute point préoccupé d'elles. Une assez jolie dame blonde, à l'embonpoint engageant fut la première que mon voisin observateur me signala. Celle-là ne s'embarquera pas avec nous, me dit Sagrin, sa toilette est celle de la promenade, non celle d'une dame qui part en lointain pays. Une seconde dame, élancée, très brune, au type créole espagnol, ne devait pas quitter le vapeur, non plus qu'une jeune fille blonde qui semblait sa fille et à qui elle avait dit : « Anita rappelle-moi cette commission de Thérèse dès notre retour à Bordeaux. — Tu procèdes par extinction, lui dis-je ; de 5 reste 2. Ces deux-là partent-elles ? — Attends un peu. — Mais qui te dit que les cinq dames ne viennent pas dire adieu à quelque passager arrivé, ou à une passagère déjà rendue à bord de l'*Equateur* ? — Impossible cela. — Pourquoi ?

— La raison est bien simple, naïf Léopold, elles avaient le temps d'arriver à Pauillac pour sangloter. — Très judicieux Jacques. — Continue ton instruction. Des deux dames désignées comme pouvant seules s'embarquer avec nous, l'une petite et mince avec des yeux noirs et des cheveux d'Andalouse, semblait éprouver une douleur profonde en tenant la main de la dernière, qu'elle avait appelée Thérèse. — Tu as l'ouïe d'un Peau-Rouge, mon cher Jacques, car, depuis le départ, le bruit de la machine me rend sourd, moi.

Au bout de quelques instants : Je sais tout, me dit Sagrin, cette petite Andalouse reste, elle est la sœur de celle qui a nom Thérèse et qui part seule avec nous. — A quoi as-tu vu cela, lynx subtil, homme pâle ? — Je n'ai pas vu, j'ai entendu : Ma chère Eudoxie, a dit celle que j'appellerais reste, excès ou différence, ma soustraction terminée, si nous ne savions qu'elle porte le nom charmant de Thérèse.

« Ma chère Eudoxie, console notre pauvre maman, dis-lui de se bien soigner, en attendant mon retour, et ne change rien à notre vieux nid tant regretté. »

Ayant soulevé la voilette qui obscurcissait son visage « notre passagère » laissa tomber sur Sagrin le regard de deux beaux yeux noirs rougis par les larmes. — Oui, c'est bien elle qui part, et elle seule ; tu verras si je me suis trompé, ajouta Jacques ; malgré sa douleur, elle a de la présence d'esprit, car elle a jeté un regard sur toutes ces malles portant les initiales T. B., de plus, elle a pris des mains de sa sœur un trousseau de clés qu'elle a mis avec beaucoup d'attention dans la sacoche qui pend à sa ceinture. Donc, c'est notre navigatrice.

— Bravo, Jacques, quel fin détective tu aurais fait. Tu as peut-être manqué ta vocation et tu as encore le temps de retourner à terre pour aller offrir tes services à M. Lecoq... Sais-tu que la « navigatrice » est jolie, mon cher camarade ; prends garde à toi. Sagrin songeait... il me semble avoir déjà vu cette femme, me dit-il. — Tu auras tout le temps de lui demander où, répondis-je en riant.

Pendant notre entretien, le temps avait passé, et, sans nous en douter, nous arrivions à Pauillac, où nous apercevions l'*Equateur* beau paquebot, qui nous attendait, dressant dans le ciel sa fine mâture et sa haute cheminée, et découpant sur l'horizon les gracieuses lignes de sa coque d'acier. Encore quelques minutes, et nous serions arrivés... J'avoue que j'étais intrigué et voulais voir si Sagrin ne s'était pas trompé.

Tous les passagers s'agitaient, cherchant leurs bagages. J'avais accroché mon sabre et rejoint mes camarades pour monter à bord du paquebot que nous allions accoster. — Après avoir dit adieu à sa sœur et aux dames qui l'avaient accompagnée et qui allaient retourner à Bordeaux par le petit vapeur qui les avait amenées, la voyageuse isolée, toute tremblante et les yeux obscurcis par les larmes, n'osait, son tour venu, franchir la large planche qui donnait accès du petit navire dans le transatlantique. — Un léger mouvement de clapotis lui causait un peu d'effroi et ses yeux semblaient chercher quelqu'un pour l'encourager. — Je vis alors Sagrin s'approcher d'elle, et lui offrir obligeamment son bras et ses services. Je reconnus bien là mon chevalier français. — La passagère, que je n'ose encore qualifier, s'appuya avec simplicité sur mon ami et, rassurée, le remercia d'un sourire. Une fois qu'il l'eût, à bord, accompagnée à sa cabine, il prit soin de lui faire parvenir tous ses bagages. — Elle s'enferma et ce premier soir, nous ne revîmes pas « notre passagère ».

Lorsque mon ami et moi nous eûmes pris possession de notre cabine partagée avec le docteur Lequillien, qui allait aussi au Sénégal, on nous prévint qu'on allait dîner avant le départ.

La salle à manger, très vaste, sur l'*Equateur*, était située sur le pont, à l'arrière, et contenait deux longues files de tables. De nombreux passagers, arrivés à bord depuis le matin, étaient déjà installés et garnissaient une table et la moitié de l'autre. A part les officiers et employés destinés au Sénégal, et qui devaient débarquer à Dakar, les autres voyageurs se rendaient à Lisbonne, à la Plata, au Brésil et aux Antilles.

Vers la fin du repas, des coups de sifflet, quelques commandements discrets, le bruit des fortes amarres ou aussières tombant à la mer, puis le va-et-vient des pistons et le balancement de la machine, indiquant la mise en marche et le départ du paquebot, les passagers sortirent de la salle à manger et se répandirent sur le pont, pour voir fuir les côtes de France.

Appuyés sur le bastingage, Sagrin et moi songions, sans rien dire, en fumant ; la nuit n'était pas arrivée, et nous pouvions encore apercevoir à terre les villages où commençaient à s'allumer les feux du soir. En avançant vers l'Océan, les lames devenaient plus longues, et l'*Equateur* manifestait un léger roulis ; des mouettes passaient nombreuses au-dessus de nous.

> O mouettes, charmants oiseaux,
> Hôtes légers de l'onde amère,
> Volez, volez jusqu'aux coteaux
> Où me pleure ma vieille mère.

fredonnait Sagrin, en suivant des yeux le vol rapide des messagères du marin.

Ce refrain de Bretagne mit, malgré moi, quelque tristesse en mon âme, et notre paquebot mettait « le nez dans la plume », aux approches du brillant feu de Cordouan, que j'étais encore accoudé sur le bastingage faisant, en vieux marsouin aguerri, peu attention au roulis ni au tangage qui, la fraîcheur de la nuit se faisant sentir, avaient fait rentrer tous les passagers dans leurs cabines. — Si nous allions mesurer nos couchettes, Sagrin... A quoi penses-tu... ou plutôt à qui ? — A notre passagère.

Le lendemain matin, de bonne heure, un beau soleil mit tous les passagers sur le pont ; la mer, d'un bleu d'azur foncé, était splendide ; à peine une brise légère faisait-elle briller quelques perles au sommet des lames. Nous étions cependant en plein golfe de Gascogne, où la mer est si souvent boudeuse et méchante, filant vent arrière vers la côte espagnole. Le lavage du pont terminé, la toilette des passagers faite, chacun chercha des yeux les visages des connaissances nouvelles, les camarades déjà reconnus. On s'aborde, on cause et, deux jours après le départ, on connaît au moins de vue tous les passagers avec leurs destinations. — Après le déjeuner, on se connaît presque, et, le soir, le dîner terminé, on a fait choix de ses amis, et l'on forme déjà sur le pont des groupes de causeurs marchant ou s'allongeant dans ces confortables rocking-chairs en rotin ou en toile à voile, dans lesquels les dames et les messieurs délicats luttent plus aisément contre les effets de la mer.

En entrant au salon pour déjeuner, mon ami et moi aperçûmes « notre passagère » que nous saluâmes, et qui nous répondit par un sourire discret et affable. Après le café, Sagrin qui, par ses prévenances de la veille, avait acquis des droits à plus de familiarité, s'approcha d'elle, la casquette à la main et lui demanda respectueusement de ses nouvelles. — Je la vis lui tendre ses doigts gantés, et l'entendis le remercier en quelques paroles aimables, dites avec l'accent bordelais, agréable à la condition de sortir de jolies lèvres : c'était le cas chez notre passagère. Je les laissai en tête à tête et sortis, pour étudier sur le pont les visages des voyageurs. — Le maître d'hôtel m'avait appris que nous étions 76 passagers aux premières et secondes réunies, et que nous en recevrions d'autres en Espagne et à Lisbonne. — Un charmant garçon, nommé Thorel, qui faisait tous les ans deux voyages à la Plata, au Brésil et aux Antilles, pour le commerce des pierres précieuses, me fut présenté par Maurer, et nous eûmes tôt fait connaissance.

Passager habituel de l'*Equateur*, il connaissait l'Etat-major et s'était fait l'ami de l'agent des Postes, du commissaire et du docteur, à qui il me présenta tour à tour. — « Buenos dias señor doctor, como esta usted hoy ? — Muy bien amigo Thorello, gracias, y usted .»

Bonjour Monsieur le docteur, comment êtes-vous aujourd'hui ?

— Très bien, ami Thorel, merci et vous.

— Ce Thorel était un polyglotte accompli, parlant très naturellement l'anglais, l'allemand, l'espagnol, le portugais et l'italien, ce qui lui était indispensable pour ses relations commerciales.

— Le commissaire était un beau garçon qui nous mit discrètement au courant de la liste des passagers. — J'appris par lui que notre belle inconnue se nommait Mme Berthon, et qu'elle se rendait à Montevideo. — Il nous désigna une belle, grande et opulente femme brune, au teint pâli par la poudre de riz: c'était la Gavotti, la célèbre prima donna du grand théâtre de la Scala de Milan, qui allait porter sa splendide voix de contralto et sa belle personne au Brésil. — Cette dame assez laide malgré ses beaux yeux est, nous dit le commissaire, Mme Thoulé, qui va rejoindre à Saint-Louis, son mari, chef du génie du Sénégal ; la demoiselle brune avec qui elle s'entretient, se rend comme institutrice à la Plata. — Très mignonne, l'institutrice, commissaire... Savez-vous si l'on pourrait lui demander quelques leçons à bord ? A l'heure du déjeuner qui sonnait, je connaissais nos passagers, riches et pauvres, mariés et célibataires... Sagrin vint à moi tout radieux. — Tu sais que notre passagère est tout simplement ravissante, me dit-il. — Cela se voit sur ton visage, lui répondis-je. — Tu me présenteras à Mme Berthon, et moi, je te présenterai à une gracieuse institutrice, cette jolie fille que tu vois là-bas — dès que je la connaîtrai — et tout me permet d'augurer, mon cher Jacques, qu'avec ce ciel bleu, cette mer calme, et tous ces yeux si beaux, nous ferons une traversée des plus agréables.

II

— Toujours le même mon gai Léo, insouciant, prenant, je le vois, ainsi qu'autrefois, le temps comme il vient, sans plus te préoccuper du lendemain.

— Un lustre de plus sur la tête, mon cher Sagrin, voilà tout ; quel intérêt trouverais-je à changer mon caractère, celui que m'a donné dame Nature me paraissant d'un bon format ? J'ai bien des fois répété à d'autres ce que je t'ai dit souvent là-bas, dans nos longues courses à travers les forêts et les montagnes de la Calédonie : « La vie passe, pourquoi se créer des tracas, des soucis ?... Ne faut-il point arriver au bout du rouleau ! Ajouter chaque jour un feuillet joyeux aux pages vécues, c'est l'essentiel ! Donc, tu es amoureux de notre gracieuse passagère, mon bon Jacques, ne t'en défends pas, ses charmes t'excusent, mais, à ta place, moi, je me défierais de Cupidon, et je resterais froid, indifférent, devant la jolie Mme Berthon. Songes-y : à peine avez-vous une semaine à passer ensemble entre les planches de ce bateau ! A Dakar nous débarquons ; ta belle fugitive continuera son voyage, vous ne vous reverrez jamais, alors à quoi bon amasser des regrets ?

— Qui te dit, Dauvil, que j'aie déjà senti les flèches du petit dieu badin ? Sois sans crainte pour les blessures qu'il pourrait faire à mon cœur, je ne suis point épris de notre voisine dans le sens que tu prêtes à ce qualificatif ; non, Mme Berthon est certainement fort désirable, et l'empressement de la plupart des passagers à son égard me le dit assez, mais le sentiment que j'éprouve pour elle et que j'ai ressenti dès que je l'ai vue a quelque chose d'étrange que je ne puis analyser. Il me semble l'avoir toujours connue, l'avoir longtemps aimée... Nous passerons ensemble des heures charmantes pour moi, et que je m'appliquerai à lui rendre agréables, heures que tu partageras avec nous, Léopold, si tu ne papillonnes pas trop autour de certaine jeune fille vers qui je t'ai vu voleter.

— Advienne que pourra, mon vieux Jacques, je te laisse à tes sages pensées ; va saluer Mme Berthon que j'aperçois, moi, je vais flirter, si possible, avec la mignonne institutrice.

— A mon tour de te crier : casse-cou, sois sage, me dit en riant Sagrin, et garde-toi des regrets dont ton amitié cherchait à me préserver il n'y a qu'un instant.

— Sois sans crainte, mon ami, lui répondis-je, et je le quittai en chantonnant :

    Quoi ! moi l'aimer... Ah ! plus souvent !
    Autant en emporte le vent !

A la Corogne où nous avions projeté de fouler le sol de l'Espagne, nous arrivâmes trop tard pour débarquer. Les dépêches prises, ainsi que deux passagers, l'*Equateur* reprit la mer et piqua dans le Sud, le long des côtes, pour atteindre Lisbonne, où nous devions arriver le surlendemain.

La soirée se passa sur le pont ? Sagrin était assis près de Mme Berthon au milieu d'un groupe formé par les deux dames d'officiers que j'ai nommées et par quelques camarades qui causaient ensemble.

Je m'étais longuement promené avec l'institutrice à qui Thorel et le commissaire m'avaient enfin présenté, et nous étions tout de suite devenus camarades. Mlle Clara était une fille bonne, franche, intelligente et honnête, et je connus son histoire, oh ! bien simple, qu'elle me conta en peu de mots, sans se faire prier — les officiers inspirent de la confiance aux femmes, à ce que j'ai constaté. — Fille de cultivateurs aisés du beau pays de Touraine, Clara avait été mise au couvent et en était sortie avec un brevet d'institutrice. En fréquentant des demoiselles d'éducation plus soignée, de condition plus élevée, elle avait, sans s'en apercevoir, acquis des idées qui n'étaient plus celles de sa famille et qu'elle ne retrouva point à la ferme.

Après quelque mois de la vie des champs, pour laquelle elle ne se sentait aucun goût, elle avait accepté à Tours de devenir l'institutrice de deux jeunes filles qu'elle suivit un an après, au Havre, avec leur famille.

La vie nouvelle dans un monde fortuné l'avait éloignée moralement à jamais du foyer paternel, qu'elle allait revoir une ou deux fois par an, pour y passer une quinzaine.

La famille de ses élèves étant partie pour l'Amérique où des questions d'intérêts la forçaient à s'installer, Clara ne s'était pas senti le courage de s'expatrier, et elle avait repris le chemin de la ferme où sa mère comptait la garder toujours.

Hélas ! me dit-elle, mon cœur filial ne s'était point desséché, j'aimais tendrement ma mère, mon père et mes sœurs ; mais enfin, malgré toute mon affection, je me sentais, au milieu d'eux, qui étaient restés des campagnards, pour ne pas dire des paysans, comme une hirondelle enfermée avec des passereaux.

Je reçus deux lettres de mes élèves installées avec leur famille à Cordoba, dans la République-Argentine, me suppliant de venir les rejoindre le plus tôt possible. Les récits qu'elle me faisaient de la vie agréable qu'elles menaient dans ce beau pays du soleil échauffaient mon imagination, mais pourtant, je résistai toute une année à l'appel de ces enfants que j'avais laissées partir avec des regrets très vifs.

Peut-être qu'avec le temps, j'aurais pu rétrécir le cercle de mes pensées vagabondes et reprendre les habitudes de mon enfance. Un événement imprévu décida de mon sort, et je vous avoue, monsieur le capitaine, que j'avais toujours eu le pressentiment que ma cage étant mal close, je ne tarderais pas à m'envoler.

Ma mère, voulant me marier, me présenta le fils d'un propriétaire des environs, un brave garçon que je connaissais déjà, mais que, dans mon orgueil, je jugeais au-dessous de moi comme éducation. Je l'accueillis froidement et refusai de me marier. Simple et bon, il me dit qu'il m'aimait et qu'il attendrait un an mon bon vouloir.

Sur ces entrefaites, continua Clara à qui je crus devoir assurer que ce jeune fermier avait fort bon goût, je reçus de la mère de mes élèves, Mme R, une lettre contenant, pour m'attirer à Cordoba, des propositions si engageantes que je priai mon père et ma mère de me donner leur consentement à ce voyage, leur promettant que si j'étais déçue dans mes espérences, ou si je me rendais, après réflexion, aux désirs de celui qui se regardait comme mon fiancé, je reviendrais dans un an.

« Décidément, mademoiselle Clara, vous êtes très fine et très sage, lui dis-je, et naturellement, les dignes auteurs de vos jours, et votre amoureux lui-même, ne purent s'opposer à une résolution si sensée de votre part ?

— Vous l'avez deviné: je répondis à Mme R., que j'étais disposée à partir pour rejoindre ses filles et continuer leur instruction. Il y a un mois, je reçus une assez forte somme pour mon passage et les frais nécessaires à mes achats, ainsi qu'à certaines commissions pour mes petites amies, et voilà, monsieur le capitaine, comment je suis venue à bord de l'*Equateur*, faire votre connaissance.

— Et moi, mademoiselle Clara, où je me vois près de vous, tout au plaisir de vous entendre et de vous admirer.

Je lui donnais 25 ans, elle était petite, mais bien prise ; sa chevelure brune et fine, caressée par la brise du large, volait en mèches folles qu'elle ne se donnait pas la peine de rattacher et qui, venant caresser mes joues et ma moustache, me grisaient, malgré le regard honnête de cette gentille fille.

Elevée au-dessus de sa condition native, Clara s'était facilement habituée, elle me le dit avec ingénuité, à une existence mondaine à laquelle ses goûts l'avaient insensiblement attachée.

Combien il en passe, sur les paquebots, de ces jeunes filles qui, par besoin, pour le combat de la vie, abandonnent leur famille et une vie calme, trop modeste à leurs yeux, pour courir au devant du mirage trompeur qui part du monde loin, loin entrevu si brillant de l'autre côté de l'Atlantique.

Une institutrice jeune, intelligente, sensée comme Clara

y trouve une existence plus large, plus aisée, mais n'y sent-elle pas parfois, sous les jolies toilettes et les fréquentations dues à la fortune des autres, le poids de cette chaîne dissimulée qui s'appelle le servage ? Clara partait, sans regretter rien, sans regarder derrière elle. Son cœur, je le voyais clairement, n'avait connu ni les joies ni les peines de l'amour et, la trouvant si naïve, si confiante, je me dis qu'il ne fallait pas arracher une seule plume à l'aile de cette colombe, et je la laissai s'envoler vers les cieux lointains où elle n'apercevait que du bleu pur, sans lui avoir demandé autre chose qu'une poignée de main.

N'allez point croire, lectrice, que ces lignes soient écrites par un fat. Je ne doute pas qu'une pensée malhonnête, si j'eusse osé l'exprimer, n'eût été reçue par cette demoiselle, comme il convenait, mais je ne voulais pas avoir à me reprocher, même une simple allusion, devant Mlle Clara, qui ne se doute guère, après vingt-cinq ans, que son nom puisse être imprimé, ni que son image ait été évoquée par celui qu'elle a dû vite oublier. Je lui devais cet hommage et ce bon souvenir : je les lui offre avec plaisir.

Après cet entretien, je me rapprochai de Sagrin que je trouvai seul avec Mme Berthon : ils causaient silencieusement bien près l'un de l'autre... Ils sont heureux, pensai-je, ne troublons pas leur bonheur qui sera de si courte durée, et je me dirigeai, pour allumer un cigare, vers l'arrière où Thorel avec le commissaire du bord et le représentant du ministre des Postes et Télégraphes, comme on appelait à bord, en plaisantant, M. Duteil, agent des postes, un bon garçon toujours disposé à rendre service, riaient avec la Gavotti et les officiers passagers, tous férus de la belle diva.

— Léopold ! me dit Sagrin qui m'avait aperçu, viens donc t'asseoir ici, je parlais de toi à Mme Berthon ; comme un vieux soldat, je lui racontais nos campagnes. — Nos campagnes ! Comment, sous ce beau ciel étoilé de l'Espagne, sur cette mer si berceuse, et près d'une passagère si charmante, c'est tout ce que tu trouves à conter ! Oh ! Madame, je vous demande pardon pour mon ami Sagrin. J'aurais plutôt pensé que, si près du pays de Gil Blas, il vous disait *una cantilena del amor* à la façon du joyeux chanteur de balcons. Et que vous narrait donc mon vieux frères d'armes ?

— D'abord, capitaine, il me disait quelle affection sincère vous unissait l'un à l'autre, il me parlait de vos longs mois de navigation, durant lesquels, chose rare, paraît-il, vous n'aviez jamais eu l'un envers l'autre une parole aigre... il me racontait quelques épisodes de la guerre, où votre amitié s'était faite plus forte en présence de dangers plus grands. Il ajoutait...

— Si nous parlions d'autre chose... chère Madame, dit Sagrin. — Que pensez-vous de cette voûte d'azur sombre attachée là-haut, bien haut, par ces innombrables clous d'or ?

— Je l'admire, capitaine, et je songe à la puissance infinie de son créateur.

— Et quelle idée, Madame, vous faites-vous de ce créateur ?

— Oh ! l'embarrassante question que vous me posez là. Dois-je, avant de répondre, vous dire que ma philosophie trouve si lourd le voile qui recouvre ce grand mystère, qu'elle a bien de la peine à en soulever un coin. Dieu pour moi est un nom transmis d'âge en âge, de génération en génération, sans qu'on ait jamais pu définir l'être à qui on le donne. En songeant que sur notre petite terre, il n'est pas deux êtres pensants qui puissent donner exactement la traduction de leur croyance, je me dis avec Voltaire que si Dieu a eu l'infinie bonté de nous créer à son image, nous le lui avons bien rendu, car le Dieu qu'on m'a enseigné à connaître dans mon enfance, à craindre bien plus qu'aimer, est absolument égoïste, vindicatif, et d'une partialité révoltante à l'égard du genre humain. — Je n'en voudrais rien dire de plus. Pourtant, si, réellement, il existe un être qui, de rien, ait pu, par un effort de sa volonté créer un beau jour tous ces astres si brillants et leur imposer, pour leur marche dans les espaces sans fin, des lois que, depuis des millions de siècles, rien n'est venu déranger, ni troubler, je dis que Dieu est si incommensurable, si incompréhensible, qu'une femme ignorante comme moi ne peut ni le mesurer, ni le comprendre. Elle l'adore en silence, sans oser rien lui demander.

Et vous, Messieurs, seriez-vous plus habiles que moi, et

pourrez-vous me donner de l'idée de Dieu une définition que je puisse comprendre ? Je laissai la parole à Sagrin.

— Tout d'abord, dit-il, Madame, laissez-moi vous dire que vous vous êtes très fort calomniée, en vous qualifiant de femme ignorante. Je sens bien que votre pensée, qui me paraît exempte de toute entrave, ne s'est libérée qu'avec l'étude ; que vous avez beaucoup lu, beaucoup réfléchi. Ce que je vais vous dire de cet Être qu'en français nous nommons Dieu est sans doute inexact. Autrefois, je ne croyais point à son existence, la philosophie spirite m'a convaincu de ce que je pense maintenant. Il est une puissance créatrice immuable, incompréhensible et d'une activité constante, juste et logique. Vous avez accusé Dieu, il n'y a qu'un instant, d'être partial et vous vous révoltiez, Madame, à la pensée qu'il pût traiter inégalement les êtres humains ; vous verrez qu'il n'en est rien, et que tous, nous partons égaux d'un même point, pour arriver égaux au point extrême inconnu de nous, la course diffère, voilà tout ; libre à nous de retarder ou d'abréger le chemin. Nous agissons suivant le libre arbitre qui, j'en suis persuadé, a été donné à l'homme dès son origine. Mais combien il me faudrait abuser de votre patience, pour aborder et traiter un sujet que des temps reculés jusqu'à nos jours, l'humanité n'a pu élucider. Voici ma pensée sur Dieu, en dehors de toute croyance et de toute Église. C'est, je le répète, la force créatrice intelligente. La bonté n'a rien à voir dans ses actes, et rien ne me permet de supposer que cette force exige l'adoration des êtres créés. Après avoir dispersé les nébuleuses dans l'espace, elle a laissé le temps accomplir son travail, qui consiste à former les soleils et tous leurs systèmes. Lorsqu'après des siècles innombrables, chaque astre s'est consolidé puis refroidi, il est devenu habitable, et l'esprit créateur y a répandu la vie d'abord avec des créatures inanimées, les végétaux ; des atomes vivaces se sont agités, ont pris la vie, se sont déplacés, le règne animal apparaissait. Les infiniment petits se transformèrent en grandissant, se multiplièrent, acquirent la sensibilité, l'instinct de la conservation. Enfin, le dernier sur notre planète, l'homme apparut, quittant son enveloppe d'animal sauvage. Peu à peu, la nature prévoyante, la Providence, la puissance créatrice donna à l'homme la pensée, puis après des siècles nombreux sans doute, la parole, pour les exprimer, ensuite l'intelligence, la force, le courage et le jugement. C'est l'être très imparfait qui, sur la terre, se qualifie roi de la création. Combien l'homme a-t-il parcouru de siècles en son évolution pour s'apprécier, se comprendre et chercher à connaître son créateur ? C'est ce que nul ne peut deviner, la géologie restant muette sur l'âge de notre petit monde. Quant à dire que la créature ne connaîtra pas ce qu'est Dieu, c'est là une question à laquelle je répondrai : Oui, l'homme connaîtra le mystère divin un jour, et sa connaissance sera la récompense de l'existence immortelle qui lui a été imposée, je dis immortelle, car cette vie doit être pour l'homme une chaîne dont chaque maillon est une vie sans cesse renouvelée. Le spiritisme seul m'en a fait entrevoir la véracité, mais il ne peut encore nous donner le mot de la divine énigme.

Je conclus, Madame, en vous disant que l'Être puissant, inconnu, mystérieux, dont nous parlons, au lieu d'être appelé Dieu devrait être nommé le Temps.

— Telle que vous l'avez exprimée, Capitaine, cette pensée de Dieu me le fait comprendre et cette série d'existences imposées à l'homme me semblait inadmissible, mais vous avez éclairé un point resté obscur dans mon passé, et je demeure maintenant fermement convaincue que j'ai vécu déjà.

— Et vous, capitaine Dauvil, que pensez-vous de Dieu ?

— Moi, Madame, je n'en dirai rien, si vous le permettez, et Sagrin sait ce que je pense à ce sujet depuis longtemps. Inclinant à croire constant le travail de la nature que Darwin appelle transformisme, je sais avec Descartes que je pense, donc, que je suis. — Mais, tout en me persuadant que, pour faire une horloge, il a fallu un horloger, je trouve si majestueuse l'horloge grandiose qui brille autour de moi, que ma faible intelligence ne sait où placer le mécanicien. — Un jour j'étais enfant, mon curé me demanda au catéchisme : Léopold, où est Dieu ? — Partout, Monsieur l'abbé ; Papa dit que Dieu c'est l'Univers. Mon curé me regarda surpris et ne répondit rien — et plus tard je me suis dit que le Dieu qui est partout pourrait bien n'être nulle part, et Laplace le qualifiant d'hypothèse est peut-être dans le vrai. Mais je compte sur les leçons de spiritisme de Sagrin pour m'éclairer. Pour ce qui est des existences successives, je trouve cette croyance consolante et tu voudras bien, mon cher Jacques, m'en reparler là-bas, au Sénégal. Tu te souviens que je t'ai conté quelques histoires de magnétisme. En voici encore une que tes paroles viennent de me rappeler. Un jour que j'assistais, il y a quelque années de cela, à une séance, une dame qui était venue pour consulter un excellent sujet magnétisé lui posa cette question : Reverrai-je Georges au ciel ? La femme endormie sourit et répondit textuellement ceci, que je n'ai point oublié : « Dans quel ciel croyez-vous donc revoir celui que vous pleurez ? Sachez que votre Georges est venu plusieurs fois avec vous et qu'il traversera encore vos existences à venir. »

— Madame, savez-vous, dit Sagrin, quel est l'un des effets certains de la philosophie ? — Non, capitaine. — Eh bien c'est de faire oublier que le temps fuit rapide et pour toujours, ce que je n'ai jamais tant regretté que près de vous. Il est une heure du matin, et à moins que vous ne consentiez à rester sur le pont toute la nuit, permettez-moi de vous offrir le bras et de vous reconduire jusqu'à la porte de votre cabine.

Sans répondre à cette insinuation de séparation... Capitaine, demanda Mme Berthon, quelles sont donc ces quatre belles étoiles qui brillent au-dessus de nos têtes. — C'est le superbe baudrier d'Orion, répondit Sagrin qui, semblable aux bergers de la Chaldée, avait passé bien des nuits à la belle étoile.

— Est-ce que je verrai cette belle constellation à Montevideo ? — Mais certainement, Madame.

— Eh bien, Capitaine, chaque fois que je la regarderai, je penserai à vous ; et à vous aussi, Monsieur Dauvil, ajouta Mme Berthon, qui semblait regretter de m'avoir séparé de mon ami. — Et moi de même, Madame, répondit Sagrin, en prenant la main de l'aimable femme et en la portant à ses lèvres.

Très ému, je me tus. Hélas ! il y a longtemps que mon bon Sagrin ne contemple plus la voûte céleste et moi, toutes les fois que j'admire au ciel les brillantes étoiles d'Orion, je donne une pensée et un regret à ces aimables compagnons d'une traversée lointaine.

Si j'ai rappelé ici cette conversation sur l'idée de Dieu, c'est parce que je l'avais notée. Mais loin de moi la pensée d'en vouloir faire un nouveau sujet de discussion. J'ai tenu à faire connaître l'esprit d'une femme intelligente et montrer quelle parfaite communion d'idées existait entre deux âmes faites pour se comprendre, pour s'aimer.

III

C'est samedi 10 avril que l'*Equateur* arriva vers 3 heures du soir à l'embouchure de ce beau fleuve du Tage tant chanté par les poètes. Tous les passagers étaient montés sur le pont ; Sagrin, placé près de moi, les coudes sur le bastingage, se mit à fredonner.

> Fleuve du Tage,
> J'aime tes bords joyeux,
> Vers ton rivage,
> Mon cœur revient heureux.
> Rochers, bois de ces rives,
> Echo, nymphes plaintives,
> Ah! quel beau jour,
> Me voici de retour !

— Pas forte, ta poésie, Jacques ; pourquoi changes-tu ainsi les paroles que chante le Troubadour. Il exhale une plainte de douleur, alors qu'il va quitter pour jamais les bords du Tage... et toi, tu te réjouis de revoir des bords que tu n'avais jamais vus.

— Eh ! bien, tu te trompes Léo, trouve bizarre, insensé même ce que je vais te dire, c'est incompréhensible pour moi-même, mais il me semble avoir vu les eaux et les rives de ce Tage enchanteur, et les paroles que j'ai fredonnées sont venues à mes lèvres d'elles-mêmes.

Que de gens ont reconnu, avec la certitude intime de les avoir vus déjà, des lieux qu'ils parcouraient pour la première fois. Ne serait-ce pas comme un réveil momentané au milieu d'un songe, ou comme une réminiscence d'une existence antérieure ? Voilà pourquoi j'éprouve, malgré moi, une impression difficile à exprimer, mais plus poignante, que je ne puis dire à l'aspect de cette terre et de ce fleuve qui roule de l'or.

— Oui, mon cher Jacques, tu me surprends depuis que nous sommes à bord. Tu rencontres une passagère qu'il te semble avoir déjà vue, pour laquelle tu ressens tout de suite de l'amitié respectueuse, au lieu de l'amour qu'elle inspire à d'autres et tu vois ici surgir à tes yeux un décor dans lequel tu as déjà paru comme acteur.

Tout cela me trouble et je me demande si tu n'es pas le jouet de ton imagination poétique.

— Non, Jacques, ma mère m'a conté plusieurs fois que, l'une de ses amies envoyée en Espagne, chez une parente, plongea dans la stupéfaction tous les voyageurs de la diligence qui l'emportait, en leur assurant qu'elle connaissait la route, donnant deux fois le nom de villages que l'on devait traverser et annonçant une heure d'avance que le coche allait traverser un bois et qu'elle reconnaîtrait la croix et le carrefour où des brigands avaient attaqué la diligence et rançonné les voyageurs. — Y a-t-il longtemps que vous fîtes ce voyage? lui demanda-t-on. — Mais, je ne me rappelle pas. — On crut que, toute enfant, elle avait été frappée par ce souvenir ineffaçable, mais en débarquant à Valladolid, sa tante étant venue l'attendre à la descente de la voiture, les voyageurs lui racontèrent ce qui s'était passé en la priant de leur dire si cette demoiselle était déjà venue en Espagne.

« Jamais, répondit la tante, ni sa mère, qui est ma propre sœur. »

— Et chacun s'émerveilla, sans comprendre la cause de cette clairvoyance chez cette jeune fille.

Et ma mère ajoutait toujours après cette histoire : « Mon amie morte depuis longtemps nous affirmait qu'elle avait vécu déjà ; j'en souriais alors, mais depuis longtemps j'ai beaucoup réfléchi, et je pense qu'elle avait peut-être raison. »

Là s'arrêta notre entretien, nous passions devant la vieille tour carrée de Belem qui renferme tombeaux de rois de Portugal et Sagrin la salua comme une vieille connaissance.

Notre passagère, qui était venue près de nous, sa jumelle à la main, ne pouvait se lasser d'admirer l'aspect pittoresque de

Lisbonne, bâtie en amphithéâtre, et que nous allions parcourir avant une heure, les passagers étant autorisés à débarquer et à passer la nuit à terre, car l'*Equateur* ne devait repartir que le lendemain dimanche, vers midi.

A peine a-t-on mouillé devant les quais, que de longues chaloupes viennent prendre les passagers heureux de sentir bientôt la terre ferme sous leurs pieds impatients de fouler le plancher des chèvres.

Dans notre bateau chargé à couler avaient pris place, Mme Berthon avec Mmes Toulé, Maurer, et nos camarades.

« — Parlez-vous portugais, capitaine Sagrin ? — Non, Mesdames, mais j'ai dû le parler, répondit en souriant mon ami, qui semblait continuer son rêve, Dauvil, qui a une aptitude toute particulière pour les langues, doit savoir quelques mots de la divine langue du Camoens.
— Hélas, non, je ne sais pas un mot de portugais, et je n'ai lu des Lusiades qu'un ou deux chapitres, mais si le portugais est aussi facile que l'espagnol, je comprendrai peut-être.
— Alors, vous parlez espagnol ? — Moi, pas davantage, Mesdames, mais on m'a assuré qu'en ajoutant des o, des i et des a à la fin des mots, on se fait tout de suite comprendre en Espagne : ainsi, pour demander un bon hôtel, je dirai : bono hotello ? — Othello ! mais, c'est du Shakespeare, dit Maurer en riant. — Enfin, nous allons voir comment s'en tirera notre cicerone. Nous avions quitté le bord après le dîner, et l'on se demandait comment on passerait la soirée sans ennui. J'avisai à la porte d'un théâtre une grande affiche jaune qui étalait en énormes caractères : *Duas Orphéas*, et je rejoignis en courant nos compagnons de route : Vous savez, leur dis-je, ce qu'on donne ce soir au théâtre : *Les deux Orphées*.

Ce titre ne disant rien à l'esprit d'aucun d'eux, on décida qu'on irait au Cirque où l'on annonçait une troupe française. C'est là que j'appris qu'au théâtre on jouait : *les deux orphelines* et non *les deux Orphées*. Je fus le premier à rire de mon erreur de traduction et je me promis d'apprendre quelques phrases de portugais pour mon prochain voyage.

Comme nous n'avions pas eu la sage précaution de retenir des lits dans un hôtel, avant d'aller au théâtre équestre, nous eûmes beaucoup de peine à en trouver passé minuit, d'autant plus que notre gaîté semblait troubler le repos des bons habitants de Lisbonne, dont la bonne humeur est devenue proverbiale. Nous chantions pourtant à tue-tête.

> Les Portugais
> Sont toujours gais.
> Gaiement de la sorte
> Ouvrez-nous la porte
> Pour l'amour de Dieu.

Et partout on nous répondait ce qu'il était facile de traduire, sans être polyglottes : « Plus de chambres, plus de lits ».

Enfin, dans « una rua sombra » nous découvrîmes un bel auvent doré, dénonçant à nos yeux, l'hôtel de Francfort, dans lequel nous eûmes la bonne fortune de trouver, non des chambres, mais des dortoirs. Les dames suivirent une vieille duègne qui semblait dire : femmes de bien passez à droite... Passez à gauche, hommes de mal.

Sagrin, le lieutenant Jarnouski et moi dûmes partager la même chambre où chacun dormit là, sans penser que Lisbonne s'amuse parfois à écraser ses habitants sous ses décombres à l'aide de terribles tremblements de terre.

Le matin du dimanche, qui était celui des Rameaux, on commença par se rendre à la salle à manger, sorte de vaste cuisine, où chacun réclama de ce bon chocolat, comme on n'en mange, paraît-il qu'à Lisbonne, dont la renommée, pour la préparation du cacao dépasse celle de Madrid... Que l'on juge, tout au moins, du soin que nos marmitons portugais mettaient à le préparer. Dans sa tasse, Mme Toulé trouva une grosse mouche, et dans la mienne, une énorme bouchée de bœuf qui, tentant de changer ce chocolat en Liebig, y tenait une place exagérée. Voilà le souvenir le plus cruel que mon estomac ait emporté des bords du Tage. Ces dames nous entraînèrent ensuite à la messe, dans une petite église française, où je causai un réel effroi en glissant doucement à l'oreille d'une jolie fille agenouillée : : Priez pour moi, Mlle Clara ? — Oh Capitaine, que vous m'avez fait peur ! — Allons, Mademoiselle, reprenez votre prière et demandez pour les pauvres passagers, la protection d'un saint bon enfant qui leur assure une heureuse traversée.

Une promenade en voiture avec Sagrin, Mme Berthon et les Maurer, nous donna une idée de la beauté de Lisbonne, de ses places et de ses monuments.

Le repas du matin nous ayant suffi pour apprécier l'art culinaire pratiqué d'une manière si hétéroclite à l'hôtel de Francfort, nous eûmes d'un commun accord la bonne idée de rentrer à bord pour déjeuner.

Pendant que nous étions encore à table, arriva une famille française nombreuse, composée du père et de la mère et de trois ou quatre filles, qui avait dû débarquer à Lisbonne, à l'un des voyages précédents, l'une des demoiselles Lepetit ayant été souffrante.

« De jolies filles, nous dit Thorel, puis, soufflant plus bas, et bien dotées !... Ne demandent qu'à trouver des maris, s'en vont à Rio de Janeiro »

— Voilà votre affaire, Jarnouski, dis-je à un grand et beau lieutenant que j'ai déjà nommé, mais, vous savez, il est urgent que vos batteries soient rapidement et habilement dressées, du coup d'œil, et que la victoire vous soit assurée.

Et je ne puis m'empêcher de rire en me rappelant que les travaux de siège furent si bien menés par le beau lieutenant, que cinq jours après, en arrivant à Dakar, l'une des demoiselles Lepetit, une jolie personne, s'était fiancée au bel officier des tirailleurs sénégalais.

> Mais hélas tôt souffla le vent
> Il emporta la feuille et le serment.

Le sable du désert, le simoun, l'absence, tout se réunit pour éteindre un rêve qui ne devait pas durer... J'ai revu Jarnouski, dix ans après, beau capitaine et toujours célibataire.

— Comme le paquebot allait quitter Lisbonne, une embarcation du port se détachant du quai, amena à bord un jeune homme blond, monocle à l'œil, rosette multicolore à la boutonnière, qui, pénétrant dans le salon, fit le tour des tables, en dévisageant tous les passagers, avec un air d'inquiétude et ressortit, sans avoir dit un mot, ni salué personne. « En voilà un drôle de type, dirent plusieurs dames. Que cherche-t-il ?

— Ça, dit le capitaine d'artillerie Surgy, c'est un détective qui cherche un coupable parmi nous ; qu'il se cache, s'il est là ! ou bien, au contraire, quelque « rastaquero » qui fuit des créanciers et vient s'assurer qu'il n'en trouvera pas à bord. »

On entendit au même instant la voix de ce jeune inconnu donner aux matelots de l'embarcation, l'ordre de monter ses bagages. « Mon sabre, prenez bien garde à mon sabre », dit-il d'un ton affecté et plus élevé.

Une heure après le départ de Lisbonne chacun savait qu'il s'appelait Georges Meiller. Il vint se présenter à chacun des officiers, se disant élève de Saint-Cyr, détaché comme capitaine, officier d'État-major près du Khédive. Il arrivait du Caire, en traversant l'Espagne et était envoyé, disait-il, en mission particulière à Rio de Janeiro. Le lendemain, il appela tour à tour chacun de nous dans sa cabine, pour nous faire admirer quelques armes de prix et son sabre tout neuf, comme un enfant qui voudrait rendre jaloux ses petits camarades en étalant ses jouets devant eux.

Sagrin sortant de chez lui me dit « Jamais ce petit Juif, car c'en était un, n'a été officier, et s'il est allé à Saint-Cyr, ce ne peut être qu'au titre étranger. » Très familier, comme les gens de sa race, quand ils n'ont pas besoin de faire les humbles, ce Meiller était après deux jours le camarade de tous les passagers, le galant de toutes les dames.

Il flaira une bonne affaire autour des demoiselles Le Petit qui s'engouèrent promptement de lui, mais surent établir par la suite, une barrière respectueuse entre elles et ce fils de Moïse, comme elles l'appelaient.

A la suite de compliments d'éducation douteuse, Mme Berthon le traita poliment, mais de telle façon qu'il se contenta, par la suite, de la saluer de loin sans plus oser s'en approcher. Il parut avoir gagné les bonnes grâces de la Diva Gavotti à qui il apporta son sabre et ses décorations exotiques avec une belle photographie où il était représenté en brillant officier d'État-major ; un joli cheval tenu à l'écart par un bel Égyptien prouvait la prudence de notre jeune capitaine qui avait tenu à poser sans bouger. Il offrit cette image à la belle chanteuse italienne qui échangea avec lui sa photographie dans l'un de ses plus beaux rôles. Cette bonne diva ne cachait pas ses préférences pour mon ami Sagrin, qu'elle appela un jour, comme il passait devant sa cabine et lui offrit également son portrait. Je sus depuis qu'elle en avait distribué à plusieurs passagers. Pour une diva italienne, cela ne tire pas à conséquence, dit malicieusement notre passagère.

Un jour que notre loquace petit Juif vantait ses prouesses à Saint-Cyr, Jarnouski lui demanda *ex abrupto* les noms des camarades de sa promotion sortis dans l'Infanterie de Marine ; or, ils étaient 34, cette année là et, fort embarrassé d'une question imprévue, il rougit et n'en put nommer aucun.

— Vous n'êtes qu'un hableur, lui dit l'employé des Postes, lui riant au nez. Furieux, Meiller lui cria : « Monsieur, vous me rendrez raison de cette insolence. »

— Quand vous voudrez, lui répondit Duteil, ce qui vous donnera l'occasion de sortir votre beau sabre de son fourreau.
— Non, Monsieur, nous nous battrons au pistolet, sachez que je fais mouche à tout coup sur un as de cœur à vingt pas.

— Alors je demande le canon, répliqua l'homme des lettres, je sors de l'artillerie, et à 5.000 mètres, je mettais toujours dans le panneau.

Nous eûmes le tort de prendre cette affaire au sérieux, et il fut arrêté que ces messieurs se battraient à Dakar, une heure après le débarquement.

Mais le petit Juif sentant que la chose avait pris une tournure fâcheuse pria Sagrin d'arranger l'affaire, ce qu'il ne demandait pas mieux, je l'avoue, et le soir, à dîner, l'affaire se régla bruyamment ; l'arme adoptée fut la bouteille de Champagne. Il en fut déchargé un panier aux frais du Khédive sans doute et la bonne humeur reparut avec la liqueur mousseuse.

Une belle et tiède soirée réunit tous les passagers sur le pont. Sagrin assis près de Mme Berthon la pria de nous réciter des vers qu'elle disait fort bien, et mon ami nous chanta ensuite deux romances de cette voix que j'avais entendue si souvent avec plaisir. Jamais je n'avais trouvé notre voisine si charmante et le portrait que j'en ai conservé est resté bien présent à ma mémoire.

De grandeur moyenne, sa taille était admirablement prise dans une robe noire, qui faisait ressortir son corsage opulent et gracieux. Sa tête expressive était attachée à des épaules admirables, un simple ruban de velours entourait son cou sans aucun médaillon, tel que je le revis depuis, dans un portrait qu'elle adressa plus tard à Sagrin. Sa bouche fine était empreinte d'un sourire légèrement malicieux. Ses yeux noirs et brillants donnaient à son visage une expression d'intelligence très fine, mais pleine de bienveillance.

— Comment se fait-il, lui demanda Sagrin, qu'une familiarité pleine de respect liait déjà à cette aimable femme, que votre belle chevelure soit si tôt sillonnée de quelques fils d'argent, ma mère n'en a pas un et elle a 50 ans. Vous avez dû pleurer déjà ?

— Oh ! Capitaine, lui répondit-elle, votre question m'émeut plus que vous ne pourriez le croire et je sens que je puis aujourd'hui vous conter un rêve que je fis, il y a deux ans. Puis, se plaignant de la fraîcheur du soir, elle pria Sagrin de couvrir ses épaules d'une pèlerine de soie, qu'elle tenait sur ses genoux et manifesta le désir de marcher un peu. Sagrin la suivit avec empressement et voici ce qu'elle lui raconta.

— Si vous ne croyez point que notre âme soit indépendante de notre enveloppe mortelle, si vous doutez des avertissements qui nous sont donnés pendant le sommeil, je vous prie, Capitaine, de n'accorder aucune valeur au récit de ce songe que je fis, il y a deux ans, je vous le répète et qui est resté gravé en ma mémoire. Je vous ennuierai peut-être en vous le racontant, mais, si vous croyez à ces mystérieuses communications de nos amis de l'au-delà, veuillez m'écouter.

— Avec la plus respectueuse attention, parlez, Madame.

— Voilà : C'était au mois de mars 1874, j'étais alors confiante en la fortune, en mon bonheur, j'ignorais la situation commerciale de mon bien-aimé mari ; je m'étais endormie ce soir-là calme et tranquille, et ce rêve me découvrit l'abîme qu'il avait creusé sous nos pas. Il était devant moi et me disait à quelles affaires hasardeuses qui auraient pu l'enrichir, il s'était livré. Il m'en découvrit le résultat aussi terrible que subit. Une catastrophe épouvantable avait englouti en moins d'une semaine, notre fortune, notre bonheur ; notre honneur restait sauf, mais à quelles dures conditions : il fallait tout abandonner. Mon mari qui avait un caractère trempé comme l'acier et plein de courage, me priait de lui pardonner, il partirait pour l'Amérique, et me jurait de travailler à refaire notre fortune.

C'est alors que, continuant mon songe, je vis entrer un étranger dans la chambre où je sanglotais, en regardant mon mari effondré dans sa douleur. Ce nouveau venu, grand, mince, plein de prévenance, passa entre nous, et mon mari disparut. « Ayez confiance, me dit cet inconnu. Comptez sur la parole d'un capitaine. Pourquoi, me dit-il, des fils d'argent sillonnent-ils votre chevelure noire vous êtes jeune cependant ; ma vieille mère n'en a pas encore. Vous avez donc beaucoup souffert, beaucoup pleuré ?... Puis un nuage nous enveloppa. Et je vous revis comme aujourd'hui, car c'était vous. J'allais partir, j'allais retrouver celui qui avait causé ma douleur et notre séparation et vous m'adressiez de bonnes et douces paroles... C'est si loin, si loin ! disais-je.

« Soyez sans crainte, me dites-vous encore, je vous serai envoyé de nouveau et j'écarterai le danger de vous. »

Eh bien, cher capitaine Sagrin, c'était vous, je le répète et depuis lors, mon rêve s'est accompli en tous points.

A mon réveil, mon pauvre mari me révéla tout ce que m'avait appris ce rêve, ses entreprises folles, notre ruine, ses projets de départ, son voyage, nos deux ans de séparation, son travail couronné de succès, son appel pressant, mon embarquement... et vous, vous, capitaine que je revois à bord serais-je donc menacée de quelque danger ?

— N'en croyez rien, madame et douce amie, car je sens que j'ai le droit de vous donner ce tendre nom qu'aucun désir ne ternira.

— Je n'ai pas tout dit, Capitaine, mais cela est si invraisemblable que je n'ose croire aux dernières paroles que vous me dites dans ce rêve en me prenant la tête et en mettant sur mon front un chaste baiser. — Ne le dites pas, madame, c'est un secret sans doute, ensevelissez-le, mais sachez qu'en vous voyant à bord du petit vapeur qui nous porta de Bordeaux à Pauliac, j'ai dit tout bas à mon ami Léopold : La vue de cette dame m'a troublé, il me semble l'avoir vue déjà, l'avoir aimée peut-être.

Où ? quand ? madame... Vous voyez que tous les deux, nous avons rêvé ! — Et Sagrin reconduisit Mme Berthon jusqu'à l'escalier qui descendait à sa cabine — puis il vint me raconter ce que vous venez de lire.

IV

L'*Equateur* s'approchait du Sénégal à toute vapeur, le bel état de la mer permettait d'accélérer les mouvements de l'hélice et nous entendions les battements plus précipités des poumons d'acier de notre paquebot.

Le temps fuyait rapide aussi et en serrant la main de Jacques, je lus sur son visage l'expression d'un sentiment de tristesse réelle que le sourire qu'il mettait dans ses yeux ne parvenait point à dissimuler à un vieil ami.

La veille, après m'avoir confié le rêve de Mme Berthon, il avait marché longtemps seul de l'avant à l'arrière, puis s'était allongé dans un rocking-chair, où ses pensées et ses regards plongeaient dans l'immensité étoilée. Il avait oublié, là, les heures et peut-être le sommeil en pensant, je le savais, à l'aimable passagère avec laquelle il avait passé dix jours à peine et pour laquelle — il ne me l'a jamais dit — il devait ressentir un amour que je comprenais, que j'excusais.

Il descendit dans la cabine au lever du soleil, prit une douche et remonta sur le pont après le lavage et le fourbissage, toilette matinale et quotidienne faite à bord de tout paquebot bien tenu et désireux d'offrir à ses passagers l'accueil joyeux qu'il leur doit.

Le chaud soleil d'Afrique commençait à élever la température des cabines et de 9 à 10 heures tous les hôtes de la flottante demeure causaient à l'ombre de la vaste tente qui couvrait tout l'arrière.

Déjà Thorel et la Gavotti se promenaient en égrenant les phrases musicales de leur harmonieux langage italien. Le beau lieutenant Jarnouski et Mlle Alice Lepetit riaient et babillaient comme deux pinsons au seuil d'avril. Mmes Toulé et Maurer, entourées des officiers, les questionnaient sur les événements probables de l'arrivée à Dakar, et mon camarade Surgy, qui avait tout récemment déjà fait une campagne dans notre vieille colonie, donnait à ces dames des renseignements sur l'existence qui les attendait à Saint-Louis où elles se rendaient toutes deux ; Mme Toulé pour aller, je crois l'avoir dit, rejoindre son mari, commandant du génie, et Mme Maurer avec sa jolie fillette Blanche, pour suivre son seigneur et maître, le lieutenant de ma compagnie. Moi je faisais les cent pas flirtant avec Mlle Clara, à qui je demandai sans malice si notre débarquement lui causerait quelque regret. — Ce sera plus que du regret, capitaine, ce sera du chagrin. Je vous avoue que je ne me serais jamais doutée, en montant à bord, de la rapidité avec laquelle se forment parfois des amitiés dont les liens sont d'autant plus solides qu'ils sont plus courts. Comme je souriais : « Ai-je dit une sottise ? » ajouta-t-elle en riant.

— Non, chère mademoiselle Clara. Non, vous avez exprimé franchement une pensée très vraie et qui ne laisse pas de me toucher. A bord, chacun mène une vie qui sort de l'existence ordinaire : on y voit naître une intimité, contre laquelle on ne se défend pas et que cimentent naturellement la bonne éducation et la gaieté sœur de l'insouciance. Cela vient de ce qu'on court ensemble, sur les flots, des dangers communs auxquels on ne songe que s'ils viennent à se montrer. Notre traversée, jusqu'ici, a été des plus heureuses, mais, que le ciel s'assombrisse, que le vent s'élève et secoue ce navire si calme en sa marche pleine de quiétude ; que cette nuit la tempête nous jette sur l'invisible banc d'Arguin, situé dans les parages où nous naviguons et sur lequel la *Méduse* se perdit en 1816 ; vous verrez le caractère humain changer du tout au tout, la bête apparaître avec son égoïsme et sa férocité, et tous ces passagers si aimables, si enjoués, si insouciants n'obéissant plus qu'aux lois cruelles de cette animalité qu'on a dénommée : l'instinct de la conservation.

— Oh ! capitaine, que me dites-vous là. Vraiment un danger nous menacerait-il ?

— Aucun, mon enfant, rassurez-vous, nous n'imiterons pas la *Méduse* ; plus heureux ou plus expérimentés, nous éviterons les rochers d'Arguin et nous n'aurons pas de radeau à confectionner pour sauver nos existences menacées.

— Pourtant, capitaine, si pareil sort cruel nous était réservé ! dit Mlle Clara émue et pâle, que feriez-vous ?

— Oh ! moi, je ne sais ce que je ferais ; cependant je vous puis jurer que je vous protégerais tant que nous aurions des vivres...

— Et ensuite ? demanda la naïve institutrice avec effroi.

— Ensuite, mademoiselle Clara, je vous mangerais !

— Quelle horreur ! Vous mangeriez de la chair humaine ?

— Oh ! pas n'importe laquelle, mademoiselle, mais par sympathie j'aimerais mieux la vôtre que celle du vieux maître charpentier que vous voyez là-bas.

Il fallut que j'éclatasse de rire pour chasser les craintes que le sombre tableau que j'avais placé devant ses yeux avait fait naître en l'esprit de Mlle Clara.

— N'ayez aucune crainte, lui dis-je en prenant sa main et la pressant avec effusion. Demain, sans doute, nous serons à Dakar, nous nous séparerons bons amis, nous nous dirons adieu, et puis... nous nous oublierons. C'est le résultat d'une autre loi, gracieuse Clairette, celle du temps impitoyable.

— Ce que vous dites là est triste, monsieur le capitaine, et je pense faire exception à la règle en me souvenant toujours de cette traversée et des passagers aimables en la société desquels je l'aurai faite.

— Vous êtes vraiment plus aimable que je ne voulais le paraître moi-même, ma chère enfant, et pour protester contre ce que j'ai osé dire de l'oubli, croyez que ma mémoire fidèle vous laissera toujours dans le coin le plus riant de ce commun souvenir maritime.

Sagrin, quand je quittai l'institutrice, allait au-devant de Mme Berthon qui venait d'apparaître à l'entrée du salon :

— Comment avez-vous passé la nuit, chère amie..., chère Thérèse, ajouta-t-il à voix presque basse et comme en tremblant.

J'ai sommeillé très tard, répondit notre passagère également émue. Mais l'aveu, car c'en est un, du rêve que je vous ai raconté hier soir ne m'a pas autrement troublée et j'ai dormi câliné comme si je m'étais sentie protégée par une puissance invisible ou par un ami retrouvé en un jour heureux.

Passant près d'eux en ce moment, je serrai la main de ce couple sympathique et je me dirigeais vers l'avant, lorsque

Mme Berthon me retint et nous fit signe de nous asseoir pour causer un peu en attendant le repas, et tous les trois nous demeurâmes muets, ni l'un ni l'autre n'osant aborder un sujet qui les troublait — moi, silencieux de leur silence même.

— J'ai peu dormi, dit Sagrin le premier, et dans le calme de cette nuit délicieuse et douce, sous le beau ciel étoilé, je me suis rappelé toutes vos paroles, tout le récit de votre rêve que j'ai répété à Léopold, je n'ai pas de secret pour lui, vous le savez, et j'ai compris alors ce que vous avez dû souffrir depuis ce jour fatal où, sortant d'un triste songe, vous entriez dans la réalité plus cruelle encore.

— Cher ami, répondit Mme Berthon, répondant par cette douce appellation à Sagrin, le temps en s'envolant a déjà répandu son baume sur la plaie morale de mon cœur. Je vais retrouver là-bas mon pauvre mari et le récompenser par mon affection de ces deux années de séparation qui a dû être cruelle pour lui, et d'un labeur que son courage a couronné de succès. Mais j'ai dû pour obéir à mon devoir briser avec l'amour filial et avec l'amitié. Ma vieille mère âgée ne me reverra plus et ma sœur et mes amis prétendent que je ne reviendrai jamais... Qu'importe, j'aurai agi selon les ordres de ma conscience. Je me sens plus calme aujourd'hui. Revenant froidement à ce rêve que je devais vous faire connaître, je vous demanderai, cher capitaine Sagrin, ainsi qu'à vous, son..., notre ami, si vous ne voyez pas là un avertissement du ciel ? Non du ciel, car Dieu ne daignerait pas s'occuper de si peu de chose, mais de nos chers invisibles ? Ce rêve m'avait préparée aux aveux que devait, à mon réveil, me renouveler, la mort dans l'âme, mon malheureux mari à qui j'avais accordé le pardon dans mon sommeil et que mon cœur ne sut lui refuser, lorsqu'en se jetant à mes genoux le lendemain, il s'accusa de nous avoir ruinés. Que de réflexions se pressent en mon esprit. Pourquoi m'êtes-vous apparu dans ce rêve ? Parce que le malheur me menaçait alors, vous me le dites, et pourquoi vous retrouvé-je à bord ? C'est qu'un malheur peut-être me menace encore.

Je n'osai hier soir vous dire la fin de ce songe, et j'hésite encore à le faire aujourd'hui !... Mais je vous l'écrirai, capitaine, pour que vous compreniez quelle sympathie m'a poussée vers vous dès notre arrivée à bord. Le bras que vous me tendîtes pour franchir la passerelle, je sens que j'allais le réclamer si vous n'eussiez avec un empressement dont je fus touchée, prévenu mon désir. Vous êtes venu chaque jour depuis, vous et M. Dauvil, m'apporter des marques d'une affection qui est, je le sens, la preuve d'un sentiment qui entre nous est devenu plus peut-être que de l'amitié, mais ne saurait être de l'amour. Vous aviez autour de vous des passagères plus aimables, plus jeunes, aussi vous suis-je bien reconnaissante de les avoir délaissées pour me tenir compagnie. Le moment des adieux approche sans que nous puissions le retenir, et je veux vous dire que jamais je ne vous oublierai, cher monsieur Sagrin, cher ami, et que je ne séparerai point de votre image celle de votre ami Léopold.

Elle nous tendit ses deux mains comme l'eût fait une sœur ou une vieille amie et nous les pressâmes avec émotion.

— Vous m'avez consolée, dit-elle encore, en donnant une âme à mes doutes, en me montrant une espérance dans l'au-delà, et en m'affermissant dans cette idée que nous avons déjà vécu et que nous revivrons meilleurs, plus généreux, plus parfaits, donc plus près du bonheur. Ce rêve qui m'a fait sentir le lien qui m'attache à vous dans le passé, en ces jours trop vite écoulés, et dans l'avenir peut-être, ne s'effacera jamais de ma mémoire.

Le second coup de la clochette agitée par le maître d'hôtel annonçant le déjeuner, Sagrin et son amie se rendirent au salon où régnait la gaieté.

Au café, le premier lieutenant du bord vint, en quelques mots fort bien tournés, prier les passagers, dont les rires insouciants qu'il entendait de son banc de quart, témoignaient de leur joie, de ne pas oublier que la mer fait bien des victimes, qu'il est du devoir des heureux de secourir ceux qui souffrent et il annonça que, le soir, une quête serait faite au profit de la Caisse des Naufragés et des familles des marins morts en mer.

Aussitôt, les jeunes officiers et les dames organisèrent en moins d'une heure, pour le soir même, le projet d'une fête dont je retrouve le programme humoristique suivant, composé en collaboration joyeuse par La Hubardière, lieutenant aux spahis sénégalais, Jarnouski et les demoiselles Lepetit. Il donnera au lecteur une idée de l'esprit de gaieté charmante qui règne à bord d'un paquebot.

> Semblable à l'alcyon léger
> Quand joyeux est le passager,
> Quand charmante est la passagère,
> Quand la brise est douce et légère.

PROGRAMME

de la Fête Musicale, Chantante et Dansante

offerte ce soir, 13 avril 1876,

AUX PASSAGERS DU TRANSATLANTIQUE *Equateur*,
AU PROFIT DE LA CAISSE DES NAUFRAGÉS ET FAMILLES
DES MARINS MORTS EN MER.

N.-B. — Les passagers qui n'ont pas l'intention de rire seront tenus de doubler leur aumône et de rester dans leurs cabines.

PREMIÈRE PARTIE.

1° *La veuve du pêcheur*, pièce de vers dite par l'auteur, M. L. V., 1ᵉʳ lieutenant du bord.
2° *Les pauvres gens de V. H.*, dite le mieux possible par le lieutenant de la H... (vers tristes). Prière aux demoiselles de ne pas regarder l'acteur, ça pourrait le faire pleurer.
3° *L'épave*, récitée par cœur avec des larmes dans la voix par le lieutenant J. (Les souffleurs sont priés de rester au fond de la mer).

Fin des pièces tristes.

Pour remettre les auditeurs de leur émotion premier passage de rafraîchissements — tout se paie :

Bière frappée, 0 fr. 50 le bock ; Limonade glacée, 0 fr. 75 ; Coktail, 1 fr. ; Champagne frappé, 1 fr. la coupe.

N.-B. — Les cabines étant à la portée de chacun et pour ainsi dire sous la main, les passagers pourront, à l'occasion de cette fête de charité, consommer jusqu'à l'indiscrétion.

DEUXIÈME PARTIE.

1° *Duo des Mousquetaires de la Reine*, par les capitaines S. et D., avec accompagnement par Mlle A. L., qui a promis très gracieusement de rester au piano toute la nuit.

2° *Les deux aveugles*, saynette-bouffe, connue, mais rarement mieux jouée et chantée que ce soir, par M. C. L., 2° lieutenant, et M. R., homme de lettres — Agent des Postes.

N.-B. — On peut rire tant qu'on voudra sans payer de supplément.

3° *Grand air de la Norma*, par la diva signora Gayotti, du grand théâtre de la Scala de Milan. On est prié de ne pas ménager les applaudissements à la grande artiste, aussi charitable que belle.

Comme intermède joyeux, les messieurs pourront adresser des compliments aux dames en leur offrant des boissons fraîches sans diminution de prix.

1° *Le voile blanc*, vieille chanson délicieusement rajeunie par Mlle C. L., qui s'accompagnera sur la guitare. (On prie les passagers de ne pas remarquer qu'il y manque une corde, le talent de Mlle C. L. y suppléera.

2° *Duo de flûtes... de champagne*, romance comique, par M. T., passager habituel de l'*Equateur*, s'accompagne lui-même sur des verres vidés d'avance.

3° Pour finir, nous comptions représenter quelques tableaux vivants, scènes antiques. Les messieurs étaient prêts — les dames, après de mûres réflexions et hésitations, ont refusé d'un commun accord, faute de costumes du temps. — Regrets immenses et unanimes.

QUATRIÈME PARTIE.

Le salon, débarrassé des tables, et le pont des fauteuils, on dansera à couvert ou à l'air, *ad libitum*. Entre chaque danse, on est prié de ne pas oublier les veuves des naufragés et de sécher beaucoup de consommations afin de sécher leurs larmes et de leur venir en aide. On devra cesser la soirée dans la matinée, à cause du lavage du pont.

Ce programme aussi grotesque qu'amusant, copié par les officiers et plusieurs matelots remarquables par leurs belles plumes, fut distribué une heure après sa composition et nous promit une soirée joyeuse.

A une heure de l'après-midi, l'officier chargé de la route ayant fait le point, nous annonça notre arrivée à Dakar pour le lendemain vers midi.

En apprenant cette nouvelle attendue pourtant, Mme Berthon, assise près de Sagrin, ne put réprimer un mouvement de tristesse. Voilà la vie ! On se rencontre où l'on se retrouve, on oublie la marche impitoyable du temps, et d'un mot la réalité vient vous dire : tout finit. Allons, cher capitaine, oserai-je vous dire, cher Jacques, comme vous m'avez dit : Chère Thérèse, soyons fermes et sachons nous quitter demain comme il le faudra pour diverger sur deux sentiers différents menant à la même route : le devoir.

La journée employée en répétitions, en préparatifs pour la fête du soir, s'écoula gaiement, et pour vous conter cette fête hilarante, il faudrait une plume fine et spirituelle que je n'ai pas à ma disposition.

Le lieutenant du bord nous débita la pièce de vers très jolie qu'il réédite à chaque traversée. Les acteurs, chanteurs et chanteuses, rivalisèrent de bonne volonté, la diva fut applaudie et le petit juif galant lui adressa un compliment qui mérita l'approbation générale.

Les deux aveugles, dont les couplets furent bissés et répétés en chœur par le public, faillirent faire des deux aveugles deux sourds. On rit franchement, on dépensa de l'esprit grâce au champagne et, chose meilleure, on dépensa beaucoup d'argent et la Caisse des Naufragés s'enrichit de plusieurs billets de banque et de pas mal de louis d'or, et ce fut le cas de répéter avec un poète décadent :

> Qu'importe si je bois, pourvu que ma gaité
> Fausse ou non quand je chante,
> Fasse sortir des cœurs un peu de charité
> Pour cette mendiante.

On dansa presque jusqu'à l'heure rafraîchissante du lavage du pont et le premier rayon de soleil sortant des flots azurés vit courir les derniers couples de valseurs se pressant vers l'escalier des cabines.

Que belle et radieuse fut la matinée de ce dernier jour passé à bord, je ne l'oublierai jamais.

Malgré les fatigues de la nuit festivale chacun se vit de bonne heure sur le pont pour assister à l'arrivée dans notre jolie rade sénégalienne.

Le paquebot avait fait sa plus belle toilette, imitant en cela les passagères. Il avait déployé son grand pavillon aux trois couleurs, et à 10 heures et demi du matin il l'appuyait d'un coup de canon qui résonna diversement dans les cœurs des passagers, annonçant aux habitants joyeux de Dakar : négociants, fonctionnaires, officiers et soldats de la garnison qu'un paquebot leur apportait des nouvelles de leurs familles, de la patrie chérie... de la France.

V

Un ciel d'azur dans la profondeur duquel on ne saurait découvrir le plus léger flocon de vapeur, un soleil de plomb, une mer calme et bleue dont la limpidité permet d'apercevoir le fond broché d'algues et de roches au milieu desquelles le poisson foisonne, où l'horrible requin se promène lentement en cherchant sa proie, telle est la première impression ressentie en abordant ce rivage africain. Sur la côte basse au sol rouge et ferrugineux s'élèvent quelques constructions européennes neuves, le pavillon des messageries maritimes, l'hôtel du commandant des troupes, les bureaux du génie, la direction du port, une série de magasins, quelques baraques, tout cela recouvert de tuiles rouges et entouré de murs blancs ; un village yolof aux paillottes serrées, de ci de là des noirs drapés majestueusement dans leurs longs boubous de cotonnade blanche ou bleue, deux ou trois baobabs, gros arbres gris au tronc énorme et que leurs branches épaisses privées de feuilles font ressembler à de lourds pachydermes ; une longue jetée amorcée à un quai en construction ; tout cela baigné dans une atmosphère toujours chaude, noyé dans une lumière éclatante et crue, tel était Dakar en 1876, tel il doit être encore, bien que les camarades m'affirment le contraire.

Pour compléter exactement le tableau jetons les yeux sur l'îlot de Gorée situé à 3 kilomètres, surmonté de son vieux castel fortifié qui protège Dakar avec une sereine confiance et jette une note gaie avec sa ligne de maisons blanches sortant de la mer.

Tout autour de la baie le rivage, qui s'étend de Dakar à la pointe de Rufisque, forme une ceinture verdoyante qu'égaient les bouquets d'arbres des jardins de Ahn et que frange d'argent le flot qui va mourir sur son sable brillant.

Dans les airs, de grands oiseaux, les aiglons fauves, décrivent, tout le jour, d'immenses cercles au-dessus des flots où ils plongent pour saisir la proie qu'ils emportent dans leurs serres et dévorent en continuant leur vol rapide. Les rochers de Gorée abritent les nids que ces rapaces regagnent après le coucher du soleil.

L'œil du passager demeuré sur le navire a tout vu, tout contemplé et lorsque le paquebot qui a semé là un peu de joie, provoqué quelques heures de distraction aura repris la mer, un calme que rien ne trouble, ressaisira ce petit coin du globe dont j'ai gardé un souvenir triste.

Revenons maintenant à nos passagers que j'avais presque oubliés, comme le lecteur sans doute : Un quart d'heure après que l'*Équateur* se fut amarré à la bouée qui lui fut désignée, tous étaient prêts à débarquer. Une chaloupe à vapeur du service du génie vint la première accoster le flanc du paquebot pour prendre Mme Toulé, à qui le commandant, son mari, faisait savoir qu'il n'avait pu quitter Saint-Louis où il l'attendait. Un navire de la station la prendrait dans trois jours avec les officiers destinés au chef-lieu du Sénégal. L'embarcation à vapeur étant mise à la disposition de Mme Toulé, celle-ci proposa gracieusement à Mme Berthon, à Mme Maurer, à la famille Le Petit et à la Gavotti, d'en profiter pour se rendre à terre, le paquebot ne devant quitter Dakar que vers 4 heures du soir.

Notre passagère exprima le désir de ne point débarquer, mais devant l'insistance aimable de toutes les autres dames et surtout en lisant la prière que, du regard, lui adressa mon ami Jacques, heureux de passer à terre quelques instants encore avec celle à qui il n'avait point osé faire ses adieux, Mme Berthon, malgré la crainte, qu'elle ne cachait pas, de s'éloigner du navire, se laissa entraîner et demanda le temps de compléter sa toilette.

« Permettez-moi d'aller vous saluer à terre, lui dit Jacques ; je vous y précède pour me rendre chez le commandant des troupes, dans une heure je vous rejoindrai chez Mme Toulé. »

Un sourire charmant qui fit évanouir le léger nuage de tristesse qui avait voilé son joli visage fut la seule réponse de Mme Berthon.

Je m'approchai à mon tour de celle que je pensais bien ne jamais revoir et lui exprimai le regret de la quitter après une traversée trop courte, que sa présence à bord avait rendue si agréable, puis l'espoir que terminant heureusement son voyage, elle aurait la joie de retrouver son mari en bonne santé.

« Adieu capitaine, me dit-elle visiblement émue, croyez qu'à mon tour je fais des vœux ardents pour que le Sénégal vous soit clément. Puissent les années que vous y devez passer s'écouler heureuses afin que vous et votre ami Jacques ayez le bonheur de revoir la France et vos mères ! »

Elle me tendit sa main que je pressai respectueusement, mais voyant des larmes monter à ses beaux yeux, je la saluai et me rendis vers ma cabine prendre mon sabre et faire enlever mes bagages.

Sur l'escalier je rencontrai Mlle Clara, l'institutrice, qui me fit le doux reproche de partir sans lui dire adieu. « Vous ne descendez donc point à terre ? — Non, capitaine, il fait trop chaud, et ce pays de nègres ne doit offrir que peu d'intérêt. — Alors, chère miss Clairette, lui répétai-je en riant come je le faisais depuis quelques jours, laissez-moi vous dire adieu et vous souhaiter une bonne traversée, un heureux séjour au pays doré des Argentins... Surtout pensez à votre beau fiancé, le fermier tourangeau, ne le faites pas trop languir, retournez en France dans un an, épousez-le, ayez beaucoup d'enfants et ne vous embarquez plus. Adieu ravissante Clairette... » Je lui serrai la main et, cinq minutes après, j'étais sur le quai de Dakar où m'attendait Sagrin.

Notre première visite fut pour le colonel Canard, commandant des troupes et gouverneur de Dakar et Gorée, vieux héros de cette terre du Sénégal où il était arrivé, il y avait plus de vingt ans, comme simple spahi et qu'il avait parcourue glorieusement en y faisant une carrière brillante sous les ordres de ces vaillants chefs dont les noms ne s'effaceront jamais de la mémoire des Sénégalais, les Faidherbe, les Pinet-Laprade, les Brière de l'Isle.

Comme chef de détachement j'avais à remettre au colonel

certains plis de service et un rapport qu'il me pria d'établir séance tenante ; aussi me garda-t-il à déjeuner, après m'avoir installé à son bureau, avec son secrétaire, un vieux camarade, le lieutenant Maréchal, que j'étais heureux de retrouver.

Je laissai donc partir Sagrin, tout à la joie d'aller rejoindre Mme Berthon qu'il se promettait de piloter dans ce pays inconnu et de reconduire à bord ensuite.

Ce qui suit, je le retrouve en peu de mots dans mes Vieilles Notes, c'est bref et sec, mais je voudrais vous le raconter avec l'émotion qui étreignait le cœur de mon ami Jacques, le soir de ce jour inoubliable, lorsque la nuit arrivée, le ciel plein d'étoiles, il m'en fit le récit, alors que l'*Equateur*, bien loin déjà, avait emporté celle qui avait failli mourir dans ses bras.

Après avoir achevé la série des courtes visites dues par tout officier qui débarque dans un port où il ne doit séjourner que quelques jours, Jacques était retourné au quai pour voir arriver nos passagères qui avaient pris le temps de se faire belles avant de quitter le paquebot et c'est sur son bras que s'était appuyée, légère, Mme Berthon en sautant sur l'escalier de la jetée.

Elle était délicieusement vêtue d'une robe légère, bleu de roi qui dessinait sa taille gracieuse et le plus joli chapeau fleuri de fraîches roses faisait ressortir celles de son teint et sa chevelure opulente.

Ses pensées moroses l'avaient abandonnée et elle accepta gaîment le bras de Jacques pour aller, en compagnie des autres passagères, faire la visite due au roi de Dakar, vieux noir Yolof, à qui le gouvernement payait une petite liste civile de 50 francs par mois et les voyageurs un petit tribut qu'il acceptait et buvait royalement.

Une promenade d'un bout à l'autre de Dakar n'était pas longue à accomplir, alors. Elle s'agrémentait d'une station dans deux ou trois magasins, d'une visite au village nègre où les femmes portant leurs enfants attachés sur leurs reins, pilent, dans de grands mortiers de bois, à l'aide du lourd calou d'ébène qu'elles lancent en l'air pour battre des mains et le rattraper en mesure, le mil qui doit préparer le couscous de leurs paresseux époux étendus au soleil le crâne rasé et nu sans crainte des insolations. Après cela et l'absorption d'une limonade frappée chez Alexandre, on avait égrené le chapelet des distractions offertes par la cité dakarienne. Il est bon de dire que depuis lors, ce port a pris une importance qui était à prévoir ; les quais y sont garnis d'appontements, de magasins, de parcs à charbon ; deux casernes, des bureaux, quelques hôtels s'y sont élevés et des rues y ont été tracées. Les nombreux paquebots qui suivent la route du Sénégal en Amérique s'arrêtent à Dakar et y dépensent beaucoup d'argent. Le chemin de fer emporte des passagers et des marchandises à Saint-Louis. Le siège du Gouvernement va quitter l'ancienne capitale pour concentrer tous les services à Dakar et avant dix ans, le village que j'ai connu il y a 25 ans à peine, sera peut-être devenu une vraie ville « modern style ».

Vers deux heures, la chaleur étant moins forte, les passagers de l'*Equateur*, quittant l'ombre qui les avait abrités, songèrent à regagner le paquebot les attendant calme au milieu de la rade.

Sagrin, donnant le bras à Mme Berthon, qui cachait son visage sous une ombrelle de soie bleue, la conduisit à la jetée où les bateliers noirs commençaient à s'agiter. Avisant deux dormeurs qu'il éveilla du pied et força de se lever, Jacques les fit descendre dans leur embarcation, mais ils obéirent en maugréant ; l'un d'eux titubait en portant les avirons, ce que Jacques mit sur le compte de la façon un peu brusque avec laquelle il avait écourté son rêve. Le prix fait, mon ami descendit l'escalier en tenant Mme Berthon par la main et l'aida à entrer dans le canot où il la fit asseoir, se mettant à côté d'elle.

« J'ai peur, dit-elle, ne me quittez pas, mon ami. »

Les deux bateliers commencèrent à ramer, mais la brise du large qui souffle à Dakar vers le soir s'étant levée, Sagrin, qui tenait la barre, leur intima l'ordre de hisser leur voile, ce qu'ils exécutèrent d'assez mauvaise volonté en maugréant de nouveau.

« On dirait que ces hommes sont ivres, observa Mme Berthon. — Mon ami j'ai peur, je vous en prie, retournons au quai. »

— Soyez sans crainte, Madame, rassurez-vous, Thérèse, il n'y a pas de danger à courir, et le paquebot est si près, qu'en deux petites bordées nous serons près du navire.

— Je vous crois, capitaine, peut-il m'arriver un malheur près de vous. »

Comme elle achevait ces mots, une légère rafale gonflant la voile fit incliner l'embarcation et provoqua un cri de terreur de Mme Berthon.

« Mollis ton écoute, commanda Sagrin à celui des deux bateliers qui tenait la corde raidie sans pouvoir défaire le nœud. À ce moment la risée, quoique peu violente, emplit la voile et poussa l'embarcation vers le fond de la baie.

— Jacques, nous allons tomber à la mer, dit avec effroi la pauvre femme en voyant le canot s'incliner sous l'impulsion d'une seconde rafale passagère, mais assez violente, et pâle, elle se laissa tomber dans le fond du canot entre les genoux de Sagrin.

Impuissant à délier son écoute, le nègre, dont l'ivresse était manifeste, jeta sur Sagrin un mauvais regard. L'embarcation s'éloignant du navire, mon ami sauta sur le noir et prit l'écoute de ses mains, en donnant l'ordre aux deux bateliers de virer de bord. L'un des deux, en saisissant la voile, faillit tomber à la mer, l'autre était incapable de se tenir debout, Sagrin fut obligé d'abandonner l'écoute pour sauter sur la barre, et la voile que ces deux ivrognes avaient lâchée se mit à flotter follement avec l'écoute.

Sagrin calme vit le danger et mit le cap sur la côte, la rafale un moment apaisée se fit plus violente et entraîna l'esquif rapidement. Encore quelques minutes et l'on allait toucher à la terre.

« Jacques, nous allons périr, je savais bien qu'un malheur me menaçait... Sauvez-moi !...

— Ne craignez rien, mit douce Thérèse, encore une minute et nous voici à terre.

Dans le moment d'accalmie, l'un des noirs avait pu reprendre l'écoute et franchissait le banc pour saisir et serrer la voile, lorsque, feignant peut-être un faux pas, il fit chavirer l'embarcation et tomba à l'eau. Son camarade se précipita vers lui, et la secousse fut telle que Mme Berthon et Sagrin roulèrent à la mer.

« Jacques, sauvez-moi, s'écria-t-elle en se sentant dans l'eau.

« N'ayez point peur, chère âme, je suis là, et nous sommes près de terre.

Alors la saisissant d'un bras vigoureux, il fit quelques brasses avec ce fardeau précieux et s'aperçut que ses pieds touchaient le sol.

« Sauvée, Thérèse », dit-il en sortant de l'eau son amie que la peur avait fait s'évanouir.

Pauvre robe bleue, mise pour la première fois, toute trempée, le joli chapeau déformé et ses fraîches fleurs noyées, l'ombrelle à la mer !

Jacques, laissant les deux nègres à leur embarcation, porta Mme Berthon jusqu'à l'Aiguade, la fontaine située au bout de Dakar. Là, revenue à elle, la chère naufragée, réchauffée et séchée peu à peu par le soleil brûlant, put prendre le bras de Sagrin et revenir à Dakar.

L'émotion du danger couru apaisée Mme Berthon se prit à trembler et à pleurer en songeant que l'heure du départ du paquebot était arrivée, qu'il allait partir sans l'attendre...
« Ciel ! si j'allais manquer le départ ! Jacques, pourquoi m'avez-vous fait débarquer ! J'avais le pressentiment d'un malheur ! Oh ! si je restais ! Que penserait mon mari ! Y songez-vous, mon cher capitaine, ne réfléchissez-vous pas que des passagers seraient capables de lui dire que je suis restée à Dakar... avec vous ! » — A cette pensée, la pauvre femme honnête et pure se prit à sangloter sa tête appuyée sur l'épaule de Jacques qui la soutenait en la faisant avancer.

Mais elle fut promptement rassurée. Un quart d'heure après cet événement Jacques et Thérèse atteignaient les cases des noirs, et voyaient bientôt accourir Mme Toulé et Mme Maurer.

Du paquebot on avait aperçu l'embarcation en détresse et le commandant Rousseau qui avait, à l'aide de sa jumelle, reconnu la passagère et le capitaine, avait envoyé un canot à terre prévenir qu'on attendrait le retour de Mme Berthon.

Un quart d'heure après, la passagère arrivait à bord accompagnée de Sagrin. Les demoiselles Le Petit s'empressèrent de la conduire à sa cabine où, dévêtue de ses effets trempés d'eau de mer, elle fut mise au lit.

Quelques instants après l'une des jeunes filles vint dire à

Sagrin que Mme Berthon désirait lui dire adieu et l'attendait dans sa cabine. Jacques, en y entrant, trouva son amie couchée, entourée des demoiselles Le Petit, qui se retirèrent discrètement.

La porte fermée, Jacques, incapable de maîtriser l'élan de son cœur, se précipita sur le lit en saisissant Mme Berthon dans ses bras et en collant ses lèvres aux siennes.

— Non, Jacques ! Non, pas cela, s'écria-t-elle en se dégageant de cette étreinte. Non, mon ami, et comme pour le consoler elle lui tendit son front qu'il couvrit de baisers.

Voyez-vous, Jacques, lui dit-elle en reprenant tout son calme, et en imposant celui de son ami, c'est mon rêve qui s'accomplit. Je devais courir un danger, vous me l'aviez dit, vous seriez près de moi. Vos paroles ne se sont-elles pas accomplies, ne m'avez-vous pas sauvée ?

— Chère Thérèse, n'allez pas exagérer un danger qui n'a eu de réel que votre grande frayeur lorsque vous avez vu l'embarcation chavirer et vous, tomber à la mer, mais, ma chère âme, ne voyez point en moi un héros à qui vous devez la vie.

— Si, mon cher capitaine, je vous la dois, car je serais morte de peur si j'avais été livrée seule à ces deux nègres horribles et, sans votre présence, peut-être m'eussent-ils laissée me noyer.

— Ne croyez pas cela, ma chère Thérèse. Oubliez le danger et ne vous souvenez, comme moi, que de cet instant délicieux où, dans l'embarcation, vous vîntes vous blottir entre mes genoux, et cet autre qui ne sortira jamais de ma mémoire où, vous saisissant dans mes bras, je pus vous ramener à terre.

— Croyez bien, Jacques, que vivrais-je cent ans, je ne perdrai jamais le souvenir de ce danger ni de celui avec qui je l'ai partagé.

Écoutez-moi, mon ami, nous allons nous quitter, laissez-moi revenir à mon rêve. Je ne vous en ai pas dit la fin, vous allez la connaître, et des larmes vinrent aux paupières de cette aimable femme. Je vous l'aurais écrit, je préfère vous le dire.

Vous m'avez parlé, cher capitaine, d'une série d'existences

que la Providence, en sa justice infinie, nous impose pour monter de degré en degré jusqu'à l'immortalité divine ; j'en aurais peut être douté, mais aujourd'hui, je crois.

Jacques, savez-vous pourquoi vos baisers brûlants m'ont tant émue... non blessée, cher ami ? C'est que pour deux raisons je n'y pouvais répondre, la première parce que je veux revenir près de mon mari telle que je l'ai quitté, j'en ai fait le serment, la seconde, plus forte encore, parce qu'elle est d'un ordre d'idées plus pur, plus élevé, c'est que dans mon rêve, vous me révélâtes, Jacques, que je vous reverrais, non point comme en un songe, mais en réalité en un jour de danger, et que vous m'apprendriez que dans notre dernière vie j'étais, Jacques...

— Quoi, Thérèse ? ma femme ?...

— Non, Jacques... votre sœur.

Et sanglotant, elle attira Sagrin à elle et lui donna un fraternel baiser.

— Mais ce n'est point tout, Jacques, et c'est là la cause de mes larmes et de ma douleur... vos dernières paroles avant de disparaître à mes yeux en ce rêve toujours présent à ma mémoire, furent : « Après le danger qui nous aura « rapprochés en un point de la terre où nous nous sommes « aimés comme s'aiment un frère et une sœur, vous ne me « reverrez plus en cette vie, mais dans une autre meil- « leure ! »

A ces mots, elle pressa Sagrin dans ses bras et lui dit : « Ami, vous souvenez-vous que vous reconnûtes Lisbonne et le Tage comme les ayant vus déjà ? Moi de même, ami, j'ai partagé cette impression... Peut-être est-ce en ce pays charmant que nous avons autrefois vécu tous deux, Jacques, mon ami, mon sauveur,... mon frère ! »

Hélas ! que ces instants durent être doux pour mon ami Sagrin et pour Mme Berthon. Elle eut la pensée de la séparation la première, et lui tendit le front une dernière fois en lui disant : « Ami, adieu, je vous écrirai dès mon arrivée à Montevideo après avoir tout dit à mon mari. Souvenez-vous. » Et elle ajouta : « Amitié... Espérance ! » Ce furent ses derniers mots.

Comme Jacques pressait encore son amie dans ses bras et

lui donnait le dernier baiser, le coup de canon du paquebot annonçait que l'*Equateur* partirait dans un quart d'heure. Sagrin quitta Mme Berthon sans pouvoir cacher sa vive émotion aux demoiselles Le Petit qui lui serrèrent la main et pénétrèrent dans la cabine dont la porte se referma derrière elles. Sur le pont, comme il se dirigeait vers la coupée où il pressa la main du commandant Rousseau, qu'il rassura sur l'état de sa passagère, en la recommandant à toute sa sollicitude, Sagrin vit venir à lui l'institutrice, qui le pria de me renouveler ses adieux et lui promit de s'attacher à Mme Berthon à qui « je parlerai de vous deux », ajouta gentiment cette bonne fille.

Comme Jacques arrivait à Dakar, je quittais le commandant des troupes qui venait d'apprendre qu'une passagère du paquebot et un officier avaient failli se noyer en rade. J'eus le pressentiment que c'était Jacques avec Mme Berthon et je courus à la jetée où mon ami débarquait, ses effets encore humides d'eau de mer.

« Laisse-moi, me dit-il, je veux lui écrire un mot avant que le navire quitte Dakar. » Et, par la dernière embarcation qui portait le courrier à bord, il adressa à Mme Berthon ce suprême adieu dont j'ai conservé la copie écrite de sa main :

A Madame Berthon, passagère à bord de l'*Equateur*.
(en rade de Dakar.)

Je veux vous dire encore un éternel adieu...
Si je ne dois jamais, Thérèse, ô ma chère âme,
Vous revoir ici-bas ! Quand donc et dans quel lieu
De vos grands beaux yeux noirs reverrai-je la flamme ?
— Malgré moi, c'est la femme en vous que j'adorais
Et, quand je vous pressais tremblante sur mon cœur
Vos lèvres qu'en baisers brûlants je dévorais
Etaient bien d'une femme et non point d'une sœur !
Pardonnez, douce amie, un aveu que jamais,
Timide, près de vous, je n'aurais fait entendre ;
En vous je n'ai trouvé que la sœur que j'aimais
En moi vous n'avez vu qu'un frère cher et tendre
Malgré tout, femme ou sœur, recevez tous mes vœux :
Que léger l'*Equateur* vous transporte sur l'onde
Espérance, amitié... ce sont là nos adieux
Si je ne dois jamais vous revoir en ce monde !

JACQUES.

Lorsque l'*Equateur*, quittant la bouée à laquelle il était amarré, agita la mer du remous de son hélice, le jour finissait.

J'étais assis près de Jacques sur l'un des bancs de la jetée. Nos yeux fixés sur l'*Equateur* aperçurent un mouchoir blanc s'agiter. « C'est elle », me dit mon ami que je regardai, et de ses yeux je vis tomber une larme qu'il ne songea point à me cacher. « Sœur ou femme, dit-il tout bas, je l'aurais adorée. »

La nuit qui vient tout d'un coup sous le ciel africain fit disparaître à nos yeux rapidement, derrière Gorée, le paquebot qui emportait Mme Berthon et les autres passagers, dont je dirai quelques mots dans le chapitre suivant, si le lecteur veut bien le parcourir.

VI

Nous restâmes assis je ne sais combien de temps sur ce banc de la jetée, mon pauvre ami Jacques et moi, lui silencieux, l'âme oppressée, moi muet, compatissant à sa peine.

Quelle puissance invincible exerce donc la destinée humaine, pour que dix journées passées auprès d'une femme, aient le pouvoir de faire naître ainsi le trouble dans le cœur le mieux trempé. La mort avait passé bien des fois devant Jacques sans le faire pâlir, et le départ d'une femme, arrachée subitement à son affection, le rendait faible comme un enfant. Cette traversée pleine de charmes, ces douces causeries sur le pont, l'accident qui avait mis Mme Berthon dans ses bras, leurs adieux touchants, après un temps si court, sans qu'ils eussent échangé des paroles d'amour; et comme s'ils se fussent connus et aimés durant toute une vie !... C'est là un mystère que je ne pouvais pas approfondir alors et que je comprends mieux aujourd'hui... parce que je crois au rapprochement des âmes.

Ce petit roman avait duré le temps d'un rêve, et ce rêve quelques pages auraient suffi pour le raconter... un ou deux feuillets encore et j'en aurais fait connaître l'épilogue simple comme les choses de ce monde. Mais de mon vieux carton qui sera bientôt vide, puisque je jette au feu qui purifie tout, les papiers jaunis par les années, j'ai vu sortir encore bien des souvenirs évanouis, j'ai respiré, une fois de plus, ces vagues parfums que vous connaîtrez, chères lectrices, lorsque les ans auront mis de la neige sur vos fronts, ces odeurs tout à la fois âcres et douces, qui s'échapent des cendres du passé.

Je m'étais promis de vous dire la fin rapidement. En empruntant les ailes du temps, je voulais fuir le soleil torride, revenir bien vite en France, et en quelques lignes vous apprendre quels autres événements ont achevé cette histoire ; mais auparavant, je veux reprendre pied, pour m'y attarder un peu, sur cette terre du Sénégal, qu'on appréhende de connaître, où l'on descend anxieux, craintif de l'avenir, et — chose étrange — qu'on finit par aimer et que l'on quitte à regret.

Et, vous en douterez peut-être, ils ne sont pas rares, les officiers qui, n'ayant plus de famille, oublient leur première affection, la France, pour trouver des charmes à cette terre africaine, et s'éprennent pour elle, d'un amour dont ils meurent tous, laissant comme souvenir à la rude et brûlante maîtresse, leurs os couchés pour toujours, en quelque coin ignoré, n'ayant pour linceul, que son sable aride.

Un capitaine me disait, il y a quelques mois, dans un salon, où, parmi de nombreuses jeunes filles, il eût pu jeter les yeux pour fixer sa vie et goûter le bonheur : « J'ai la nostalgie du Soudan, avant trois mois je repartirai », et, de Konakry... (Guinée française), une lettre de lui m'apprend qu'il s'est mis en route pour Tombouctou... Puis-je le blâmer, moi qui ai quitté la Cochinchine les larmes aux yeux, et la Nouvelle-Calédonie, en jurant de revenir un jour m'y établir.

Si quelque lectrice aimable de la Côte d'Azur, ou de l'Algérie éprouve un peu de dépit de lire au bas de cet article, *à suivre*, qu'elle ne s'en prenne qu'à elle de la prolixité de l'écrivain.

Trois jours après notre débarquement à Dakar, un petit vapeur de la station, l'*Archimède*, prenait à son bord les dames, les officiers et une centaine de soldats d'infanterie de marine destinés à Saint-Louis. Sagrin, moi et les autres passagers, qui ne nous étions point perdus de vue à Dakar, où il n'y avait alors qu'un hôtel et une table d'hôte, nous retrouvions sur l'*Archimède*, pour une traversée qui dure habituellement vingt heures, mais que l'état de la mer, que nous trouvâmes très forte à la hauteur du Cap-Vert, prolongea au delà de trente.

Le mal de mer, sur l'*Equateur*, avait épargné la plus grande partie des passagers ; il se venga cruellement sur l'*Archimède* qui, de dimensions plus restreintes, roulait et tanguait comme un sabot jeté à l'eau. Les officiers de marine le qualifiaient, de « barque à Caron ». J'aime à penser, pour le bien-être des camarades venus après moi au Sénégal, et appelés à naviguer sur la côte ou dans le fleuve, que l'*Archimède* et l'*Arabe* ont été démolis depuis longtemps.

Pour ma part, je n'ai jamais eu le mal de mer, mais j'en ai tant de fois constaté les douloureux effets chez les autres, que j'ai admiré, chaque fois que j'ai vu jouer le charmant opéra, *Voyage en Chine*, le passager comique qui accuse pour profession, celle de *malade*, et qui murmure à ceux qui l'approchent : « Jetez-moi à la mer, mais ne me touchez pas ».

Le pont et la petite batterie de l'*Archimède* offraient donc ce jour-là, un spectacle lamentable, un vrai champ de bataille, où, soldats et passagers civils, confondus pêle-mêle, étaient tombés sous les coups du mal cruel.

Etendues à l'arrière sur les couvertures et les oreillers pris dans les cabines, que la température élevée rendait inhabitables, les dames acceptaient sans résistance, les soins que Jacques, toujours dévoué, Jarnouski et le lieutenant de Craverse leur prodiguaient.

La cabine du lieutenant de vaisseau commandant, laquelle s'ouvrait à claire-voie sur le pont arrière, avait été gracieusement mise à la disposition d'un gros commissaire de marine dont la femme, ravissante créole de la Martinique, était couchée inerte sur le lit du capitaine, tandis qu'un gros bébé rose tenu par une jeune négresse, se vautrait sur la poitrine nue de sa mère.

Pourrait-on croire que le rire pût surgir au milieu de cette scène de désolation ? Cela fût pourtant, et celui qui la fit éclater, le quelque peu grotesque commissaire, qui n'était pas malade, ne prévoyait guère l'effet bienfaisant qu'il allait produire.

Alors que chacun était absorbé par les douloureux tiraillements de son estomac ou de ses entrailles, alors que le silence n'était troublé que par le battement alternatif et régulier des pistons de la machine, quelques notes aigres, mal soufflées, mal venues, sortant d'une flûte inhabile et aphone, essayèrent de moduler deux ou trois airs incompréhensibles qui, après une minute d'un prélude malheureux, se traduisirent lentement par la mélodie de : *J'ai du bon tabac dans ma tabatière*. Un éclat de rire sonore sortit de toutes les poitrines non endolories, et le sourire effleura le visage des plus malades. Le musicien enchanté de réveiller un écho livré à la souffrance, passa à l'air de la *Mère Michel qui a perdu son chat*, mais le sifflet fut coupé subitement par une douce voix, celle de sa femme disant en patois créole : « Oh ! ché ami, espéez quand nous débâqués à tê poû faî la musique. » — Chéîe, moin, c'était poû fé dômi le petit hiche à où. (Oh ! cher ami, attendez que nous soyons débarqués à terre pour faire de la musique. — Ma chérie, c'était pour endormir votre petit garçon).

Ce dialogue plutôt gai, complément du petit solo comique, est resté gravé dans ma mémoire, parce qu'il eût comme merveilleux résultat de distraire les passagers d'un mal qui, bien des navigateurs l'ont constaté, cesse parfois subitement, à la suite d'un événement inattendu, triste ou joyeux, ou d'un accident imprévu.

J'étais assis près de Mme Toulé, à qui le lieutenant de Craverse avait apporté de l'eau de Cologne, et fait absorber de l'alcool sur du sucre. Jacques vint lui demander de ses nouvelles. « Je suis mieux, dit-elle, grâce aux bons soins de ces messieurs et aux airs mélodieux sortis de la cabine du commandant. Puis, baissant la voix : Capitaine Sagrin, elle est bien loin maintenant la charmante Mme Berthon... Après le danger que vous avez courus tous les deux à Dakar, pourra-t-elle vous oublier ? — Et moi, Madame, pensez-vous que je puisse jamais ne plus me souvenir d'elle ! répondit Jacques.

Ce soir-là les passagers de l'*Archimède* durent s'étendre un peu partout à la bonne franquette, et je me glissai avec ma couverture et un oreiller dans un espace resté vide, entre Mme Toulé qui, tout à fait remise, grignotait un biscuit trempé dans un verre de malaga, et le lieutenant de spahis de la Hubardière, qui noyait son mal de mer dans du champagne. Muet et morose, il ne tarda pas à s'endormir, mais ma voisine, qui ne semblait pas avoir envie de sommeiller, se tourna vers moi, appuyant son coude sur l'oreiller et engagea la conversation que, par une pente fatale, elle ramena vers les événements survenus à bord de l'*Equateur*.

Elle était loin d'être jolie, Mme Toulé, mais ses yeux noirs, beaux et expressifs, donnaient du charme à son visage que déparait peut-être un nez que j'avais le mauvais goût de trouver un peu fort, et sa bouche, dont un coin relevé ajoutait un sourire malicieux à ce qu'elle disait, n'était pas désagréable. Son accent d'Avignon, me semblait quelque peu exagéré, mais en femme jeune encore, elle savait le faire accepter.

Je m'accoudai près d'elle lui démontrant avec politesse que j'étais décidé à lui donner la réplique.

« Mme Berthon, m'a promis de m'écrire, me dit-elle... Ne croyez-vous pas, capitaine, qu'elle ressentait pour votre ami M. Sagrin une tendre passion à laquelle la fin d'une traversée trop courte a apporté un dénouement cruel ? — Non, Madame, je pense que les sentiments de ceux que nous pouvons appeler nos amis, étaient d'une nature tout amicale, et le voyage n'eût rien changé aux relations respectueuses que Jacques entretint avec Mme Berthon. A la lueur des fanaux qui éclairaient faiblement notre dortoir maritime, j'aperçus errer sur les lèvres de ma brune voisine, un sourire qui me faisait voir un autre cœur de femme. Aussi passa-t-elle finement à un autre sujet. — » Capitaine, votre ami vous a-t-il aussi convaincu en matière de spiritisme ? — Comment répondre, Madame ? Je suis embarrassé, ne sachant encore qu'en penser. » — « M. Sagrin a trouvé une élève plus docile en Mme Berthon. — C'est vrai, Madame, mais les idées philosophiques et les convictions de notre intelligente compagne l'y avaient peut-être mieux préparée ; puis, certains événements de son passé, éclairés d'un nouveau jour, ont fait naître et consolider sa foi ; j'avoue que ces choses troublantes ne m'ont pas laissé insensible, Madame, et je sens que je serai très promptement un adepte convaincu lorsque j'aurai rencontré un croyant sincère, pour m'initier. — Alors, je vous en promets un, capitaine, et vous le verrez en arrivant à Saint-Louis. C'est mon mari qui est ce que vous venez de qualifier de croyant sincère. Il a tenté plusieurs fois de m'initier en me priant de me mettre avec lui et sa sœur à une table qu'on disait très bavarde, mais je m'en suis toujours défendue. — Pourquoi donc, Madame — Parce que j'ai été élevée au couvent, parce que l'Église réprouve les choses du spiritisme... enfin pourquoi ne pas le dire, parce que mon confesseur a qualifié ces manœuvres occultes de diaboliques. — Voilà le mot lâché, pauvre Madame... vous obéissez aveuglément à un prêtre qui veut vous préserver des flammes de l'enfer... Vous écoutez un homme qui se dit, qui se croit orgueilleusement ou naïvement le représentant de Dieu sur cette terre, et vous refusez de croire à ce que vous dit votre mari, qui me semble être un bon et digne homme puisqu'il ne vous interdit ni l'Église, ni ses dogmes qui tombent en désuétude, ni la confession inique et criminelle, selon moi. Si le mariage que vous prétendez une institution divine, était ce qu'il devrait être, n'est-ce pas à son mari qu'une femme devrait compte de tous ses actes, de ses moindres pensées, et les fautes commises par l'un ou l'autre des conjoints, souvent par les deux, seraient moins fréquentes si l'absolution que vous allez demander à un prêtre inconnu, indifférent, vous était donnée par votre mari, ou s'il l'attendait de vous. Donc, le commandant Toulé est spirite ? — Oui, capitaine, et s'il ne se livre jamais à aucune pratique occulte, s'il n'évoque jamais d'esprit, il a été en commerce jadis avec eux, et il vous racontera, sans trop se faire prier, quelques histoires que je crois vraies, parce que mon mari est trop sérieux pour les avoir inventées et qu'il n'eût aucun intérêt à me les dire.

Quelques-unes de ces histoires, Mme Toulé, qui ne voulait décidément pas dormir, me les raconta, et j'avoue que l'intérêt qu'elles me causèrent, me tint éveillé et intéressé. « Cet entretien m'a fait du bien, je ne souffre plus, dit en terminant

Mme Toulé, je crois qu'il est temps de dormir, donc, bonne nuit capitaine. »

Et voilà pourquoi je vous parlerai du commandant et de Mme Toulé.

Le lendemain, nous franchissions la barre, sorte de longue colline mouvante que forment les eaux du fleuve Sénégal, avec la mer, et que l'on rencontre à son embouchure et dans les divers bras du Niger. Les sables de la côte roulés dans cette lutte des eaux, s'y déposent en formant des barrières variables, qui rendent parfois très dangereuse, l'entrée de ces fleuves.

Devant Saint-Louis, l'*Archimède* nous déposa et se reposa. N'ayant pas l'intention d'étaler sous vos yeux la liste de mes états de services, je dirai en quelques mots, que je fus maintenu à Saint-Louis, et que Sagrin partit une semaine après, avec un détachement de tirailleurs noirs pour ravitailler les postes du fleuve et prendre le commandement du cercle et du fort de Bakel, situé à 560 kilomètres de Saint-Louis. Nous nous embrassâmes bien fort lorsqu'il partit... « Aie soin, me dit-il comme dernière recommandation, de bien faire suivre mon courrier... M'écrira-t-elle ? Je crains que son mari ne le lui permette pas... Et puis quand ses nouvelles me parviendront-elles ?... Ah ! Léopold, que de choses se sont passées depuis un mois que nous nous retrouvions sur les quais de Bordeaux !

— Regrettes-tu, Jacques, les événements qui se sont accomplis ?

— Non, mon vieil ami, ils devaient arriver et se succéder. Mais que l'avenir nous réserve-t-il ? Ce rêve de notre amie; j'y songe malgré moi... Reviendrai-je de Bakel ?... Qui de nous deux reverra celle qui fut ma sœur ?... *Alea jacta est* !... me dit-il en souriant. Que mon destin s'accomplisse. Quoi qu'il advienne, sois certain, Léopold, que si nous ne nous revoyons plus ici-bas, nous nous retrouverons encore ailleurs ! Rapelle-toi ceci : nous progressons, nous ne mourons pas, c'est ce que je répète à Thérèse. » Puis il me remit deux lettres, l'une pour sa mère, l'autre pour Mme Berthon. « Tu ne l'expédieras, me dit-il, que s'il arrive une missive de Montevideo, sinon, garde-la. Je ne voudrais pas que les pages que je lui ai écrites ne fussent ni demandées par elles, ni permises par son mari.

— Et pourquoi voudrais-tu qu'il ne les permit point, mon bon Jacques ? Tu penses bien que Mme Berthon, avec la finesse et le tact que j'ai constatés en elle, va te représenter comme un brave officier, qui a rempli le rôle d'un bon chien de Terre-Neuve, en la sortant de l'eau, et je ne serais pas surpris que M. Berthon t'adressât lui-même l'expression de sa reconnaissance et te suppliât de donner de tes nouvelles à sa femme. »

Le lecteur doit trouver que je parle beaucoup de moi, et, pourtant, il me faut bien dire quelques mots de ma vie au Sénégal.

Pas gai Saint-Louis, avec ses trois longues rues sablonneuses, bordées de maisons carrées et blanches, où le soleil et la lumière éclatante pénètrent partout. J'habitais rue de la Mosquée, chez un riche traitant qui occupait le rez-de-chaussée avec ses femmes et une douzaine de jeunes captives gardées à vue. La ville de Saint-Louis s'étale sur une petite île formée par le grand bras du Sénégal, sur lequel le général Faidherbe avait jeté un pont de bateaux, qui relie Saint-Louis à Sor ; et par un léger contour du fleuve, traversé par le pont de Guet'N'Dar. C'est au-delà de ce pont qu'est relégué le village Yolof, régulièrement incendié une fois par an, pour le plus grand bien de la salubrité publique.

Les Maures Trarzas passent le pont de Sor avec de nombreux chameaux chargés de gomme et d'arachides, qu'ils viennent vendre aux traitants. Vieille race biblique que cette population nomade des Maures, dans laquelle on retrouve l'Indien, l'Égyptien, et le Juif des temps jadis.

Le sable, le soleil et les mouches, causent chez les Sénégalais, de nombreuses ophtalmies. Les yeux des enfants qui ont trop d'apathie pour les chasser sont couverts de mouches, aussi les aveugles sont-ils en grand nombre à Saint-Louis. Chaque matin, ils viennent de Guet'N'Dar, mendier par la ville, et j'étais régulièrement éveillé par le cri monotone de ces pauvres diables : « *Allah tar balana !* » Au nom de Dieu, la charité !

Au bout de quelques semaines, j'étais devenu intime chez

le commandant Toulé, à qui sa femme avait présenté Sagrin et moi en des termes bienveillants et flatteurs.

Tous les deux étaient natifs du Vaucluse, et en avaient l'accent pittoresque dont un provençal disait : « Rien, zamais, il ne peut nous faire perdre l'assent... pas même la mort elle-même ! » Donc le commandant était spirite, et il l'était depuis son enfance.

C'est à lui que l'on devra s'en prendre de l'addition de quelques pages supplémentaires, que je ne suis pas fâché de vous forcer à parcourir, aimables lecteurs.

Et puisque je vous ai promis les histoires dont Mme Toulé m'avait donné un avant-goût, sur l'*Archimède*, alors que nous roulions bord sur bord, couchés l'un à côté de l'autre, situation bizarre et anormale, que peuvent apprécier, seuls, les lecteurs qui ont navigué par tous les temps, je vais me hâter de le faire, pour revenir à ceux qui m'ont laissé seul, Mme Berthon bien près d'arriver à Buenos-Ayres, Jacques, parti pour Bakel, à plus d'un mois de Saint-Louis !

Un fait conté par un témoin digne de foi, m'a toujours plus séduit que la chose lue. Je recopie donc fidèlement ce qui nous fut dit par le commandant Toulé, et si j'éprouve quelque regret, c'est de ne pouvoir y ajouter un peu de son accent pittoresque et de son esprit méridional plein de finesse.

Ces histoires — elles ne seront pas longues — sembleraient extraordinaires encore à la généralité des humains. Mais l'humanité, me disait un jour le vieil Allix, mort l'année dernière, se croit vieille, pense tout savoir, et ne se doute pas que, malgré son âge, plus de mille fois millénaire, elle est encore dans sa prime enfance. Pour mieux écouter notre narrateur, entrez avec moi, par la pensée, dans le cadre où je me revois en relisant ces notes... C'est là-bas, sur ce sol africain, brûlé tout le jour par un soleil de feu ; la nuit est venue, prompte comme un rideau qui tombe, la douce brise du soir, qui rend parfois les nuits agréables à Saint-Louis, agite légèrement les feuilles de deux hauts palmiers-dattiers, qui, montant de la cour, semblent de grands éventails mis en mouvement par des mains invisibles. Nous sommes étendus dans de confortables fauteuils de rotin, une grosse lampe dont le globe est recouvert d'un voile vert, attire moins les insectes, et maintient une demi-obscurité propice aux contes et au sommeil. Un noir vient d'aroser la galerie bitumée et de déterminer ainsi une réelle fraîcheur. Dehors, le silence est morne ; le clairon des tirailleurs a sonné l'extinction des feux ; tout se tait. Parfois le pas lourd de quelque Yolof s'éteint dans le sable de la rue ou bien, c'est au loin la mer, sur la côte, c'est le cri guttural des chacals ou de la hyène, rôdant aux alentours du cimetière de Guet'N'Dar Dans le ciel pur, des milliers d'étoiles.

Mme Toulé, grassouillette et souriante, est enveloppée d'un long peignoir de toile légère, agrémenté de broderies. Le commandant Toulé, petit et sec comme un Maure, se dissimule dans un boubou sénégalais ; le visage de ce vieil officier du génie est noblement enlaidi par une balafre qui le sillonne du front au milieu de la joue, glorieux souvenir de Crimée. Mon lieutenant Maurer, sa femme, petite et avenante, le capitaine Surgy de l'artillerie, vous, lecteurs, et moi, sommes les auditeurs.

— Donc, commença le commandant, vous voulez, mon cher Danvil, que je vous raconte des choses auxquelles personne de vous ne va croire. — Pardon, mon commandant, votre femme, et notre ami Sagrin, dont je n'ai jamais regretté le départ comme ce soir, m'ont préparé à vous entendre, et je vous accorde toute mon attention. — Et nous de même, répondirent les autres, comme un écho flatteur.

— Eh bien, je n'étais encore qu'un enfant, tout à tour très joueur et très studieux, nous dit M. Toulé, lorsque, pour la première fois je constatai quelque chose de bizarre en moi. Me couchant après avoir lu seulement une fois mes leçons, je m'éveillais les sachant par cœur. Il m'arriva vingt fois de trouver dans mes rêves la solution des petits problèmes qui m'étaient donnés. J'appris le piano en me jouant, et je sentis souvent une main qui tenait ma main gauche et me faisait refaire l'exercice négligé. D'autres fois, j'entendais une douce voix me dire à l'oreille : « Henri recommence, et loin de manifester un étonnement bien naturel, une peur compréhensible, il me semblait qu'un être cher était là... invisible, mais sensible, auprès de moi. Un jour que je répétais à haute voix, quelques vers de Virgile, et que j'avais du mal à franchir certaine hémistiche, la voix inconnue me la souffla et je ne l'oubliai plus.

Jusqu'à ce jour, je n'avais rien dit à ma mère, ce qui doit vous sembler très curieux. Ce n'était pas de ma faute, car chaque fois que je voulais parler, un autre que moi, quoiqu'en moi, me disait : tais-toi.

Un matin que j'avais exécuté fort mal une petite sonate, que je jouais pour la première fois, je sentis qu'on me tenait la main pour me la faire recommencer. Après cela, je la jouai littéralement.

J'osai, ce jour-là, tout dire à ma mère qui, sans manifester la moindre surprise, me répondit doucement : je sais tout cela, n'en sois pas effrayé, mon petit Henri, c'est ta sœur Pauline qui est toujours là avec nous, nous parlons assez souvent d'elle devant toi, pour que tu me croies.

Ma sœur Pauline était morte à seize ans, lorsque j'étais tout petit, et, chose étrange, sa présence se manifesta seulement lorsque cette âme d'élite, sentit que moi, son petit frère, j'avais besoin d'elle.

Des mois, puis toute une année se passèrent, sans que je ressentisse sa sainte et fraternelle influence.

J'arrivo à l'époque de mes examens du baccalauréat, que je passai à Montpellier. J'étais ce qu'on qualifie d'élève très « calé » en mathématiques, et cependant la façon dont me fut posée l'une des questions, m'embarrassa tellement, que les yeux fixés sur le tableau noir, la craie à la main, j'étais hésitant, perplexe, muet. Eh bien, me demanda l'examinateur, attendez-vous qu'un esprit vous souffle votre problème ?
— Oui, Monsieur, répondis-je sans savoir ce que je disais.
— Cette question et ma réponse provoquèrent l'hilarité de l'assemblée. Mais alors il se passa une chose étrange, ma main, qui tenait la craie, s'approcha malgré moi du tableau, et après avoir frappé plusieurs coups, se mit à courir toute seule, écrivant avec rapidité plusieurs lignes d'équations fort exactes et après la solution traça rapidement un grand trait comme pour dire : c'est tout.

Relisez et expliquez, ajouta le professeur, vous hésitiez tellement, que je suis surpris. Et, relisant, je fis une démonstration très nette de la formule algébrique. Une seconde question obtint le même résultat... instant de silence, puis rapide solution. L'examinateur me donna la note 20, en me disant : « Vos hésitations venaient, je le vois, de la coordination de vos pensées, à moins que, ajouta-t-il en souriant, l'esprit que vous attendiez ne vous ait dicté vos réponses. »

Vous dirai-je que c'était l'âme de ma sœur Pauline qui me les avait soufflées ? Non, car elle n'avait pas fait d'études qui lui permissent de me venir en aide en la circonstance, et je ne pense pas que la mort donne à notre âme la science infuse, mais, doutez-en si vous voulez, c'est par l'entremise de ma sœur, que j'appellerai mon ange gardien, ainsi que me l'assurait ma mère, que l'âme d'un mathématicien m'a remis dans le bon chemin.

Plus tard, à l'Ecole Polytechnique, où j'entrai en 1850.... vous voyez que vous êtes des enfants à côté de moi, je fus toujours aidé, la nuit, surtout pendant mon sommeil, par un ami, qui, dans le costume grec, me conseillait sur les questions à traiter...

Aux examens de la seconde année, comme j'étais très ambitieux de sortir dans les vingt premiers, mon ami... Pythagore ou Socrate, peut-être Platon, ou un de leurs amis, vint me dire que puisque une jeune âme amie l'avait prié de me guider, je devais être juste et ne point désirer le rang que je n'aurais pas dû entièrement à mon travail personnel, mais celui que mon intelligence seule me donnait, à valeur égale, entre tous mes camarades, et je sortis avec le n° 36, qui m'a condamné à l'arme du génie, où j'ai végété. Je ne fis qu'une année d'école d'Application à Metz, et, en 1854, je partis pour la Crimée.

Mon esprit ami, ma sœur, veillait sur moi et me préserva certainement du froid et de la misère, durant le rude hiver qui fit geler et dégeler tant d'Anglais, dit en riant de ce mot notre conteur, qui avait le mot plaisant.

A propos, il fait chaud..., Mamadou, offre-nous des rafraîchissements.

VII

Et Mahmadou Mar Diaï, fils de Samba, interprète du gouvernement, fit le tour de l'assistance, présentant à chacun le plateau chargé de verres d'orgeat, de limonade et de bière, tout comme au théâtre, boissons glacées et délicieuses si appréciées dans les pays chauds.

« Une nuit — reprit le commandant du génie, que malgré le froid intense, je dormais profondément sous ma tente, enveloppé de plusieurs peaux de moutons dans la grande tranchée ouverte devant Sébastopol, non loin du Mamelon-Vert, je fus éveillé par un bruit léger. J'aperçus, près de moi, une jeune fille dont le visage semblait lumineux, phosphorescent ; elle était debout, immobile et me regardait avec douceur en gardant une pose angélique. Elle prononça d'une voix douce les paroles suivantes, que je suis certain d'avoir bien entendues puisque je les ai retenues : « Henri, je suis ta sœur Pauline qui, tu le sais, n'a jamais cessé de veiller sur toi. J'appartiens à cette innombrable légion d'âmes, d'esprits légers, invisibles à vos yeux mortels, mais tous attachés encore à la terre par des liens d'amour. Parfois, d'autres esprits, supérieurs en vertus et en puissance, soulèvent pour nous un coin du rideau vaporeux et nous permettent de lire un instant dans l'avenir. Nous pressentons ainsi les douleurs physiques et morales qui affligeront les êtres aimés que nous avons la mission de secourir ou de consoler. Mon frère, je viens de te voir blessé, couché sanglant sur le sol. Tu vas être frappé, mais non mortellement ; je veillerai sur toi qui as encore une longue tâche à remplir ; sois courageux, fais ton devoir. Je préviendrai notre chère mère et Anna, qui attendront ton retour en France... Au revoir ! »

« Et la vision qui m'apparut bien réelle, s'évanouit et je me rendormis ou continuai mon rêve. Au matin, je fis part de ce fait à deux de mes camarades, moins pour leur faire partager mes impressions que pour désigner deux témoins de cette prédiction. — Hallucination, me répondit le premier. — Cauchemar, dit l'autre.

« La veille de l'assaut de Malakoff, je reçus la mission périlleuse d'aller, avec douze sapeurs du Génie, à la nuit tombante, faire sauter un terre-plein couvert et déjà miné, aux abords de la place, ce qui devait permettre aux assaillants de mener plus promptement l'attaque de ce côté.

« Nous approchions, moi et mes sapeurs, du couloir indiqué, lorsque nous fûmes aperçus des remparts. Je vis l'éclair d'une pièce illuminer le sentier, et un obus russe habilement dirigé par un pointeur que je félicite encore vint éclater juste au milieu du groupe.

Sept mineurs furent tués, et les cinq autres couchés avec moi, tous grièvement blessés. Un vrai coup de roi !... Lorsqu'on vint nous relever, on me crut mort, mais je respirais ; je fus porté à l'ambulance le visage ouvert, ensanglanté... La blessure lavée, les chirurgiens me firent une belle couture, afin de fermer la large plaie faite par un des éclats de l'obus que nous avaient si adroitement adressé, franc de port, nos amis les Russes, et vous voyez, nous dit en riant le vieil officier en tendant le cou pour mieux nous faire voir sa joue balafrée, que ce n'est pas ce que ces dames appellent une « reprise perdue ! »

« J'avais donc bien été averti, dans un rêve prémonitoire, de l'événement qui devait survenir, et je jurerais que j'ai vu et entendu ma sœur Pauline. Enfin, pour terminer ces histoires que vous qualifierez de diaboliques en sortant d'ici, j'ajouterai que, dans la nuit où je fus si durement couché sur le carreau, ma mère et Anna mon autre sœur rêvèrent toutes les deux que j'étais frappé mortellement... télépathie !

« Depuis ce temps, j'ai suivi avec une attention bien grande tout ce qui a été dit et écrit sur le spiritisme, ajouta encore notre sympathique conteur. En 1868, je fus présenté à Allan Kardec, dont les ouvrages commençaient à se voir traduits dans toutes les langues. Ce fut un soir qu'il avait fait l'honneur à un groupe d'anciens élèves de Polytechnique, adeptes de sa doctrine, de dîner avec eux. La parole de cet homme simple et modeste, bien que fort instruit, me toucha bien réellement. J'ai lu tout ce que sa plume a écrit et je crois, en mon âme et conscience que, dans les siècles futurs, le nom d'Allan Kardec sera connu et admiré de l'humanité tout entière, comme le seront jusqu'à la fin des siècles, ceux de Socrate, Pythagore, Platon, Descartes, Voltaire et Jean-Jacques-Rousseau. Et les générations futures, bénissant sa mémoire, lui devront une croyance unique, basée sur la raison, la sagesse, la vertu, la vraie charité, le mépris de la mort et la certitude d'une ascension constante de l'âme immortelle vers un Dieu unique, grand, juste, que nous ne connaissons pas, que nous ne comprenons pas, mais dont nous lisons partout le nom sublime. »

Ainsi parla le vieux commandant du Génie, que nous quittâmes en le remerciant sincèrement. Je lui serrai les deux mains et exprimai à Mme Toulé le plaisir que je lui devais de m'avoir fait entendre ces choses intéressantes et surtout dans un lieu plus agréable que sur le pont de l'*Archimède* où elle m'en avait dit quelques mots.

Je promis à ces voisins aimables de venir de temps en temps, le soir, causer avec eux d'un sujet si captivant, ce que je fis pendant les quelques mois que je demeurai à Saint-Louis. Pourtant, je confesse que, malgré ce récit, et d'autres encore, que je vous dirai par la suite, je demeurai durant des années, distrait par mes campagnes, sans donner moi-même à l'étude du spiritisme, les heures que je lui ai consacrées plus tard et qu'il a su remplir de tant de consolation et de charme.

Il y avait deux mois que Sagrin était parti pour Bakel, lorsque *l'Arabe* rentra à Saint-Louis de sa longue tournée dans le fleuve, et m'apporta une volumineuse lettre de mon vieux camarade. Il me décrivait son long voyage et son installation au Poste dont il avait fait un dessin, il me disait la chaleur torride de ce point, l'un des plus chauds du globe où il notait journellement 40 degrés. Sa santé était bonne, et il était plein de courage, comptant bien revoir la France et sa vieille mère. Puis, passant à un autre sujet plus tendre, il m'écrivait : « Son souvenir reste vivace en mon cœur, dix fois par jour, je me revois sur cet *Equateur*, où nous avons vécu de si charmantes heures, je lui écris chaque matin plusieurs pages pleines d'un sentiment que je voudrais cacher à moi-même, et, le soir venu, je les relis et je les brûle. Tu trouveras sous cette enveloppe une lettre pour elle, toute fraternelle, revue, corrigée et sensiblement diminuée, que tu lui adresseras. Son mari la pourra lire sans y trouver une virgule de trop. »

Quelques jours après, un paquebot apportait de Buenos-Ayres, une lettre de Mme Berthon à Mme Toulé, qui me fit prévenir et qui me la communiqua avec amabilité. Notre compagne de traversée racontait la fin de son voyage et les incidents qui l'avaient distraite à bord. Elle avait dit à M. Berthon la conduite du capitaine Sagrin, l'amitié qu'elle lui avait donnée, et, très touché, il avait très simplement autorisé sa femme à lui écrire. Il refusa même de jeter les yeux sur la lettre qu'elle lui adressait et qui dormait au bureau de poste de Saint-Louis dans le sac destiné à Bakel... Pauvre missive, combien de jours attendrait-elle là un prochain bateau remontant le Sénégal... peut-être un mois, puis, un mois encore pour parvenir à Jacques.

Plus d'une année s'était écoulée ; j'avais fait deux fois colonne à Koki et dans le N'Diambour, puis, j'avais été renvoyé à Dakar et à Gorée dont j'avais le commandement.

Gorée la Blanche, Gorée la joyeuse, comme elle s'appelait au temps de sa splendeur commerciale, est un îlot de granit de 6 à 700 mètres de long sur le tiers en largeur, c'est-à-dire que, de la pointe du Castel à la pointe Pinet-Laprade, la cigarette qu'on vient d'allumer n'a pas eu le temps d'être consumée. Si le commerce y fut jadis florissant, les quelques magasins, les boutiques qui subsistent dans cette petite île abrupte, ne le rappellent guère. Dakar, né de Gorée, a frappé mortellement sa mère et la voit mourir chaque jour. Sans le fort perché à 40 mètres au-dessus du niveau de la mer et qui protège Dakar et Rufisque, Gorée n'aurait plus d'habitants. Les beaux et solides travaux faits sur le rocher altier, les vastes citernes que les pluies torrentielles d'une ou deux tornades suffisent à remplir pour l'année, l'ancien gouvernement, l'hôpital et les bureaux de l'administration, tout prouve l'importance qu'a possédée Gorée où la garnison réduite à une compagnie d'Infanterie de marine et à une demi-batterie, était, en 1845, de deux bataillons et de deux batteries.

A Gorée, j'eus sous mes ordres, le lieutenant Galliéni, ce dont je m'honore, aussi m'en voudrais-je de ne pas dire ici quelques mots de ce vieux frère d'armes que je connaissais depuis sa sortie prématurée de Saint-Cyr pour la guerre. Nous fîmes partie du même bataillon dans le régiment formé à Rochefort par notre brigadier, le vaillant général Martin des Pallières, en juillet 1870. Galliéni était sous-lieutenant à la 11e compagnie, et moi, lieutenant de la 14e, ayant pour capitaine Doods, qui devait s'illustrer quelques années plus tard par la conquête du Dahomey et la prise du roi Béhanzin... Faits prisonniers à Sedan au lendemain de Bazeilles, Doods parvint à s'échapper au péril de sa vie ; Galliéni fut conduit en Allemagne et interné à Neubourg pendant que j'étais conduit à Magdebourg.

Deux ans après, en 1872, Galliéni venait me rejoindre à l'île de la Réunion, où, lieutenants tous les deux, nous vécûmes côte à côte dans deux petites « cases » ombragées par les arbres, les palmiers et les lianes du même jardin. Est-il utile de dire la bonne affection qui nous unissait, alors qu'il faisait avec moi des duos de flûte et des dialogues en anglais, sans se soucier de son glorieux avenir. En 1874, je quittai mon camarade et la Réunion pour rentrer en France, capitaine et, en 1877, j'eus la joie de voir Galliéni venir me retrouver au Sénégal. Lorsqu'il fut promu à son tour, le gouverneur Brière-de-l'Isle qui avait appelé le capitaine Galliéni auprès de lui, le désigna, en 1879, pour se rendre en mission chez le sultan de Ségou, le cruel et fourbe Ahmadou. La mission, composée de Galliéni, du lieutenant Vallière et du docteur Tautain, fut retenue plus d'une année à Ségou, par le cauteleux Almami, dans une captivité toute politique qui se termina par un traité avantageux pour le commerce français dans le haut Niger, et qui est dû entièrement à l'habileté de Galliéni.

A son retour, la fortune le prit par la main et, tout aveugle qu'elle est habituellement, la déesse, sut discerner en lui un vaillant soldat, un Français plein de valeur, et ne l'abandonna plus. Mon lieutenant de Gorée est aujourd'hui général de division, gouverneur de Madagascar (1), et si jamais chef

(1) Aujourd'hui Gouverneur de Lyon.

s'est montré constamment digne de sa gloire et de sa fortune, c'est bien Galliéni.

A Gorée, la vie était uniforme, monotone, mais les événements que l'homme ne prévoit pas et que sa faible main ne peut détourner, se chargent d'en agiter et d'en troubler le cours.

A part le commandant du fort et l'officier d'artillerie, tenus de résider au Castel, les autres officiers, les médecins, le commissaire de marine et les commis, habitaient en ville au pied du Castel.

Le lieutenant d'artillerie, nommé Barrère, et sa jeune femme étaient musiciens ; je leur ai dû bien des soirées agréables et, quelques romances, dont j'ai toujours gardé la copie, m'empêcheront d'en perdre le souvenir. Que de fois, après une ou deux heures de chant et de piano, nous nous étendions, pour jouir d'un peu de brise de mer, dans les nuits chaudes, sur de longs fauteuils de toile à voile, où nous causions et nous endormions jusqu'au jour, sous le feuillage épais des grands arbres à caoutchouc qui ombragent encore le pavillon des officiers... Je ne sais ce que sont devenus tous mes aimables compagnons de cette captivité qu'était notre commune existence à Gorée, mais ces lignes prouvent que je ne les ai pas oubliés. Notre plus grande distraction était de traverser la rade et d'aller déjeuner à bord des paquebots arrivant de France ou d'Amérique.

Le Sénégal ne causerait pas tant d'effroi aux jeunes officiers et aux soldats coloniaux, si la fièvre jaune n'y venait à des époques intermittentes variant de cinq à huit ans, faire des visites qui laissent toujours un souvenir trop cruel de son passage. L'épidémie de 1878 fut une des plus sanglantes, et l'armée coloniale a inscrit cette année-là à son martyrologe à Gorée, Dakar, Saint-Louis et dans les postes, 22 officiers, 12 médecins et 332 sous-officiers, caporaux et soldats... Passons sur ce souvenir trop lugubre qui m'enleva quelques-uns de mes meilleurs camarades.

Un soir que j'étais absorbé dans la traduction laborieuse d'une lettre en espagnol que m'avait adressée du port de Gorée le capitaine d'un petit bateau dont l'équipage avait été enlevé par l'épidémie, et qui demandait des noirs pour remplacer ses matelots, je vis ma porte s'ouvrir. Un officier aux yeux brillants de fièvre, au teint jaune, se précipita vers moi en m'ouvrant ses bras... C'était Jacques, ou plutôt son ombre ! Je lui rendis son étreinte en pressant son corps amaigri. « Ah ! mon vieil ami, lui dis-je les larmes aux yeux, comme tu es changé ! — Ça va mieux pourtant, murmura-t-il en souriant et en s'asseyant sur mon lit..., mais, il s'en est fallu de peu que tu ne revisses plus ton pauvre Jacques. » En ce moment mon ordonnance me prévint que le dîner était servi. Jacques prit peu de chose. Je le contraignis à se mettre au lit dans une chambre voisine où je lui souhaitai une bonne nuit, ne voulant pas le fatiguer par une conversation qui, je le savais, ne finirait pas si elle commençait.

Il s'éveilla gai et dispos, et, après avoir pris le café fait de mes mains, il alluma une cigarette, ce qu'il n'avait pu faire depuis son départ de Bakel, et me mit au courant des événements survenus depuis seize mois que nous nous étions quittés.

La fièvre jaune avait cruellement sévi dans son poste, tout son détachement, moins lui et un sergent, avait été enlevé en moins d'une semaine. Son lieutenant, un adjudant, 2 sous-officiers et 10 soldats dormaient, là-bas, sous le sable de Bakel ! l'*Arabe*, qui ravitaillait le fleuve, était arrivé juste à temps pour emporter Sagrin, mourant, laissant au poste 12 tirailleurs noirs sous le commandement d'un officier indigène, Mamadou Rassine. Pendant la descente du fleuve, le médecin du bord, le Dr Patouillet, un de nos camarades de Calédonie, lui avait prodigué ces soins fraternels, connus seulement des officiers qui s'en vont bien loin de la mère-patrie, où, lorsqu'ils souffrent, ils voient l'amitié remplacer la famille.

En arrivant à Saint-Louis, Sagrin, encore bien faible et fiévreux, entrait à l'hôpital d'où le Conseil de santé le renvoyait en France. Il était donc venu à Dakar attendre le paquebot qui devait le rapatrier, et j'eus le plaisir de le garder cinq jours avant de s'embarquer sur le *Niger*, où je l'accompagnai ainsi que le lieutenant d'artillerie et Mme Barrère dont la période coloniale était achevée.

Ces quelques jours de calme, de repos, d'affection, avaient

remis du carmin aux joues de Jacques et rallumé l'expression vive de ses yeux... Mais aussi, nous avions beaucoup parlé de Mme Berthon... Le soir qui précéda son départ est toujours présent à ma mémoire, et je n'avais pas besoin de ces vieilles notes pour me le rappeler. J'avais eu à dîner le couple Barrère qui avait fait ses malles et nous avait présenté son successeur au pavillon d'artillerie. C'était un grand beau garçon nommé Desplanques, arrivé depuis trois jours de France, et qui faisait sa première campagne. Plein de goût pour la poésie, il nous déclama quelques pièces de vers et ne tarda pas à nous dire qu'il était spirite, ce qui provoqua l'hilarité du joyeux Barrère. Après avoir rendu la liberté à mes invités, Jacques et moi nous étendîmes dans nos longs sièges, sous mes beaux arbres à l'ombre épaisse que perçaient discrètement çà et là, comme des flèches diaphanes, les rayons d'argent de la lune. Nos yeux fouillaient dans l'infini de la voûte étoilée le pur ciel africain. Orion avec ses belles étoiles brillantes resplendissait au Zénith... : « Vois-tu, me dit Jacques, voilà le signal..., c'est Orion qui le donne, Thérèse, de la terrasse de sa maison, regarde au ciel et cherche ces étoiles... Tu te souviens qu'elle nous dit un soir que lorsqu'elle verrait Orion, elle penserait à nous ? — Comment l'oublierais-je, Jacques. » Alors, il me chanta de sa voix agréable toujours malgré sa faiblesse, une romance qu'il avait faite à Bakel, et dont voici les premières strophes :

> La nuit silencieuse éployant son long voile,
> L'attache doucement vers le septentrion.
> Puis, tendant les côtés sans cacher une étoile,
> Elle pique au milieu les clous d'or d'Orion.
>
> De ce sable brûlant où seul et si loin d'Elle
> Pour fuir et m'envoler vers son ciel plus joyeux,
> Que ne puis-je emprunter l'aile de l'hirondelle
> Et ce soir apparaître un instant à ses yeux ?
>
> Plutôt, si de mon corps pouvait s'enfuir mon âme,
> Je dormirais ici, paisible et consolé
> Pendant qu'à l'âme sœur elle irait, vive flamme
> S'unir et remonter vers l'azur étoilé.

C'était faible évidemment comme poésie, mais faire des vers

à Bakel par 40 degrés de chaleur, c'était au moins méritoire, et je déclarai à Jacques que l'air sentimental qu'il avait noté lui-même ajoutait un grand charme à sa romance. Il sourit et, se sentant revivre, il laissa parler son cœur devant moi, l'étalant comme ces fleurs qui n'attendent que le calme et la fraîcheur du soir pour ouvrir leur corolle odorante.

— Tous les courriers venant de Saint-Louis m'ont apporté une ou deux lettres de notre amie, me dit-il... Comme c'était long de les attendre deux mois ! Lorsque l'épidémie se rua sur notre petite garnison européenne et m'atteignit le dernier, je crus que j'allais mourir quand l'*Arabe*, qui vint m'arracher de Bakel, m'apporta sa dernière pensée qui fut pour moi le remède le plus salutaire. Ces pages charmantes me servirent de viatique efficace durant les journées brûlantes de la descente du fleuve.

Et Sagrin qui ne pouvait avoir de secret pour moi, me donna toute cette correspondance où mon nom revenait quelquefois sous la plume de Mme Berthon. Il ne m'appartient pas de dire ce que sa noble affection traduisait à celui qu'elle appelait « son frère », mais je compris que ces feuillets avaient été, là-bas, sous le ciel brûlant et mortel, un baume consolateur payé de quelques larmes sans prix. Chaque fois que Thérèse recevait une lettre de celui qu'elle appelait « le frère Jacques », elle la tendait à M. Berthon, en lui disant : « Voulez-vous me la lire, mon ami ? » Cet excellent homme qui devinait certainement entre les lignes un sentiment plus doux que ne le laissait paraître l'écrivain, en souffrit peut-être, mais, aimant sa femme comme on aime une épouse pure et honnête, il n'eut jamais la cruauté de faire cesser une correspondance à laquelle la mort impitoyable devait mettre le dernier point.

Sur le *Niger*, avant de nous séparer, je racontai à Jacques les histoires du commandant Toulé. — Rien ne me surprend, dit-il, et, en France, je compte profiter de mes six mois de convalescence pour me livrer à une étude approfondie du spiritisme, et j'enverrai à Thérèse ce que je lirai de meilleur pour réconforter son âme.

— Adieu Jacques. — Au revoir Léopold. Qui de nous deux reverra celle dont je m'éloigne encore ?... Dieu seul le sait !

Après nous être étreints fraternellement, je redescendis dans la baleinière qui me ramena bien triste à mon rocher peu folâtre de Gorée.

Le soir, suivant les indications de Jacques, j'adressai une lettre de lui à Mme Berthon, et j'y ajoutai les quelques lignes suivantes :

« Madame,

« Notre ami Jacques Sagrin, revenu de Bakel, assez souffrant, s'est remis, grâce à Dieu et aux soins de celui qui vous envoie un souvenir respectueux.

« Il a passé cinq jours avec moi sur le rocher de Gorée d'où il regardait souvent Dakar. J'ai éprouvé un regret réel en l'embrassant, mais sa santé est meilleure, et je compte bien le retrouver tout à fait rétabli dans quelques mois lorsque ce sera mon tour de revoir la France et ma mère.

« Veuillez agréer, Madame, l'expression de mes sentiments bien dévoués et l'assurance du souvenir agréable que je garderai toujours de vous.

« L. D. »

VIII

Après le départ de Gorée du lieutenant d'artillerie Barrère et de sa compagne, petite et mignonne, je trouvai bien silencieux les échos du pavillon des officiers, habitués qu'ils étaient à répercuter les sons joyeux du piano et des romances chantées en chœur.

Le passage de Sagrin m'avait fait du bien ; nos longues causeries nous avaient rajeunis ; nous avions évoqué les souvenirs d'antan à l'âge de l'insouciance ; nous avions revécu les beaux jours du tour du monde sur les vieilles frégates à voiles *Sibylle* et *Néréide* qui nous avaient, à elles deux, bercés neuf mois dans leurs flancs avec deux joyeuses promotions d'aspirants de marine. Nous nous étions rappelé nos longues marches en Nouvelle-Calédonie, alors qu'il n'y existait ni sentiers, ni routes, constamment au milieu des tribus de Canaques, grands et doux enfants qui ne mangeaient de chair humaine que lorsqu'ils n'avaient plus rien à se mettre sous la dent, ni ignames, ni taros. Tahiti nous avait fait sourire le cœur et nous avions fredonné deux ou trois airs d'himénés... Tout cela était envolé, évanoui, mais inoubliable.

Le silence qui succédait à quelques jours assez gais me faisait paraître ma solitude plus sombre, la chaleur plus pesante, le cri rauque des vautours plus lugubre.

Pourtant je souris en retrouvant dans mes notes les noms de deux petits camarades, à qui je dus de gais instants de distraction ; l'un était un joli petit singe des bords du Sénégal que j'avais dénommé Paillasse, l'autre un chaton qui s'appelait Marsouin. Ils me donnaient la comédie la plus risible pendant mes repas, et, ce qui n'était pas le moins comique, c'était le ton de mon ordonnance, Langlois, me demandant : « Mon capitaine veut-il que j'apporte Paillasse et Marsouin pour le faire « rigoler » un brin ? » Pauvres bestioles, elles me quittèrent toutes les deux à quelques jours l'un de l'autre, pour obéir à leur destin, tout comme des chrétiens, Paillasse empoisonné par « je ne sais quoi », me dit le docteur ; Marsouin tombé du haut du rocher, où l'avait saisi dans ses serres, puis lâché en l'air, l'un des aiglons pêcheurs et voraces dont les rochers de Gorée étaient le repaire.

Tant pis pour qui rira, j'ai pleuré deux jours durant ces petits compagnons, me demandant où avaient pu s'en être allées leurs âmes naïves de bonnes petites bêtes ?

J'ai bien envie de copier une autre anecdote, qui serait si amusante racontée par la plume d'un Courteline ou d'un Grosclaude, et illustrée par le crayon d'un Caran d'Ache.

Je sais que sa place n'est peut-être dans ce volume... Mais c'est un souvenir de soldats... Tant pis pour les lecteurs sérieux, je la glisse :

Par un après-midi brûlant où rien ne bouge là-bas, je lisais, étendu sur un long fauteuil, à l'ombre de mes grands arbres devant la porte du pavillon, lorsque je remarquai un groupe d'étrangers se promenant sur l'un des parados, d'où ces personnages semblaient examiner les travaux de défense.

Très surpris, j'ordonnai à mon planton d'aller chercher le

14

sergent de garde à l'avancée et lorsque ce sous-officier, un brave garçon, aujourd'hui capitaine, fut devant moi :

— Quels sont ces gens-là ? lui demandai-je brusquement.

— Mon capitaine, c'est l'empereur du Brésil, Don Pedro, avec son état-major.

— Et vous ne m'avez pas prévenu immédiatement de sa visite ?

— Non, mon capitaine.

— Et pourquoi cela, sergent ?

— Ah ! voilà, mon capitaine... Quand ces messieurs se sont présentés au poste, le grand à la barbe blonde, à la casquette dorée, m'a dit : « Sergent, je suis l'Empereur du Brésil, ces messieurs sont de ma suite ; nous voudrions simplement jeter un coup d'œil sur la mer, du haut des remparts. Faites-nous accompagner par un homme de garde, je vous prie, mais, surtout, ne dérangez ni le commandant du fort, ni aucun officier... ces messieurs faisant probablement leur sieste, et puis, ajouta-t-il en riant, nous ne sommes pas des espions. »

— Et alors, sergent, vous avez cru inutile de me prévenir ?

— Oui, mon capitaine... je me suis dit : si j'éveille le commandant du fort, il va donner l'ordre de prévenir les hommes, l'officier d'artillerie, les artilleurs, tirer le canon peut-être... dame ! pour l'empereur du Brésil ! et devinant sous cette belle barbe d'or la physionomie d'un brave homme, j'aimai mieux ne rien dire et laisser partir tous ces gens-là comme ils étaient venus, tout en les surveillant, sans déranger personne, surtout vous, mon capitaine.

— Et vous n'êtes pas un imbécile, sergent Champmartin, mais vous saviez bien que je dois être informé de la présence de tout étranger et que vous n'avez d'ordre à recevoir que de moi seul.

— Oh ! mon capitaine... pourtant l'ordre d'un empereur... pour une fois !

— C'est bien, puisque Sa Majesté Don Pedro n'a pas cru devoir me déranger, je me garderai d'aller au-devant d'elle, et vous laisserez l'empereur et sa suite se retirer sans observations, mais comme vous n'avez pas obéi au règlement sur le service des places de guerre vous serez puni.

Et j'infligeai à ce sergent trois jours de consigne avec le

motif suivant : « A laissé pénétrer un empereur dans le Castel de Gorée, sans avertir le capitaine commandant la place. »

— Mon capitaine, me répondit Champmartin d'un air finaud, j'ai bien mérité d'être consigné, mais ce motif de punition me restera comme un souvenir de l'Empereur... et de vous !

Les petites causes peuvent amener de grands effets, jugez-en :

Au rapport du lendemain, le chef de bataillon de Dakar, en lisant cette punition, dicta au fourrier de semaine : « Le capitaine commandant le Castel viendra parler ce soir au chef de bataillon. »

A 4 heures, une baleinière me débarquait à Dakar.

« Ah çà, me dit le commandant Belloc, moitié souriant, moitié sérieux... Qu'est-ce que c'est que cette histoire-là, capitaine ? Comment ! l'empereur du Brésil nous fait l'honneur de visiter Gorée et vous ne me faites pas prévenir. Vous ne m'adressez pas un rapport. Et ce sergent, vous ne dressez pas contre lui une plainte en cassation ! » Pendant ces paroles, le ton du commandant avait passé du plaisant au doux, puis du grave au sévère, du piano au crescendo... « Venez avec moi, capitaine, le colonel Canard, très mécontent, vous attend. »

« Sacré nom d'un gueux, dit en me reconnaissant le vieux héros sénégalais..., vous en faites du bel ouvrage, vous, capitaine... Sa Majesté l'Empereur du Brésil vient ici pour visiter amicalement une de nos places de guerre et la garnison ne bouge pas... Eh bien, capitaine... et les gueules de vos canons, qu'est-ce qu'elles f... donc ! »

Je fus pris, malgré moi, d'une telle envie de rire, que pour me retenir je me mordis les lèvres. Je connaissais « le vieux spahi » sur le bout du doigt ; je le laissai dire et je me tus. « N. d'un gueux ! que va dire Brière de l'Isle... à qui je vais être forcé d'expédier un courrier tout de suite... Il va me flanquer un poil... un sacré poil... mais vous, capitaine, vous pouvez vous attendre à 60 jours d'arrêts... au moins ; vous n'y couperez pas ! Et vous, commandant qui restez là planté comme un terme, vous ne dites rien. Quand on va savoir en France, que c'est comme ça qu'on a reçu à Dakar, l'empereur

Don Pedro, un ami ! qu'est-ce qu'on va dire ? Cré nom d'un chien... Que faire ? Répondez donc ! »

Le brave père Canard avait lâché sa bordée, il se calmait, c'était fini.

Le commandant rasséréné devant la figure adoucie du chef très aimé, me regarda, semblant me passer la parole que je pris.

« Ce qu'il y a à faire, mon colonel, c'est de ne rien faire. L'empereur Don Pedro d'Alcantara se rend en Europe incognito à bord d'un paquebot qui porte simplement le pavillon portugais et qui a mouillé devant Gorée deux heures, pas une minute de plus. Il est évident qu'il ne voulait être ni connu ni reconnu ; sa visite a été celle d'un touriste. Je vous en démontrerai la preuve évidente dans le soin qu'a pris Sa Majesté de prier le sergent de garde de ne déranger personne. C'est donc bien un désir manifesté clairement de ne recevoir aucun honneur.

— C'est vrai cela, capitaine... Qu'en dites-vous, commandant ?

— Très juste, mon colonel, je pense qu'on serait allé à l'encontre des désirs de Sa Majesté, si la garnison eût bougé.

— En conséquence, mon colonel, osai-je ajouter, je pense qu'il serait peut-être plus sage de ne rien dire au gouverneur.

— Que faisons-nous, commandant ? Voyons, dites ce que vous en pensez !

— N'en parlons pas, mon colonel, c'est en effet le plus sage.

— C'est entendu, Messieurs, n'en parlons plus.... et que ce N... d'un gueux d'empereur aille se faire pendre ailleurs !

Oui, mais votre sacré sergent... qui ne vous a pas prévenu de l'entrée de cet « impérial légume ». J'ai bien envie de lui « allonger la courroie » en lui flanquant 15 jours de prison.

— Gardez-vous-en bien, mon colonel, ce serait mettre le feu à la mine, dis-je en souriant au colonel Canard, redevenu calme et bienveillant... Cette punition de prison passerait sous les yeux du commandant des troupes de Saint-Louis, qui ne manquerait pas d'en dire un mot au gouverneur, lequel demanderait des explications... Quand cela finirait-il ?

— Il a raison le capitaine, exclama le colonel Canard.

— Il a raison, confirma le commandant Belloc... semblable au gendarme Pandore.

— Eh bien, pour terminer toute cette affaire « d'ambassade », dit le colonel de son bon rire de vieux guerrier, vous direz à votre sergent que vous levez sa punition et là-dessus. Messieurs, prenons une absinthe à la santé de l'Empereur... du Brésil.

Une vie militaire est remplie de ces histoires-là et mes notes en sont « truffées », comme disait un de mes bons camarades mort depuis longtemps colonel.

Mais, c'est du vaudeville cela. Reprenons donc sérieusement la suite de mon roman.

Un bon camarade avait succédé à Barrère, le lieutenant d'artillerie Desplanques, déjà présenté je crois. Je l'invitai à déjeuner le lendemain du départ de son prédécesseur et de Jacques, et nous fûmes tout de suite amis. Au café, à ce moment agréable et psychologique qui succède au repas et prépare à la sieste, alors que l'on cause avec franchise et liberté, Desplanques me parla de sa famille, d'une sœur aimable et d'une fiancée charmante, qu'il avait quittées à regret. Il m'exposa ses idées philosophiques et me répéta qu'il avait adopté les croyances spirites : « J'ai douté d'abord, dit-il, j'ai lu Allan-Kardec et j'ai vu s'ouvrir en mon esprit des pensées nouvelles. Mais un fait probant m'a bien forcé de croire ce que mon esprit se refusait à admettre tout d'abord. J'allais vous le raconter l'autre soir, mais l'hilarité railleuse de Barrère m'a clos les lèvres. Voici, mon capitaine, ce que j'ai vu de mes yeux : Un de mes cousins et condisciples était entré à Saint-Cyr avant la guerre et faisait partie de l'armée de la Loire. J'attendais chez moi, pour aller l'y rejoindre, l'autorisation de m'engager, et chaque jour je restais au café avec des amis à causer des nouvelles de la guerre. Un soir, je venais de me mettre au lit lorsque, sans frapper, mon cousin en tenue de sous-lieutenant entra et ne me voyant pas, sans doute, les rideaux du lit me dissimulant, il posa son képi sur la table, décrocha son sabre et le plaça à côté. Je l'appelai : Charles ! Il me regarda sans me répondre, puis, ouvrant sa tunique, me montra sa chemise tout ensanglantée.

— Charles ! répétai-je, en me levant plein d'angoisse, tu es blessé ?

Alors je vis ses lèvres remuer et j'entendis ces faibles mots : « Je suis mort ! »

Je me précipitai vers lui... plus rien : mon ami, le sabre, la casquette... tout avait disparu. Je m'habillai à la hâte et descendis conter la chose à mon père et à ma sœur, qui, me répondirent, ce que je savais qu'ils me diraient : « Tu as été le jouet d'un rêve. »

J'eus beau insister, ce fut peine perdue.

Est-il donc possible que notre pauvre humanité, à qui tant de faits semblables ont été transmis par les générations successives, depuis l'antiquité jusqu'à nos jours, se refuse encore à croire à la vérité de ces faits naturels.

Le matin, après une nuit toute d'insomnie, continua Desplanques, j'allai chez les parents de Charles demander s'ils avaient des nouvelles de mon cousin. Ils n'avaient rien appris, mais quelques jours après, ils reçurent communication d'une dépêche envoyée par un ballon que le vent avait emporté jusqu'en Norvège, d'où on avait adressé par le télégraphe l'annonce du combat de Beaume-la-Rolande et la mort de Charles. »

Le caractère du lieutenant Desplanques était enclin à la tristesse et les poésies qu'il préférait étaient un peu élégiaques... Je remarquais aisément à ses yeux les jours de courrier qu'il avait pleuré et je le retenais toujours à dîner avec moi pour le distraire... Après un mois de séjour à Gorée, il sembla s'être fait plus de philosophie pourtant.

Un matin, le commandant Belloc me fit appeler à Dakar et m'annonça que je rentrais en France par le prochain paquebot. Je remis le commandement à mon successeur et, huit jours après, le *Niger*, qui avait rapatrié Sagrin trois mois auparavant, me prenait à bord pour me ramener à mon tour en France.

Dirai-je que je quittais le Sénégal avec des regrets ?... Non, mais, cependant ma santé y avait été bonne, et je ne saurais analyser le sentiment qui s'empara de mon cœur, lorsque je quittai Dakar où se représentèrent à ma mémoire les images unies de Jacques et de Mme Berthon, faisant naufrage près du rivage ; en voyant fuir cet îlot de Gorée, au-dessus duquel planaient toujours les aiglons, ce rocher sur lequel j'avais passé une année dans un calme parfait ; en jetant les yeux une fois de plus sur ce sable rouge et aride de la côte, que semblaient allumer les derniers rayons du soleil couchant ; en songeant enfin, à tous ceux qui, venus avec moi il y avait deux ans à peine, dormaient là pour toujours leur sommeil corporel, je sentis que quelque chose qui ne sortirait plus de ma mémoire resterait attaché à cette terre africaine, que je viendrais sans doute revoir et fouler de nouveau.

Rien de particulier dans la traversée de retour, sinon qu'elle se fit en musique et fort gaîment, le *Niger* rapatriant une troupe d'artistes qui avait fait en Amérique une jolie tournée, achevée à Buenos-Ayres.

Arrivés à Pauliac vers le coucher du soleil, il était près de 9 heures du soir lorsque le petit vapeur qui remonte la Gironde nous eut amenés à l'appontement des Messageries. Comme les officiers faisaient débarquer les soldats de ma compagnie, j'entendis, sur le quai, une voix de femme dire à mon lieutenant : « Est-ce que M. le capitaine Dauvil est arrivé avec vous ? — Oui, madame, il est là, c'est notre capitaine. » Je mis pied à terre et, sous la vive lumière électrique qui protège la sécurité du débarquement, je vis deux dames s'approcher de moi et me saluer. « Capitaine, me dit l'une d'elles, je suis la sœur de Mme Berthon, avec qui vous fîtes la traversée. Il y a trois mois, sur la liste des passagers, arrivés du Sénégal, nous avons vu le nom de M. Sagrin, dont Thérèse nous a tant parlé pour ses bontés envers elle à bord, et qui lui a sauvé la vie à Dakar. » Il eût été mal de ma part de diminuer le mérite d'un vieil ami et je fis à ces dames un salut silencieux et approbateur. « Mais, ajouta la sœur de Mme Berthon, nous n'avons pas su à quel hôtel il était descendu et ce fut pour nous un gros chagrin de ne pouvoir le remercier, le recevoir, et lui traduire toute notre reconnaissance, à notre vieille mère, à moi et à Mme Téchenier, ici présente, amie d'enfance de ma sœur. » J'affirmai alors à ces dames que je me souvenais parfaitement de les avoir vues à bord, lors du départ de Mme Berton. Comme il fallait conduire mes hommes à la Caserne des passagers, je pris congé de Mlle Eudoxie Bourdié, sœur de Thérèse, et de Mme Téchénier, son amie, mais non sans leur avoir promis d'aller les voir le lendemain à leur campagne, située sur les bords de la Garonne.

J'y fus reçu par la vieille mère et la sœur de Mme Berthon qui me firent l'accueil qu'elles eussent préféré adresser à Sagrin. Mon ami fut pendant le déjeuner, auquel je fus prié d'assister, le sujet d'une conversation charmante à laquelle le nom de leur bien-aimée Thérèse fut souvent mêlé.

Mon lieutenant partit avec ma compagnie pour Cherbourg et je fus autorisé, par le colonel à qui j'avais télégraphié, à m'y rendre huit jours plus tard, en passant par Paris où ma mère m'attendait avec impatience.

Trois jours après, mes affaires avec les bureaux étant réglées, j'attendais devant un café des Allées Tourny l'heure du train, lorsque je vis passer un sergent qui, sans me regarder, me salua machinalement.

— Champmartin !
— Mon capitaine !
— Vous ici, d'où diable venez-vous ? Je vous ai laissé à Gorée avec la compagnie de relève ? — Oui, mon capitaine. — Alors, comment vous retrouvé-je à Bordeaux ? » J'étais stupéfié. — Asseyez-vous là, prenez un bock et contez-moi cela.

— Ah ! mon capitaine, je suis plus étonné que vous de me voir ici, et ce que j'ai à vous dire n'est pas gai :

Le soir même de votre départ, un nouveau cas de fièvre jaune s'est déclaré au Castel, deux le lendemain à Dakar, et six à Gorée ; l'épidémie qu'on croyait éteinte s'était rallumée et, deux jours après, le médecin en chef et le pharmacien étaient atteints. Mais, ce que vous allez apprendre avec peine, mon capitaine, c'est que notre jeune lieutenant d'artillerie M. Desplanques, pris de la fièvre à 8 heures du matin, transporté à l'hôpital à 10 heures, était mort à 7 heures du soir. Pauvre lieutenant, il disait en quittant sa chambre quand on le couchait sur la civière : « Adieu France, tu ne me reverras pas ! »

Le gouverneur fit embarquer tout de suite les deux compagnies de Gorée et de Dakar, avec les artilleurs, sur un chargeur prêt à quitter Dakar... Au large, c'était fini... plus un malade / Voilà, mon capitaine, comment, parti quatre jours après vous de Gorée, j'arrive à Bordeaux quatre jours après. Vive le général Brière de l'Isle à qui je dois la vie, ajouta le sergent Champmartin en vidant gaîment son verre à la santé du gouverneur du Sénégal !

IX

Le lendemain, par une belle matinée d'avril, après deux ans et quelques jours d'absence, ma mère me pressait dans ses bras, heureuse de me revoir en bonne santé.

La semaine suivante j'étais à Cherbourg, où le Conseil de santé de la marine, tendre et paternel, m'accordait six mois de congé pour « anémie profonde contractée au Sénégal ». En sortant de la salle du Conseil je quittai l'air sombre d'un malade gravement atteint qu'il avait été bienséant de prendre devant la docte assemblée et fis sauter en l'air la canne sur laquelle j'étais entré pour soutenir mes pas tremblants.

Le « Gros Major », petit et maigre, un camarade de captivité, me promit d'expédier rapidement mes paperasses et trois jours après je reprenais le train pour Paris. A la gare de Cherbourg, je vis débarquer le général de Trentinian qui m'arrêta et me demanda si je revenais de congé. — Au contraire, mon général. — Alors vous êtes blessé ? — Non, mon général. — Mon cher capitaine, vous n'avez pas la mine d'un officier qui a besoin de tant de repos ; et vous revenez de quelle colonie ? — Du Sénégal, mon général. — Vous avez eu la fièvre jaune ? — Personnellement non, mais « approximativement », mon général, répondis-je en souriant... J'ai laissé là-bas dans le sable plus de 30 camarades et de 250 hommes qui ne reviendront jamais ! Le Conseil a peut-être eu la bienveillance de vouloir récompenser les morts dans leurs survivants. — Le général de Trentinian et moi étions de vieilles connaissances ; j'avais servi sous ses ordres en Cochinchine il y avait 15 ans, alors qu'il était chef de bataillon et moi sergent employé au service topographique... Il me prouva qu'il s'en souvenait en me serrant la main : « Allez en paix, mon cher capitaine, me dit-il, amusez-vous et revenez vaillant pour la prochaine campagne. »

Après avoir donné quinze jours à ma mère, que je conduisis plusieurs fois au théâtre et un dimanche à Versailles, je lui demandai quelques jours de liberté et prenant un beau matin le train de Brest, j'arrivai le lendemain sans avoir prévenu personne à Plouïder, canton de Lesneven, à une heure et demie de Brest.

Après m'être renseigné à la poste, je suivis le facteur, un vieux marsouin, puis m'arrêtant devant une maison blanche abritée par deux tilleuls et séparée de la rue par une petite grille que des liserons égayaient sous le doux soleil de mai, je sonnai.

« Entrez », dit une voix mâle... J'ouvris la porte, traversai le jardin et n'eus pas le temps d'arriver à la maison que Jacques Sagrin et moi étions dans les bras l'un de l'autre.

Tout à fait remis de son atteinte de fièvre jaune, les trois mois qu'il venait de passer sous le ciel vivifiant de sa belle Bretagne et entouré des soins de sa mère, avaient rendu à mon ami la force et la gaîté.

« Mère », appela-t-il, c'est Léopold.

— Ah! c'est bien de nous avoir fait cette surprise, me dit Mme Sagrin. Vous voulez bien que je vous embrasse, et sans attendre ma réponse, l'aimable vieille femme m'entoura le cou de ses bras et me donna deux affectueux baisers.

Veuve d'un médecin de la marine qui, admis à la retraite, avait exercé ensuite à Plouïder et à Lesneven, la mère de Jacques pouvait avoir la soixantaine et ne la montrait qu'avec une charmante coquetterie. Encore jolie sous sa chevelure grise, épaisse, elle avait donné à Jacques sa ressemblance et son air enjoué.

— Nous vous gardons quelques jours, capitaine?...

— Tu nous dois bien une semaine au moins, Léo. A mon tour de te rendre l'hospitalité de Gorée. A propos, et ton jeune compagnon, le lieutenant d'artillerie, celui qui nous récitait d'une voix si plaintive le *Malade* de Millevoye, la *Nuit de mai* et les *Stances à la Malibran*, de Musset, as-tu fini par l'égayer.

— Hélas, mon cher Jacques, le pauvre diable a vu son âme

do poète s'envoler deux jours après mon départ de Gorée, ! fièvre jaune, reparue sans prévenir, en a fait l'une de ses premières victimes.

— Dois-je le plaindre, mon cher Léo ?... Il est peut-être en ce coin doré d'un ciel heureux réservé, aux amant des Muses.. C'est égal, il était bien jeune pour mourir, mais il était marqué du sceau fatal.

— Toujours tes idées spirites, Jacques ?... A propos, lui dis-je après que Mme Sagrin, tout heureuse de garder deux ou trois jours l'ami dont son fils lui avait parlé quelquefois, s'était éloignée pour faire préparer le déjeuner.

— A propos Jacques... Et Thér... et Mme Berthon, depuis quand n'en as-tu plus de nouvelles ?

— Tu es ironique, Léopold, demande-moi plutôt depuis quand j'en ai, et je te répondrai : depuis hier. Viens dans ma chambre, nous allons relire ensemble notre roman... Veux-tu ?

— Si je le veux, Jacques, sois persuadé que c'est mon plus vif désir.

Sur sa table, une jolie boîte laquée rapportée du Tonkin contenait une vingtaine de lettres, deux minuscules bouquets fanés et un petit mouchoir brodé d'une fine initiale T. L'un des bouquets, composé de quelques fleurs sèches et bleues encore, cueillies près de l'aiguade de Dakar au jour dont le souvenir était ineffaçable pour Jacques, reposait dans le mouchoir à l'aide duquel Thérèse avait essuyé l'eau dont ruisselait son joli costume bleu quand Sagrin l'aida à sortir de la mer, à la suite de leur bain forcé ; d'autres fleurs échappées des lettres venues de Montevideo leur composaient un tapis amoureux et chaste. Et près de la boîte, dans un petit cadre doré et fleuri, souriait le portrait de la jolie Mme Berthon, à qui j'adressai un salut très cérémonieux.

— Tiens, lis sa lettre. Ma mère, à qui j'ai conté mes impressions de voyage, l'a qualifiée : lettre d'une bonne et brave femme, et comme elle a adopté les idées de son fils, rien dans ces lettres d'une amie tendre ne l'a troublée.

Avec la permission de Jacques je lus avec plaisir, ces pages si franchement, si simplement écrites,

Montevideo, 21 mars 1878.

Cher capitaine et bon ami,

J'ai reçu votre dernière et longue correspondance commencée à Bakel au moment où vous alliez quitter ce poste pour regagner Saint-Louis sur l'*Arabe*. La fièvre jaune venait de tuer vos pauvres soldats et faillit me priver d'un ami si tendre. Que de remerciements j'ai adressés à Dieu depuis la lecture de ce courrier qui dépeint si bien l'état de votre esprit.

Votre voyage de retour sur le fleuve du Sénégal m'a fort intéressée parce que, dans les notes que vous jetiez fidèlement au jour le jour sur ces feuilles si chères, je voyais revenir vos forces, rien qu'à votre écriture plus assurée, à vos réflexions plus gaies. J'ai beaucoup de gratitude pour le bon Dr Patouillet, dont vous me parlez comme d'un ami d'enfance que vous auriez déjà retrouvé en Calédonie. S'il est vrai que vous deviez le revoir à Brest, serrez-lui la main de la part d'une personne qui a mêlé son nom dans ses prières à celui que vous savez. Je ne veux pas revenir sur les réflexions que vous déposiez sur des feuilles volantes, d'une main affaiblie, lorsque la fièvre vous permettait de saisir le crayon, je craindrais de vous attrister. Pourtant, votre calme devant la mort que vous attendiez ne m'a point surprise, et si votre lettre terminée plusieurs fois par ce mot : Adieu Thérèse ! que vous dictait la crainte de n'avoir plus la force d'ajouter un mot à vos plaintes écrites, me fût parvenue dans l'enveloppe préparée et qu'une main étrangère eût pu fermer, j'aurais été certaine, Jacques, que vous seriez mort comme Bayard, sans peur et sans reproche, et je vous eusse pleuré sans cacher mes larmes, étant moi-même sans reproche.

Mon mari, bon et délicat, a partagé mon angoisse par affection pour moi, et je sens que si vous étiez mort là-bas, il en eût éprouvé un regret réel.

C'est lui qui me remet toujours votre chère missive à l'arrivée du paquebot et il est le premier à cueillir le sourire que, malgré moi, la vue de cette enveloppe fait éclore sur mon visage. Il en souffre toujours un peu, mais il s'est résigné.

Un jour que je lui disais : Cher ami, si ces lettres devaient vous peiner, je prierais M. Sagrin d'en cesser l'envoi et je sais que sa délicatesse lui imposerait le silence : « Non, chère enfant, laisse ton ami t'écrire, je te permets de lire des romans... Autant celui-là qu'un autre ; à semblable distance je n'ai point à craindre le ridicule.... et puis crois bien que cela ne durera pas longtemps... Après deux ou trois lettres encore, ton héros t'oubliera et toi-même tu verras son souvenir disparaître peu à peu, s'amoindrir et s'effacer. Si tu avais des enfants, tu aurais de toi-même cessé d'écrire, mais ces lettres sont pour toi une distraction qui n'a rien de malsain... Continue donc d'écrire jusqu'à ce que le capitaine perde le souvenir de la passagère. »

Et depuis deux ans, Jacques, vous êtes fidèle à votre affection et moi heureuse de vous l'avoir inspirée. Vous m'avez appris à vous bien comprendre et mon amitié a grandi pour vous de mois en mois, cher frère Jacques... et j'ajoute que mon mari s'est tellement habitué à me rapporter vos lettres qu'il fut tout chagrin une fois de n'avoir pu me donner l'une d'elles, égarée au bureau ou expédiée à une autre adresse et que je ne reçus que le lendemain.

Votre dernière page est de Gorée, où vous étiez chez votre ami Léopold qui, me disiez-vous, n'a pas changé... même philosophie, Démocrite riant de tout, prenant toute chose par son côté plaisant... Son contact aimable semblait avoir effacé de votre esprit le souvenir lugubre de Bakel. Je lui sais gré du souvenir qu'il a gardé de votre commune compagne de l'*Equateur* et son image reste unie à la vôtre. C'est par ses soins que j'ai reçu cette lettre fermée à Gorée et qu'il accompagnait de quelques lignes qui m'ont touchée et en même temps rassurée complètement sur votre état. Plus heureux que moi, cher ami, vous allez revoir la France vers les rives de laquelle je ne reviendrai peut-être jamais, et votre mère, qui vous prodiguera des tendresses que la mienne hélas ne pourra plus me donner, je le sens, et qui vous feront vite oublier les mauvais jours. Peut-être rencontrerez-vous bientôt une femme digne de vous, que vous aimerez, Jacques ! mais qui ne vous fera pas perdre le souvenir de votre sœur Thérèse !

Pensant que vous deviez rester plusieurs mois encore au Sénégal, j'ai négligé de vous donner l'adresse de ma mère et de ma sœur Eudoxie... Aurez-vous pû les voir en passant à Bordeaux ; je sais qu'elles sont toujours au courant de l'arrivée des navires et des passagers de la ligne Montevideo, Dakar, Bordeaux. Je me figure donc que, certainement, elles seront allées vers vous à l'arrivée du *Niger*, qui est le navire que vous attendiez à Dakar... Dites-moi bien que vous aurez vu ma vieille mère et ma sœur.

> En ce doux nid où l'hirondelle
> A passé ses plus heureux jours,
> Où ma vieille mère près d'elle,
> Eût voulu la garder toujours...

Vous voyez, cher Jacques, que la rime est contagieuse. Vos quelques vers venus de Bakel, où vous me rappelez notre cher Orion, me sont allés au fond de l'âme. Je ne vous ai pas encore félicité des progrès que vous avez bien voulu faire par amitié pour moi dans la belle langue espagnole que je parle et écris fort suffisamment, ayant eu pour professeur mon mari qui la parle comme un Castillan ; et puis à Montevideo, on n'entend et ne parle que l'espagnol. J'ai à vous remercier des volumes spirites que l'ami que vous avez chargé de la commission a bien voulu m'adresser de France. C'est, à mon avis, un recueil inappréciable que la collection des œuvres d'Allan Kardec que j'ai lues avec bonheur et qui m'ont consolée et fortifiée. Je craignais la mort, mais rien maintenant, ne me la ferait plus appréhender. C'est surtout au *livre des esprits* et à *Son Evangile* que sont allées mes prédilections. Merci encore, cher Jacques, des heures charmantes que vous m'avez procurées par la lecture de telles pensées, et surtout des fortes convictions sur lesquelles je m'appuierai désormais. Nous avons à Montevideo un cercle spirite, mais mon mari ne me permet pas de m'y faire inscrire, pourtant, il m'a promis d'aller à la Bibliothèque chercher le catalogue, c'est tout ce que je demande.

« Por el momento y por gusto, yo traduce *Gil Blas de San-*
« *tillana*, lo que esta el mejor trabajo. — (Pour le moment, et
« par plaisir je traduis *Gil Blas*, ce qui est une excellente
« occupation). » Cet ouvrage exquis de notre Lesage était digne de sortir de la plume de Cervantès.

— Cette lettre bien longue et que j'aurais du plaisir à donner à lire en entier, puisque je l'ai eue entre les mains depuis, se terminait par quelques mots intéressants pour Jacques comme pour moi.

— « Vous ne serez peut-être pas fâché, ami, d'apprendre, après deux années, les nouvelles qui me sont parvenues de quelques-uns de nos compagnons de voyage et que je tiens du commissaire du bord qui, à chacun de ses passages à Montevideo, vient nous faire une visite. Il a déjeuné chez nous et je vais lui confier ces pensées, comme la lettre dernière qu'il a remise à bord à l'agent des Postes. En jetant les yeux sur l'adresse, il m'a félicité de votre fidélité et m'a priée de le rappeler à votre souvenir.

« La fiancée de votre beau lieutenant Jarnowski n'est pas morte de douleur de l'oubli de son fiancé de l'*Equateur*, elle est mariée à un riche propriétaire brésilien qui vient de l'emmener en France faire un voyage de « lune de miel ».

« La bella dòna Gavotti, la diva qui vous faisait les doux yeux, ne dites pas non, Monsieur le capitaine, ne vous avait pas dit qu'elle était mariée et courait après son fugitif époux, à qui elle avait intenté un procès en restitution de 200.000 pesetas, procès qu'elle a perdu en vertu du proverbe : Où il n'y a rien, le roi perd ses droits. Elle est partie pour New-York, après avoir dépensé toutes ses économies, n'ayant pu trouver rien à emprunter sur sa beauté... Il lui reste heureusement sa belle voix, à laquelle hélas, on ne prête que... les oreilles.

« Le pauvre capitaine turc ou égyptien... mais sûrement juif, Georges Meiller qui, vous vous en souvenez, voulait se couper la gorge à Dakar avec M. Delteil.. l'homme des lettres comme vous l'appeliez, n'avait pas de mission diplomatique et sa fin prématurée vous peinera... Fuyant une nuée de créanciers sans doute, et sans aucune situation, il débarqua à Colon, où il monta une roulette.. avec laquelle il essaya de rouler les pontes... Ruiné, il tomba dans la misère et fut trouvé un matin mort sous les coups du terrible *tabardillo*, de la fièvre chaude. Le pauvre jeune homme digne de pitié laissait dans la modeste chambre d'hôtel qu'il occupait, sa belle épée et son portrait en officier khédivial... Ironie du sort !

« J'allais oublier la gente passagère, l'institutrice « Miss Clairette », à qui notre ami Léopold fit, je crois, plusieurs doigts de cour. Elle est revenue du pays argentin et a passé ici, il y a trois mois, plus gentille que jamais, retournant vers son fiancé, le fermier tourengeau, qui l'a tant suppliée, qu'elle a cédé et s'est résolue à lui porter sa main comme prix de sa fidélité... le cœur suivra la main, n'en doutons pas.

Au revoir ami, remettez-vous de vos fatigues sous le cher toit de votre bonne mère et conservez-moi toujours cette amitié fraternelle qui m'est permise pour prix de mon exil volontaire.

Pour la vie votre sœur et amie fidèle,

Thérèse Berthon.

Je vis les premières pages de la réponse de mon ami Sagrin, qui étaient conçues en termes simples et touchants, assurant à Thérèse que jusqu'à son dernier jour il lui réservait cette part, la meilleure du cœur, qu'est l'amitié.

Je passai trois jours à Ploulder, dans cette charmante petite maison, entre « frère Jacques » et sa vieille mère dont l'accueil a laissé dans ma mémoire un souvenir ineffaçable.

Nos congés terminés, Jacques rejoignit son régiment à Brest et moi le mien à Cherbourg.

L'année suivante, nos régiments formant brigade, furent envoyés aux manœuvres entre Caen et Lisieux, où nous passâmes encore trois semaines ensemble. Sa correspondance avec Mme Berthon n'avait pas cessé et je constatai en lisant les dernières lettres de la charmante passagère, qu'elles étaient de plus en plus marquées au coin d'une affection réellement douce et fraternelle. On y aurait vainement cherché entre les lignes une pensée d'amour, mais on y lisait cette tendresse que rien dans la vie, ni dans la mort, ne devait altérer.

Quelques mois plus tard, son tour d'ancienneté en France l'appelant à retourner aux colonies, Sagrin fut désigné pour la Cochinchine qu'il préférait à la Martinique, où il aurait pu être envoyé, et moi que mon numéro désignait pour le Tonkin, je me vis réservé, pour les Antilles.

Nous n'eûmes pas le temps d'aller l'un vers l'autre et le dernier mot que je reçus de Jacques fut le suivant :

Brest, 8 septembre 1879.

Mon cher Léopold,

Désigné, comme tu l'as dû lire à l'*Officiel*, pour continuer mes services en Cochinchine, je pars demain pour Plouïder embrasser ma mère, et pour Marseille le 18, afin de m'embarquer le 20 sur le *Mytho*.

Je regrette de ne pouvoir t'embrasser avant de partir, ce sera pour le retour… si je reviens.

Sans superstition comme sans appréhension, je pars et suis ma destinée… J'ai échappé à la fièvre jaune au Sénégal, et le choléra asiatique que j'ai vu déjà au Tonkin ne me fera point pâlir. Je m'embarque avec Bonin, comme lieutenant, charmant garçon que tu as eu sous tes ordres et qui t'a gardé de l'affection. S'il m'arrivait malheur, il se chargerait de t'écrire et de te faire parvenir ou de te remettre… ce que je lui confierais comme à toi-même.

Au revoir, rappelle-moi au souvenir des camarades de Cherbourg et laisse-moi t'embrasser en te répétant que de tous, tu es celui que j'ai toujours aimé comme un frère.

Etudie notre chère doctrine, ne te laisse point aller au matérialisme indigne d'une âme comme la tienne et demeure persuadé que si je pars le premier, je serai là-bas… ou là-haut pour t'attendre et te saluer de l'épée.

Ton vieil et fidèle frère d'armes « usque et post mortem ».

JACQUES SAGRIN.

Je répondis quelques mots à Jacques à Plouïder en lui disant que toujours il pouvait compter sur l'amitié de son dévoué compagnon.

L. D.

X

Jacques Sagrin à Madame Berthon.

Chaudoc (Cochinchine), 7 mai 1880.

Les jours, les mois passent, ma bien chère Thérèse, et ma vie coule semblable à un ruisseau dont elle prend, en son cours, les aspects capricieux et changeants... Seront-ils nombreux encore les méandres qui doivent conduire ce ruisseau à l'Océan, ou se tarira-t-il avant d'y arriver?

Depuis huit longs mois que j'ai quitté ma mère et ma chère patrie auxquelles le *Mytho* m'a arraché encore une fois, à part les étroites couchettes du bord que nous avons fuies dès Port-Saïd, préférant nous étendre sur le pont que de risquer l'asphyxie dans nos cabines privées d'air, je ne sais plus ce qu'est un lit.

Depuis le mois d'octobre époque de mon débarquement à Saïgon, je n'ai pas cessé de marcher en colonne et vers tous les points cardinaux, d'abord à Thu-dau-mot, puis à Bien-Hoa, où j'ai laissé pour ma mère et pour vous mes deux premières lettres datées de Cochinchine.

A peine de retour à Saïgon, le général, qui m'avait confié le commandement de la 2ᵉ Compagnie Indigène, m'expédiait à Tay-Ninh, puis de nouveau à Mytho, où je vous ai adressé quelques pages, écrites au jour le jour, et dans lesquelles mon existence vous apparaîtra comme stéréotypée. Sœur aînée du Tonkin, que nous allons complètement conquérir avant peu d'années, cette Cochinchine à laquelle je commence à m'attacher, est l'opposé du Sénégal, son antithèse : Là-bas on marche dans le sable, ici, trop souvent dans l'eau ; là-bas, le ciel africain est brûlant, l'air chaud mais sec, ici, l'astre du jour, non moins ardent, fait monter des arroyos et des rizières une vapeur tiède, âcre, fiévreuse; là-bas, quelques jours de pluie par an, deux ou trois tornades, et quelquefois du tonnerre, ici, des averses journalières, des orages épouvantables. Enfin, les Sénégalais sont des noirs forts, grands, aux formes souvent athlétiques, tandis que les Annamites de race jaune, sont petits et efféminés. Un seul point de contact par lequel l'Africain et l'Asiatique sont rapprochés, c'est le mépris de la vie : là-bas, j'ai vu des tirailleurs yolofs assassins, se laisser fusiller sans la moindre appréhension de la mort, sans manifester le moindre regret de quitter ce monde ; ici, j'ai assisté au supplice de plusieurs pirates incendiaires à qui le bourreau a tranché la tête : avant l'exécution, le chef parlait aux membres de sa famille, qui étaient venus sur le lieu même avec son cercueil. Les trois patients demandèrent la faveur de fumer une dernière cigarette, et l'ayant achevée et collée à leurs lèvres, chacun d'eux tendit le cou au bourreau en continuant de s'entretenir à voix basse avec ses parents ou ses amis. Les enfants de ces malheureux demeurèrent impassibles durant toute cette scène lugubre. Comme soldats, ces Annamites possèdent des qualités que j'avais peu appréciées lors de mon séjour à Hanoï, où je commandais une compagnie européenne et que, depuis six mois que je marche au milieu des rizières ou dans la brousse à leur tête, je constate chaque jour davantage. En apprenant à connaître mes petits lin-taps, mes tirailleurs, en les jugeant mieux, j'ai appris à les aimer.

En colonne, ces petits lins « qu'on dirait de papier mâché », disait l'amiral La Grandière, sont infatigables, débrouillards, alertes comme des singes et susceptibles, envers leurs chefs, d'un dévouement dont je ne les aurais pas crus capables.

Mon ordonnance appelé Tran-Vian-Laï est, pour moi, aux petits soins comme une femme, et j'avoue qu'avec sa longue chevelure de jais nouée derrière la tête en un volumineux chignon, avec son ké-hao et son ké-kouan à boutons de verre, amples comme un corsage et une jupe, avec sa voix douce, son visage imberbe, l'illusion est parfois troublante.

Toï-An, 10 mai 1880.

Chère amie,

Depuis huit jours, nous avons quitté Vinh-Long, sur une canonnière qui m'a débarqué avec ma compagnie le lendemain à My-Hong, d'où j'ai l'ordre de me diriger vers Binh-Ding pour rejoindre une colonne partie de Tay-Ninh, et qui chasse devant elle une vingtaine de jonques chargées de pirates que je dois précéder et arrêter au point désigné.

Bien que fatigué par une marche très pénible à travers une plaine couverte d'eau, au milieu de rizières vaseuses, sous un soleil torride dont mon blanc salacco réussit à peine à garantir ma tête, j'ai le bonheur de n'avoir pas eu de fièvre encore. Je suis arrivé trempé, souillé de boue, et les jambes ensanglantées par les piqûres des petites sangsues qui vivent dans les rizières et qu'on écrase sur le pantalon dès qu'on sent comme une aiguille, la présence de ces filiformes annélides. Mais grâce à Vian-Laï, je suis changé, séché, dispos, et je viens me reposer près de vous en attendant le repas que préparent pour nous les ordonnances de Bonin, mon lieutenant, et de Morel, mon sous-lieutenant. Vian s'étant mis fort bien dans les papiers de mon sergent-major, un intelligent Parisien, obtient adroitement dès que le clairon sonne la halte, le nombre d'hommes de bonne volonté nécessaires, et, en moins d'un quart d'heure, il nous fait installer un abri contre le soleil ou la pluie si nous sommes loin d'un village, ou dans une cania, dont il a fait déloger les habitants si nous sommes en un lieu habité. Ce soir, nous coucherons dans une pagode ouverte à notre intention. Bonin est notre chef de popote, mais avec Vian-Laï et ses deux camarades, il remplit une vraie sinécure. L'un de nos trois garçons est un excellent cuisinier formé dans un hôtel de Saïgon, à qui il ne faut qu'une heure, dans un pays où le poisson, les poules, les canards, le cochon, le riz et les fruits sont en abondance et à bon marché, pour nous préparer un festin qui se renouvelle chaque jour.

Une petite charrette légère à deux roues, traînée par une paire de minuscule bœufs à bosse, qui marchent comme des zèbres et passent partout, dans l'eau comme dans les hautes herbes, sert au transport de nos cantines et de notre modeste batterie de cuisine ; Vian-Laï marche avec ce précieux véhicule et veille à ce qu'il arrive toujours avant la colonne au point désigné pour la halte.

Encore trois ou quatre jours et je compte arriver à Binh-

Dinh avant la flottille des pirates et la colonne de Tay-Ninh, forte de deux compagnies sous le commandement du chef de bataillon Le Page.

Voici Vian, bien stylé par mon lieutenant, qui, la serviette sur le bras, vient me crier comme s'il tenait à ce que toute la compagnie disséminée dans le village après avoir formé les faisceaux et établi un poste, fût avertie que son capitaine va dîner ou déjeuner : Tap'tain' servi !

La table — trois planches sur deux tréteaux — montée et démontée en une minute, est recouverte d'une nappe fort blanche sur laquelle la vaisselle en terre incassable a fort bon air et, comme nous sommes dans une pagode, si quelque déesse... fût-ce celle de la bonne chère, passait par ici, je dirais avec le satyrique Boileau :

> La déesse en entrant, qui voit la nappe mise
> Admire un si bel ordre et reconnaît l'église.

Je dépose donc un moment le crayon plus commode avec sa bonne mine que la plume, l'encre et l'encrier qui dorment dans ma cantine. J'éprouve plus de charme à pouvoir écrire mes pensées n'importe où, ni comment, et puis, avec le crayon j'émaille plus facilement ces feuillets volants des petits croquis que vous aimez, chère sœurette, et qui illustrent ma prose à la façon de Berthall ou de Tony... moins le talent. Cela vous permettra de connaître quelques endroits où je m'arrêtai, et les silhouettes de mes officiers et de Vian-Laï suffisamment bien croquées.

Toï-Lap, 12 mai 1880.

Un bon et brave garçon mon lieutenant Bonin ; Dauvil, sous les ordres de qui il avait servi à Cherbourg avant sa campagne du Sénégal, me l'avait chaudement recommandé, et je suis enchanté de l'avoir comme second. Très instruit, très militaire, il ne dédaigne aucun des détails qui assurent la bonne direction de sa section ; il connaît les noms de tous ses hommes et je vous assure, chère amie, que ce n'est pas chose aisée à retenir, qu'une centaine de noms comme les suivants : Truoñg-an-Vaï, Nuyen-van-Caï, Tran-Vian-Cau, Cuyen-Cau-

Don, etc. Certes, avec des noms comme ceux-là, Bonin ne pourrait pas renouveler devant un général inspecteur, le tour plaisant que joua au fameux maréchal de Castellane un officier, sous-lieutenant alors, aujourd'hui général de Division au cadre de réserve.

— N'ayant pas rencontré dans tout un bataillon un seul capitaine qui pût faire par cœur l'appel de ses hommes en passant devant le front de sa compagnie, le maréchal n'avait pas été plus heureux avec les lieutenants, et se persuadait qu'il arriverait à la dernière compagnie sans trouver un officier qui connût les noms de ses hommes. Cette fantaisie du maréchal avait été vite connue et comme une traînée de poudre était arrivée au 4° bataillon.

Là, un jeune officier se dit qu'il allait tromper le maréchal et lui donner une leçon. Passant derrière sa compagnie, il dit à chaque soldat de répondre « présent » à son tour, sans s'inquiéter du nom qu'il lui donnerait. Arrivé devant cette compagnie, l'une des dernières du régiment, le maréchal feignant une colère que, dit-on, il n'eut jamais, demanda au capitaine : Pouvez-vous faire l'appel ? — Non, maréchal. — Et vous lieutenant ? — Non maréchal. — Et vous « Mossieu le sous-lieutenant » ? — Oui « Mossieu le maréchal ». — Voyons cela. — Alors, passant devant le front de la compagnie, le jeune officier le sabre au port d'arme, la main gauche dans le rang, commença : Boulanger... présent, Navarin... présent, Casimir... présent, Bourgeois... présent. Et ainsi de suite jusqu'à la fin de la compagnie.

— Emerveillé, épaté (permettez-moi cette expression si précise, ma chère Thérèse), le maréchal de Castellane se tournant vers le colonel lui dit : « Colonel, je ne croyais pas, « depuis quarante-cinq ans que je suis sous les drapeaux, « qu'il pût exister un seul officier capable de dire les noms « des hommes de sa compagnie. Pour moi, je ne les ai jamais « sus. Colonel, vous venez de me présenter cet oiseau rare..., « toutes mes félicitations. Quant à vous, Monsieur le sous-« lieutenant..., nous aurons l'œil sur vous. » Ce jeune officier avait appelé tous les noms de ses camarades d'école.

Mon sous-lieutenant Morel, un des « petits melons » de Saint-Cyr de Bonin, marche sur les traces de son « grand ancien », et la collaboration de ces deux intelligents camarades sur qui je me repose entièrement, rend ma tâche bien facile.

Toujours au milieu des tirailleurs, Bonin et Morel commencent à parler l'annamite, langue monosyllabique très antique, comme la race annamite elle-même d'origine mongolienne.

En dehors de ces expressions composées d'anglais, de français et d'annamite, sorte de conglomérat linguiste, telles que : *louk sir*, regarder ; *came oun*, viens ici ; *di kioï-leua*, donne du feu ; cette langue de diphtongues insaisissables à nos oreilles européennes est fort difficile à retenir. Par exemple, le mot *moï*, a plus de quinze acceptions, suivant sa prononciation labiale, gutturale, ou nasale, suivant l'intonation haute, basse, chantée, il signifie : sel, moustique, riz, porc frais, eau salé, herbe verte, etc., etc...

Mais, ma chère sœur, toutes ces choses vont-elles vous intéresser ? Vraiment non... Alors, bonsoir !

Bao-Sieng, 13 mai 1880.

En vous quittant hier, je vous ai murmuré un doux : bonsoir ! C'est que ma pensée allant vous appeler, je vous croyais près de moi. Mais si, franchissant avec mon âme la distance qui nous sépare, j'avais pu vous apparaître, c'est : Bonjour qu'il m'eût fallu dire. En effet, à Montévidéo, vous êtes à peu de chose près mon antipode, et une aiguille, piquée sur Saïgon, en traversant le centre de notre orange terrestre, aboutirait dans l'Amérique du Sud, vers la Bolivie, à environ 20° de latitude au Nord-Ouest de l'Uruguay.

Il est donc à peu près 9 heures du matin là-bas, lorsque sous le ciel asiatique nous songeons au repos de la nuit. C'est l'instant, peut-être, de votre réveil, si vous avez accordé à votre gracieuse personne un peu de la paresse qui lui est permise sous votre ciel doré. Vous sortez d'une couche moelleuse... Quelle douce pensée peut éclore en votre âme sensitive ? Qui pourrait me la traduire ?

Tandis qu'une nuit sombre étend sur nous son épais voile, et qu'un paysage de noires dentelures se dessine imprécis autour de moi, je vois avec vos beaux yeux le tableau brillant qui se présente à votre vue. A Montévidéo, le soleil inonde déjà « la gran via en la cual los muchados de la calle son a jugar » (la large voie dans laquelle les enfants de la rue sont à jouer), les marchandes aux costumes gais et clairs, les métisses espagnoles arrivées de la campagne crient : « La bella flor y el suave fruto » (la fleur belle, le fruit suave), et s'il fait chaud les porteuses d'eau annoncent : « Agua fresca, agua de nieve » (eau fraîche, eau à la glace).

Vos yeux quittent la rue, ils errent dans le vague, vous devenez songeuse... A quoi, à qui pensez-vous, Thérèse ? Votre cœur de femme, d'amie, de sœur m'envoie-t-il un doux souvenir, qui embellira le cadre bien sombre dans lequel, à la même heure, s'agite votre pauvre « frère Jacques » ?

Oui, la nuit est profonde, le ciel voilé d'épais nuages, pas une étoile !... Autour de moi, à perte de vue, la plaine immense, la plaine d'eau, des rizières toujours et encore, dans l'air s'élancent des silhouettes découpées de palmiers aux feuilles en éventail, agitées par la brise, des maisonnettes de paille aux angles aigus... Et, sur tout cela plane un silence morne, troublé parfois par les jappements d'un roquet poltron et par le coassement sinistre de l'énorme grenouille des rizières, véritable beuglement qui a fait donner à ce batracien asiatique le nom de « grenouille-bœuf.

— Je viens de faire une ronde dans le village ; les sentinelles veillent, le poste est au repos près des faisceaux. Au bout du village je m'arrêtai un instant, prêtant l'oreille aux bruits de la plaine, lorsque près de moi, dans une cania annamite dissimulée sous un buisson d'arbustes et de plants de cannes et de bananiers, j'entendis causer à voix presque basse mais distincte. Intrigué, j'allai chercher l'un de mes trois sergents annamites, Nuyen-Tuong et revins avec lui sans bruit près de cette paillote. « Ecoute ce qui se dit, lui murmurai-je à l'oreille et traduis-le-moi. » — Ma stupéfaction fut grande, ma chère amie, lorsque Tuong me dit avec calme : « N'a pas méchant ce monde-là, li parle avec les morts ? — Comment... avec les morts ? — Oui, captain'..., avec les ancêtres », et il m'expliqua qu'à de certains jours, les Annamites se réunissent en famille, depuis l'aïeul jusqu'aux petits-enfants, et évoquent, en silence, assis en rond, les mains sur les genoux, un ancêtre que l'on consulte sur la famille, sur les biens de la terre, et les réponses sont fournies par de petits poissons grisâtres et transparents que j'avais remarqués dans bien des maisons annamites, sans me douter de leur destination, de leur utilité.

Ainsi, les Annamites sont spirites et pratiquent en famille comme je voudrais qu'on pratiquât chez nous. Nous attendons les réponses de tables sur lesquelles nous entendons les coups frappés. Les Annamites se servent de ces petits poissons amis, leurs pénates, qui s'agitent dans le bocal suivant la demande faite aux ancêtres.

Les Annamites ne croient pas à la réincarnation, mais leur religion, branche affaiblie de celle de Confucius, leur assure que les prières aux morts les font apparaître. Nuyen-Tuong, mon sergent, m'affirme que, dans une réunion familiale, il a vu et reconnu son grand-père. Convaincu de la vérité du fait je n'ai point souri et, regagnant la pagode, je me suis répété cette vérité immuable : « Nihil novi sub sole. »

Binh-Chan, 14 mai 1880.

Le dernier jour de marche est passé, nous avons franchi la partie marécageuse de cette plaine qui s'étend du Mékong à l'Ouest, à Tay-Ninh au Nord-Est, et nous avons parcouru toute cette journée, une contrée riche et belle, bien verdoyante, en suivant de bons sentiers entre des haies de cocotiers, d'aréquiers, de bananiers, et quelques champs d'ananas odorants.

La route, jusqu'à l'arroyo de Binh-Din est longue et, en partant demain de bon matin, je ferai en sorte de n'arriver qu'à la nuit, surprendre les pirates au lieu indiqué et où doit me conduire un de mes doïs (caporal), qui est du pays et sur qui je puis compter, car il a à venger la mort de deux des siens assassinés l'année dernière, lors d'une incursion de ces bandits.

Je ne sais, chère Thérèse, quand je pourrai continuer cette lettre, dont l'enveloppe restera ouverte et prête à être expédiée après l'affaire. Ce soir la nuit est belle, et la lune nous sourit de son croissant naissant. Mon lieutenant, Bonin, dort paisible dans un coin de la grande cania que le phù (le chef de canton), nous a fait préparer. Une épaisse litière de paille de riz lui promet une bonne nuit, pendant laquelle il rêvera de certaine jeune fille de son pays de la Côte-d'Or, laquelle a promis d'attendre pieusement le retour du bel officier de marsouins Morel s'assure que tous nos lin-taps reposent au centre du village où ils ont fait cuire leur riz et les vivres que les gens du lieu ont offerts à ceux qui vont éloigner les « filous » de la contrée. Deux sentinelles placées à chaque extrémité de Binh-Chan doivent empêcher quiconque de sortir dans la crainte qu'un espion n'aille au-devant des pirates, les prévenir de notre arrivée.

Et moi je songe à vous, Thérèse, et à ma mère, à qui je viens d'écrire plusieurs pages, puis je reviens encore à vous. Je ne sais ce qu'il me reste de jours d'épreuve à passer sur cette terre, mais combien n'en donnerais-je pas pour revivre auprès de vous une de ces soirées inoubliées, passées à bord de l'*Equateur !* Trois ans et demi se sont écoulés depuis, et fermant les yeux, je revois ce pont-arrière où j'étais assis près de vous, tenant votre main que vous m'aviez abandonnée ; j'entends votre douce voix, votre cher accent que j'aimais, sortant de vos lèvres... Est-ce un rêve ? Dauvil est près de nous, silencieux... Le souvenir de ce vieil ami vient naître à côté du vôtre, comme un salut... peut-être comme un adieu !

Plus heureux que moi, il s'est rapproché de vous, il continue ses services aux Antilles, à la Martinique où le sol tremble, où, dit-on, les femmes sont belles et savent aimer... Je connais Léopold, il rendra toujours à gros intérêt ce qui lui sera accordé. Vous reverrai-je, ô mon aimée ! ô ma sœur ! Vous rencontrerai-je encore sur cette terre où déjà nous avons vécu dans des liens si doux.

Quel mystérieux décret a permis que je vous rencontrasse en cette vie pour vous reconnaître, vous aimer dès la première minute, et puis vous perdre pour longtemps peut-être ! Il est à croire que l'un de nous expie par la souffrance de cette séparation une faute grave de la vie passée. Admettre cette hypothèse, c'est croire à la vie future dans laquelle nos deux âmes seront rapprochées, ce que je demande à Dieu. Ce soir mon cœur est triste, il vous appelle, il souffre, et mon corps fuit le sommeil.

Pensez-vous faire un voyage en France après cinq ans ? Cette récompense promise à votre dévouement, par M. Berthon, l'obtiendrez-vous de son affection ?

A cette époque, ma campagne achevée, je serai moi-même en France. Quel rêve, chère amie, si je pouvais, moi qui vous ai tendu la main pour passer du sol de France sur le navire de l'Oubre, vous la tendre au jour du retour pour vous aider à faire ce premier pas sur le seuil de votre patrie !

Où que vous soyez, Thérèse, je fais le serment d'aller vers vous en ami sûr et respectueux, en frère dévoué.

Si votre cher souvenir ne me tenait éveillé, les moustiques qui sont ici tellement nombreux qu'on les respire, se chargeraient de me rappeler à la réalité de mes pensées. Je me crois en communion d'idées avec vous en ce moment... Petit sursaut d'orgueil dont vous n'accuserez que mon cœur qui, à cette minute, semble veiller dans l'éternité calme de l'ombre de la vie... Mon esprit plus lucide voudrait sténographier les pensées vagues que j'entrevois comme des réminiscences réveillées en moi et que j'aurais de la peine à traduire sans verser des larmes. Au revoir, Thérèse... Après notre rencontre avec les pirates je fermerai cette lettre qui partira rapide pour Saïgon... la France et l'Amérique.

. . . .

Le lendemain, la petite colonne dut encore traverser quelques rizières et franchir de petits arroyos sur ces ponts suspendus en bambous faits pour des singes. La chaleur était torride, la compagnie du capitaine Sagrin, courageuse, pleine d'entrain approchait du terme de sa course ; les petits villages, groupes de paillottes entourés de haies succédaient les uns aux autres, des bouquets de cocotiers et d'aréquiers découpés dans l'azur du ciel marquaient de loin en loin comme de verts et coquets jalons la ligne à arpenter.

Après une dernière halte près d'un verdoyant petit village où la compagnie avait pris repos et repas, Jacques prévenu qu'une vingtaine de pirates étaient venus en éclaireurs la nuit dernière résolut de partir dès le coucher du soleil pour atteindre Binh-Dinh, à cette heure de la nuit où le sommeil succède à la quiétude chez l'ennemi qui n'a rien entendu de troublant. A l'heure prescrite, la compagnie passée en revue, les armes et les munitions visitées, les instructions données à ses officiers, les hommes encouragés par ces mots brefs et éloquents que sait trouver un bon chef, la colonne avait repris sa marche silencieuse.

A trois heures du matin, le guide précédant Jacques leva le bras pour faire signe d'arrêter. Un cri semblable à un miaulement sourd et peu éloigné s'était fait entendre... En silence on prêta l'oreille... Ang kop ! dirent à voix basse plusieurs soldats... le tigre !

— Est-ce bien le cri du tigre ? demanda Jacques au guide.

— Oui, mon capitaine, mais il n'a pas été poussé par le fauve qui ne vient pas par ici en cette saison ; c'est l'un des pirates qui a imité ce cri pour faire terrer les gens des villages et les assaillir plus aisément... les pirates ne sont pas loin... Laisse-moi aller seul en rampant voir où ils sont, et avant une heure nous les tiendrons.

En effet, un quart d'heure après, le guide revenait dire à Sagrin que plus de vingt jonques portant chacune dix hommes au moins, étaient mouillées dans l'arroyo de Binh-Ding.

Sans précipitation, avec calme et sang-froid, Sagrin se remit en marche après avoir fait déposer en un lieu repéré tous les effets de campement et les couvertures, ne laissant à chaque *lin*, que son chassepot et trente-six cartouches.

A cent mètres de l'arroyo, Sagrin envoya Bonin et sa section à la gauche des jonques, et le sous-lieutenant et lui se dirigèrent vers la droite avec une demi-section, la dernière déployée en tirailleurs pour fermer l'espace et couper la retraite aux pirates fuyards.

Ce mouvement fut accompli avec une rapidité telle et un silence si parfait que la première jonque amarrée à un cocotier fut prise d'assaut et douze pirates percés de coups de baïonnettes avant d'avoir pu sauter sur leurs armes.

Leurs cris de douleur mirent sur pied tous les bandits des autres jonques qui, armés jusqu'aux dents, firent feu de tous côtés sans savoir à quels assaillants ils avaient affaire.

Sagrin fit exécuter des feux de salve à chaque section et balayer les jonques d'où les pirates se jetaient à l'eau, mais les tirailleurs rapprochés de la berge les fusillaient comme des canards. « Visez bien, s'écria Sagrin, nos coups de feu ont prévenu le commandant Lepage, dont la colonne ne doit pas être éloignée. » Il n'avait pas dit ces paroles, qu'une sonnerie de clairons envoyant dans l'air le refrain du pas gymnastique annonça l'arrivée des compagnies de Tay-Ninh. « Courage enfants, que pas un de ces brigands n'arrive à terre, dans dix minutes nous allons les prendre d'assaut. »

A ce moment arrivaient au pas de course les autres compagnies : « Bravo, Sagrin ! cria de loin gaîment le commandant Lepage, voilà ce qui s'appelle être arrivé à temps et trouver la pie au nid. »

Alors le chef de bataillon prenant le commandement donna l'ordre à Sagrin, placé sur la berge, de prendre d'assaut les jonques attachées au rivage avant qu'elles pussent s'enfuir.

— En avant ! commanda Jacques le sabre à la main, et suivi du lieutenant Bonin avec sa section il sauta de la première jonque dans la seconde où les lin-taps agiles et courageux furent reçus par une décharge de mousqueterie qui en coucha huit sur le pont.

— Chargez enfants... à la baïonnette...

A ce moment un coup de feu partit d'une jonque éloignée : Jacques porta la main à sa poitrine en poussant un cri, et, lâchant son sabre, il tomba dans les bras de Bonin qui le suivait et de son fidèle Vian-Laï qui était attaché à ses pas.

— Vous êtes blessé... mon capitaine ?

— Oui... bien touché... qu'on me porte à terre.

Pendant que plusieurs de ses tirailleurs transportaient leur capitaine tout sanglant dans la première case voisine de l'arroyo, le commandant Lepage faisait couvrir les jonques par les deux nouvelles compagnies, et le jour commençait à poindre que tous les pirates étaient massacrés ou ligotés sans qu'un seul eût réussi à s'échapper.

— Beau coup de filet, s'écria joyeux le commandant... Honneur au brave capitaine Sagrin... Où est-il que je le félicite ?... Dans cette nuit sombre je l'ai perdu de vue.

— Il est blessé grièvement, mon commandant, le docteur que vous avez amené est auprès de lui, répondit le sous-lieutenant Morel

— Le docteur qui courait aux bagages pour prendre les objets de pansement nécessaires aux blessés, dit à voix basse au commandant Lepage, qui lui demandait des nouvelles de Sagrin : « Il est perdu ! La balle a traversé le poumon et provoqué un épanchement interne qui va l'emporter... il n'en a pas pour une heure.

— Courez vite vers lui docteur... Quelques ordres à donner et je vous suis.

Dans la paillotte que le docteur avait fait éventrer pour faire pénétrer l'air et la lumière, Jacques pâle et défait, mais calme et résigné, était étendu sur les couvertures de ses hommes et perdait son sang. Il remercia le docteur qui voulait explorer le trajet de la balle.

— Inutile ! mon cher docteur... Veuillez me laisser quelques instants avec mon lieutenant et mon ordonnance... merci !

Puis, quand ils furent seuls. — Bonin, mon ami, prenez dans ma sacoche là... une lettre inachevée dans une enveloppe toute prête... bien... ouvrez-la et ajoutez au crayon ce que je vais vous dicter... et que vous compléterez.. n'est-ce pas Bonin, par le récit de ma mort, et Jacques oppressé dicta :

« Ma chère amie adorée... ma Thérèse... votre rêve s'accom-
« plit... c'était écrit... je ne devais pas vous revoir... sur cette
« terre. Je viens d'être frappé d'une balle... je meurs en sol-
« dat... Ma Thérèse, à vous... à toi mon dernier soupir...
« Au revoir... dans l'au-delà ! » Et, demandant le crayon, il eut la force de signer une fois encore le nom de   Jacques.

— « Mon bon ami, dit-il à son lieutenant en lui serrant la main... à vous... le post-scriptum... puis, quelques mots à ma pauvre mère... N'est-ce pas ?

— Promis, mon capitaine.

Lorsque le commandant Lepage arriva dans la cania, le capitaine Jacques Sagrin venait d'expirer dans les bras de Bonin, qui ne pouvait retenir ses larmes, et du petit lin tap Tran-Vian-Laï, qui tenait embrassées les jambes de son tap'tain et sanglotait comme un enfant.

— Le lendemain, par un radieux coucher de soleil, le corps de Jacques qui ne pouvait être transporté, fut enseveli derrière la petite pagode de Binh-Ding.

Le commandant Lepage, au milieu des trois compagnies

de tirailleurs formées en carré autour de la tombe adressa au modeste héros quelques paroles de regrets et d'adieux bien simples, de celles qui montent du cœur et jaillissent spontanément des lèvres. Il déplora la perte d'un tel officier frappé si loin de sa patrie et de sa vieille mère, à qui parviendraient, avec de pieux souvenirs, l'expression des regrets de ses chefs, de ses camarades et de ses vaillants soldats indigènes. Une consolation resterait à cette femme, fille, épouse, et mère de soldats, c'est que son fils était tombé au champ d'honneur.

L'émotion que le digne officier supérieur ne put maîtriser fit couler des pleurs des yeux de ces petits linh taps aux corps grêles, mais à l'âme vaillante.

Le défilé autour de la tombe sur laquelle chaque tirailleur déchargea son fusil fut le dernier honneur rendu à Sagrin, et une croix de bois surmontant le tertre de terre fraîchement remuée marqua la place où repose loin de sa patrie, le corps du soldat tombé à Bin-Ding... Depuis lors, le soleil, les pluies, les orages, ont certainement effacé cette tombe que personne n'a dû visiter, sur laquelle probablement, pas une lèvre n'a dit une prière... *Sic transit gloria mundi !!!*

Deux mois après, vers la fin de décembre de cette année 1880, comme je me promenais à Fort-de-France, dans la large avenue ombreuse qui entoure la belle place de la Savane, au milieu de laquelle s'élève la statue de la gracieuse créole, Mlle Tascher de la Pagerie, devenue l'impératrice Joséphine, le vaguemestre me remit un paquet que j'ouvris avec un pressentiment qui m'oppressa le cœur. Je m'assis sur un des bancs de pierre à l'ombre des badamiers, et l'enveloppe brisée, je lus sur la bande qui entourait seize lettres.

À mon ami, Léopold Dauvil,
pour faire parvenir à qui il sait.

Une longue lettre signée du lieutenant Bonin m'expliquait que ce paquet de lettres avait été trouvé dans la cantine de mon pauvre Jacques, après sa mort qu'il me racontait en détail. Je lus et relus cette lettre en versant des pleurs, et je viens de vous en retracer le récit, amis lecteurs en donnant encore, après ces 24 années, une larme nouvelle à celui que j'aimais comme moi-même.

XI

La douloureuse nouvelle de la mort de Jacques me laissa plusieurs jours le cœur meurtri et je passai une quinzaine dans la solitude et le deuil, aimant à plonger mon esprit dans un passé que nous avions vécu ensemble... Tant de souvenirs joyeux s'exhalaient de ce lointain envolé que des sourires et des larmes se succédaient sur mon visage... C'est la vie, hélas ! chacun tombe à son tour. Mais le sien était arrivé trop tôt !

Je résolus d'écrire à Mme Berthon, non pour lui apprendre la fin cruelle de son ami ; je savais par la lettre du lieutenant Bonin qu'il lui avait adressé les dernières pages écrites au jour le jour par Jacques, feuilles qu'il avait pu signer avant d'y joindre son ultime soupir. Je savais également que ce bon camarade s'était chargé du soin fraternel de glisser dans la même enveloppe le récit de la fin héroïque de son capitaine. Enfin je n'ignorais pas que Bonin, suivant sa promesse faite à l'instant suprême et le commandant Lepage, lui aussi, avaient écrit à Mme Sagrin pour atténuer autant que possible le coup que lui dut porter la mort de son fils bien aimé.

Mon intention était de demander à notre charmante passagère de l'*Equateur* si elle désirait que je lui fisse parvenir les seize lettres que Sagrin avait conservées pour les relire souvent, j'en étais bien certain, en ses heures d'isolement et de tristesse.

Je lui parlai longuement de celui que nous regrettions tous les deux. Je trouvai pour faire revivre autant que possible son cher souvenir, des termes qu'un ami seul peut exprimer et j'y mêlai, il m'en souvient, quelques anecdotes de sa vie pour lui démontrer combien Jacques était simple, bon et brave.

Deux mois se passèrent et un jour, je reçus la lettre suivante :

Montevideo, 2 février 1881.

Cher capitaine,

Je n'avais pas besoin de la longue et affectueuse lettre que vous m'avez fait parvenir pour connaître le degré d'amitié qui vous liait à celui qui fut le si aimable compagnon d'un voyage dont le souvenir restera présent à ma mémoire tant qu'il me sera donné de conserver un esprit sain, une mémoire lucide. C'est vous dire que jamais je n'oublierai celui qui, depuis l'instant où il me tendit la main pour monter sur le navire qui m'éloignait de ma patrie, depuis le jour inoubliable où, près de lui, je courus un danger qui nous a unis pour toute une vie, n'a cessé de me donner la preuve d'un attachement sans bornes. J'ai, depuis près de quatre années, connu sa vie presque jour par jour, au Sénégal, en France et en Cochinchine. Il a exhalé son dernier soupir en me donnant encore une preuve de sa tendresse fraternelle... Pourrais-je oublier un tel ami ?

Ses idées philosophiques ont fait de moi une autre femme et j'ai peu à peu et sans peine, admis ses convictions et, cher capitaine et ami, car je puis vous donner ce doux nom, si vous relisez mes lettres, lesquelles je vous supplie de ne pas replacer sous mes yeux (conservez-les, ou mieux, brûlez-les), vous verrez quelle foi je possède en la réincarnation. C'est désormais plus qu'une conviction pour moi, c'est une consolation. Le rêve que je vous ai conté à bord, l'illusion éprouvée par Jacques et par moi depuis l'entrée du Tage jusqu'à Lisbonne, notre certitude commune d'avoir tous les deux vu ces lieux dans une vie antérieure, et la révélation que nous aurions pu être frère et sœur à Lisbonne sans doute ; cette courte entrevue de nos deux âmes en cette existence actuelle, tout cela ne tend-il pas à me démontrer que votre frère d'armes ne fut point pour moi l'égal des autres hommes.

Mon cher et bon mari a appris sa mort avec peine et en voyant les pleurs que je n'aurais ni su ni voulu lui cacher, il mêla une larme aux miennes... Par là, vous jugerez la noblesse de son cœur.

Cher capitaine, vous avez été tellement lié au souvenir de

Jacques que souvent, en songeant à lui je verrai se dresser votre image si franche et si gaie à côté de la sienne. Je veux donc vous demander comme un service de me donner quelquefois de vos nouvelles. Un peu d'égoïsme de ma part ne perce-t-il pas à vos yeux dans cette demande si indiscrète ? Vous me parlerez de lui encore, et mon exil sera moins triste.

Adieu, cher capitaine, merci encore de vos pages si amicalement consolantes et croyez à l'expression de ma vive sympathie.

Thérèse Berthon.

Je répondis à cette lettre en parlant encore longuement du cher disparu dont l'ombre ne m'apparut jamais et dont je n'ai jamais reçu la moindre communication... Serait-il dans un monde supérieur où l'on ne communique plus avec la terre ? Mme Berthon m'écrivit une fois ou deux par an, me mettant amicalement au courant de sa vie. Ayant pris l'habitude de faire la correspondance en espagnol pour les affaires de son mari, elle émaillait ses charmantes lettres de mots, puis de phrases en la langue de Cervantes, ce qui m'obligea à faire l'achat d'un dictionnaire et d'une grammaire espagnols et je lui dus le peu que j'ai acquis en ce gracieux idiome. J'appris successivement que son mari avait quitté Montevideo pour Buenos-Ayres où il avait été placé à la tête d'une importante industrie et que la fortune avait fini par récompenser d'un sourire un caractère que l'adversité n'avait point abattu.

Pendant ces événements, le temps qui ne replie jamais ses ailes volait sans s'arrêter ; ma vie, comme celle de Mme Berthon avait marché. Après trois ans passés aux Antilles et deux en France, j'étais parti pour l'île de la Réunion former le bataillon des volontaires créoles.

J'avais été promu officier supérieur. J'avais rencontré sur mon chemin une jeune et charmante créole qui avait bien voulu me promettre sa main mignonne et se fiancer avant mon départ pour Madagascar où une année passée sous les ordres de l'amiral Miot pendant l'inutile et coûteuse campagne de 1885-86 nous permit de mesurer la solidité de notre affection.

Certes, durant mon séjour à Tamatave, à Vohemar, au rova

d'Amboanio où je fus exilé six mois et à Majunga où je connus tant de nuits d'insomnie, veillant constamment l'arrivée d'une armée de Hovas fantôme, je ne m'amusais guère, et pourtant j'ai là sous les yeux quelques dessins et quelques couplets qui me rappellent deux ou trois jours moins tristes.

Le jour où j'eus mes vingt-cinq ans de services, ce jour heureux où dans la marine un officier peut faire valoir ses droits à la retraite, j'étais à Amboanio, poste pris sur les Hovas, où je commandais une garnison composée de deux compagnies d'infanterie de marine, d'une compagnie de volontaires de l'île de la Réunion et d'une autre de fusiliers marins qui servaient aussi d'artilleurs pour les pièces placées sur nos joujoux de bastions. Ce jour heureux s'étant levé pour moi, je réunis tous les officiers, excellents camarades qui partageaient mon exil. Le Golheur, notre cher petit Docteur, était un de ceux-là. En tout nous étions douze.

Au dessert, lorsque les esprits si souvent moroses furent un peu égayés par une ou deux coupes de champagne, je demandai à mon auditoire sympathique et mis au point, ainsi que dans le repas du *P'tit ébéniste*, « la permission et la faveur » de dire quelques couplets de ma composition, et, un verre de champagne avalé comme précaution oratoire utile et nécessaire, je chantai sur un vieil air du Caveau, sept ou huit couplets dont je me permets de glisser trois ici, les moins mauvais :

> Je vous réunis en ce jour,
> Mes amis pour fêter ensemble,
> Une date qu'à votre tour
> Vous verrez aussi, ce me semble.
> Cinq lustres! comme ils ont passé!
> Je vous le dis sans artifices;
> Tout vient à qui n'est pas pressé,
> J'ai mes vingt-cinq ans de services!
>
> Que de pays, durant ce temps,
> J'ai vus sur la machine ronde,
> Quand nous faisions, gais et contents,
> En gais marsouins le tour du monde.
> Sans rappeler mes faits guerriers
> En doublant quelques précipices,
> Je dormirai bien sans lauriers
> Après vingt-cinq ans de services!

> Enfin, je vous dois les aveux
> De ma dernière folie :
> Dans quelques semaines je veux
> Prendre femme jeune et jolie.
> Avec moi, demandez aux dieux,
> A mon hymen d'être propices
> Afin de faire de mon mieux
> Encor vingt-cinq ans de services !

Grâce au vin mousseux ma muse borgne sembla présenter deux beaux yeux à mon auditoire et ces couplets dont je demande humblement pardon aux lecteurs de ces vieilles notes, obtinrent — le croiront-ils, les honneurs du « bis ». Le climat de Madagascar et le réveil de la bonne humeur en un jour heureux au milieu de tant d'autres si sombres en furent la seule cause admissible.

Enfin je pus quitter cette terre ingrate et m'embarquer pour l'île de mes désirs, mais comme Ulysse je devais errer sur les flots avant de revoir ma chère Ithaque où m'attendait une jeune fille jouant depuis un an le rôle anticipé de Pénélope.

Le *Tage* sur lequel je m'étais embarqué en dépit d'une sorcière de Majunga qui avait dit à un lieutenant de vaisseau et à moi la veille : « Ne mettez pas votre sac à bord de ce bateau-là, il ne verra pas Tamatave », fit naufrage dans les roches des îles Leuven situées sur la côte Est entre Diégo Suarès et Vohemar. Tous les passagers furent sauvés grâce à la présence du capitaine de frégate Huguet qui nous fit tous transporter sur l'îlot de Barracouta où nous dûmes passer quatre jours. Au bout de ce temps, avant que nous eussions été réduits à la dure nécessité de dévorer le novice comme dans la légende du Petit Navire, le lieutenant de vaisseau Bongrain avec le *Capricorne*, qui cherchait le *Tage* depuis deux longs jours, vint nous cueillir et nous conduire à Tamatave.

En l'absence de l'amiral Miot, monté à Tananarive avec M. Patrimonio pour signer avec la reine Ranavalo le beau traité qu'il fallut déchirer à coups de canon, le bon commandant Dorlodot des Essarts me délivra un congé et me renvoya à la Réunion sur la *Romanche* commandée par un homme aussi charmant que spirituel, le lieutenant de vaisseau, Germinet, aujourd'hui amiral. C'est lui qui m'avait emporté de la Réunion. « C'est moi qui vous y ramènerai mon cher commandant », m'avait-il dit. Sa promesse était réalisée.

Les événements se succédèrent rapidement. Mon mariage eut lieu au Bois-Rouge au milieu d'une nombreuse assemblée d'amis et de parents. Ma jeune femme et moi, vînmes en cette année 1886 faire un beau voyage de six mois en France, en Angleterre et en Belgique. Décidé à me contenter de ce que j'avais amassé de lauriers et de souvenirs en vingt-six ans de services doublés de vingt-quatre campagnes, je fis valoir mes droits à la retraite et nous retournâmes vers la chère île lointaine dont je vous ai longuement parlé avec affection et où j'ai vécu six années dans le calme de la famille et de cette vie facile qu'on ne soupçonne point en France. Mais j'oublie que ce n'est pas mon histoire que je vous ai promise. Le temps marchait toujours rapide pour moi et pour celle à qui vous vous serez intéressés jusqu'à la dernière page qui va être la suivante.

Mme Berthon demeura toujours fidèle à l'amitié dont le doux héritage à moi légué par notre « frère Jacques » est demeuré sans prix à mes yeux et à mon cœur.

Je connus sa vie, ses joies, ses peines, je lui racontai mon existence, mes travaux et peu à peu dans notre correspondance le nom du disparu s'effaça, puis finit par disparaître un jour.

Il a fallu que je le fisse revivre dans ce roman (est-ce un roman ?), qu'il m'a peut-être inspiré lui-même pour nous rappeler que vingt-quatre années ne passent point impu nent sur une tombe sans qu'elle finisse par disparaître sous . herbe haute de l'oubli.

En 1891 une seconde traversée nous ramena en France. Nous étant rendus à Bordeaux, je mis à exécution la promesse faite à l'exilée d'aller voir à Quinsac, au bord de la Garonne, sa chère sœur Eudoxie qui fit à ma femme et à moi un accueil des plus affables... Souvenir triste, je n'y retrouvai plus leur vieille mère, que l'exil de sa bien-aimée Thérèse avait conduite depuis deux ans au tombeau.

Une lettre aimable de Mme Berthon nous paya depuis de ce qu'elle appela mon pèlerinage à son doux nid :

> Où, pour nous faire bon accueil
> Elle savait que dès le seuil
> Fleurs, sourires et fleurs encore,
> L'amitié ferait tout éclore.

En 1892, ma santé un peu affaiblie et l'éducation de notre fils Emmanuel nous décidèrent à venir nous établir définitivement en France et nous nous installâmes à Pau dont le climat si doux permit à mes deux chers créoles d'accepter une transition bienfaisante. J'y laissai notre vie passer et notre fils grandir.

Le jeudi 18 mai 1893 fut pour moi un jour heureux au milieu de mes heureux jours. Après dix-sept années j'eus la joie de revoir Mme Berthon... Etait-ce moi qu'elle espérait bien revoir ? J'ai su depuis que cette aimable femme eût répondu oui, tant les années et ma correspondance avaient aidé à me faire prendre insensiblement la place de Jacques. Ma femme à qui j'avais tout dit de Thérèse lui exprima une vive sympathie. Moi, je serrai bien fort les mains de celle qui était devenue pour moi une si tendre amie et si je ne la pressai point dans mes bras, c'est, je l'avoue, la présence de ma femme qui me retint.

A part sa belle chevelure toujours luxuriante que la neige de l'exil avait blanchie et un léger embonpoint, Thérèse était toujours belle.

Nous demeurâmes trois jours à Quinsac entre elle et sa sœur qui nous choyèrent et chaque soir ce fut Thérèse qui endormit notre fils, alors âgé de 6 ans. J'ai là sous les yeux les photographie des deux sœurs et du joli bourg qu'elles habitent : quels bons souvenirs elles me rappellent.

Quelques mois après, Mme Berthon reprenait la route de Buenos-Ayres.

Que vous dire de plus pour achever cette histoire jusqu'au dernier feuillet ? S'il a pu avoir quelque attrait pour vous je regretterai moins qu'il ait été un peu long.

Devenue veuve deux ans après, la pauvre Thérèse revint seule, hirondelle blessée, au nid qu'elle n'eût jamais dû quitter et où depuis lors elle vit avec sa vieille sœur Eudoxie tendre et dévouée.

Nous avons eu le bonheur de leur offrir, à notre tour, dans notre villa paloise, une hospitalité trop courte. C'était l'époque où notre cher cercle spirite était en pleine activité sous la direction de Podolecki... Thérèse eût bien voulu y venir, mais comment sortir seule avec moi le soir sans faire naître un injurieux soupçon.

Nous nous sommes revus encore à Bordeaux et à Paris et je compte que mon heureuse étoile me permettra de la revoir quelquefois encore en cette vie et sûrement dans une autre.

Enfin, pour terminer, après lui avoir dédié ces pages qui chaque mois me sont payées d'une douce lettre, je pense qu'après plus de vingt-huit ans l'amitié qui nous unit et que double une profonde estime réciproque est indestructible et tout le secret en est que la bonne et excellente Thérèse est toujours à mes yeux la gracieuse passagère de l'*Equateur* et que peu à peu je suis devenu pour elle un composé bien affectueux et tendrement dévoué de Jacques Sagrin et de leur ami commun,

LÉOPOLD DAUVIL.

TROISIEME PARTIE

—

Pages retrouvées --- L'abbé Bornave

A vous, mon cher Galliéni, l'hommage de ces quelques " *Pages retrouvées* ".

Non à l'illustre général que vous êtes devenu, mais au lieutenant, mon camarade de l'île de la Réunion et du Sénégal.

Acceptez-le comme le souvenir bien simple d'un vieux frère d'armes, fidèle et dévoué.

Léopold Dauvil.

Paris, 30 octobre 1907.

PAGES RETROUVÉES

AVANT-PROPOS

A Cherbourg, dans une rue ancienne, entre un vieux couvent d'Ursulines, et un jardin qui dirait bien des choses si ses arbres séculaires pouvaient rendre compréhensibles les plaintes qu'ils jettent au vent qui les emporte, je possède une vieille maison que je vais voir une fois ou deux par an afin de régler quelques affaires.

— « C'est décidé, Morin, je quitte Cherbourg demain matin, dis-je, la dernière fois que je m'y rendis, à un voisin, un ami, ouvrier de l'arsenal, qui servit autrefois sous mes ordres comme sergent à la Martinique et qui veut bien remplir l'office de mon jardinier et de mon concierge sans loge quand il n'a rien de mieux à faire. N'oubliez pas de retenir chez Garaud pour demain 9 heures, une voiture qui me conduira à la gare avec mes bagages, et surtout, ne laissez rien à la « traîne ».

— « Non, mon commandant, me répondit le vieux « marsouin », pour lors, je vous demanderai s'il ne faudrait pas descendre enfin la vieille caisse du grenier ! »

— « Quelle vieille caisse, Morin ? »

— « Mais, mon commandant, celle qui est toujours là-haut sous le bureau démoli à côté de la statue brisée qu'on a remontée du jardin, je vous en ai déjà parlé plusieurs fois. »

— « Vous m'intriguez, Morin, montons voir cette caisse. »

Au grenier, une malle qui avait fait avec moi le tour du monde et qui jouissait là de ses invalides, n'étant plus qu'une vieille caisse, en effet, fut tirée de l'obscurité et amenée sous le rayon lumineux de la lucarne, puis ouverte sans qu'elle opposât la moindre défense.

Quelle surprise fut la mienne ! Je croyais tout son contenu brûlé depuis vingt ans. Je me souvins alors d'avoir fait porter là, autrefois, lors de mon départ pour les Antilles, deux malles contenant des livres — ma bibliothèque militaire comme moi retraitée — et des papiers, des notes, des comptes, mais je croyais bien les avoir incendiées toutes les deux, dans le jardin, je pensais avoir tout enseveli dans l'oubli, tout détruit, tout purifié sauf le carton d'où j'ai extrait mes *Vieilles Notes*.

Je fis donc descendre du grenier dans ma chambre, ces paperasses que la poussière et les insectes avaient bien voulu respecter et je les parcourus des yeux.

Il y avait encore là toute une collection de ces notes que j'ai toujours eu la manie d'écrire... manie dont je ne suis pas guéri... malgré la question probablement très sincère que me fit un jour mon cher fils : Qui croyez-vous donc, mon père, qui lira jamais tout cela ?

Je passai plusieurs heures retournant, avec ces pages jaunies, les feuillets repliés de mon cerveau dans lequel la mémoire avait classé, lié, cacheté des souvenirs qu'elle n'avait ni effacés ni perdus. J'ai revécu là, dans un silence délicieux, bien des jours de jeunesse, sortis de la nuit du passé en ces notes de voyages, de traversées, de campagnes comme la malle elle-même sous la lumière de la lucarne.

Tant pis ! puisque quelques lectrices et lecteurs bienveillants m'ont demandé si je donnerais une suite aux *Vieilles Notes* que j'ai fermées et scellées après le *Roman de deux âmes avec l'écriteau* : « Suite et fin », je veux copier pour eux plusieurs de ces *Pages retrouvées* dans lesquelles j'éprouverai le plaisir de conter, pour les revivre, je l'avoue, certains souvenirs dont la lecture, après tant d'années, a fait encore battre mon cœur, bouquet fané que je remets dans l'eau avec le fol espoir que quelques fleurs, à jamais mortes, laisseront peut-être exhaler un peu de leur parfum d'autrefois.

— J'ai, de ces pages, vu sortir bien des noms effacés depuis longtemps de ma mémoire et qui ont, comme des étincelles, fait briller instantanément ces vieux souvenirs ainsi que, sous la pression d'un bouton électrique, s'allument les cent lampes d'un salon plongé dans les ténèbres.

L'un des premiers qui ait frappé mes yeux, celui de l'abbé Bornave, m'a rappelé tout un délicieux roman empreint de philosophie spiritualiste dont j'essaierai de faire revivre quelques scènes auxquelles fut mêlé l'un de mes meilleurs camarades, scènes qui, réunies par une plume habile, feraient le sujet d'une jolie comédie vécue.

— « C'est compris, Morin, vous allez ficeler tous ces cahiers avec soin et les fourrer dans ma malle... je les emporte à Paris. »

— « Mon commandant, si c'est pour les brûler comme vous avez fait des autres quand vous êtes revenu de la Réunion avec votre jeune femme, je les ferai aussi bien flamber moi-même, me dit mon vieux jardinier normand d'un air finaud. »

— « Oui, Morin, c'est pour les brûler aussi que je les emporte, mais après les avoir relus et en avoir extrait un peu de *vie morte*, vous comprenez ? »

Et voilà par quel hasard j'aurai le plaisir d'écrire, et vous l'ennui de lire, chers lecteurs, ces *Pages* retrouvées, dans lesquelles j'ai réuni bien des souvenirs vrais les plus intéressants, et bien des idées philosophiques très personnelles. Puisse le lecteur patient les lire jusqu'au bout.

L. D.

L'ABBÉ BORNAVE

I

C'est dans un cadre rempli de charmes, sculpté par la main délicate de l'inimitable et grandiose nature, entre les flots houleux de l'Océan Indien si souvent capricieux et méchant et un ciel généralement pur mais dont la sérénité est parfois bouleversée par de terribles cyclones ; c'est vers ce ciel lointain dans lequel se dressent orgueilleuses et majestueuses les cimes dentelées des Salazes, du Piton des neiges et du grand Bénard que j'appellerai les regards de mes lecteurs. Ravis de contempler ce spectacle sous les chauds rayons du soleil que voile l'ombre fraîche de quelques bois noirs touffus, ils pourront, la nuit venue, admirer, des bords de la mer, le panache vaporeux et léger du plus magnanime des volcans dont la lueur tantôt rouge, tantôt violette, brille au loin comme un phare. Ils verront scintiller sous la céleste coupole australe les belles constellations nouvelles pour leurs yeux du Sagittaire et du Scorpion, la transparente nébuleuse du Triangle, véritable essaim de soleils et d'étoiles en enfance, semés dans l'infini, et la vaste Croix du Sud diamétralement opposée à l'étoile du Nord. C'est sur une petite terre perdue là-bas bien loin dans le Sud, c'est en cette gracieuse et coquette île Bourbon, comme ses enfants aiment encore à l'appeler, que je vais essayer de peindre quelques scènes dignes de ce coin délicieux d'où mon cœur a emporté et gardé tant de souvenirs chers.

Tout autour de l'île de la Réunion dont les côtes sont légèrement découpées et qui n'offrent au marin que de rares abris qu'il lui faut quitter à l'approche du mauvais temps, gronde sans cesse le flot qui lutte contre les rochers abrupts ou quelques plages dont les galets roulent avec un bruit de tonnerre incessant qui a commencé au jour où la première vague a battu l'île sortie de l'océan et qui continuera sans interruption jusqu'à l'heure marquée dans le temps où notre soleil, en s'éteignant, aura condamné cette petite planète à la nuit et au silence éternels.

Entre la ville de Saint-Denis au nord et celle de Saint-Pierre au sud, sont disséminés, de distance en distance, sur le littoral de cette « Mascareigne », de jolis bourgs appelés « quartiers » qui lui font une parure semblable à un collier de perles étalé sur un écrin de velours vert.

Plus petite qu'un département de la Métropole, la Réunion, la moindre de nos colonies, compte cependant 176.000 âmes pour une superficie de 2.600 kilomètres carrés dont la cinquième partie environ est seule habitée.

Son ciel généralement beau, son climat chaud sans excès vu sa latitude de 23° sud, ses eaux vives qui, de toutes parts, descendent en filets argentés le long de ses vertes montagnes; tout s'y est réuni pour communiquer aux créoles bourbonniens une intelligence vive, un esprit subtil, une aptitude particulière pour la poésie et la musique auxquelles ne sont accessibles que les âmes tendres.

Il est à remarquer combien le niveau intellectuel y est élevé dans toutes les classes de la société ; aussi la Réunion est-elle, à juste titre, fière du grand nombre de ses enfants qu'elle a vus briller dans les sciences, dans les arts et même dans l'armée et je m'en voudrais de ne pas rappeler à la mémoire du lecteur les noms de quelques-uns d'entre eux.

D'abord Parny et Bertin, officiers et poètes qui, tour à tour, ont fait éclore le sourire et la rougeur sur le front des muses par le charme de leurs vers légers, spirituels et licencieux. Le chevalier de Parny, auteur de la *Guerre des Dieux*, l'ami tendre d'Éléonore, Parny, que Voltaire appela un jour « mon cher Tibulle » fit pour lui même cette épitaphe qui affirmait un athéisme indigne d'un cœur si sensible.

> Ici git qui toujours douta ;
> Dieu, par lui fut mis en problème,
> Il douta de son être même,
> Mais, de douter il s'ennuya
> Et, las de cette nuit profonde,
> Hier au soir il est parti
> Pour aller voir en l'autre monde
> Ce qu'il faut croire en celui-ci.

Parny fit deux fois le long voyage qu'était alors et est encore pour les navires à voiles la traversée de France à Bourbon en doublant le Cap de Bonne-Espérance pour aller revoir sa chère île bien-aimée. C'est au quartier Saint-Paul où sa maison a été conservée, qu'il avait vu le jour.

— Bertin, du même âge que son ami, non content de flatter les filles du Parnasse, eut le bonheur de lire ses vers à la reine Marie-Antoinette qui se plaisait en la société de cet esprit délicat.

Leconte de Lisle, un de nos poètes les plus érudits, l'auteur des *Poèmes antiques* et des *Poèmes barbares*, naquit également à Saint-Paul, non loin des gorges silencieuses du Bernica qu'il a dépeintes en vers immortels. On raconte qu'un jour Victor Hugo entendant citer quelques strophes du poète créole et les trouvant fort belles, aurait dit avec un peu de cet orgueil qui seul fut permis à son génie : « Voici des vers que je ne me rappelle pas avoir faits. »

Auguste Lacaussade, ami de Sainte-Beuve, nous a laissé deux volumes de fines poésies : *les Salaziennes*, *Poèmes et paysages* ; il était né à Saint-Pierre.

Enfin notre prince des poètes actuel, Léon Dierx si apprécié des fins connaisseurs de la rime, esprit brillant autant que modeste est l'un de ceux qui honorent le plus sa petite patrie lointaine où, le soir, sous les vérandas, on aime à entendre redire, par des bouches charmantes, quelques-unes des rimes si douces de ses *Lèvres closes* ou si énergiques de ses *Paroles d'un vaincu*.

Mais, je dois arrêter après ces quelques noms la liste assez longue des créoles qui ont illustré et aimé leur petite terre natale et je pense qu'elle engagera ceux et celles qui parcourront ces lignes à lire ce qui a été écrit sur la Réunion.

C'est donc dans cette petite île que vont se dérouler les chapitres du modeste roman qui me fut raconté par un de mes frères d'armes, lequel y joua un certain rôle, histoire oubliée déjà, dont les héros et la plupart des témoins ont quitté la scène lointaine et dont quelques-uns, hélas ! ont quitté la terre, tous amis ou camarades que ces *Pages retrouvées* me permettent de faire revivre un moment sans troubler ni leur mémoire ni leur repos et sans diminuer la sympathie que leur ont gardée ceux qui leur survivent et que leur accorderont, sans doute, ceux qui voudront bien lire ces pages.

II

Nous sommes en 1873, alors que les souvenirs poignants de l'année terrible sont encore vivaces dans le cœur de ceux qui l'ont vécue plus ou moins cruellement, mais où l'on renaît à l'espérance. Une quinzaine d'officiers d'infanterie de marine, jeunes pour la plupart, sont réunis au mess situé à l'aile gauche de la belle caserne dont les bâtiments allongés avec leurs vastes galeries à colonnade, s'aperçoivent de la rade de Saint-Denis et s'abritent à l'ombre du cap Bernard.

— « Quoi de nouveau, de Beauchêne, demanda le capitaine Pajol à un grand lieutenant d'allure distinguée qui venait de s'asseoir ?

— « Mais, du nouveau vraiment neuf, nous en aurons ce soir, sans doute, mon capitaine, car les noirs ont crié : en vue ! et la vigie de la montagne a signalé un vapeur dans le nord. Dans deux heures, le temps de déjeuner et de faire un whist, nous saurons si c'est « la malle » ou un navire de guerre. »

— La mer est bien forte encore, dit en manière de réflexion le lieutenant Demonde, doyen des officiers par l'âge, et que, par une déférence de bonne camaraderie pour ses cheveux blancs et ses nombreuses campagnes, on avait décoré du titre de « Préfet ». — La rade « était consignée ce matin, et « si le courrier peut mouiller ce soir, il n'est pas probable « que nous ayons les lettres ni les journaux avant demain. »

— Et cependant combien nous avons hâte de connaître les nouvelles, dit le capitaine adjudant-major de Vourgny... depuis le dernier courrier que de choses ont dû se passer ! »

— Président du Mess, le capitaine de Vourgny, ainsi que plusieurs des officiers présents, avait fait partie de l'armée de Sedan ; il s'était échappé du camp d'Yges au péril de sa vie et avait fait toute la guerre. — Nous allons enfin apprendre, dit-il, si notre grand patriote, M. Thiers a terminé les négociations relatives à la libération du territoire. »

— « Libération à laquelle tous les Français ont participé avec une unanimité si grande, répliqua le lieutenant Lionnet, officier à la tournure élancée, à la chevelure brune abondante et peignée en coup de vent, à la physionomie sympathique et franche... pour notre part nous y sommes allés du cinquième de notre solde depuis six mois. On fait ce qu'on peut... et c'est cela de moins à mettre de côté pour acheter un château sur mes économies.

— « Ah ! certes la libération du territoire aura lieu bientôt et c'est chose juste, s'écria le sous-lieutenant Genmeyer, alsacien de Strasbourg. Notre France est riche par le travail et l'épargne, cette délivrance du sol émerveillera le monde et stupéfiera nos vainqueurs, mais l'Alsace et la Lorraine ! Quand les arracherons-nous de leurs griffes ? En revenant de notre captivité de Magdebourg, où j'étais avec Lionnet, il se rappelle qu'en traversant Reims nous avons entendu dire à des officiers prussiens qu'ils allaient faire venir leurs familles parce que leur régiment tiendrait garnison dans l'Est pendant vingt ans au moins avant que la France ait pu se libérer du troisième milliard.

— Et vous leur avez joliment répondu Genmeyer, dit Lionnet en lui coupant amicalement la parole. « Soyez sans crainte, nos femmes et nos sœurs feront fondre leurs bijoux et avant cinq ans vous serez payés... et moi j'ajoutai : le soleil fera toujours mûrir nos vignes et ce vin généreux qui vous monte à la tête. Vous n'en boirez pas longtemps ! »

— « Que dirait Bismark si les cinq milliards étaient versés

avant un an ? continua l'officier alsacien... Il regretterait de n'en avoir pas demandé le double ?

En cet endroit de la conversation entra un jeune sous-lieutenant brun et bien fait, au visage pâle, aux cheveux frisés et dont la juvénile moustache surmontait une bouche fine et rieuse ornée de dents blanches ; de taille moyenne bien prise et svelte, ce dernier venu réalisait le type basque en toute sa pureté.

— « Eh bien ! beau mousquetaire, lui demanda le lieutenant Giliani, grand garçon de 23 ans, à la chevelure d'un blond ardent, taillée en brosse, à la moustache gauloise, à la physionomie intelligente et sérieuse et qui était depuis quelques mois à La Réunion, que nous apportez-vous de la cité dyonisienne ?

Giliani aimait à plaisanter Vallas qu'il affectionnait ainsi que Lionnet et pour cause.

A sa sortie de Saint-Cyr, lors de la déclaration de la guerre, le premier camarade qui l'avait reçu à l'arrivée de la jeune promotion à Rochefort, avait été le lieutenant Lionnet et le premier sous-officier qui l'avait salué en entrant dans sa compagnie avait été le sergent Vallas. Or, un mois plus tard, le lieutenant, le sous-lieutenant et le sergent, étaient cueillis par les Bavarois au pont de Bazeilles, où l'infanterie de marine s'était fait décimer. Lionnet avait été envoyé à Magdebourg, Giliani en Bavière et Vallas ayant réussi à s'échapper était allé gagner une blessure et l'épaulette à Orléans.

— Mon cher Giliani, voici ce que j'apporte de plus frais, et qui ne vous déplaira point, répondit Vallas avec un accent gascon fort agréable à entendre sortir de sa bouche. Je quitte à l'instant notre camarade de Bormel, fils du gouverneur qui m'a annoncé que si le courrier nous apporte la confirmation de la prochaine libération du territoire, un grand bal sera donné à *l'hôtel du Gouvernement*, dont les salons se rouvriront pour la première fois depuis trois ans. On dit aussi que cette bonne nouvelle sonnera le réveil de la joie dans la société créole et qu'une série de charmantes soirées commencera d'ici à dix jours, auxquelles nous serons tous conviés. Donc, Messieurs... Commencez vos visites, de Beauchêne, Lionnet, Carrin, Luguet, Giliani et autres, préparez vos ailes... On va oser rire enfin et s'amuser un peu... L'orage est passé, les nuages sombres commencent à fuir, emportés par le vent du malheur... Vive la jeunesse, « E viva la danza », ajouta joyeusement Vallas qui aimait à lancer parfois quelque citation dans la langue espagnole qu'il parlait purement.

— Bravo Vallas, dit en riant le capitaine Pajol, promu depuis peu à ce grade et qui était appelé à continuer ses services dans la colonie où il était connu et apprécié pour son esprit et son humeur aimables. Votre nouvelle nous fait plaisir, mais je vais vous rafraîchir l'esprit par l'annonce d'une autre qui vole en l'air : Le général inspecteur doit être à bord, à ce que m'a dit le colonel Gassias. C'est le général Martin des Pallières, un des héros de la guerre, qui a été désigné par le ministre de la Marine, pour venir vous brimer cette année. Allez piocher vos théories, Messieurs, ou gare aux arrêts qui empêchent les lieutenants d'aller danser !

Tout le monde se mit à rire et le déjeuner terminé, le café fut servi, les cigares et les cigarettes s'allumèrent, la causerie devint générale entre ces officiers, dont une bonne camaraderie cimentait l'affection, puis chacun regagna sa demeure dans la « petite île ». On nomme ainsi le village militaire séparé de la ville par la rivière de Saint-Denis et que les officiers étaient tenus d'habiter à cette époque.

Seul le capitaine adjudant-major de Vourgny résidait à la caserne où il se plaisait à cultiver un jardin rempli de belles fleurs quand il n'étudiait pas quelque partition d'opéra, car il possédait une jolie voix de ténor léger appréciée dans plusieurs salons de Saint-Denis.

Après chaque repas, la bande insouciante et gaie des officiers accompagnait le vieux lieutenant Demonde jusqu'à sa demeure la plus belle de toutes située au milieu de la place de l'Ilet en face du jet d'eau, puis chacun serrait la main du « préfet » et regagnait sa propre « case » pour s'y mettre à son aise, y faire la sieste ou s'y livrer à ses goûts particuliers jusqu'à 4 heures moins 10 minutes, instant où le clairon annonçait le prochain rappel pour « l'exercice » ou pour la « théorie dans les chambres ».

Les divers exercices, les théories pratiques et le tir avaient lieu non loin de la caserne sur la plaine de la Redoute qui sert tout à la fois de champ de tir, de champ de manœuvre et de champ de courses.

Au milieu de cette plaine est un mausolée en granit élevé à la mémoire d'un jeune officier anglais, John Graham Munro, du 86° grenadiers, tué à 22 ans, à cet endroit même, le 8 juillet 1810, le jour de la prise de l'île par les Anglais. Cette tombe respectée et entretenue par le génie militaire, est toujours le sujet d'une allocution patriotique faite aux soldats à leur arrivée dans la Colonie le jour où ils viennent pour la première fois à l'exercice, et la fin héroïque de ce jeune officier ennemi, mort pour sa patrie, leur est constamment donnée en exemple.

III

Le lendemain de bonne heure le paquebot français *Godavery* se balançait fortement en rade et, à dix heures, les quelques officiers que j'ai présentés au mess, et d'autres dont nous ferons la connaissance dans le cours de ce récit étaient réunis à l'hôtel de la Poste attendant que le vaguemestre remît les lettres et les journaux à l'adresse de chacun d'eux.

En France où, d'un bout à l'autre de notre belle contrée, on reçoit des lettres contenant des nouvelles de la veille, on ne sait pas quelles impressions agitent, dans les colonies lointaines, l'esprit de nos compatriotes qui ne reçoivent que tous les quinze jours des nouvelles datant de vingt-cinq jours comme à La Réunion, et avec quelle anxiété sont attendues les chères lettres d'une mère, d'une sœur... enfin de la famille dont ils sont séparés pour trois ans.... Ce coup de canon qui annonce le Courrier de France, comme il fait tressaillir tous les cœurs !

Après avoir pris connaissance des grandes nouvelles et des dernières dépêches récoltées sur sa route par le paquebot, et affichées à la Poste, chacun, selon son caractère, s'empresse de briser l'enveloppe scellée par des êtres aimés ou emporte son courrier et s'enferme pour le lire avec calme dans le silence et le recueillement du « chez soi ».

Les nouvelles étaient bonnes, la libération du territoire était prochaine, l'inspection du général était reculée d'un mois, le capitaine Pajol était promu chevalier de la Légion d'honneur, et deux officiers nouveaux étaient arrivés de France.

Dans l'après-midi, Lionnet et Giliani qui habitaient deux petites maisons confortables séparées par un jardin commun s'étaient réunis à l'ombrage des cocotiers, des palmiers et de plusieurs arbres couverts de lianes qui donnaient un peu de fraîcheur à la petite tonnelle sous laquelle ils étaient assis vêtus légèrement d'une chemise et d'une moresque, les pieds nus chaussés de sandales.

Ils s'étaient fait part des bonnes lettres de leurs familles et lisaient les journaux dont ils commentaient les articles intéressants, lorsque le sous-lieutenant Vallas, dont la demeure était voisine, ouvrit le « barreau » — le barreau, là-bas, c'est la porte, — et ayant serré les mains de ses deux camarades s'assit près d'eux en allumant une cigarette. — Vous avez l'air soucieux, mon cher Vallas, avez-vous reçu quelque nouvelle qui vous ait inquiété ? — Oui, Lionnet, une lettre de ma sœur qui, par le dernier courrier, me parlait de la santé de ma mère comme d'un malaise général, a employé cette fois le mot « maladie ». Ma chère sœur m'assure que cela n'est pas grave, mais que peut-on savoir ? Cette lettre est datée du 3 septembre et c'est aujourd'hui le 30. Cela fait 27 jours que cette lettre a quitté le village... Qui sait ce qu'il est arrivé depuis ! »

En prononçant ce simple mot « village » la belle figure du jeune officier s'était empreinte d'une réelle tristesse que ressentirent ses deux camarades.

— « Ne vous préoccupez pas ainsi, mon cher ami, lui dit Lionnet avec sympathie, votre mère n'est point âgée, nous disiez-vous, et près d'elle veillent votre sœur et votre frère. »

— « Oui, je me dis cela, ma mère m'appelle sans cesse, « et laisse exhaler parfois des reproches, à ce que je devine « entre les lignes de la lettre de ma sœur... j'étais son pré- « féré, j'avais juré de ne jamais la quitter... pauvre mère. « combien je me ferais de durs reproches si elle mourait « sans m'avoir à ses côtés ! »

En disant ces mots, Vallas ne put retenir deux larmes qui attendrirent Lionnet et Giliani.

— Nous comprenons votre anxiété, Vallas, mais vous n'exprimez qu'une présomption et vous êtes loin de la vérité sans doute. Votre mère se rétablira ; quels reproches peut elle vous faire ? d'être soldat, officier. Mais « vous ne pouviez échapper à la loi ».

— Justement ! répondit Vallas, c'est là une erreur. Combien la vie est bizarre ! Si je ne craignais de vous causer quelque ennui je vous raconterais mon histoire et vous comprendriez les reproches que ma vieille mère, ignorante de la destinée humaine, adresse à l'enfant qui n'a pu s'y soustraire ou peut-être qui s'y est soustrait !

— Parlez, cher ami, lui dit Lionnet, Giliani et moi vous écouterons avec attention et après vous avoir entendu, soyez persuadé que nous vous présenterons des arguments consolateurs.

Et Vallas dont la belle figure avait repris son expression souriante commença ainsi :

— « Le chemin devant lequel nous placent les parents n'est pas toujours celui que nous suivrons. Ainsi en a-t-il été pour moi. Qui m'eût dit, il y a quatre ans, que je quitterais mon père et ma mère, et mon beau pays basque pour le régiment ? Qui eut pu croire que je porterais si tôt l'épaulette, que je m'en irais si loin de ma montagne ? Ah ! mon cher Lionnet, si, tournant quelques pages du livre de la vie, j'y avais pu lire que moi Maurice Vallas, fils de fermiers, destiné à une vie humble, je fréquenterais le monde, que je l'aimerais, et que je me ferais une joie d'un bal, combien j'aurais été surpris... effrayé peut-être.

— Quelles idées avez-vous là, lui dit Giliani en l'interrompant. Mais tout cela est naturel, les faits s'enchaînent. Vous aviez l'esprit aventureux. Vous êtes jeune, bien fait, vigoureux et brave. Quoi de surprenant à ce que la fortune vous adressât un beau sourire en vous faisant des promesses dorées ?

— Je vais vous dire combien vous vous trompez, mon cher camarade. Je suis devenu tout le contraire de ce que je devais être, du moins dans l'esprit de mon père qui est mort un an après mon entrée au service sans comprendre que j'avais cru obéir à ma destinée. Certainement, je ne vous aurais jamais parlé de cela, mais vous savez combien vous m'êtes sympathiques et combien je vous suis attaché depuis la guerre. Sachez donc que mon père voulait que mon frère aîné lui succédât à la ferme et que je fusse prêtre. Mes études avaient été dirigées vers ce but sans même qu'on m'eût demandé si je me sentais la moindre vocation religieuse. Moi qui n'avais de goût que pour courir la montagne jour et nuit à la chasse de l'isard et du sanglier et qui m'étais acquis la réputation d'un beau joueur à la pelote basque, je ne me voyais pas revêtant la soutane, disant la messe et confessant les filles avec lesquelles j'aimais mieux danser.

Je suppliai mon père et ma mère de me laisser obéir à la conscription, leur faisant la promesse de rentrer au séminaire si la sainte vocation venait à pénétrer en moi. Mon père fut inflexible et j'avais déjà passé deux ans au séminaire de Bétharram, non loin de Lourdes, lorsque la conscription m'appela. Je refusai de rester plus longtemps cloîtré et je partis pour le 3ᵉ de marine où vous m'avez trouvé sergent à votre sortie de Saint Cyr, mon cher Giliani. La guerre a éclaté, j'ai été fait prisonnier avec vous deux, — plus heureux j'ai évité la captivité, j'ai été blessé, j'ai l'épaulette, et ma foi, je la garde... En disant cela, Vallas avait le sourire aux lèvres. Lionnet l'approuva, croyant son histoire finie... Écoutez, écoutez, répondit Vallas, en riant alors, je vais vous prouver que si quelques mortels courageux échappent à leur destin, d'autres le subissent malgré tout.

Voyez un exemple de ce que j'avance : la sœur de mon père, ma tante Bornave, a également deux fils dont un qui a exactement mon âge et me ressemble comme un frère jumeau... eh bien, celui-là voulait aller à Saint-Cyr et c'est lui qui porte la soutane.

Et, dans cette affaire, il existe un fait que je dois vous faire connaître, un souvenir ineffaçable qu'il faut que je vous raconte. D'abord, croyez-vous au surnaturel ?

— Pas beaucoup, dit Giliani... je crois que rien n'est surnaturel et que dans la nature pas un atome ne déroge aux lois providentielles.

— Je partage votre idée, mon cher ami, répliqua Lionnet, il faut d'abord savoir ce que Vallas entend par surnaturel.

— J'entends par là, messieurs, le pouvoir occulte, inexplicable, que possèdent dans mon pays et ailleurs sans doute, certaines femmes de prédire d'avance des faits qui se réalisent souvent.

— Racontez l'histoire d'abord, nous apprécierons ensuite, dit Lionnet.

— La voici dans toute la vérité, mais n'en riez pas :

Un jour que Gaston Bornave et moi, lui élève au collège de Bayonne, moi déjà depuis quelques mois à Bétharram étions en vacances, vêtus de blouses et coiffés de nos bérets, fort occupés à pêcher dans le torrent entre Larruns et les Eaux-Chaudes sur la route d'Espagne, une bande de gitanos comme on en voit tant sur les routes des Pyrénées à la frontière des provinces basques s'arrêta non loin de nous. Une gitana brune et jolie rappelant le type maure ou égyptien, nous fit signe de venir près d'elle.

Quittant le bord du torrent, où j'avais installé des lignes à truites, je montai en maugréant un peu jusqu'à la route. — Gaston, lui, me suivit en riant. — « Que voulez-vous ? dit-il à la bohémienne. — Deme usted su mano cabalieros (Donnez-moi votre main, messieurs). — Porque diabola ? (Pourquoi, sorcière ? demandai-je). — Para decir su destino de usted (Pour dire votre destinée). Nous allions la quitter en haussant les épaules, plus pressés d'aller voir si quelque truite avait mordu à l'hameçon que d'entendre ses balivernes, mais elle insistait avec tant d'amabilité féline que je restai là et que l'idée me vint de me moquer d'elle et de la prendre en défaut. Je vous ai dit que Gaston Bornave, mon cousin germain, et moi nous nous ressemblons comme des frères... Alors je dis à la gitane : Dis-moi l'âge de mon frère ? — Il n'est pas ton frère, et il a huit jours de plus que toi, me répliqua-t-elle sans hésiter. — On te l'a dit, menteuse. Tu peux bien nous raconter ce que tu voudras, je ne croirai rien de tes propos, joli démon, ajoutai-je, en mettant mes yeux dans ceux de cette femme qui était réellement belle. Elle prit nos deux mains gauches dans les siennes, parut en examiner les lignes avec une attention profonde, puis lâchant la main de mon cousin t tirant de sa chevelure épaisse et noire comme les plumes d'un corbeau une longue épingle surmontée d'un beau corail elle me dit, en écartant mes doigts et en suivant les lignes de la paume avec la pointe de son aiguille. — « Toi, tu seras soldat, puis reprenant la main de Gaston... Et toi tu seras padre (prêtre) lui dit-elle après un moment d'examen minutieux. — Menteuse, m'écriai-je, tu as oublié la leçon et je vois que tu as fait causer quelqu'un du village, car tu as dit le contraire de ce qui est ; c'est moi qui me prépare pour l'Eglise, et c'est lui qui veut aller à l'Ecole militaire.

— Nada, nada amigos ! non, amis, c'est vous qui vous trompez tous les deux. Toi tu fuiras la soutane et porteras le fusil... je vois du sang sur la jambe gauche, tu seras blessé à la guerre et tu seras officier... pas longtemps ! ! un événement te fera fuir la patrie.

« Et toi, comment t'appelles-tu ? demanda-t-elle en espagnol à mon cousin devenu très pâle. — Je me nomme Gaston Bornave. — Eh bien, toi qui rêves d'être soldat, tu revêtiras la robe de prêtre, de moine... je ne sais trop... sur toi aussi je vois du sang, là, près du cou... — J'irai donc aussi à la bataille ? s'écria Gaston en riant... — Non, tu seras frappé par une femme ! — Allons ! assez, bohémienne de malheur, lui dis-je en faisant du bras un geste de menace, retourne en Espagne, tu ne feras pas fortune en France.

— Adios gitane, lui dit doucement Bornave, comme hypnotisé par les yeux de la bohémienne. — Au revoir señor Gaston, lui répondit-elle... Laissez-moi encore un moment votre main, nous dit-elle, cessant de nous tutoyer. Vous vous ressemblez comme deux frères et votre sort me semble pour un temps lié l'un à l'autre. Je vous vois aller tous les deux sur l'eau, bien loin, bien loin, vous répandrez des larmes, et savez-vous pourquoi ? C'est que tous les deux vous sortirez de la maison abritée par le signe du zodiaque sous lequel vous êtes né, et qu'il ne faudrait pas quitter. » Et, sans rien nous demander, sans rien attendre, cette gitane nous quitta avec un sourire. « Adios, me dit-elle, et à Gaston qui semblait prêt à pleurer, elle dit : A la revista ! au revoir ! »

« Cette femme est une menteuse, dis-je à Gaston, en retournant vers le torrent, je ne crois pas un mot de ce qu'elle a dit... Et toi, cousin ?... — Moi, dit-il, encore pâle... j'y crois. »

Tel fut, mon cher Lionnet, mon cher Giliani, l'horoscope de cette bohémienne aux paroles de laquelle je n'ajoutai pas foi alors, mais auxquelles, depuis, j'ai dû plus d'une fois songer malgré moi... car je suis officier, j'ai été blessé à la jambe, et Gaston entre dans les ordres. Qu'en pensez-vous, mes amis ?

— Pur hasard, répondit Giliani, chose bizarre qu'on ne peut expliquer. Je sais pourtant que mon père, Italien de naissance, rencontra un jour qu'il était jeune officier à Turin, une tireuse de cartes qui lui prédit qu'il mourrait Français et, en dépit de toutes les prévisions, il opta pour la France après la guerre avec l'Italie, lors de la cession du Piémont, et a pris sa retraite comme capitaine français, mais qu'est-ce que cela prouve ?

— Moi, dit Lionnet, j'ai vu tant de faits que j'ai constatés sans les comprendre, que je n'essaierai point d'établir une théorie à l'usage des chiromanciens ou des tireuses de cartes. Pourtant je me demande si certaines gitanes, de même que certaines somnambules, n'ont pas à certains instants, le pouvoir de soulever un coin du rideau qui nous dérobe l'avenir et d'y voir quelque chose. Ce sont des voyantes à de certains moments.

— Donc, dites-vous, Vallas, votre cousin Bornave s'est fait prêtre ?

— Oh ! je ferais mieux de dire qu'on l'a fait prêtre. L'horoscope de la gitane nous dira peut-être un jour lequel de nous deux a eu raison, de moi qui ai désobéi à mon père ou de Gaston qui a obéi au sien. Quien sabe ! Qui de nous a suivi sa vraie destinée ?

Au revoir, chers amis, et merci de la patience que vous avez accordée à mon histoire. Cela m'a fait du bien de vous la raconter. Il me semble que vous avez apaisé mes alarmes au sujet de ma vieille mère.

Quelle idée avais-je de me faire du chagrin lorsqu'il n'y a pas lieu, et redevenu joyeux, Vallas regagna sa case en chantonnant :

> Quand on est Basque et bon chrétien
> Qu'on a sa mule pour tout bien !

IV

L'abbé Gaston Bornave a Maurice Vallas, Sous-Lieutenant au 3e d'Infanterie de marine a Saint-Denis, Ile de la Réunion.

Ciboure (Basses-Pyrénées), 3 décembre 1873.

Mon cher Maurice,

Ta dernière lettre de fin octobre nous a tous fort intéressés et tu sais comment elle a été lue, relue et écoutée à la ferme de ta mère et chez nous. Que d'exclamations après les intéressants récits que tu nous fais de ta vie étrange pour nous en cette petite île lointaine dont la description est si pleine d'attraits et de poésie. Que de questions me sont posées sur ce point situé presque aux antipodes et auxquelles je réponds tant bien que mal comme si j'en arrivais. Mères, frères, sœurs, amis, tous avaient l'âme ravie de ces nouvelles, et je sais même une jeune fille dont les yeux doux étaient humides, et tu devines que je ne parle pas de ta sœur.

Rentré dans ma chambre, j'ai pris ta lettre pour la parcourir encore et y répondre lentement afin de te communiquer bien des pensées nouvelles qui, depuis quelque temps, livrent un rude assaut à mon esprit. Elles ne te paraîtront point trop bizarres à toi, mon cher frérot, qui me ressembles tant par l'extérieur humain et par le caractère, mais combien elles seraient jugées sévèrement par tous ceux qui m'entourent et qui ne semblent point comprendre qu'ils ont lié les ailes d'un pauvre oiseau qui aurait tant désiré, lui aussi, porter son vol loin de son nid. Hélas, il ne m'a pas été permis de les secouer, de les éployer, de les essayer ! Là-haut, dans la montagne, quand je contemple au loin cet horizon bleu que je n'ai franchi que par la pensée, je sens mon cœur se gonfler et des larmes monter à mes yeux.

Que je m'acquitte d'abord de mes devoirs d'ami en te rassurant sur l'état de santé de ta mère : ma tante Vallas a été bien malade l'été dernier mais le séjour de quelques semaines qu'elle a passées dans la montagne au-dessus de Cambo, semble avoir été bienfaisant pour elle.

J'y suis monté pour lui porter une lettre de toi et j'ai bien vu que la lecture qu'elle m'a prié d'en faire deux fois de suite était bien le meilleur réconfortant pour son cœur maternel.

Ta sœur est à la ferme avec ton frère Henriot... un rude travailleur ; elle est jolie Anita et je connais déjà quelques beaux garçons du village et d'ailleurs qui ne se contentent plus de porter la main à leur béret en la voyant passer ; quelques-uns lui adressent des sourires ; les plus hardis y ajoutent ces compliments dont notre langue basque est si généreuse : rose de mai, sourire d'avril, rayon de miel, palombe des bois... et autres paroles qui ne blessent pas une fille sage car elle n'a pas l'air de les entendre. Je ne crois point me tromper en ajoutant qu'un de ces jeunes gars, joli montagnard que tu connais, osera traduire honnêtement ses désirs à la famille.

Quant à celle dont j'ai déjà dit un mot et pour qui tu ne m'as point caché ton attachement, elle ne t'oublie pas ; discrète comme la violette, elle attend rougissante que je lui dise tout bas le post-scriptum qui lui est particulier. Ce sont là des fleurs cueillies en passant aux abords d'un sentier qui m'est interdit et que je t'envoie, mon cher Maurice.

Chez nous, tout le monde est bien et, sous l'œil vigilant du père aidé vaillamment de mon frère Jean, la scierie marche sans s'arrêter tant que le torrent reste fidèle à son contrat et ne diminue pas le volume de ses eaux. Mon père est toujours le même, un roc pour la santé, le labeur et le reste... le reste c'est un entêtement devant lequel bêtes et gens doivent plier ; le premier et le dernier au travail, il montre un exemple qui, pense-t-il, lui confère le droit d'user d'une sévérité que rien ne peut amollir. Juge-moi égoïste, peut-être même coupable de parler ainsi de mon père, cela ne m'empêchera pas de te laisser lire dans ma conscience, convaincu d'avance que tu ne me refuseras pas ton absolution fraternelle.

Ces pages sont pour toi seul, car seul tu dois connaître et

comprendre les souffrances morales de ton pauvre ami. J'ai prouvé à mon père une piété filiale que je me reproche parfois. Dans le silence de mes pensées, j'ose accuser l'auteur de mes jours d'avoir fait ma vie tout autre qu'elle n'eût été si j'avais montré quelque énergie le jour où, conseillé par le vieil abbé Herrigoyen qui dirige la conscience parfois faible de cet homme si fort, il refusa de me laisser continuer mes études dans la direction que voulait leur donner mes aspirations viriles. Mon père en me contraignant à entrer au Séminaire, d'où, plus courageux que moi, tu as réussi à t'échapper, a-t-il agi selon son devoir, j'ose même dire selon son droit ? Peut-être que si tu eusses pris la soutane, j'aurais eu plus de chances d'aspirer à Saint-Cyr, mais, par ton acte d'indépendance, tu m'as involontairement atteint, mon cher Maurice, et tu sais si je t'ai jamais blâmé. Mon père n'y ayant vu qu'un exemple coupable pour notre famille m'a imposé sa volonté inflexible et, par respect, la mienne s'est courbée devant l'autorité paternelle.

J'ai fait entendre mes plaintes au cœur plus tendre de ma mère en la suppliant de plaider ma cause, mais guidée beaucoup par sa piété excessive et un peu par la crainte du père, elle me répondit : Mon cher enfant, prie Dieu de te fortifier, obéis à Bornave, écoute les conseils de notre bon directeur et la vocation religieuse te viendra malgré toi. Songe à notre joie de te voir offrir un jour le très saint sacrifice de la messe. Ah ! ne suis point l'exemple de Maurice qui, par sa désobéissance à son père, a fait verser tant de larmes à ma pauvre sœur.

Que devais-je faire ? Courber le front ; alors le Séminaire s'est refermé sur moi et, pour oublier, je cherchai quelque distraction dans ces études si froides qui doivent préparer l'esprit d'un jeune homme à l'état ecclésiastique. Lire le latin des pères de l'Église, traduire les Saints Livres, en entendre la lecture à haute voix jusqu'au réfectoire, à cette heure où le corps réclamant sa nourriture, l'esprit aurait tant besoin de s'échapper. La bibliothèque du Séminaire nous était ouverte le jeudi et le dimanche, mais à part un Plutarque en latin et les classiques grecs et romains discrètement triés, puis, après Bossuet, Bourdaloue, Massillon, nos auteurs favoris, je n'ai jamais pu lire en français que le *Télémaque* de Fénelon et *Le voyage du jeune Anacharsis en Grèce* de l'abbé Barthelémy, un chef-d'œuvre d'érudition, je le reconnaîtrai toujours, mais si ennuyeux ! A part cela, les *Annales de la propagation de la Foi* me causaient un réel intérêt, parce qu'il y était raconté les faits d'héroïsme et de courage de nos saints missionnaires si forts par la foi, et des combats avec les sauvages des îles lointaines — oh ! pas de ta chère île Bourbon, mon heureux Maurice, où je ne te vois pas luttant contre des cannibales quand tu revêts ton bel uniforme pour aller à la manœuvre... ou au bal. — Alors, j'interrompais ma lecture et je rêvais de me faire missionnaire, afin d'aller moi aussi chez les sauvages de la Polynésie pour me battre avec eux... non ! je veux dire pour les convertir. Avec de la résignation et ce grand fonds de bonne humeur dont j'ai forcément été si économe jusqu'à ce jour, les années ont passé ; le jeune oblat est devenu diacre, la couronne du tonsuré a été placée au sommet de ma tête et, depuis huit mois, mes vœux ayant été prononcés avec obéissance et acceptés malgré moi, je suis abbé, je suis prêtre !

Je veux faire mon devoir, mon cher frérot, mais je sens bien que ce sera souvent en rongeant mon frein, avant que le Ciel ne m'ait accordé la vertu sacerdotale que je lui demande avec sincérité.

En jetant les yeux devant moi sur le canevas de ma vie, je le vois bien noir... Qui m'aidera à jeter quelques roses sur le sombre dessin de la broderie ?

Sur la demande de mon père, Monseigneur l'évêque de Bayonne a pensé qu'il me serait salutaire d'être placé à côté d'un prêtre, dont la ferveur et la foi inébranlables me fortifieraient par l'exemple et par les conseils et j'ai été envoyé à Ciboure près de Saint-Jean-de-Luz, comme deuxième vicaire de l'abbé Etcheverry, saint curé de cette paroisse et bien connu pour sa piété, sa charité et ses travaux archéologiques et ethnographiques sur le *pays basque*, et dont une étude sur la langue étrange (qui se perd dans la nuit des temps) des habitants de ce coin de France lui a valu un prix décerné par l'Académie.

Je crois que je prendrai l'habitude de tourner ma roue

sans trop murmurer et que, tout comme tant d'autres que je n'égale pas, j'accomplirai sans me plaindre, ma tâche quotidienne. Je dois même te confier que mes pensées ont un peu quitté leur penchant vers la tristesse depuis que j'ai eu la consolation de rencontrer sur ma route un homme qui m'a rendu quelque courage et dont la parole m'a plus aidé à supporter le poids qui pèse sur mes épaules que toutes les pénitences auxquelles l'abbé Etcheverry m'a conseillé d'avoir recours après avoir entendu la confession de ma faiblesse.

J'ai rencontré à Saint-Jean-de-Luz où je me rends presque chaque jour, vu qu'il n'y a qu'à traverser le pont jeté sur la Nivelle, un prêtre aimable qui possède une de ces natures tendres vers lesquelles le cœur se sent promptement attiré. Autorisé à suivre un riche Américain malade qui vient chaque année passer plusieurs mois en France, l'abbé Marchal, âgé de 50 ans environ, est un lettré et un écrivain de talent. J'en reçus tout de suite un accueil qui ne devait pas tarder à faire naître entre nous deux les sentiments d'une amitié sincère.

Dès ma seconde visite je lui avais fait le récit de ma vie simple et avoué mes peines, confessé mes hésitations. Ses paroles m'ont consolé et chaque jour je vais faire provision de courage auprès de cet homme sage et fort. Hier, il m'a abordé en me disant : mon cher enfant, j'ai beaucoup pensé à vous et je crois pouvoir vous faire une proposition à laquelle je vous prierai d'accorder un mois de réflexion pour donner à votre réponse une maturité nécessaire. Vous êtes venu à Dieu m'avez-vous dit, sans que la vocation ecclésiastique fût encore développée en votre âme, et vous pensez que l'état militaire eût mieux convenu à votre caractère et à vos goûts, eh bien, il est pour vous un moyen de continuer à obéir à votre père, à servir Dieu selon le vœu accepté et à être utile à votre patrie en vous rapprochant de l'armée dans les rangs de laquelle vous pourriez encore dévouer votre vie à la France. Sollicitez une place d'aumônier dans la marine ou la guerre. Mieux que personne je puis vous être utile si vous adoptez ce projet après l'avoir mûri, je le répète, car vous voyez en moi un ancien aumônier qui a servi pendant la guerre d'Italie, qui a passé deux ans en Algérie et qui a terminé sa carrière avant le temps à l'armée de la Loire. J'y ai été légèrement blessé en portant des secours et des consolations aux mourants sur le champ de bataille et je me suis retiré pour me livrer à des travaux moins patriotiques sans doute mais plus chers à mon esprit. Si tu avais pu voir, mon cher frérot, la joie qui illumina mon visage après ces paroles de l'abbé Marchal, tu eusses été heureux de partager un bonheur qui ne fut que momentané, car après avoir réfléchi quelques instants je retombai dans ma tristesse en songeant que mon père, Monseigneur de Bayonne et l'abbé Etcheverry à qui j'en devrais parler s'uniraient pour détruire mes désirs et faire avorter la demande qu'il faudrait d'abord placer sous leurs yeux.

Je remerciai mon ami en lui promettant de réfléchir à une proposition qui m'avait causé un plaisir extrême et, je lui demandai comment il n'avait pas été décoré après les services qu'il avait rendus à la patrie. « Si la croix m'eût été donnée, me répondit le bon abbé Marchal avec une modestie qui te permettra d'apprécier l'homme, je l'eusse portée sur ma soutane avec autant d'orgueil qu'un brave officier sur son uniforme brodé, mais on ne me l'a point offerte peut-être parce qu'on m'a oublié, et je n'ai point osé la solliciter, tant d'autres ayant versé leur sang l'ont mieux méritée. » Cet homme ne doit-il pas être un modèle pour moi ?

Une similitude de caractère et d'aspirations nous a liés davantage de jour en jour et depuis que je le connais il m'a convaincu sans peine de cette vérité, c'est qu'il est sur terre bien des hommes plus malheureux que nous. Son goût pour les sciences et les lettres l'avait désigné lui aussi pour une autre carrière que le sacerdoce, mais il crut devoir obéir également aux désirs de parents qui, comme tant d'autres, font de leur piété aveugle l'instrument dont ils se croient le droit d'user pour obliger leurs enfants à fouler aux pieds des aspirations qu'ils tiennent de la Providence.

Hélas ! me disait l'abbé Marchal, combien j'en ai connu de ces jeunes hommes qui n'avaient point de vocation religieuse et à qui elle a été imposée, enfants que l'Église a pris et élevés comme un troupeau destiné au temple d'un Dieu qui ne les avait certainement pas créés pour le servir de cette manière

Qu'ils sont nombreux, ces jeunes séminaristes dont l'esprit, le cœur et la mentalité tout entière ont été pétris et refondus dans ce moule puissant qui brise les volontés, asservit les intelligences, comprime le cœur pour leur apprendre à mieux servir un Dieu de lumière et d'amour qui n'exige point, cependant, la destruction de la nature, mais bien son perfectionnement. C'est ainsi que se fabriquent malgré eux ces jeunes diacres et ces prêtres qui ne s'appartiennent plus et qui, pour la plupart, renoncent au monde, à la famille et finissent par croire à ce « mensonge sacré » que c'est Dieu qui les appelle et qu'ils le représenteront sur terre.

C'est surtout parmi les paysans à l'esprit crédule que le gros du pieux troupeau est recruté et les bergers façonnés pour cette sainte besogne ne les ménagent pas. Mais, pour dire toute la vérité, bien bas, entre nous, si l'Église attendait simplement sans qu'elle songeât à les préparer, ce qu'elle appelle les « saintes vocations » que de paroisses de campagne seraient pour toujours fermées faute de desservants.

Au séminaire de G... où j'ai fait mes études et où, comme vous, Bornave, je suis entré magré moi, je vous en fais loyalement l'aveu, je n'ai compté, après avoir questionné tous mes camarades, et nous étions plus de quatre-vingts, que deux jeunes hommes qui étaient venus à Dieu sans y avoir été poussés autrement que par leur propre volonté. L'un, voyant mourir sa mère, avait fait vœu de se consacrer au sacerdoce ; l'autre, ayant échappé à un grand danger, était convaincu que le vœu qu'il avait fait de se consacrer à Dieu l'avait sauvé de la mort. Leurs raisons, fort respectables, auraient pu être discutées, mais je dois dire que tous les deux avaient la foi et que leur intelligence était réelle. Quant aux autres ils étaient restés, à quelques exceptions près, le « robur peditum » tels qu'on les avait pris, simples, obéissants... beaucoup même ignorants !

Une sélection, vous ne l'ignorez point, s'opère parmi les plus intelligents qui sont dirigés vers les grands séminaires et à qui, avec une instruction scientifique plus vaste, on laisse entrevoir les pompes parfois grisantes des cathédrales où l'éclat des lumières, le parfum de l'encens, la musique des orgues, le luxe des cérémonies fait passer en leurs âmes candides la vision future d'un rochet violet, d'une mitre d'évêque, d'une crosse d'archevêque et même d'un manteau pourpre de cardinal. Est-ce que tout jeune homme qui s'engage et entre à Saint-Cyr ne rêve pas de devenir général ?... Il en est de même de l'élite de nos jeunes séminaristes... sans cela ! et un geste de doute achevait l'idée que ne traduisait pas entièrement mon ami.

J'ai souvent pensé, ajoutait-il, que la maxime du droit public, à Rome : *Salus populi suprema lex esto* (Toutes les lois doivent s'effacer devant le salut de la patrie) s'applique également à l'Eglise, et je ne crains point d'ajouter que tous les moyens doivent être employés pour former des prêtres ou l'Eglise est perdue.

Et puisque ces réflexions sortent de mes lèvres, non pour diminuer l'amour que les hommes doivent à Dieu, je ne puis m'empêcher de penser à la femme dans les associations religieuses et à son rôle contraire à la volonté du Créateur. Si toutes ces filles cloîtrées, dont le nombre est trop grand en France et en Espagne, n'avaient obéi qu'à une vocation sans pression, combien d'elles seraient mères de famille, mais de pernicieux conseils leur ont écrasé le cœur et les mamelles.

Mon cher enfant, vous avez entendu le bruit d'une soupape morale que j'éprouve le besoin d'ouvrir parfois pour laisser échapper le trop plein de mes pensées philosophiques, de mes regrets superflus, ajouta le bon abbé Marchal ; je dois oublier que, moi aussi, j'avais un cœur aimant et que le mariage et la paternité m'auraient rapproché davantage du Créateur... Mais j'ai pour devoir de vous maintenir dans le sentier où vous marchez. Accomplissez votre sacrifice avec résignation, comme j'ai accompli le mien, restez la brebis préférée et sans tache du Bon Pasteur et son « Esprit » vous accordera la patience qui sera votre récompense. Si vous gardez volontairement la sombre robe évitez de la souiller ou dépouillez-la avant que votre âme ne vienne à faiblir. »

Je crois, mon cher Maurice, t'avoir, pour aujourd'hui, suffisamment parlé de cet homme de bien placé sur mon chemin, de cet ami dont la franchise et les sentiments élevés me consolent un peu de la domination que me fait subir innocemment l'abbé Etcheverry qui ne me parle que de pénitence et de retraite.

Que vas-tu penser, frérot, de l'état d'âme de ce Gaston Bornave qui rêvait de clairons, de canons et de bataille et qui se voit condamné à faire macérer ses idées belliqueuses au fond d'une chapelle sombre et silencieuse ?

Donne-moi ton avis au sujet de l'idée de l'abbé Marchal. Me serait-il possible de devenir aumônier militaire et pourrais-je vivre un jour avec ces soldats ou ces marins que j'entourerais de tant d'affection ? Consulte les deux amis dont tu nous parles et réconforte-moi de tes bons conseils et des leurs.

Comme il est permis à l'homme de combattre, pour les détruire, les bêtes qui menacent nos troupeaux et dévastent nos champs, je te dirai que, profitant d'une semaine de permission, j'ai pu assister à une battue au sanglier du côté de la frontière basque et que j'ai été assez heureux pour abattre un splendide ragot. Même, « s'il plaît à Dieu », comme disent toujours nos Pyrénéens, j'irai, en décembre, au delà de Mauléon, vers les pics neigeux d'où quelques ours sont déjà descendus, afin de tâcher d'en voir un face à face comme toi après la guerre... J'aurais tant voulu t'accompagner alors, mais hélas, était-ce un jeu permis à un petit séminariste ?

Au revoir, mon bon Maurice, ne trouve pas ma lettre trop longue, je la laisse pour préparer une homélie que je dois dire en langue basque dimanche prochain. Conserve ta santé et ta gaîté et sois bien sûr qu'un peu de mon cœur bat souvent sous ton dolman. Garde-moi le meilleur de tes pensées sans oublier Rosette à qui tu as promis, peut-être, de garder ton cœur. Je t'embrasse fraternellement.

GASTON BORNAVE.

Malgré les recommandations de lire seul cette lettre si expansive, Vallas ne put se retenir d'aller la communiquer à ses camarades Lionnet et Giliani qui partagèrent la joie apportée au jeune officier par ces bonnes nouvelles de sa famille. Ils le prièrent d'offrir l'expression de leur sympathie à l'abbé Vallas que ses regrets de n'avoir pu se présenter à Saint-Cyr faisaient presque un camarade à leurs yeux, puis ils lui firent parvenir le conseil d'adresser une demande au ministre de la Marine lorsque son projet serait arrêté de solliciter un emploi d'aumônier.

V

L'inspection générale s'était passée sans trop de rigueur et le général avait continué son voyage pour la Nouvelle-Calédonie après avoir proposé le lieutenant Lionnet pour capitaine, le lieutenant Demonde pour Chevalier de la Légion d'honneur et Vallas pour lieutenant.

La série des bals avait été brillante et les noms des capitaines de Vourgny et Pajol, des lieutenants de Beauchesne, Carrin, Luguet, Lionnet et Vallas avaient souvent figuré sur le carnet des plus jolies danseuses créoles.

Le recrutement, qui ne fut appliqué à la Réunion qu'à l'époque de la conquête de Madagascar, n'existant pas alors à la Réunion, la vie des officiers avait repris son calme et ils pouvaient se livrer à leurs goûts pour l'étude des lettres et des arts. Lionnet jouait de la flûte et faisait un peu de peinture pour laquelle il fréquentait les ateliers de deux bons artistes de Saint-Denis, MM. Roussin et Deroy qui venaient souvent au mess des officiers.

Giliani et Lionnet apprenaient l'anglais avec M. Pinter, professeur du Lycée, un Canadien qui se plaisait à les accueillir ainsi que sa femme, excellente et volumineuse Ecossaise.

Le lieutenant Genmeyer faisait trois fois par semaine un cours d'allemand à ses camarades et à quelques sous-officiers, enfin le bon Lantz, conservateur du Museum de la Réunion et ami des officiers depuis 20 ans, avait donné à deux lieutenants des leçons d'histoire naturelle et leur avait montré à préparer fort habilement le montage et l'empaillage des animaux. Ils avaient su profiter de ses leçons et la collection d'oiseaux et de papillons du lieutenant Botin lui avait valu un prix à l'île Maurice où le colonel Gassias et le gouverneur de Bormel lui avaient permis d'aller la présenter à une exposition qui fut suivie d'une chasse aux cerfs à laquelle avaient été invités plusieurs officiers parmi lesquels le capitaine Pajol dont la carabine s'était fait remarquer par son adresse.

Je relis avec un certain plaisir le récit de la fête des courses de chevaux à la Réunion, et, comme elle se rattache à cette histoire, je demande la permission de la dessiner rapidement... un simple croquis. Deux courses y sont données annuellement sur la plaine de la Redoute dont j'ai déjà parlé. Des tribunes sont établies pour la société qui s'y rend vers 3 heures, après la grande chaleur ; des mâts surmontés de pavillons flottants dessinent la vaste piste entourée de poteaux et de cordes. Au dehors circulent les gendarmes à cheval. De brillants équipages amènent à l'hippodrome les riches dames créoles mises aux dernières modes de France, des cavaliers bien montés font caracoler leurs chevaux avec une grâce particulière aux créoles. Toute la population de la ville et des quartiers s'y rend joyeuse et bruyante dans des toilettes aux couleurs éclatantes et variées comme les types nombreux qui composent la classe travailleuse de la ville et des champs, vieux noirs cafres originaires d'Afrique, reste des anciens esclaves, Malgaches de Madagascar, Yambanes des possessions portugaises du Cap, Indiens de Bombay et de Madras, Arabes de Mascate ou de Zanzibar, engagés des Comores, enfin de nombreux Chinois qui détiennent le petit commerce de Saint-Denis et des quartiers. Chacun veut assister aux courses.

Toute cette foule d'hommes et de femmes du peuple qui rivalisent d'un luxe facile et à laquelle se mêlent les soldats de la garnison va se ranger et s'asseoir sur le flanc de la colline qui monte au cap Bernard et présente un des plus riants tableaux qu'il soit donné de contempler. La première journée des courses de 1873 fut l'une des plus belles. La course des créoles eut lieu la première ; des chevaux de prix montés par les jeunes gens les plus distingués de la Réunion et de l'île Maurice, tous excellents écuyers, excitèrent un enthousiasme général. Un objet d'art, d'une valeur de 1.500 francs, offert comme premier prix, fut gagné par M. Edgar de V. jeune avocat du barreau de Saint-Denis ; le second prix, un joli cheval anglais, fut remporté par M. Henri de K., fils d'un grand propriétaire de la partie sous le vent. Les autres concurrents reçurent des flots de rubans décernés par les dames avec accompagnements de compliments et de sourires. La course des officiers ne fut pas moins brillante ; le capitaine Pajol, cavalier consommé, gagna un superbe fusil de chasse et Valas, habitué dès l'enfance à monter les petits chevaux nerveux du pays basque, menait le cheval d'un officier d'artillerie et arriva le second avec Biard, lieutenant de cavalerie. Au tournant de la piste, non loin des tribunes, son cheval fit un écart qui faillit le désarçonner, mais il se remit promptement en selle, pas assez vite cependant pour qu'un léger cri d'effroi ne s'échappât des lèvres de plusieurs jeunes filles placées dans les tribunes.

L'une d'elles surtout près de laquelle était assis le jeune avocat Edgar de V. n'avait pu maîtriser un émoi qui fut remarqué de son voisin. En passant sous la tribune, les yeux de Vallas et ceux de Mlle Eva S. s'étaient rencontrés et le sourire que n'avait pu réprimer le bel officier, avait fait monter du rose aux joues de la belle créole, et M. de V. en avait ressenti une jalousie inconsciente car il aimait Mlle Eva S. et venait de le lui dire. — « Connaissez-vous cet officier, lui demanda-t-il ? — Moins que vous, Edgar. — Vous avez pâli lorsqu'il a failli tomber et maintenant vous êtes rouge. — Pourquoi ces questions ? j'ai éprouvé un léger sentiment de peur, comme je l'eusse ressenti pour vous ou pour tout autre. — Mais parce qu'il m'a semblé que vous avez échangé un regard avec lui lorsqu'il a passé, il s'est même permis de vous adresser un sourire. — Vous croyez ? — J'en suis certain. — Allons, Edgar, ne faites pas le jaloux... je ne vous ai pas encore accordé le droit de l'être ; j'ai dansé quelquefois au bal avec M. Vallas comme avec ses camarades, comme avec vous et je ne trouve aucune indiscrétion dans le sourire que vous croyez m'avoir été plus particulièrement destiné, et qui probablement, je pense, était adressé par M. Vallas à toutes ces dames. N'oubliez pas, Edgar, que si nous sommes amis d'enfance, je ne suis pas votre fiancée et je désire que vous ne le laissiez supposer à personne. »

La troisième course entre créoles et officiers fut remportée par un Mauricien. Ce jeune homme, M. M... dont la famille était restée française de cœur, partait pour la France peu de mois après afin de se préparer à l'Ecole polytechnique où, après s'être fait naturaliser, il entra dans un bon rang et sert la France. Ce fait est assez fréquent à l'île Maurice.

C'est après cette course que la vraie fête commence pour la population de couleur. Une douzaine de chevaux montés par quelques « petits blancs » et des mulâtres bien faits et habiles à la plupart des exercices, par deux riches Arabes, par un Chinois et plusieurs Indiens tous marchands aisés, est aux yeux du peuple de l'île, la plus attrayante assurément ; plusieurs prix offerts par les dames donnent à cette course un intérêt d'orgueil très grand ; — enfin une course d'ânes montés par des noirs grotesques met la joie des spectateurs au comble. Toutefois le clou de la fête est la course en sacs où plus de cent concurrents se présentent et luttent pour gagner les prix de 100 fr., 50 fr. et 25 francs donnés aux trois premiers qui atteignent le but. Après cette course ouvrière la société a quitté le champ de manœuvre, et laisse la place à la population, et les réjouissances populaires commencent. Les petits marchands arrivent, les lanternes s'allument et les cris, les chants, les danses, les luttes durent jusqu'à une heure avancée de la nuit.

VI

L'époque de la grande chaleur était arrivée, elle a lieu dans l'hémisphère sud d'octobre à mars et pendant ces mois, les habitants de Saint-Denis quittent la cité brûlante pour aller chercher la fraîcheur dans les hauteurs boisées de Saint-François et du Brûlé voisines de la ville où les commerçants et les fonctionnaires descendent le matin pour leurs affaires et remontent le soir. D'autres plus aisés ou moins attachés à leurs occupations vont chercher plus loin dans les montagnes, à Salazie, à Mafatte ou à Cilaos le repos et les eaux bienfaisantes qui réparent la santé.

Un soir, plusieurs mois après le commencement de ce récit, à la nuit qui, dans ces régions des tropiques où l'on ne connaît point le crépuscule, arrive presque subitement au coucher du soleil comme un voile immense qui s'étendrait rapidement sur le globe, deux piétons montaient, en causant, les lacets sinueux que mènent de Saint-Denis au Brûlé.

— Oui, mon cher Lionnet, mon cousin, l'abbé Bornave, est bien près de réussir à faire accepter, par son père, l'idée de solliciter un emploi d'aumônier et son ami, l'abbé Marchal, se rendant à Paris avec M. Hogson, l'Américain dont Gaston nous a parlé, verra le Ministre des Cultes qui lui a promis déjà de s'intéresser à son protégé et le courrier prochain nous dira si ces démarches auront été utiles. Dans une entrevue que Gaston eut avec mon oncle, il lui exprima respectueusement son dessein de continuer à servir Dieu comme prêtre, mais en se rapprochant de l'armée. La première réponse de son père ayant été un refus, eh bien, lui répliqua mon cousin avec énergie, sachez que si vous vous opposez à ce désir, je vous jure que je partirai pour les missions étrangères et vous ne me reverrez jamais. Je vous ai obéi en embrassant malgré moi l'état ecclésiastique pour lequel je ne me sentais pas de vocation, quatre années de séminaire et de sacerdoce ne me l'ont point communiquée Vous m'avez contraint à prononcer des vœux auxquels je me crois lié ; mais, si vous ne voulez pas me les voir briser, ayez pitié de moi et laissez-moi quitter le pays. Mon cœur y court des dangers contre lesquels il est de votre devoir de me protéger, je veux partir. — C'est bien, lui répondit son père, je vais parler à ta mère, et à l'abbé Herrigoyen et, la nuit portant conseil, demain je te donnerai ma réponse.

La dernière lettre de Gaston s'arrêtait là. Vous pensez si j'attends le prochain courrier avec impatience.— C'est naturel lui dit Lionnet, votre cousin l'abbé a de l'énergie, du cœur et je l'approuve ; je fais des vœux pour que votre oncle apprécie son respect filial et pour quelques années, lui permette de quitter le pays basque afin d'utiliser son besoin d'action, et de s'attacher au métier qu'il a plu à son père de lui imposer. Il est évident, mon cher Vallas, que votre exemple guide un peu la conduite de Bornave... Mais après tout... que diable ! on ne force pas des hommes faits pour servir des canons à préférer servir le Père Eternel.

En causant ainsi, nos deux amis étaient arrivés au village du Brûlé, devant une villa brillamment éclairée d'où sortaient les rires perlés de plusieurs jeunes filles.

En entendant le pas des deux officiers elles vinrent au devant d'eux et leur tendirent les mains sans façon. Lionnet et Vallas entrèrent saluer M. S.., ingénieur des ponts et chaussées et Mme S.., parents de Mlles Marie et Eva, et trouvèrent déjà rendus plusieurs jeunes gens de Saint-Denis invités comme eux à dîner et à passer la soirée.

Le repas, servi moitié à l'européenne, moitié à la créole, c'est-à-dire du cari pimenté que l'on présente entouré de riz blanc chaud et presque sec, fut délicieux et gai. Bien que la plupart des créoles préfèrent l'eau à toute autre boisson, les vins étaient exquis par une raison connue : les vins mauvais ne supportent pas la traversée tandis que le bon gagne à voyager en mer. Personne n'ignore que le vin et le rhum « retour de l'Inde » avaient autrefois une réputation justifiée.

Après le café que les créoles savent seuls bien préparer, les invités sortirent dans le jardin fumer et causer sous les arbres en attendant l'heure de la musique et de la danse.

Délicieuses soirées des pays chauds dont le souvenir ne s'efface jamais de la mémoire de ceux qui en ont goûté le charme, sous le ciel pur scintillant d'étoiles innombrables qui brillent là-bas comme rarement celles de notre ciel de France pourtant si pur aux beaux soirs d'été.

Après quelques romances nouvelles arrivées récemment : *C'est un oiseau qui vient de France*, *Vergiss mein nicht* et *Sentinelle veille !* inspirées par les souvenirs de la guerre, qui furent roucoulées agréablement par Mlle Marie et deux de ses amies, Mlle Eva, sans se faire prier, chanta d'une voix fraîche, avec accompagnement de guitare, deux couplets en patois créole, charmants moins par les paroles que par leur mélodie naïve rythmée sur des airs de « ségas » ou danses du peuple.

L'un deux que les lecteurs comprendront et dont quelques-uns, peut-être, ont entendu la musique, est la prière d'un noir à celle qu'il aime et dont il implore un baiser :

Ah ! qu'moin l'est content, Madeleine,
    Ah quo moin l'est héroux !
Quand vout'pt'it cœr y voit ma peino
    Et que sourient vos beaux yeux ;
Pour vous mi donnerais ma vie
    Vous n'a qu'à la d'mander !
Quoi qu'mi d'mande à vous ?... Moi n'envie
    Quo le doux miel d'un baiser !

Celui-ci non moins simple est d'un amoureux crépu à son amie qui lui reproche peut-être une infidélité :

Haïs pas moin, ma Colombe,
    Haïs pas moin !
Ça femm'là n'a pas di monde,
    Ayc pitié d'moin !
Toi seul' plis doux que la mangue,
    No soy' pas zaloux !
Li mangue à terre dans l'vavangue,
    Moin n'aim' que vous !

Des villas voisines, les accords du piano avaient attiré des danseuses et des valseurs et les quadrilles commencèrent. Comme les couples étaient nombreux, quelques-uns dansaient dans le jardin où se reposaient sous l'ombre épaisse des camélias en fleurs. Vallas avait offert son bras à Eva qui voyait que depuis plusieurs mois le jeune et bel officier n'était pas insensible à ses charmes.

Leur connaissance avait commencé au bal, puis s'était cimentée dans les rencontres à la musique au Jardin Colonial, puis les visites avaient suivi une partie de montagne, enfin l'intimité permise était devenue plus grande chaque semaine.

Vallas s'était assis près d'elle et lui avait fait des compliments sur sa jolie voix.

Peu à peu il s'était enhardi à prendre la main de l'aimable et gracieuse jeune fille et à la porter à ses lèvres. Plus tendre, il essaya d'attirer à lui sa tête afin d'en baiser la blonde chevelure ; mais, prudente et sage, Eva se leva en disant à l'entreprenant cavalier : — N'allez pas plus loin, lieutenant, ce serait mal. Oui, j'ai de l'amitié pour vous, c'est tout ce que je vous ai promis, rentrons danser.

Vers minuit Vallas et Lionnet reprirent le chemin de Saint-

Denis, sous un clair de lune radieux. — « Tu m'as fait l'effet d'être épris des charmes de la belle Eva, mon petit Vallas, dit Lionnet en tutoyant son camarade, ce qui était toujours de sa part une preuve d'affection. Prends garde de te brûler les ailes. Tu sais ce que nous ont dit nos prédécesseurs... la belle créole promet tout et n'accorde rien si l'on ne passe chez le bijoutier acheter l'anneau des fiançailles.

— Oui, Lionnet, je sais qu'ici il faut épouser celle que l'on aime.

— Et tu ne le peux pas, Vallas, du moins à ce que je crois.

— Pourquoi donc, Lionnet, demanda Vallas dont la voix tremblait un peu et dont le front dut pâlir ?

— Mais parce que la jolie Rosette t'attend au pays basque, n'est-ce pas ce que t'écrivait l'abbé Bornave, ne nous l'as-tu pas lu toi-même ?

— Oui, j'ai parlé de cela... Oui, Lionnet, je sais que j'agis mal, mais que voulez-vous, c'est plus fort que moi... elle est jolie Rose... mais Eva est belle. — Fille de la campagne, montagnarde Rose... si distinguée Eva... avez-vous entendu sa voix ?... Enfin que vous dirai-je, Rose est loin de mes yeux... Quand la reverrai-je ? Pense-t-elle encore à moi ? Eva est là et... je l'aime !

— Que veux-tu que je te réponde, ingrat ? Toujours sera vrai le proverbe : Loin des yeux loin du cœur. Et, dans la nuit et le silence se perdit le bruit des pas des deux officiers.

VII

— Monseigneur, je me rends à votre appel et viens, soumis et respectueux, recevoir les ordres et les avis qu'il plaira à votre Grandeur de me donner.

— Est-ce humblement, aussi, monsieur l'abbé Bornave, que vous vous présentez devant nous ?

— Oui, monseigneur, si tel est votre désir.

L'évêque de Bayonne avait, dès l'entrée du jeune prêtre à qui il avait fait faire antichambre près de trois quarts d'heure avant de l'admettre en sa présence, jeté sur toute sa personne un regard investigateur qui l'avait enveloppé de la tête aux pieds. L'impression ressentie par le prélat fut bonne, sans doute, à la vue de ce jeune homme à l'allure distinguée et mâle, aux traits d'une beauté à la fois douce et fière qui venait à lui sans crainte, et sans cette humilité forcée qui est un des aspects désagréables chez tant de jeunes ecclésiastiques.

Le regard loyal de ses yeux noirs était allé franchement chercher celui de Mgr l'évêque de Bayonne qui, laissant par intention ou par oubli l'abbé Bornave debout sans l'inviter à s'asseoir, lui dit après avoir donné à sa voix le calme nécessaire : — Eh bien, monsieur l'abbé, vous éprouvez déjà le désir de vous éloigner du Diocèse dans lequel vous êtes né, où vous avez été instruit par les soins de notre sainte Mère l'Eglise et pour le service de laquelle Dieu vous a désigné.

— Monseigneur, répondit le jeune prêtre, Sa Grandeur attend-elle de moi une réponse sincère ou ne m'a-t-elle fait l'honneur de m'appeler que pour m'infliger un blâme comme me l'a fait pressentir M. le coadjuteur ?

— Répondez franchement, sans arrière-pensée, aux questions que je vais vous adresser et alors seulement je jugerai ce que je dois vous faire entendre. Pourquoi avez-vous, malgré l'opposition de votre famille et les conseils des honorables pasteurs auprès desquels vous exercez vos devoirs sacerdotaux, formulé une demande ayant pour but votre nomination d'aumônier militaire ?

— Monseigneur, j'ai brigué cet honneur afin de me rapprocher de l'armée vers laquelle mes penchants m'attirent depuis l'enfance et vous n'ignorez point que j'avais désiré me préparer à l'Ecole Militaire et non faire mes études au Séminaire. Mon père et ma mère connaissaient mes aspirations et mes aptitudes, et lorsque, par un sentiment que l'on nomme piété filiale je me suis conformé à leurs désirs, je conservais l'espoir qu'ils reconnaîtraient un jour l'erreur dans laquelle ils ont été maintenus par des conseils étrangers à la famille.

— Je le sais, monsieur l'abbé, mais n'était-ce pas assez d'un exemple de révolte contre la Sainte Eglise, et votre famille et nous n'avions-nous pas souffert de la fuite de votre cousin Maurice Vallas qui abandonna le séminaire lui préférant le régiment ? Vous n'auriez jamais osé, laissez-moi le croire, agir de même et, cependant, vous ne craignez pas de laisser percer devant nous un regret évident de servir Dieu comme l'un de ses représentants sur terre.

— Monseigneur, mon sacrifice est consommé, je l'offre à celui qui lit dans nos cœurs mais, pour la défense de Maurice, permettez-moi de vous dire très respectueusement que je demeure convaincu qu'il a mieux agi en faisant un bon soldat plutôt qu'un mauvais prêtre.

— Et vous pensez bien, monsieur l'abbé, que les vœux que vous avez prononcés sont indissolubles et que, même rompus, ils sont sacrés pour toujours.

— Oui, monseigneur, aussi resterai-je attaché toute ma vie au Sacerdoce, mais je désirerais servir Dieu plus conformément à mes goûts et c'est pourquoi je viens vous supplier de m'aider à m'éloigner de votre diocèse pour plusieurs années.

— Et si, loin d'appuyer favorablement votre demande, je refusais de vous laisser partir ?

— Alors, monseigneur, je vous demanderais de me désigner pour les missions étrangères, au service desquelles je pourrais dépenser d'une manière plus efficace mon énergie et mon dévouement.

— Votre décision est-elle donc irrévocable ?

— Oui, Monseigneur, je veux être aumônier ou missionnaire.

— Vous n'ignorez pas, monsieur Bornave, que notre devoir nous impose de suivre pas à pas les serviteurs que Dieu a placés sous notre protection. N'auriez-vous pas, sans vous en douter, écouté les conseils pernicieux de l'un de ces prêtres assez rares, je dois l'avouer, qui, dans chaque troupeau diocésain, se font remarquer depuis quelques années par des idées subversives et ne craignent point d'afficher une indépendance coupable envers l'Église. Il m'est revenu que vous auriez fait, il y a quelque temps déjà, la connaissance fâcheuse, corruptrice, ajouterai-je même, d'un prêtre libre de Saint-Jean-de-Luz, j'ai nommé l'abbé Marchal, dont la parole et plusieurs écrits sont loin d'être d'accord avec les dogmes de notre sainte Mère Église.

— Oui, Monseigneur, j'ai eu le bonheur de rencontrer l'abbé Marchal sur mon chemin, et si ma piété a pu se raffermir, c'est aux conseils éclairés de cet homme supérieur que je dois de n'avoir pas chancelé.

— L'abbé Marchal vous a-t-il exposé ses croyances... philosophiques ?

— Pas encore, Monseigneur, mais, quelles qu'elles puissent être, je suis convaincu qu'elles ont pour base une conscience pure guidée par l'amour de son prochain et la pratique de la morale et de la vertu.

— Savez-vous que ce prêtre fait profession d'être ce qu'on appelle un spirite et qu'on a trouvé chez lui les livres d'un fou dangereux nommé Allan Kardec, qui prétend fonder une croyance nouvelle hors de l'Eglise.

— Non, Monseigneur, je ne sais qu'une chose, c'est que la parole de celui que je crois mon ami m'a réconforté en m'exhortant à l'obéissance, à la piété filiale et à l'accomplissement de mes devoirs sacerdotaux.

— C'est bien, mon cher Bornaye, vous venez de me montrer deux beaux côtés de votre caractère, la franchise et la fidélité et, avant de nous séparer, je vous prie de ne voir en moi qu'un père qui désire seulement le bien de ses enfants. La réponse du Ministre au sujet de votre demande d'une aumônerie n'est nullement favorable; vous devez attendre plusieurs années pour recevoir une solution satisfaisante. Il vous reste donc à vous tourner du côté des missions étrangères ou du clergé colonial auquel vous ne me semblez pas avoir songé. Avant de prendre un parti voyez votre famille, consultez l'éminent abbé Etcheverry, votre curé de Ciboure qui ne peut comprendre le motif de ce qu'il qualifie de fuite préméditée et, dans trois mois, vous viendrez me revoir et nous donnerons une solution raisonnable à votre requête si vous croyez devoir nous la présenter de nouveau. Encore un mot dicté par l'intérêt très vif que je vous porte, si je vous priais d'éviter la rencontre de l'abbé Marchal, me feriez-vous la promesse de ne plus le revoir !

— Non, Monseigneur, vous l'avez dit vous-même, mon caractère répugne au mensonge, c'est peut-être à mes aspirations militaires étouffées que je dois d'oser parler ainsi devant Votre Grandeur, mais, je le répète, si vous me voyez confiant, loyal et décidé à poursuivre la carrière ecclésiastique.

c'est à l'abbé Marchal que j'en dois de la reconnaissance. Enfin, Monseigneur, si je m'éloigne de mon pays bien-aimé que je laisserai le cœur blessé, laissez-moi au moins une amitié consolatrice et des conseils si droits et si désintéressés.

— Je ne vous retiens donc plus, mon enfant, répondit l'évêque de Bayonne en donnant au ton de ses paroles une profonde douceur, recevez ma bénédiction. Donnant alors sa main à ce jeune prêtre en qui il découvrait une âme noble et un caractère bien trempé, il ajouta : que le Seigneur vous éclaire.

L'évêque dont nous avons tenu à montrer toute la mansuétude et la délicatesse d'âme était, lui aussi, un enfant du peuple que les plus vieux Basques de Mauléon avaient connu apprenti chez un menuisier, de la ville, où il maniait la scie et le rabot. Très intelligent et travailleur, il avait trouvé un protecteur dans le curé Darrigade qui l'avait fait instruire non pour lui mais pour l'Eglise. D'un caractère soumis, l'élève reconnaissant avait accepté de servir Dieu et l'ancien ouvrier menuisier, devenu évêque, n'avait point rougi de mettre dans ses armes une paire de tenailles, un marteau et un rabot qui faisaient songer au divin crucifié. Simple en ses goûts, l'évêque de Bayonne n'afficha jamais le luxe d'un prince de l'Eglise et les pauvres savaient seuls où passait la plus grande partie de son traitement épiscopal.

Lorsque de la fenêtre du salon de l'Evêché, Monseigneur vit l'abbé Bornave traverser le jardin et gagner la grille, il leva les yeux au ciel et murmura avec bonté: « Seigneur, acceptez le généreux dévouement de votre enfant, faites que « le fardeau qui lui est imposé soit léger à ses épaules et « que sa tâche lui soit douce à remplir. »

Si, dans ces pages nous ne craignons pas d'écrire ce que nous pensons de l'Eglise catholique, apostolique et romaine, nous le ferons sans aucune intention de blesser les prêtres que nous savons avoir pour lecteurs et qui seront indulgents pour celui qui sait penser sans entraves. Quand, s'il faut en croire la divine légende qui, de siècle en siècle est venue jusqu'à nous, Jésus chassa les marchands du temple, il ne songeait nullement à fonder une église pour remplacer une synagogue et le jeu de mots qui lui a été prêté : « Tu es Petrus et super hanc petram edificabo ecclesiam meam » n'est jamais sorti de ses lèvres, il n'avait qu'une pensée, celle de répandre sa morale sublime qui ne demande ni temples ni sacrificateurs et sa seule recommandation était que l'on priât Dieu son père en élevant les regards vers les cieux. S'il revenait sur terre, quelle déception cruelle, pour lui, qui naquit dans une étable et expira sur le gibet du Golgotha, il ressentirait, et quelle amertume il éprouverait en voyant installé dans le palais du Vatican celui qui, depuis sa récente infaillibilité, a l'orgueil de se croire le premier représentant officiel de Dieu. Jésus verserait des larmes devant la splendeur et le faste du roi de la chrétienté et de tous les princes de l'Eglise. Suivi de ses apôtres, combien de marchands trouverait-il encore à chasser des temples magnifiques élevés à sa mémoire et pour son culte par la plus orgueilleuse des Églises. Mais que ces vains prélats se rassurent, le crucifié ne reviendra point les troubler et tous ses représentants crossés et mitrés continueront encore pendant de longues années, peut-être, à vivre dans l'abondance, à sommeiller dans le luxe aux dépens des fidèles naïfs et crédules, se souciant peu de leur Maître qui marchait les pieds nus acceptant l'aumône, lui dont ils n'ont fait un dieu que pour avoir le droit de s'ériger en demi-dieux.

Certes, nous avons ressenti quelque plaisir à prouver qu'il existe de bons pasteurs et ceux dont nous venons de dessiner les caractères ont droit à notre sympathie ; mais que le nombre est grand dans le saint troupeau, de ces prêtres qui ne croient plus rien de ce qu'ils enseignent et qui n'ont pas le mâle courage de rompre avec une situation fausse et mensongère à laquelle les rattachent la peur de la puissance qui les domine, le respect humain et ces vœux immoraux que tant, parmi eux, brisent clandestinement; tous, serviteurs passifs et craintifs moitié hommes, moitié femmes, et qui pour donner le change commandent à leur visage d'exprimer des sentiments qu'ils ne possèdent plus.

VIII

LE LIEUTENANT VALLAS A L'ABBÉ BORNAVE

Ilo de la Réunion, avril 1874.

Avec quelle impatience, mon cher Gaston, j'attends le courrier qui va me fixer sur le résultat de tes démarches. Ainsi mon oncle Bornave s'est rendu à tes désirs, le rocher s'est attendri devant ton attitude énergique et toi aussi tu vas t'éloigner du cher pays basque ! Vers quel point de la terre seras-tu dirigé, où tes ailes enfin déployées vont-elles te porter ? Réfléchis pourtant encore, mon bon frérot, avant de quitter le bonheur qui t'attache au sol natal surtout pour t'en aller loin peut-être et pour combien de temps ? Sais-tu même si tu reviendras ? Oui, le bonheur est dans tes mains et tu vas le lâcher pour l'ombre... Ce devoir que tu crois accomplir autre part ne peux-tu noblement le remplir au pays ? La situation de fortune de ton père t'assure pour toujours une aisance qui te mettra à l'abri des privations qu'endurent souvent les pauvres desservants des petites paroisses de nos montagnes. Les tendresses de notre famille si unie te manqueront, ton frère Jean, ma sœur Anita se marieront bientôt et leurs enfants seront les tiens.

Je vois d'ici la jolie cure que tu feras bâtir là-haut, près du bois de chênes non loin des grands châtaigniers, à côté du torrent chanteur qui donnera de la fraîcheur à ton jardin. Au retour de mes campagnes, avec quelle joie j'irai parfois te demander une hospitalité fraternelle que mon cher Gaston serait si heureux de m'accorder.

Mais j'arrête ici mes conseils dont je te vois sourire, et je lis tes pensées d'ici : Mon bon Maurice, toujours léger, consentirais-tu à venir goûter ce bonheur que tu dépeins si bien toi qui l'as fui ! Essaie donc de reprendre cette soutane dont tu n'as pas voulu et cède-moi ce dolman martial qui m'irait si bien. Veux-tu prêcher nos paroissiens entêtés et rebelles, faire le catéchisme à nos petits Basques qui aiment bien mieux monter aux arbres dénicher des oiseaux que de savoir dans quel ordre Noë fit entrer deux à deux dans son arche tous les animaux du globe. Toi qui t'es envolé et qui me conseilles de rester au nid afin d'y attendre ton retour bien éloigné, laisse-moi m'en éloigner, je sens que l'ordre vient d'en haut.

Quant à ces joies familiales que tu as dédaignées, ne sais-tu pas, Vallas, qu'elles me sont défendues et qu'un prêtre, sur ce point, ressemble au mendiant qui regarde manger les autres. » Et tu penses juste, mon cher abbé, aussi n'écoute pas ce que je dis et que je n'ai point voulu faire moi-même. Envole-toi aussi vers des cieux lointains puisqu'ils t'attirent comme moi et demandons au ciel de nous ramener un jour ensemble dans nos chères Pyrénées, alors que tous les deux, vieux et fatigués par les luttes de la vie, nous reverrons joyeux notre bon village où nos cœurs se rajeuniront au milieu des petits-enfants de nos frères et sœurs et où nous nous endormirons au murmure berceur de notre cher torrent.

Tout ce que je viens de t'écrire était pour m'étourdir et me donner du courage pour te faire connaître l'état nouveau de mon âme, et, sur le point d'aborder ce sujet brûlant, après tant de précautions oratoires, je sens qu'il me faut confier ma cause à un avocat dévoué, car elle est mauvaise et tu es le seul ami qui saura la plaider avec talent devant le tribunal d'un petit cœur que je voudrais bien ne point faire trop souffrir. Tu m'as rappelé plus d'une fois, dans tes lettres, l'inclination que je t'avais confiée envers Rose la fille du Dr Béraben; je lui faisais la cour, je l'avoue, mais en tout bien tout honneur et je puis te jurer que je n'ai jamais fait miroiter à ses yeux notre mariage futur. En la quittant j'eus la délicatesse de lui dire que je partais pour longtemps et que si elle rencontrait un brave garçon digne d'elle, je serais content de la savoir heureuse. Après cela, mon tort a été de lui faire transmettre mes pensées d'affection fidèle et la pauvrette a pensé qu'elle devait m'attendre.

Semblable à une avalanche de neige se précipitant du haut de la montagne, laisse-moi te conter tout d'un bloc mon roman bien court; j'aime une autre femme vers laquelle le destin m'a conduit. À mon arrivée dans l'île, je me promettais bien fermement de garder toujours l'image de Rosette en mon cœur, mais il eût fallu pour cela fuir le monde qui m'attirait, ne point sortir de « ma case », soignant les jolies fleurs de mon jardin ombreux... Surtout, mon bon Gaston, ne jamais aller au bal où je devais rencontrer Mlle Eva S... Elle est belle, je le lui ai dit. C'était ma danseuse préférée, une valseuse céleste dont j'étais fou quand elle se laissait aller dans mes bras avec un abandon enivrant. Ne rougis pas, Gaston, c'est la vie, rien de plus. Je la désirai et lui fis l'aveu de mon amour, ce dont elle se moqua longtemps en riant de la plus adorable bouche ornée de perles éclatantes.

Ce n'était pas assez de la voir dans le monde, Lionnet, de Beauchesne, puis les autres camarades et moi habitués des salons, nous montions des parties de montagne, réunions où nos danseuses et leurs familles venaient participer à ces pique-niques joyeux dans lesquels chacun payait son écot d'esprit et de gaieté et où le sexe enchanteur, avec une éducation égale à celle des jeunes filles de France, montre un laisser-aller plus troublant.

Si Mlle Eva a accueilli en riant l'aveu de mon amour, elle eût sans doute écouté plus favorablement une proposition de mariage, mais son père, ingénieur de la colonie, n'a que sa position présentement très belle mais qui ne lui permettra pas de doter ses filles... grosse question aux yeux de mes chefs militaires. Rien encore n'est donc décidé, pour l'instant un jeune avocat et moi sommes les amis préférés d'Eva qui demande quelque réflexion avant d'offrir la pomme à celui de ses adorateurs qui lui assurera le bonheur.

Elle sait que mon séjour à la Réunion doit encore durer deux ans et rien ne la presse. Elle semble capricieuse et sait habilement réchauffer ou refroidir l'ardeur de ceux dont le cœur est pour elle brûlant d'amour. Mais, elle sait que je l'aime et, sans m'avoir accordé autres chose qu'une bonne amitié, je sens qu'elle partage mon affection et qu'elle sera ma femme quand je le voudrai.

Voilà, mon cher Gaston, la vérité entière, j'ai tout dit et je n'ose plus ajouter un mot à cette page qui est la dernière de ce courrier.

Conseille-moi, ne me fais pas de reproches et dis à Rosette

que je l'aimerai toujours comme ma sœur. Je t'embrasse bien fraternellement. — MAURICE VALLAS.

Le jour où l'abbé Bornave reçut et lut cette lettre, il laissa tomber son front dans ses mains et ne put retenir ses larmes. Pauvre Rose, murmura-t-il.

Puis après quelques instants : Plus que jamais je dois partir, je partirai.

IX

— Ainsi, Mgr de Bayonne a voulu vous mettre en garde contre les conseils de mon affection. Votre attitude, mon bon Gaston, a été celle d'un ami fidèle, et vous avez dû voir que, touché de votre loyauté, Sa Grandeur n'a pas osé prononcer l'interdiction contre un de ses vieux condisciples, car Monseigneur ne vous a point avoué que j'ai vécu plusieurs années avec lui et que non seulement il a connu mes idées philosophiques, mais qu'il n'a pas craint de les partager. Aurait-il donc changé d'idées ?

— Mon cher ami, répondit l'abbé Bornave à l'abbé Marchal, que le lecteur a reconnu, Monseigneur vous a qualifié de spirite et m'a parlé des ouvrages d'un fou nommé Allan Kardec que vous lisiez et osiez commenter... Est-ce vrai ?

— Le fait est exact, mon cher enfant, je vous le confirme sans honte et puisque monseigneur ne m'a présenté à vous que comme un suspect coupable de professer une croyance entachée d'hérésie et sans vous dire qu'il m'a connu, je vous avouerai que je suis spirite depuis qu'a été publié en 1857 le premier écrit de ce fou appelé Allan Kardec, le *Livre des Esprits* qui a été une révélation pour moi et pour un grand nombre de prêtres qui le lurent en toute liberté lors de son apparition. Au *Livre des Esprits* proclamant une philosophie nouvelle quoique renaissante succéda le *Livre des médiums* vers 1862 : des médiums sont ce qu'au moyen âge l'Église ignorante et tyrannique qualifiait de sorciers et de sorcières et envoyait au bûcher. Sans nul doute Allan Kardec, s'il eût écrit ces deux livres au temps de Philippe-Auguste ou même sous le roi François Ier, eût été brûlé comme hérétique. Mais il devait venir un temps où la liberté de penser, de parler et d'écrire ne fait plus redouter la mort. Au livre des médiums succéda l'*Evangile selon le spiritisme* qui commente les Evangiles souvent incompréhensibles et en compose un résumé d'une grande morale, puis *Le ciel et l'enfer* imprimé en 1865 qui donne de la justice d'un Dieu dont il ne cherche point à créer une image pour les sens, une idée logique et grandiose. Enfin en 1868, je recevais d'un ami le dernier volume paru : *La genèse, les miracles et les prédictions* qui met au point avec un bon sens éclatant ce qui n'est que naturel et que l'auteur a su dégager de la gangue du merveilleux dans laquelle l'Eglise tenait à enfermer la vérité.

Tous ces ouvrages ont vu grandir de jour en jour le nombre de leurs lecteurs ; ces choses vraies ont multiplié les spirites en France, en Amérique et en Angleterre. Cette philosophie fait son chemin et je vous le dis en vérité elle couvrira un jour la terre en englobant l'humanité entière.

L'Eglise devinant un danger certain défendit la lecture des livres d'Allan Kardec et l'Inquisition non écrasée mais succombant au sommeil léthargique dans lequel l'ont plongée les penseurs et les lutteurs du XVIIIe siècle trouva encore un des nôtres, l'évêque de Barcelone, pour brûler solennellement en place publique, en plein XIXe siècle, les livres d'Allan Kardec. J'ajoute que ce ridicule auto-da-fé ouvrit bien grandes au spiritisme où il a commencé une lutte terrible contre les couvents, les portes de l'Espagne rebelle jusque-là aux philosophies nouvelles.

Je ne vous eusse peut-être point entretenu de tout cela, mon cher Bornave, mais, puisque notre saint Evêque vous en a parlé le premier, je veux livrer à votre appréciation les ouvrages qu'on a vus, dit-il, traîner sur ma table et que vous puissiez juger du degré de folie de celui qui a osé les écrire et du courage de ceux qui les ont lus. J'ai trop de respect pour votre jeunesse et votre croyance pour placer sous vos yeux de mauvais livres et je vous supplie d'arrêter la lecture du *Livre des Esprits* dès que le moindre scrupule vous fera un devoir de fermer ce volume ; mais j'ai apprécié votre âme, je sais que vous irez jusqu'au bout. Quant à moi, je vous le

dis en vérité, Allan Kardec a été mon consolateur et mon guide comme il l'est des penseurs malheureux. J'ai tenu à connaître cet homme au grand esprit, au cœur généreux avec qui j'ai ensuite entretenu une correspondance qui m'a procuré les grandes joies de ma vie. Inutile, mon cher enfant, de vous livrer aux pratiques du spiritisme dont bien des adeptes convaincus et consolés ne se sont point occupés. Moi qui vous parle, continua l'abbé Marchal, je ne me suis approché qu'une seule fois d'un médium et d'une table tournante, et le nom de celui qui m'en a fourni l'occasion, un compatriote illustre, est de nature à vous prouver que les plus hautes intelligences ont voulu voir pour croire. C'est dans son pays même, à Touvet dans l'Isère, que je le rencontrai pour la première fois en 1863, il avait vingt-trois ans, j'en avais trente-quatre ; j'étais, vous voyez, son aîné de beaucoup, mais le talent d'orateur et d'écrivain du jeune Dominicain Henri Didon présageait déjà l'homme éminent avec qui je n'ai cessé d'entretenir des relations amicales basées de ma part sur une profonde admiration. Eh bien, le Père Didon que ses écrits et ses brillantes prédications vous ont fait connaître au Séminaire et qui a égalé son maître le P. Lacordaire, formé lui-même par les conseils de l'abbé Lamennais, avait été subjugué par les travaux d'Allan Kardec. Mais revenons à la seule séance de spiritisme à laquelle j'aie assisté en compagnie du P. Didon. C'était à Grenoble en 1867. Un de ses amis, magistrat de la ville, nous ayant fait connaître un médium, nous consentîmes tous les trois à nous approcher d'une table dans laquelle des coups frappés nous invitèrent immédiatement à faire litière de notre scepticisme. Je ne vous parlerai que de ce qui m'advint. A un instant donné, la table, par coups répétés, annonça la présence de mon père mort depuis quelques années. Par l'alphabet il dicta : « Mon fils, crois bien que ton père est ici présent et je vais te le prouver, prends un crayon et mets-le dans la main de cette femme (le médium). » L'ordre exécuté elle écrivit rapidement ce qui suit : « Tu
« m'as obéi, mon fils, en entrant dans les ordres malgré la
« vocation qui t'appelait vers les sciences, je le regrette au-
« jourd'hui, pardonne-moi, je croyais bien agir et je me
« suis trompé. Tu es libre de faire ce que ton devoir te dic-

« tera. Ton père, Antoine Marchal », et la façon dont le médium signa le nom et le paraphe paternels que je lui avais vu faire tant de fois, était si exacte que les larmes m'en vinrent aux yeux et que le P. Didon, le magistrat et moi nous retirâmes convaincus que l'âme de mon père bien présente s'était pour un instant incarnée en cette femme qui ne connaissait ni le nom du P. Didon ni le mien et ignorait que j'eusse perdu mon père (1). Cette conviction, mon cher Bornave, ne m'a jamais abandonné et lorsqu'après avoir parcouru les ouvrages d'Allan Kardec vous voudrez bien lire les manuscrits des deux livres que j'ai déjà publiés : *Souvenirs d'un missionnaire* et *l'Esprit consolateur*, vous verrez qu'aucune douleur ne pourra vous émouvoir en ce monde et que la mort ne vous causera pas plus d'effroi que le rêve qui vous est donné dans le sommeil.

X

C'était à la fin d'un beau jour d'été, les Pyrénées projetaient leur grande ombre sur la campagne basque, les oiseaux faisaient entendre en un dernier chant leur prière au Créateur, le parfum des fleurs mêlé à celui des bois se répandait doucement dans la nature et le bruit du torrent qui ne se repose jamais semblait plus fort à l'instant où s'éteignaient tous les bruits du jour.

Une jeune fille dont la tête était couverte d'une mantille sortait de l'église du village et, comme courbée sous le poids de pensées douloureuses, elle se dirigea vers le torrent et s'assit sur un banc taillé dans une roche. Elle était là triste et songeuse lorsque le bruit léger de pas lents la tira de sa rêverie.

— Vous Rose, et seule ici, pourquoi ? Quelles sont vos pensées ? dit le promeneur en la reconnaissant.

— Est-ce à vous, Gaston... pardon, Monsieur l'abbé... Est-

---

(1) L'auteur tient ces faits de l'abbé Marchal lui-même, son ami regretté décédé à Pau en 1903.

ce vous qui me posez cette question ? N'ayant pas le courage de venir m'apprendre vous-même la vérité au sujet de la conduite de Maurice Vallas, c'est par la lettre que m'a remise de votre part Anita sa sœur que j'ai su cette triste histoire. Ainsi les promesses des hommes sont vaines et s'envolent comme des feuilles mortes emportées par le vent ! et Rose couvrant son visage de ses mains se prit à pleurer.

Petite, bien faite et gracieuse, Mlle Rose Beraben, âgée de vingt ans, était blonde et jolie. Amie d'enfance de Maurice Vallas et de Gaston Bornave, elle s'était souvent mêlée à leurs jeux comme il arrive au village et l'amitié pour les deux cousins avait grandi avec le temps et l'habitude.

— Rose, laissez-moi m'asseoir près de vous et essayer de vous consoler en plaidant la cause de Maurice, ce qu'il me demande de faire et je suis heureux de l'occasion qui a dirigé mes pas vers vous. Votre amitié pour Maurice ne doit en rien être diminuée et l'absence prolongée de notre ami n'a pas éteint la sienne. Tous les deux, vous avez cru qu'un sentiment plus doux pourrait un jour se substituer à l'amitié et, sans qu'aucune promesse ait été échangée entre vous, votre cœur, Rose, avait songé à réunir pour la vie vos deux existences. C'est une illusion, Rose, et les illusions s'envolent. Maurice est loin, il ne reviendra que dans deux ans et la femme dont il s'est laissé éprendre, me semble assez habile pour en faire son époux. Il faut donc oublier, Rose. Tant d'autres savent oublier !

— C'est vous, Gaston, qui me conseillez d'oublier Maurice, vous qui depuis son départ vous êtes fait le messager de ses affectueuses pensées pour moi.

— Oui, Rose, tel est mon devoir d'ami, si je l'ai rappelé à votre souvenir, j'ai le devoir de vous dire aujourd'hui d'abandonner la pensée d'être un jour la femme de Maurice ; vous devez vous contenter de rester toujours pour lui une amie tendre et dévouée.

— Monsieur l'abbé, dit Rose en baissant la voix, voulez-vous aller m'attendre au confessionnal, j'ai des aveux à faire au prêtre.

— Non, Rose, ne croyez pas votre confession plus parfaite parce qu'elle sera mystérieuse et faite dans un lieu sombre, à un homme dont vous sépare une grille. Parlez ici, sous le regard de Dieu, et près d'un ami qui vous a toujours aimée et respectée. C'est ainsi que la confession devrait toujours avoir lieu.

— Eh bien ! à qui dois-je faire le récit de mes fautes, est-ce à l'abbé Bornave ou à l'ami Gaston ?

— A votre ami d'enfance, Rose, à lui seul qui vous conseillera et vous consolera mieux que le prêtre.

— Oh ! je suis bien coupable, Gaston, puisque foulant aux pieds l'affection que j'avais pour Maurice, j'ai osé souhaiter qu'il arrivât malheur à cette femme et à lui... de façon à rendre leur mariage impossible.

— Et vous avez été bien coupable, en effet, Rose; si ces désirs cruels étaient exaucés, pourriez-vous jamais vous pardonner de les avoir formulés. Priez fermement, afin d'effacer de telles pensées de votre âme. Demandez au ciel le bonheur pour votre ami d'enfance et pour la femme qui lui a peut-être été destinée.

Rose, vous êtes au printemps de la vie, oubliez Maurice, et acceptez la proposition que vous fera bientôt un bon garçon, un travailleur honnête qui m'a parlé de vous, ce matin encore, avec admiration. Il faut vivre la vie réelle, chère enfant, et chasser les rêves... Eveille-toi, petite Rose, dit doucement Gaston Bornave, en prenant avec émotion la main de cette jeune fille et en la tutoyant comme aux jours de leur enfance. — Epouse Jean, mon frère, il te rendra heureuse comme j'aurais voulu te voir heureuse moi-même, Rosette, si Dieu ne m'avait appelé à lui. Reprends ta gaîté, chasse les idées mystiques et quitte-moi avec la certitude que tes mauvaises pensées te sont pardonnées.

— Alors, Monsieur l'abbé, donnez-moi l'absolution.

— Non, mon enfant, l'absolution ne saurait venir d'un autre homme, ta conscience seule te l'a déjà donnée.

Dans quelques jours, Rose, je vais partir, et si je suis revenu au pays, c'est peut-être pour la dernière fois. Rose, vous penserez quelquefois à moi. Vous pardonnerez à Maurice, et quand vous regarderez au ciel vous aurez pour nous deux une pensée de prière.

— Oui, Gaston, je demanderai à Dieu le bonheur pour

vous deux et quant à vos conseils, j'attendrai un an le retour de Maurice ou le pardon de Dieu.

— Au revoir, Rose, quoi qu'il arrive, ne demandez jamais de conseils qu'à votre cœur généreux, à votre conscience pure et à un ami sincère.

XI

Au soir d'un jour brûlant, à l'heure où le soleil descend vers les flots bleus de l'Océan Indien dans lesquels il disparaîtra à l'horizon doré, une jeune fille gracieuse, suivie d'une jolie servante malabare attachée à sa personne, traverse la ville de Saint-Denis. Toutes deux s'engagent dans la rue de Paris, voie droite et large qui part de la place du gouvernement, non loin de la rade et monte au jardin public que, par une vieille habitude, les habitants du chef-lieu ont, sans raison, continué à dénommer « jardin du Roi ».

Mlle Éva S..., c'est elle, et sa suivante Taïlé, ont donné un regard à la statue de Mahé de la Bourdonnais, génie puissant, père de la colonie (1734-1752). Des deux côtés de la rue de Paris, de beaux monuments s'élèvent, séparés par de nombreuses villas situées au milieu de jardins bien soignés d'où s'échappent des parfums discrets, et qui alignent leurs grilles ou leurs murs bas couverts de vases fleuris. Des palmiers empanachés de leur large feuillage vert, de beaux arbres aux essences rares enguirlandés de lianes aux fleurs éclatantes et des charmilles odorantes répandent partout l'ombrage et la fraîcheur.

Les deux jeunes filles dépassent la petite cathédrale, laissent derrière elles le vaste hôpital, le commissariat de la marine, l'élégant hôtel de ville, et toutes les blanches demeures qui mêlent des deux côtés de cette belle avenue, tous les goûts et tous les styles avec un caprice rempli de charme : Ici, c'est une maison italienne avec ses colonnes blanches surmontées de corbeilles fleuries ; là, c'est une sorte de pagode chinoise avec ses clochetons et ses sonnettes ; plus loin, des balcons remplis de verdure et, dans toutes ces architectures, se retrouve comme caractère commun la délicieuse et fraîche véranda, cet asile du paresseux *farniente* tout aussi créole qu'italien.

Arrivées à la place ombreuse qui précède le jardin, nos promeneuses s'arrêtent un instant près de la fontaine qu'abrite un vieil arbre des banians qui porte au loin ses rameaux d'où retombent vers le sol des branches qui formeraient de nouvelles racines si l'on n'avait la précaution de les élaguer de temps en temps car ce beau multipliant aurait, sans cette précaution, couvert, depuis de longues années, la place entière de sa voûte impénétrable.

Elles traversent le beau jardin où les palmiers, les bambous, les arbres des voyageurs, et les verts bananiers couverts de beaux régimes de fruits, procurent en tout temps une ombre rafraîchissante ; elles passent près du coquet muséum où s'étalent de belles collections d'oiseaux, de papillons, de mammifères et de poissons, réunies là, rangées, classées, étiquetées avec un soin minutieux par M. Lantz, le vieil ami des officiers de la garnison, conservateur jaloux de ces richesses amassées en partie par lui, depuis vingt-cinq ans, à Madagascar, à Maurice et à la Réunion.

Sortant du jardin par une porte basse les deux jeunes filles vont toujours par de longues rues ombreuses comme les allées d'un parc et parviennent enfin, après avoir contourné le Chemin des Lilas, à une maison blanche de modeste apparence située au pied de la colline du Brûlé, et cachée dans un bosquet de verdure. Des oiseaux aux mille couleurs, des colibris, des serins, des coulis, des bouvreuils de l'Inde, gazouillent, chantent et sifflent dans les filaos, les bois noirs, les flamboyants, se réunissant à la fin du jour pour adresser leur Concert au Créateur.

En atteignant la maisonnette, but de leur promenade, Mlle Eva et Taïlé sa brune soubrette indienne s'arrêtèrent un instant pour prêter l'oreille à une suave mélodie qui s'en échappait mêlée au doux accompagnement de la guitare. Une voix pure disait un couplet créole sur un rythme simple et lent :

Parfum des lianes,
Senteurs des savanes
Insectes de feu qui sillonnent l'air,
Dans cette nuit pure
O calme nature
Qu'argente la lune au rayon si clair
A travers tes voiles
Et jusqu'aux étoiles
Monte vers les cieux, soupir de mon cœur !
Rêve de bonheur.

Ce vieux chant sans grande poésie dit à deux voix a toujours été agréable à entendre à cause de la charmante mélodie qui l'enveloppe.

— « Bravo ! Violette, s'écria Eva en courant embrasser une jolie fille de son âge qui, à la fois, confuse et heureuse de cette visite inattendue, déposa sur un sofa l'instrument qui, sous ses doigts, doublait le charme de sa voix douce.

— « Eva ! c'est toi ? comme il y a longtemps que tu n'es venue voir ta pauvre amie ! Tu sais que je vais rarement à la ville; je travaille tout le jour et le soir venu, après une promenade aux Lilas, je rentre et chante un peu pour me délasser et payer ma vieille Zézette, qui aime la voix de sa maîtresse, de tous les soins dont elle m'entoure. Toi, au contraire, tu vis dans le monde, et le bruit de tes succès vole jusqu'à mon nid. On te donne bien des adorateurs; dis-moi le nom de celui dont tu dois faire le bonheur. On m'a parlé d'un beau lieutenant venu tout exprès de France pour cueillir la palme, est-ce vrai, Eveline ? »

— Non, Violette, je ne songe pas à me marier encore; tous mes aimables danseurs sont amoureux et ne se font pas prier pour le dire à moi et à mes amies, mais le mariage les effraie... et puis, je suis heureuse, rien ne presse.

Violette avait vingt ans, elle était aussi brune qu'Eva était blonde, gracieuse et vive. Il y avait cinq ans que, dans un cyclone, son père, capitaine au long cours, revenant de l'Inde sur son navire, s'était perdu corps et biens sur la côte de Madagascar et sa mère avait succombé l'année suivante minée par la douleur et les fièvres, laissant la pauvre Violette orpheline et seule au monde loin de la France. Une parente la rappelait en Bretagne où sa mère avait encore quelque famille.

mais la jeune fille ne pouvait se faire à l'idée de quitter la Réunion où elle était née et avait des amies et où la modeste pension que lui avait faite la Colonie à la mort de son père jointe à quelques économies du vieux marin et qu'augmentait encore son talent de brodeuse, lui assurait une existence calme et exempte de soucis. La maisonnette avec le petit jardin qui l'entourait lui avait été laissée par sa mère et elle y vivait heureuse avec sa bonne Cafrine Zézette.

Elevée au pensionnat du Sacré-Cœur avec la plupart des jeunes filles de bonnes familles de Saint-Denis et des quartiers de l'île, Violette avait conservé d'excellentes relations avec plusieurs de ses compagnes, surtout avec la fille de l'Ingénieur colonial qui l'aimait sincèrement et venait avec plaisir la voir et causer avec elle. Violette était d'une nature tendre, mais son cœur était resté pur et sa vie s'écoulait comme celle d'une blanche colombe seule en son nid.

— « Que tu es heureuse, lui dit Eva un peu soucieuse, d'être
« libre de cœur, si tu savais comme il est difficile de vivre au
« milieu de ces jeunes hommes qui nous flattent et que tour
« à tour nous croyons aimer. Les plus assidus de mes cour-
« tisans sont Edgar de V... mon ami d'enfance, avocat au
« barreau de Saint-Denis, et le jeune lieutenant Maurice Val-
« las dont le nom est venu jusqu'à toi. »

« Si j'interroge bien ma tête c'est pour le vieil ami et le
« compatriote qu'elle plaide, mais quand j'écoute mon cœur
« et mes sentiments, je sens bien que c'est vers le bel offi-
« cier que volent mes désirs. Je ne crois pas que je souffrirais
« de l'indifférence du premier, tandis que, j'ose te l'avouer,
« j'éprouve déjà de la jalousie lorsque je vois M. Vallas dan-
« ser avec une autre que moi... Est-ce que c'est de l'amour ?
« dis, ma chérie ?

— « Folle ! comment te répondre ? Est-ce que je sais, moi,
« Il me semble qu'à ta place je saurais discerner l'affection
« la plus sincère et quel est, de ces deux amis, celui qui a
« droit à ma préférence. »

— « Ni l'un ni l'autre n'ont encore demandé ma main, mais
« je sens bien que je ne pardonnerais pas à l'un d'eux s'il
« pouvait aimer une autre que moi. Que dois-tu penser de
« ma franchise ? »

20

En cet instant de l'entretien Z'ette apporta un plateau de boissons rafraîchissantes.

— « Et ton enfant, ma bonne Z'ette, lui demanda Eva, quand reviendra-t-elle de l'île Maurice ? Ce doit être une belle fille aujourd'hui. Quand elle sera de retour tu me l'enverras, j'aurai bien des choses à lui dire, bien des questions à lui faire...

La nuit était venue. Violette mit une mantille et accompagna son amie et Taïlé jusqu'au bout du chemin des Lilas où les deux amies s'embrassèrent en se disant au revoir ! et la vieille Z'ette les conduisit jusqu'à l'entrée de la ville.

— « Adieu, Z'ette, lui dit Eva, et merci ; n'oublie pas ma
« commission à Finette, à ta fille quand elle débarquera, tu
« sais que je crois à ce qu'elle voit et à ce qu'elle dit. »

— « Oui, maîtresse, comptez sur moi, et bonsoir. »

XII

Revenons encore une fois en France, au pays basque où nous retrouverons quelques amis. Mgr l'évêque de Bayonne avait fait mander l'abbé Bornave et l'avait reçu cette fois en lui ouvrant les bras. « Le sort en est jeté, mon cher enfant,
« lui avait-il dit, le ciel a écouté votre prière et malgré la
« peine que j'en éprouve, je vous annonce que vous allez
« quitter votre famille, vos amis, votre cher pays. Une au-
« mônerie n'a pu vous être accordée, malgré ma recomman-
« dation. J'ai transmis votre autre demande aux Missions
« Étrangères et j'éprouve une douleur réelle à vous annon-
« cer que vous êtes appelé à vous rendre aux îles Sandwich
« pour porter la foi chrétienne parmi les peuplades sauvages
« de cet archipel océanien. J'ai toutefois réclamé pour
« vous la faveur d'être attaché au clergé colonial de la Nou-
« velle-Calédonie où le navire qui vous emporte avec trois
« autres jeunes missionnaires doit toucher, après avoir fait
« escale au Cap de Bonne-Espérance. Vous avez quinze jours
« pour vous préparer à cette longue traversée et c'est à Bor-

« deaux que vous devez aller rejoindre le trois-mâts *Paul-et-*
« *Virginie* sur lequel vous devez vous embarquer.

« Je connais trop votre cœur, mon cher Gaston, pour igno-
« rer que vous saurez répandre autour de vous des consola-
« tions filiales et fraternelles avant de quitter le coin de la
« terre qui vous a vu naître et que vous ne reverrez peut-être
« jamais. Adieu, mon enfant, recevez ma bénédiction et lais-
« sez-moi vous embrasser comme un père en vous souhai-
« tant de traverser avec courage et piété cette vallée de dou-
« leurs ; Dieu vous y aidera. »

Gaston Bornave ne put retenir ses larmes en quittant ce saint prêtre qui après son départ s'agenouilla pour demander avec ferveur aux anges du ciel d'accompagner cette jeune et belle âme prête pour le sacrifice.

Le lendemain l'abbé Bornave, de retour de Bayonne, voulut, avant de se rendre dans son village où il comptait passer ses derniers jours au milieu des siens, revoir son ami l'abbé Marchal qui l'attendait à Saint-Jean-de-Luz.

— Eh bien, mon enfant, quelles nouvelles rapportez-vous de l'Évêché ?

— Tristes, mon cher ami, puisque je viens vous dire adieu, mais conformes à mes désirs : dans quinze jours je m'embarque pour l'Océanie. Je trouverai à Bordeaux les avis des Missions Étrangères et mon ordre d'embarquement comme missionnaire des îles Sandwich.

— Je m'y attendais, mon cher Bornave, c'est la conséquence naturelle des volontés paternelles. Ne songeant point à servir Dieu, votre cœur qui ne s'était pas préparé à un tel sacrifice vous ordonne de quitter les lieux témoins de vos affections. Je connais les sentiments humains, Gaston, et je vous approuve. Cette vie d'épreuves est courte, une autre plus heureuse vous récompensera des sacrifices de celle-ci et vous élèvera pour vous rapprocher de Dieu. Accomplissez votre destinée.

Et c'est tout ce que vous a dit Monseigneur, mon cher Gaston ?

— Oui, mon ami. Vous me semblez triste et préoccupé ?

— Triste, je le suis... de vous perdre après vous avoir connu pour vous regretter, Gaston. Préoccupé, j'ai certainement le droit de l'être, mais Celui qui lit dans notre âme sait que je suis sans crainte, car il ne peut m'abandonner ainsi que l'ont fait des hommes plus ignorants que méchants. Et si je suis surpris que Mgr de Bayonne ne vous ait pas parlé du coup qui me frappe c'est que c'est lui qui l'a provoqué. Je suis interdit, Gaston, sur la demande de cet ancien condisciple, par Mgr l'archevêque d'Auch qui doit en référer au Saint-Père. Ne pâlissez point en me regardant, mon jeune ami, rien n'est changé en moi, car l'interdit n'est plus, comme au moyen âge, un objet d'opprobre et d'ignominie. Je ne suis point excommunié ; mais pour un temps que déterminera l'autorité supérieure, je ne puis dire la messe sans une autorisation spéciale que je ne demanderai jamais. Je puis confesser, donner l'absolution et même l'extrême-onction à un moribond.

Ma faute ? me demandez-vous, je vous l'ai dite, je suis spirite ; j'ai fait plus que le dire, je l'ai écrit, et mon *Esprit consolateur* que j'écrirais encore, dût-il me faire excommunier, me vengera dans l'avenir des ignorants et des sots à qui je pardonne. Il viendra un temps, mon cher Bornave, où, le spiritisme devenant une science, il n'y aura plus de honte à l'étudier et à le pratiquer et où l'on dira : je suis spirite, aussi franchement que : je suis chimiste, je suis musicien. Enfin les prêtres dont l'esprit va s'élargissant et se libérant des règles autoritaires d'un passé qui s'éteint, comprendront que la doctrine remise en vigueur par Allan Kardec dont on ne fera pas un dieu et qui ne songe pas plus à créer une religion ni une Église, que Jésus lui-même, n'est autre que la réédition de tout ce qu'a dit et qu'a fait le Galiléen. S'il avait écrit, l'Église Catholique n'eût jamais existé et toutes les inventions ecclésiastiques successives (1) mises en application

---

(1) Voici, relativement au culte catholique, quelques dates intéressantes à méditer :

L'introduction de l'eau bénite ne date que de l'an 120 après J.-C.
La pénitence ne fut inventée et prescrite qu'en 157.
Les premiers moines furent autorisés en 318. La messe latine en 391. Le purgatoire fut imaginé en 593.
L'invocation de Marie et la création des Saints en 715. Le pape eut l'idée saugrenue de se faire baiser les pieds en 809.
La canonisation des Saints et la béatification des bienheureux

par les conciles, les évêques et les papes n'eussent jamais reçu de sanction.

S'il est vrai qu'un esprit vaste comme celui que nous peignent les Evangiles ait dit à ses disciples : « Allez prêcher ma « doctrine qui est la parole de Dieu », il est au moins surprenant qu'il les ait choisis parmi des gens si bas et si ignorants que ses douze apôtres.

Il est bien difficile à deux lettrés d'expliquer clairement une pensée philosophique dès qu'ils se sont séparés ; c'est ce qui me fait dire que ces douze hommes du peuple, ignorants et illettrés, à qui le Christ ne parlait que par paraboles, envers qui il ne s'exprimait qu'en termes ambigus remplis d'obscurité, et d'allégories qui voilaient la vérité, et qui leur répétait souvent : « J'aurais bien d'autres choses à vous dire, mais vous ne les comprendriez point », fussent capables, après s'être dispersés, de se souvenir de ses paroles, de comprendre son langage élevé et subtil et de répéter sa morale sublime venue jusqu'à nous.

Cherchez dans tous les livres écrits après la mort du Christ, et il y en eut plus de trente dont quatre ont émergé — et montrez une seule parole dictant une religion, ordonnant la constitution d'une Eglise avec un clergé innombrable, des évêques, des archevêques, des cardinaux et un pape. Souvenez-vous de ce que Jésus disait des Pharisiens.

---

sont de 993. Les cloches datent de l'an mil. Le célibat des prêtres fut décrété en 1015. L'invention merveilleuse et lucrative des Indulgences est de 1119. Les dispenses productives datent de 1200. L'élévation de l'hostie de 1200. La criminelle et sanglante Inquisition de 1204. La confession orale qui augmenta la puissance du clergé ne date que de 1515. La néfaste institution de l'ordre des Jésuites par Ignace de Loyola fut approuvée en 1540 par une bulle du pape Paul III. Après après pris le temps de la réflexion le Sacré Collège des Cardinaux déclara, preuves à l'appui en 1860, que Marie, mère du fils de Dieu, fut immaculée en la conception de Jésus. Enfin, comme couronnement de l'œuvre ecclésiastique, le Pape fit déclarer son infaillibilité en 1870. Avec ces notes signées Victor Poussin et que l'auteur des pages retrouvées a prises dans un cahier manuscrit de M. Gaëtan Leymarie, le lecteur a le devoir de se demander si rien de tout cela peut se rattacher à la pure philosophie enseignée par le Christ.

Pour pratiquer ces doux préceptes : « Aimez-vous les uns les autres. Pardonnez les injures reçues. Rendez le bien pour « le mal. Adorez Dieu chaque jour et en tout lieu » ; était-il bien nécessaire d'élever des cathédrales pour adorer l'Éternel, pour glorifier Jésus et sa mère immaculée — et de placer des bûchers devant le parvis pour brûler ceux qui se seraient contentés d'adorer Dieu dans les champs.

Peut-être allez-vous, en me quittant, penser, mon bien cher enfant, que l'interdit qui me frappe dicte ces paroles amères; non mon ami, mais il est des choses qu'on nous cache au séminaire et qu'il faut connaître pour juger cette Église dans laquelle, vous et moi, sommes entrés contre notre volonté par une fausse idée qui s'appelle piété filiale, Église que nous n'abandonnerons point quoi qu'il arrive, car nous suivrons le chemin du devoir malgré les ronces qui l'obstruent.

Pensant librement, je vous dis que l'Église est blessée et se meurt frappée par elle-même. Les dogmes tomberont comme des fruits gâtés, les sacrements disparaîtront devant l'indifférence des chrétiens, et le jour où les preuves de l'immortalité de l'âme par la réincarnation seront données à tous, la croyance spirite remplacera toutes les vieilles religions.

Mais j'oublie, mon cher enfant, que vos instants sont comptés et que vous avez à retourner vers ceux à qui vous devez consacrer vos derniers jours en France. Pensez parfois à l'abbé Marchal qui vous suivra par le cœur en votre long voyage sur mer et sera souvent près de vous en cette terre lointaine où Dieu veillera sur celui pour qui je prierai.

— Et vous, mon vieil ami, qu'allez-vous devenir, et que comptez-vous faire? demanda Bornave à l'abbé Marchal.

— Soyez sans crainte, mon cher enfant, je m'en remets à la Providence. Je vais me rendre à Paris où j'attendrai mon ami, ce riche Américain, M. Hogson, dont je vous ai parlé et à qui je sers de secrétaire et de compagnon de voyage. C'est lui qui, de ses dollars, a permis la publication de mes premiers livres. Je ne lui demande rien et je suis reconnaissant au Ciel de l'avoir placé sur mon chemin. Comme il est très souffrant je puis avoir le malheur de le perdre, alors j'offrirai mes privations à Dieu, me souvenant que des douleurs supportées avec résignation sur cette terre nous préparent des joies dans l'Au-delà ; je travaillerai à l'épuration de mon âme et, si l'abandon de ceux qui me rejettent hors de l'Eglise peut me causer des souffrances, je les bénirai.

Adieu Gaston, séparons-nous avec courage et de même que je sais que vous ne quitterez point le sentier de la vertu, dites-vous que l'abbé Marchal restera attaché à Dieu, à son devoir et à la doctrine spirite, et si cette étreinte est la dernière qui unit nos cœurs sur cette terre, je vous dis : au revoir dans l'autre vie.

XIII

L'abbé Bornave, après avoir fait une dernière visite au curé de Ciboure, l'abbé Etcheverry, qui le reçut assez froidement lui faisant le reproche de quitter sa famille et son pays pour courir le monde comme son cousin Valias, partit le lendemain pour gagner en voiture Laruns et les Eaux chaudes et prenait à pied la route de son cher village où son frère Jean, averti de son arrivée, était venu au-devant de lui. « Notre père, lui dit-il, n'a pas caché à notre vieille mère que tu as été appelé à Bayonne, et les pleurs de celle-ci lui disent que tu viens nous dire adieu. Où vas-tu ?

— Je pars en Océanie, Jean ; j'obéis à ma destinée que la volonté de notre père n'a point complètement entravée. Si j'étais sorti de l'Ecole militaire j'aurais voulu servir la France aux Colonies ; tu vois que cela devait être, mon bon Jean ; là-bas je servirai Dieu et si je puis rester en Nouvelle-Calédonie, je servirai la France en la faisant aimer aux sauvages canaques.

— Dis-moi, Gaston, as-tu parlé à Rose Beraben lors de ta dernière visite ? Elle ne m'évite pas, mais elle reste froide à mes témoignages d'affection; se peut-il qu'elle demeure fidèle à Maurice qui ne reviendra plus peut-être et qui, tu le lui as dit, aime là-bas une jeune fille de son île.

— Oui, frère, j'ai plaidé ta cause et Rose comprend que tu l'aimes, mais elle espère encore au retour de notre cousin. Sois charitable, patiente quelques mois et tu auras la récompense de la générosité. » En arrivant au village les deux frères se rendirent chez leurs parents à qui l'abbé Bornave fit connaître le résultat de sa vie à l'Evêque de Bayonne et annonça son départ prochain. La nouvelle, quoique prévue, fut stoïquement accueillie par M. Bornave et, par la vieille mère, comme elle devait l'être, avec des sanglots. Mais les jours passèrent et les paroles tendres de Gaston, qui assura à ses parents qu'il reviendrait après cinq ans, finirent par faire accepter son départ.

Dans une visite à la famile Vallas, il eut le plaisir de lire une longue lettre du jeune Lieutenant qui parlait de sa vie lointaine, de ses amis, de ses relations dans le monde sans faire allusion à son mariage, mais il ne parlait plus de Mlle Beraben.

Un matin, Gaston rencontra celle-ci qui s'arrêta pour serrer la main de son ami d'enfance et le pria de venir dans la soirée faire une visite à son père.

Comme il arrivait chez le Dr Beraben, il le vit sortir pour suivre un paysan qui venait le chercher de la part d'un malade. « Entrez, Gaston, Rose vous attend, je vais au bout du village et je reviens. »

L'abbé Bornave trouva donc Mlle Beraben seule. « Bonjour Rose, lui dit-il, êtes-vous sage et avez-vous suivi les conseils que je vous donnai il y a quelques mois ?

— Oui, monsieur l'abbé, oui, j'ai réfléchi à ce que vous m'avez dit, mais un autre que vous m'a dicté une conduite différente, c'est mon confesseur, l'abbé Herrigoyen, dit Rose en pâlissant et en baissant les yeux.

— Et que vous a donc ordonné le directeur de votre conscience, ma pauvre Rosette ?

— Dois-je vous le dire, Gaston, reprit la jeune fille, oubliant le prêtre pour se rappeler l'ami d'enfance.

— Oui, chère amie, dites-moi tout et comptez sur mon affection pour approuver ou blâmer, s'il y a lieu, ce qu'a pu vous dire le rigide abbé Herrigoyen.

— Eh bien ! il m'a dit que c'est Dieu qui me punit en plaçant dans mon cœur un sentiment coupable pour un homme misérable qui a osé abandonner le service de l'Eglise auquel il avait été réservé par le ciel. Il faut, m'a-t-il dit, arracher son souvenir de votre mémoire et, pour réparer sa faute, vous devez vous consacrer à Dieu si vous ne voulez pas attirer sur vous et sur votre famille la juste colère divine.

— J'étais certain de ce que vous alliez me dire. Et vous avez ajouté foi à ces paroles, ma petite Rosette ? Pouvez-vous admettre que Dieu, infiniment bon, puisse souffler un pareil conseil à celui qui croit vous parler en son nom. Cela n'est pas vrai, ma chère amie. Il ne vous appartient pas de juger les événements. Si Maurice a lu dans sa conscience qu'il servirait Dieu sans avoir la foi, il a bien agi en servant la patrie. En s'éloignant de son pays, il ne vous a rien juré, Rose ; vous-même ne lui avez pas promis de l'attendre, et si la femme qu'il a rencontrée là-bas a été placée sur son chemin pour être la compagne de sa vie, inclinez-vous et oubliez. Je vous ai parlé de mon frère Jean et je dois être encore l'interprète de ses sentiments tendres et loyaux à votre égard. Ne refusez pas de faire son bonheur, vous êtes dignes l'un de l'autre. Mettez-vous d'accord avec votre cœur en attendant une réponse franche que j'ai demandée à mon cousin, et alors songez à celui qui vous donnera le bonheur sans quitter votre lieu de naissance. Enfin, malgré tout le respect que je dois à l'abbé Herrigoyen, promettez-moi de ne plus vous confesser avant d'avoir songé à la décision que vous devrez prendre après avoir lu la lettre de Maurice.

Vous n'êtes pas plus faite pour la vie monastique que la plupart des pauvres filles qui croient de leur devoir de se consacrer à Dieu, au Christ ou à Notre-Dame. Vous aurez des devoirs aussi sacrés, Rose, à créer une famille, à élever les enfants que la Providence vous enverra et à partager avec votre époux les joies et les peines semées le long de la route.

— Oh ! Gaston, mon ami, combien vous me réconfortez, dit Rose, sur les lèvres de qui ce tableau de bonheur avait fait éclore un sourire angélique ; je vous promets de suivre vos conseils.

— Je ne vous dis pas adieu, Rose, avant mon départ je reviendrai vous serrer la main.

— Alors, à bientôt, cher ami, je n'ose vous parler de votre départ, de votre long voyage, des dangers que vous allez courir, de votre absence dont vous ne connaissez pas le terme ; je sens combien tout cela ferait naître de tristesse au moment où il vous faut tant de courage, mais soyez persuadé, Gaston, que tous les jours je prierai pour vous.

— Rose, je ne vous demande qu'une toute petite prière, la voici : « Seigneur placez près de mon ami un bon ange gardien qui le conduise et le conseille. »

Sur la place, l'abbé Bornave vit revenir le Dr Beraben, excellent homme qui n'avait qu'une affection au monde, celle de sa fille, de sa Rose bien-aimée. — Mon cher docteur, lui dit-il, soignez bien l'objet de votre bonheur, et faites attention à la fièvre mystique, car elle est contagieuse. — Que me dites-vous là, mon cher abbé... Rose vous a-t-elle parlé de se faire religieuse ? Le village n'a que trop donné de ses filles aux Sœurs de charité ? — Serez-vous heureux, docteur, de revivre dans vos petits-enfants ? — Cher Gaston, c'est là tout ce que je demande au Ciel.

— Alors, lui dit tout bas le jeune prêtre en lui serrant la main : Défiez-vous du confessionnal.

Le soir de ce jour, par un temps serein, l'abbé Bornave seul avec ses pensées gravissait doucement la belle route qui longe le torrent d'Ossau et mène à travers la forêt de Gabas à la frontière d'Espagne. En arrivant au plateau d'où l'on admire une partie de la chaîne sourcilleuse des Pyrénées au milieu de laquelle se dresse le pic du Midi d'Ossau, il s'assit sur le banc placé là pour le repos des voyageurs. Il y était depuis une demi-heure, songeant à l'avenir dans lequel il allait se plonger, sans s'apercevoir que la nuit était venue. Un groupe d'Espagnols entrant en France s'arrêta pour jeter un regard vers l'Espagne. Une femme s'en détachant, s'approcha de Bornave qui ne semblait pas la voir : — Bonsoir, Padre, lui dit-elle, donne-nous ta bénédiction pour que Dieu nous ramène bientôt là-bas.

— Dieu accompagne toujours ceux qui vont droit, lui répondit le prêtre, en citant un dicton espagnol.

En entendant cette voix la femme, grande et brune, se rapprocha davantage de son interlocuteur et le dévisageant : — La gitane avait-elle dit vrai ? senor Padre ? — Qui êtes-vous ? — Et votre ami Mauricio, senor Gaston, est-il soldat ? Ma mémoire est bien fidèle et c'est moi, qui, il y a huit ans, venant d'Espagne, vous rencontrai tous les deux sur cette même route et vous prédis que vous seriez le contraire de ce que vous pensiez devenir. C'est vous qui êtes prêtre, c'est votre ami qui est soldat.

— Oui femme, vous avez dit vrai, c'est moi qui porte la soutane, c'est Maurice qui a conquis l'épaulette, et j'avoue que j'eus foi en votre prédiction. Et si, moi prêtre, je vous demandais sans peur si vous pouvez encore voir devant moi, le pourriez-vous ?

— Oui, Padre, la science égyptienne est venue jusqu'aux Maures, donnez-moi votre main. Danielo, cria-t-elle à l'un de ses compagnons, viens m'éclairer. Danielo tira de sa besace une petite lanterne et un bout de bougie et un instant après la bohémienne tenant la main que lui présenta sans trembler Gaston Bornave, lui dit : « Ne t'ai-je pas annoncé
« ce jour-là, quand ton cousin et toi tendiez vos lignes au
« Gave que nous nous reverrions ? Oui, je m'en souviens. Eh
« bien ! rien n'est changé sur la palme de ta main. Tu es
« arrivé au jour où va se réaliser le voyage dont j'ai dû te
« parler. La mer ! mer calme, mer mauvaise, je te vois dans
« les flots, naufrage... île lointaine... une femme, du sang.
« Mais Padre, je t'ai dit tout cela. Si tu as cru, pourquoi
« redemander de nouveau ? »

— Est-ce tout, femme ? ajouta l'abbé avec calme.

— Je n'ose dire le reste, on se trompe souvent.

— Adios, padre, buenos viajo, no olvidade Sarah la gitana !

— (Adieu, Père, bon-voyage, n'oubliez pas Sarah la bohémienne).

XIV

Loin de moi la pensée de vouloir faire briller dans le récit de ces vieux souvenirs la moindre étincelle de scandale. Je m'applique à raconter très simplement des faits dont, pour la plupart, j'ai été témoin, des événements auxquels j'ai été mêlé, et je le fais en toute sincérité.

Un nouveau personnage qui va entrer en scène ne fut pas l'un des moins intéressants de ce roman dramatique, c'est la voyante Adolphine Ladabious, fille d'une négresse Cafrine Antoinette, ancienne esclave et de son maître marchand de tissus, à Saint-Denis, Européen reparti pour les Basses-Pyrénées après avoir amassé une fortune qu'il jugea suffisante. Laissant la négresse en possession d'une maisonnette, d'un jardinet et d'un petit capital inaliénable dont elle touchait la modeste rente, ce qui prouvait la sagesse de cet homme, il voulut reconnaître la petite « Fifine » à la condition de l'emmener en France ; mais à cette proposition, Zézette comme on appelait Antoinette, dans la femme bonne et soumise qu'elle avait toujours été, fit voir qu'il y avait du sang du fauve d'Afrique, et après avoir menacé M. Ladabious de le tuer s'il tentait de lui enlever sa fillette, elle s'enfuit comme une lionne emportant son petit dans les hauteurs du « Brûlé » chez une commère, et ne revint en ville qu'après qu'un petit nègre dévoué l'eût avertie du départ de son maître et de la mise à la voile du navire qui l'emportait pour toujours. Sans m'étendre sur les mœurs parfois légères dues peut-être au doux et beau climat de la petite île lointaine, ni sur les liaisons illégales et faciles qui, dans nos colonies, ne sont pas plus fréquentes que dans nos cités européennes, je demande à mes lectrices de tourner rapidement la page qui les blesserait, ou mieux, de ne point s'effaroucher de quelques scènes créoles que j'aurai toujours soin, en songeant au respect que je leur dois, de couvrir d'un voile assez léger pour permettre de contempler ce que la jeunesse offre de beau, assez épais pour n'effaroucher aucun esprit délicat.

Le bataillon d'infanterie de marine ayant terminé l'exercice sur la plaine de la Redoute regagnait la caserne et, les clairons sonnant la marche, jetaient joyeusement leurs notes métalliques répétées dans l'air pur par l'écho du Cap Bernard. Le commandant Bourgey avait fait rompre les rangs, et l'essaim bruyant des soldats s'était envolé vers la grande ruche, cette belle caserne que j'ai décrite déjà.

Les officiers revenaient en un groupe peu pressé vers leurs modestes demeures disséminées dans la petite île et allaient se séparer comme d'habitude sur la place du « jet d'eau » lorsque leur attention fut éveillée par la venue d'une jeune et jolie mulâtresse qui, arrivée près d'eux simple et gentille et reconnaissant le « préfet », le doyen des lieutenants : « Bonjour, monsieur Démonde », lui dit-elle. « Mais, je ne me trompe pas, c'est Fifine ! Comme vous êtes devenue grande et belle depuis deux ans que vous nous avez quittés. Vous arrivez de l'île Maurice ? — Oui, monsieur Demonde, je reviens pour rester à Saint-Denis. » Alors le « préfet » présenta à tous ses camarades pour la plupart nouvellement arrivés dans la colonie, cette belle mam'zelle qui les salua tous d'une ptite révérence et d'un sourire charmant. « Une bonne et courageuse fille dont la mère Zézette, que vous verrez bientôt, était au service de l'ancien colonel et tous, nous voyions journellement cette belle enfant se rendant à la ville pour travailler. » Et le père Demonde ajouta plusieurs compliments à l'adresse de Fifine dont le teint légèrement bistré se couvrit d'un vif incarnat. — « Vous chantez toujours bien Fifine ?... Vous dites encore des choses amusantes ?... Charmante et bizarre fille » ajouta en *a parte* le vieil officier. « Et qui vous amène ici, Mam'zelle Fine, toutes les anciennes connaissances sont parties ? — C'est ce que je vois ! répondit la mulâtresse en promenant un regard attristé sur toutes les « cases » de la place, tous les amis d'alors et toutes ces dames sont rentrés en France... C'est toujours la même chose ici, on ne devrait aimer personne, toutes les amitiés se brisent au coup de sifflet du paquebot ; sans compter ceux que j'ai « vus » tuer là-bas... à la guerre ! » Le sens incompris de ces paroles échappa aux officiers.

— Vous semblez fatiguée, Mademoiselle Fifine, lui dit le lieutenant Lionnet qui n'avait pas quitté des yeux la jolie mulâtresse, et vous paraissez attristée de ne plus retrouver des visages connus, vous en verrez d'autres et oublierez les premiers de même qu'en tournant les pages d'un livre d'images on les laisse passer toutes en ne donnant d'attention qu'à la dernière ; voulez-vous faire avec nous un tour dans la petite île et revoir les témoins muets de votre enfance ? »

Mam'zelle Fine, appellation créole tout de suite acceptée, suivit les officiers qui, arrivant successivement à la porte de leurs demeures, saluaient la belle mulâtresse en lui disant « au revoir Mam'zelle Fine » et à chacun la visiteuse donnait un joli sourire.

En arrivant à la ruelle des Bois-Noirs, il ne restait plus autour de la jeune fille que Lionnet, Giliani et Vallas dont les cases étaient voisines. « Vous ne refuserez pas de vous rafraîchir, Mam'zelle Fifine, avant de redescendre à Saint-Denis, lui dit Giliani ; entrez-vous Lionnet et Vallas ? » et tous pénétrèrent sans façon dans la demeure du jeune officier.

XV

Vous demandez le portrait de Fifine, le voici, madame, tel que, dans une lettre de Charles Lionnet, je le retrouve après trente ans. Relire ces pages, les recopier, me cause une émotion bien grande, cela est si loin, si loin, et ce souvenir effacé, ce papier jauni me disent que tout passe, que tout fuit... que tout s'envole et que tout meurt !

(Réunion), Saint-Denis, mai 1874.

Mon Vieux Camarade,

Je vois que rien ne peut se cacher, même aux Antipodes et ta dernière lettre me prouve qu'un des nôtres — je ne lui en veux pas — t'a raconté mon exotique idylle et, pour ne point faire décrire à ton imagination vagabonde un trop périlleux vol vers le Parnasse d'où tu ne pourrais te dispenser de m'adresser une ode flatteuse ou tout au moins un sonnet amoureux, je te dirai que rien n'est plus simple que ce petit roman.

Par un beau soir au ciel empourpré par le soleil couchant, je vis « Mam'zelle Fine » pour la première fois au retour de l'exercice ; notre vieux « préfet » Demonde, que tu n'as pas oublié, nous présenta cette charmante fille. Elle nous accompagna chez Giliani où sa petite Indienne — oui, mon cher, le sage, le philosophe Giliani a arrêté sur son chemin et captivé une mignonne Indoue aux formes graciles, à la taille d'enfant, à la démarche hiératique qui a bien voulu devenir la prêtresse du jeune guerrier d'Occident. Donc Mourdaia, c'est le nom de la brahmine — ma plume allait dire : la gamine, — nous apporta de l'office de la villa — la boutique du Chinois du coin — des citrons, des oranges, du sucre, de la glace dont elle confectionna une délicieuse limonade qui permit à la visiteuse et à nous de se rafraîchir. Tu l'as peut-être connue enfant, cette Mam'zelle Fine, j'aurai du plaisir à te la dépeindre sous les traits de la femme qu'elle est devenue, et toi à la reconnaître. De taille moyenne, svelte, aux mouvements lents d'une chatte, ou d'une jeune Égyptienne portant un vase sacré, Fifine, mulâtresse au teint bistré mais pâle, a des yeux noirs expressifs ; sous son front droit et rêveur passent souvent des idées étranges et troublantes qui jaillissent tout à coup soit en brillants éclairs par son regard, soit en paroles vivement exprimées entre les deux cerises qui sont les lèvres de sa bouche fine et moqueuse.

Sa chevelure noire comme l'ébène et qui n'a rien de la laine crépue de sa mère est fine et lisse avec des reflets d'aile de corbeau ; enfin, sa gorge est celle d'une enfant et ses pieds comme ses mains sont petits et bien attachés. A cette description, tu dois penser que si le peintre n'est pas épris étrangement de son modèle, cette créature doit être charmante.

En sortant de chez Giliani, Vallas nous serra la main, et comme il n'y avait que notre jardin ombreux à traverser, Mlle Fifine me suivit et je lui fis visiter ma case que j'aimais à tenir propre et décorée avec goût ; elle fit semblant d'admirer mes études qu'elle qualifia de gentilles peintures, tandis que dans leur franchise mes camarades y voyaient des croûtes. — Oh ! dit la gracieuse petite visiteuse, vous jouez de la guitare ?... — J'en pince un peu. — Et moi aussi, dit-elle. C'est bien joli chez vous, ajouta-t-elle, monsieur... Comment ? — Charles Lionnet ; puis, en tremblant un peu, j'osai lui dire : Vous êtes bien jolie, Mam'zelle Fine. Pensez-vous que cette cage serait assez attrayante pour retenir un oiseau aussi mignon que vous ? — Vous aimez à rire, Monsieur le lieutenant, permettez-moi de vous quitter, ma mère m'attend et je dois aller à l'autre bout de Saint-Denis pour la rejoindre. — Reviendrez-vous à la Petite-Ile, Mam'zell' Fine ? — Oui, parfois, car j'y ai une amie. — Alors, promettez-moi de revenir, vous serez ici chez vous, et lui tendant la main je pressai la sienne sans oser lui donner un baiser qui brûlait mes lèvres. Combien elle était gracieuse dans sa robe de soie verte, sous son petit chapeau blanc couvert de fleurs ! Et lorsqu'elle franchit le seuil de mon barreau, sa bottine bien lacée me permit d'admirer le bas d'une jambe fine emprisonnée dans un bas ajouré.

Deux semaines après, comme j'étais assis devant une petite toile sur laquelle j'avais peint des fruits du pays, la palette et quelques pinceaux dans la main, je fus tiré de ma rêverie par un éclat de rire joyeux et une jeune femme, tête nue, vêtue d'une robe rose entra en disant : — Monsieur Lionnel, voulez-vous m'offrir à dîner ? Et cette charmante Fine... c'était elle, partagea mon repas sans façon. Il y a trois mois de cela et la brune hirondelle n'a plus quitté depuis la cage toujours ouverte afin qu'elle reprenne son vol quand elle voudra vers la montagne aux grandes fougères... Mais ce jour-là, vois-tu, je sens que je serai bien triste.

T'aurais-je parlé de ma jolie voisine si l'état de son esprit et de son âme ressemblait à celui de toutes celles qui apportent ici quelque gaîté, je ne pense pas ; mais sachant que tu t'occupes de magnétisme et des choses occultes, je me suis dit que la suite de cette lettre ne laisserait point de t'intéresser... et puis, après avoir lu, tu n'oublieras pas de m'expédier quelques bouquins traitant de la matière afin d'ouvrir mon esprit ignorant sur des faits qui en intriguent de plus intelligents que moi.

Imagine-toi que l'oiselet qui est venu prendre la moitié de ma cage gazouille même en dormant ; cette brune fille est une parfaite somnambule et le capitaine de Vourgny, notre adjudant-major, qui s'occupe de spiritisme, m'a déclaré que mam'zelle Fine est une « voyante délicate ». Voici des faits : Une nuit qu'elle dormait je l'entendis parler et voulus la réveiller, mais à ma grande surprise, sa main se mit sur ma bouche pour me faire taire. La veilleuse était allumée (tu sais que les créoles ne dorment que rarement « dans le fait noir »), par conséquent je distinguais tous les traits de Fine. Son visage s'anima, elle ouvrit les yeux et sembla assister à une petite scène qui, je l'ai su plus tard, se passait à l'île Maurice d'où la belle rêveuse arrivait. Cela m'intéressant peu, je crus à l'expression d'un cauchemar et n'y prenant point attention, je me rendormis.

Mais, presque toutes les nuits, j'étais éveillé par le bavardage de cette brune Psyché qui rêvait près de moi que l'amour l'emportait parmi les déesses.

Je m'abstins de parler à personne des visions de celle que mes camarades appelaient la belle des « bois noirs », du nom de notre ruelle, mais, un matin, elle dit des choses si étranges, si en dehors d'elle-même et de notre vie calme qu'en me levant je pris note de tout ce qu'avait raconté ma bavarde voisine endormie.

Elle vit le paquebot qui devait nous apporter le courrier retenu aux îles Seychelles par un accident. Une chaudière pleine de vapeur à haute pression avait éclaté et deux mécaniciens dans la chaufferie avaient été brûlés, dont l'un d'eux avait succombé à d'horribles brûlures, et voyant cela, Fifine pleurait comme si la scène se fût passée sous nos yeux. Pour la première fois la pensée me vint d'interroger la voyante endormie. — Alors, lui dis-je à mi-voix, le paquebot ne peut repartir aujourd'hui ? — Non, j'entends dire que la réparation de la chaudière ne peut être faite qu'à l'île Maurice. — Le navire peut-il partir ? — Oui, demain, mais il viendra lentement... ils disent que cela amènera un retard de cinq jours et qu'au lieu d'arriver à Saint-Denis le 22... il ne sera ici que le 27.

Cette fois, j'allai confier la chose à Giliani qui me rit au nez, ce dont je ne me fâchai point. — Est-ce que vous allez croire aux rêves de mam'zelle Fine, Lionnet ? — Pas encore, lui répondis-je, mais ce à quoi j'ai tenu, mon cher camarade, c'est, dans le cas où ce rêve se réaliserait, d'avoir pris un témoin sérieux. — Eh bien, mon vieil ami, la vision était vraie de point en point. Le *Godavery* avait eu un éclat de chaudière aux Seychelles, l'un des deux mécaniciens était mort, et nous ne reçûmes le courrier de France que le 27 au soir.

Cette histoire que le sceptique Giliani fut le plus empressé à raconter au mess, se répandit dans Saint-Denis, et c'est alors que je connus qu'avant son voyage à Maurice, la jeune mulâtresse était souvent visitée chez sa mère Zézette, par des dames de la ville qui, presque toujours, avaient vu se réaliser les prédictions de Fifine.

Le capitaine de Vourgny vint après le départ du courrier me faire une visite et ayant magnétisé ma voisine, il put constater qu'elle était un remarquable sujet. Il m'apprit à l'endormir et bien des fois depuis, je pris plaisir à consulter ma jolie somnambule.

A l'île Maurice, une dame qui l'aimait beaucoup lui avait appris à jouer de la guitare, et comme elle possédait une voix juste et harmonieuse, elle avait orné sa mémoire d'un certain nombre de jolies romances que nous avions le soir un plaisir réel à lui entendre chanter et maintenant, l'hirondelle s'est faite rossignol.

Un bon camarade, le lieutenant Lhotelier, qui joue de la flûte parfaitement, M. de Vourgny, qui possède une jolie voix de ténor léger, viennent souvent, et nos soirées musicales attirent aux abords de notre case tous les bons noirs et les Indiens du voisinage. Aussi, mon cher vieux frère d'armes, ma vie s'écoule-t-elle heureuse et calme en pratiquant les arts et l'amitié.

Tu trouveras peut-être ma lettre un peu longue, mon cher D..., mais le souvenir de ce joli pays où toi aussi as passé près de quatre années, me la fera pardonner. Ne m'oublie pas auprès des vieux amis de Cherbourg et crois toujours à l'affection et au dévouement de

Ton vieil ami,
CHARLES LIONNET.

XVI

Le temps fuyait là-bas, comme partout il passe pour ceux qui descendent le cours de la vie. Un jour, Vallas en arrivant au mess, apprit à ses camarades, qu'au pays basque on avait reçu des nouvelles du *Paul et-Virginie*, navire à voiles sur lequel s'était embarqué l'abbé Gaston Bornave.

Les nouvelles dataient des îles Canaries où le navire avait relâché ; le cousin de Vallas était bien, ainsi que les deux jeunes missionnaires qui étaient partis avec lui. Les officiers calculèrent que le *Paul-et-Virginie* devait s'approcher du Cap de Bonne-Espérance et que les voyageurs n'arriveraient aux îles Hawaï, but de leur voyage, que dans quatre ou cinq mois. Ces prévisions avaient attristé Vallas qui savait bien qu'il ne reverrait jamais son « frérot », son ami d'enfance, dont la destinée l'avait séparé, et que, comme lui, la fatalité avait éloigné du pays basque, et souvent il se reprochait sa fuite du séminaire, qui avait condamné Gaston à une vie de misère.

Dans sa dernière lettre de France, le jeune missionnaire, en lui disant adieu pour longtemps, peut-être pour toujours, avait longuement entretenu son cousin de tous les êtres aimés qu'il pensait ne revoir jamais. Il parlait à Vallas de sa sœur Anita, dont le mariage prochain devait avoir lieu avec un brave garçon qui installait une scierie le long du Gave, à quelques kilomètres au-dessus de celle du père Bornave.

Quant à Rose Beraben, la fille du docteur, elle avait peu à peu appris à son cœur à oublier Maurice et tout permettait de croire que, cédant aux conseils de Gaston, elle donnerait sa main à Jean Bornave, âme loyale qui aimait depuis longtemps la jeune fille.

Malgré la froide logique de la raison, le cœur humain ne comprend pas toujours qu'il doit accepter les conséquences des actes de la vie, et Maurice Vallas, malgré son amour pour la belle créole qui serait un jour sa femme, ressentit une légère blessure au cœur, en apprenant que Rosette pouvait l'oublier.

Un jeudi, l'après-midi étant libre, Vallas avait projeté de se rendre au Muséum, en compagnie du lieutenant Botin, l'officier dont la belle collection ornithologique attirait tant de visiteurs. Ils étaient partis pour faire une visite au vieux Lantz, le conservateur du Musée, lorsqu'en traversant le jardin public, Vallas aperçut de loin Mlle Eva, suivie de Taïté et de Fifine qui marchait en causant, avec la promise de Vallas. Un amoureux ne pouvait laisser échapper une telle occasion de rejoindre l'objet de ses pensées, et laissant Botin entrer seul chez Lantz, il alla au-devant des jeunes filles.

— Mesdemoiselles, leur dit-il en les saluant, me permettrez-vous de vous servir de cavalier ? De quel côté dirigez-vous votre promenade ? — Nous n'allons pas très loin, monsieur Maurice, lui répondit Mlle Eva, et, si vous voulez venir avec nous, je vous présenterai enfin à mon amie Violette dont je vous ai déjà parlé ; Fifine vient avec moi voir Zézette, sa mère, qui depuis quelques années est la servante et la compagne dévouée de mon amie.

Quelques minutes après cette rencontre, en suivant l'ombreuse allée des lilas, nos promeneurs arrivaient à la coquette petite demeure de Mlle Violette et la bonne Cafrine Zézette, en se précipitant au-devant de sa fille, poussa un cri de joie qui fit accourir au jardin la jeune et belle amie d'Eva. — Enfin ! tu t'es rappelé cette fois le chemin du « Nid fleuri » et Monsieur est sans doute... — M. Maurice Vallas, lieutenant d'infanterie de marine, dont je t'ai parlé, répondit précipitamment la belle Créole à son amie. — Ton fiancé, je crois ? — Pas encore, mademoiselle, dit Vallas, en saluant la jeune fille, mais dans quelques jours, si Mlle Eva S... me veut permettre enfin d'aller demander sa main à ses parents. Ces paroles prononcées, le bel officier se tourna vers celle qu'il aimait en semblant demander une réponse favorable. — Je vous répondrai, monsieur Maurice, oui ou non aujourd'hui et ici même. Un peu de pâleur sembla effleurer le visage du Béarnais, mais un gracieux sourire paya aussitôt la réponse de sa bien-aimée.

— Je vois que Fifine t'accompagne, Eva ; quelle joie pour Z'ette d'avoir revu son « petit miroir » qui, pensait-elle, resterait à Maurice. Ce qualificatif de petit miroir avait été donné par la Cafrine à sa fillette qui, dès son enfance, disait dans son sommeil des choses qu'elle semblait lire, les yeux ouverts, sur le miroir placé vis-à-vis son petit lit, et elle avait pris l'habitude de dire quand on lui demandait quelque chose : « Espère demain, mi va demander à mon pitit miroir. »

— Fine, est ce que tu vois toujours ? — Oui, mademoiselle Violette. — Alors tu as dû rapporter beaucoup d'argent de Maurice, les Anglais sont riches et généreux, dit-on ?

— Hélas ! non, cela va vous paraître étrange à tous, je reviens aussi pauvre que je suis partie, et là-bas, huit fois sur dix, quand j'avais dit à ceux qui venaient me consulter des choses qui, sans doute, les avaient satisfaits, j'entendais, lorsque ma main allait se tendre pour recevoir l'or qui m'était offert, une voix me dire à l'oreille : refuse ; et je remerciais sans éprouver de regret car mes amis inconnus et invisibles ne m'ont jamais laissée dans le besoin.

— De quels amis veux-tu parler, Finette, sans doute de quelques personnes généreuses et discrètes de Port-Louis qui s'intéressaient à toi et veillaient à ce que tu ne manquasses de rien ?

— Oh ! non, mademoiselle Eva, mais des Esprits que je sens bien souvent présents à mes côtés. Que voulez-vous que je vous dise ? Si vous croyez aux bons anges gardiens, moi, toute imparfaite que je sois, je suis convaincue que parfois je suis une aveugle que dirige la main invisible d'un ami.

— Comme il parle bien mon joli miroir ! dit Zette, en admirant sa fille. Violette fit entrer ses visiteurs dans son modeste salon, et, comme la chaleur du jour invitait à se rafraîchir, elle pria Zette, aidée de Taïlé, la jeune Malabare, d'aller préparer des cock-tails, mélange de rhum, de cannelle aromatique, de sucre et de glace pilée qu'une main habile fait mousser à l'aide d'une petite branche d'arbrisseau dénommé lélé, boisson exquise à la préparation de laquelle excellent les créoles de la Martinique et que les officiers de marine ont propagée dans toutes les colonies. Après que ses hôtes se fussent désaltérés, Eva pria son amie Violette de chanter une romance, ce qu'elle fit sans se faire prier en s'accompagnant sur son piano, puis Fifine, lui demandant la guitare qui se trouvait à sa portée, dit délicieusement une chansonnette en patois créole mauricien :

> Ah ! mi bien content' ma commère,
> Io, mon li z'yeux colé à ou li.
> Mi va d'mand' ti t'sit à ma mère
> Si mon cœr dét amer Ali !

paroles naïves d'une petite fille qui avoue les soupirs de son cœur pour Ali et demande à sa mère la permission de le lui donner. Je fais grâce aux lecteurs des autres couplets qu'une tendre mélodie et les accords de la guitare font toujours trouver jolis, dans le cadre lointain et poétique où il faut les entendre chanter.

Une conversation vive et animée s'engagea ensuite entre les nouveaux amis, et Vallas, interrogé sur la France et sur le pays basque, fut amené à parler de l'abbé Bornave dont il avait quelquefois entretenu sa fiancée.

En cet instant Violette, ayant jeté les yeux sur Fine, s'aperçut qu'elle était endormie.

— Comment, Finette, tu dors, serais-tu fatiguée ? A ces mots, l'amie de Lionnet ouvrit les yeux, mais son regard fixe et brillant semblait voir loin d'elle quelque scène pénible. Elle se dressa sur sa chaise, allongea la main et se mit à crier : « Un homme à la mer !... la bouée, coupez la bouée. Tout le monde aux écoutes ! » Vallas, qui avait assisté chez Lionnet à une scène de somnambulisme, comprit qu'il fallait interroger la voyante.

— Que voyez-vous donc, mam'zelle Fine ?

— Un navire à voile... Un homme est tombé d'une basse vergue à la mer. Le capitaine commande, je l'entends : lofez, lofez, la barre dessous !

— Virez ! — Mais l'homme s'éloigne... oh ! il disparaît. Ah ! voilà à l'arrière un jeune prêtre qui tire sa soutane ! Ah ! Dieu ! pitié ! il vient de sauter par-dessus le bord, il plonge.. il reparaît... il nage, le voilà près du marin qui n'en peut plus.. il lui tend la main... Sauvé. Ah ! le courageux jeune homme ! Oh ! mais, on dirait M. Vallas ! Comme il lui ressemble !!

— Oh ! continuez, continuez, s'écria Vallas plein d'une anxiété partagée par Eva et Violette qui ne pouvaient retenir leurs larmes.

Et Fifine, souriante, continuant à voir la scène maritime (comme si elle était à bord) ajouta, les yeux toujours fixés au loin.

— La barre droite, pas d'embardée ! l'embarcation à la mer... Les deux hommes nagent. l'énergique jeune prêtre a rendu le courage au matelot. Voilà la baleinière à l'eau. Nagez droit... Sauvés ! Sauvés ! Les voilà à bord. Le capitaine embrasse le prêtre et serre la main de son gabier.

— Fifine, dit Vallas dont l'émotion était visible aussi devant cette scène émouvante que la voyante ne pouvait inventer, êtes-vous toujours près de ce navire ?

— Oui, lieutenant. — Pouvez-vous voir le nom de ce voilier ? — Attendez ! — Attendez ! — Et faisant mine de plonger ses regards vers le plat bord de l'arrière, la jolie mulâtresse se levant dit : C'est le *Paul-et-Virginie* !

— Ah ! c'est Gaston ! s'écria Vallas, c'est mon fréfot ! Ah ! que je reconnais là son cœur, son courage, et en disant ces paroles, le jeune lieutenant ne put retenir une larme.

— Encore une question, ma gentille Fine, voyez-vous d'autres passagers sur le pont ? — Oui, deux, des prêtres aussi. Le sauveteur remonte sur le pont, vêtu d'autres effets que lui a donnés le capitaine. Oh ! qu'il vous ressemble, monsieur Vallas ! Ses deux amis l'étreignent et le félicitent. Ah ! dit en riant la voyante, le capitaine suivi de son équipage vient à l'arrière, on dresse un table, on verse du vin chaud. — A votre santé, monsieur l'abbé Bornave ! dit le capitaine.

— Un dernier mot avant de vous éveiller, chère enfant... Pouvez-vous savoir où se trouve le navire, avant de le quitter.

— Oh ! cela est impossible, nous sommes en pleine mer, mais le capitaine parle, attendez !... Il a nommé Table Bay où ils seront dans deux jours si le vent continue.

— Merci, merci, Fifine, dit Vallas en éveillant sous une étreinte pleine de reconnaissance le « joli miroir » de la bonne Zette qui avait mêlé ses larmes à celles des témoins de cette scène pathétique, inoubliable et vraie.

Vallas avait hâte de revenir à la Petite Ile écrire le compte rendu des paroles dictées par la voyante Adolphine Ladabious. La suite de cette histoire nous apprendra si la vision de cette fille simple était réelle et la confiance qu'il faut accorder aux rêves que les spirites ont qualifiés de « prémonitoires » lorsqu'ils font voir des faits qui pourront se réaliser dans l'avenir, et de « visions exactes » lorsque le rêve naturel ou le sommeil hypnotique transporte l'esprit du sujet sur le lieu où se passe la scène décrite.

Comme Vallas, après avoir salué Mlle Violette, s'apprêtait

à serrer la main d'Eva, celle-ci lui dit à l'oreille : « Maurice, je vous aime, demandez ma main, moi, je vous la donne. »

XVII

Le lieutenant-colonel Gassias qui commandait alors le détachement d'infanterie de marine et les troupes de notre petite colonie de l'Océan Indien, avait installé sa demeure dans l'une des plus jolies maisons du quartier de la Rivière, au bout de Saint-Denis, et n'avait que le pont à passer pour gagner la caserne. Un jardin ombreux permettait à Mme Gassias, jolie créole des Antilles et à ses trois enfants, une fille de seize ans, Mlle Gabrielle, et deux plus jeunes fils, le séjour presque constant à l'abri de quelques grands arbres. Une table à ouvrage y était installée autour de laquelle l'aimable famille était réunie et où, bien souvent, les officiers en visite trouvèrent un accueil qu'aucun d'eux n'a oublié. Sorti de Saint-Cyr en 1853 le colonel avait fait la campagne de Crimée, puis celle du Mexique et, fatigué par de nombreuses colonies, il n'aspirait qu'à voir arriver une retraite qu'il aurait sollicitée déjà s'il n'eût songé à l'éducation de ses deux bambins venus un peu tard.

C'était un excellent homme, un chef bienveillant avec les hommes mais exigeant beaucoup de ses officiers avec qui, en dehors du service, ses relations étaient simplement paternelles. Presque chaque jour il montait à pied faire le rapport au quartier où il se rendait quelquefois en voiture. On ne le vit à cheval que pour la revue du 15 août et dans une nuit d'incendie ; aussi les soldats disaient-ils : « Ah ! que je voudrais être le cheval du colon ! » Parfois, le matin quand on entendait quelques coups de canne légèrement frappés au « barreau », on savait que c'était le colonel Gassias qui venait en vieux camarade voir ses officiers. Plein d'expérience, il laissait toujours avec la discrétion d'un homme bien élevé le temps de faire disparaître du petit salon certaines bottines ou toilettes brodées qui n'appartenaient pas à un lieutenant et dénonçaient quelque visite un peu prolongée, et, lui étant arrivé plusieurs fois d'apercevoir quelque forme vaporeuse enveloppée de rose ou de bleu disparaître sous les palmiers ou derrière les charmilles d'ibiscus, il avait dit avec un bon sourire : « Et moi aussi j'ai été sous-lieutenant ! »

Donc il entra un matin chez le lieutenant Maurice Vallas tout à la fois en colonel et en père. « Pouvez-vous me recevoir, mon cher lieutenant ? » — « Certainement, mon colonel, et si vous me trouvez en tenue, prêt à sortir, c'est que j'attendais vos ordres du rapport pour me rendre à votre bureau. » — « Alors, ne vous dérangez pas, permettez-moi d'allumer un cigare et causons. Il est donc avéré que Cupidon vous attendait au coin d'un bois pour vous décocher un de ses traits perfides, et que vous êtes amoureux de l'une des plus jolies filles de Saint-Denis. Toutes mes félicitations, mon jeune camarade, vous l'aimez, elle vous paie de retour et, naturellement, vous demandez sa main... Cela c'est de votre âge, mais hélas, ce n'est pas tout, mon bel officier, il faut aussi demander ce qui est indispensable à cette jolie main si vous tenez à ce qu'elle reste blanche et satinée, cela signifie que cette main doit soutenir un sac plus ou moins pesant contenant l'or de sa dot. Votre cœur a demandé Mlle Eveline S.... votre tête a-t-elle songé à demander la valeur de cette dot ?

— « Mon colonel, en rencontrant Mlle Eva dans le monde, il m'a semblé la voir toujours entourée d'un certain luxe, et jamais je n'aurais osé... » — « Heureuse jeunesse, s'écria le colonel en riant, mais il est de mon devoir de venir vous dire, puisque vous m'avez fait part de cette demande en mariage par écrit, que la loi militaire exige qu'elle soit suivie, dans la quinzaine, afin que le courrier puisse les emporter, d'une demande que je vous promets d'appuyer favorablement auprès du ministre de la Marine, demande dont le capitaine major vous soumettra le modèle réglementaire et d'un projet de contrat rédigé par le notaire de la famille établissant l'apport de la future en espèces monétaires sonnantes, roulantes, trébuchantes et ayant cours. Cet honnête tabellion doit, en outre, aux colonies, remettre au chef de corps qui transmet la demande à M. le ministre de la Marine, un certificat de dépôt à la caisse des hypothèques ou à celle des Dépôts et

Consignations d'un titre ou d'une somme dont le minimum a été très sagement fixé à 30.000 francs. Veuillez donc, mon cher ami, avant de faire une demande inutile, déléguer le chef qu'il vous plaira ou deux de vos camarades afin d'aller trouver le notaire de votre futur beau-père, ou le papa lui-même à son bureau. Si, cependant, vous vous sentez assez courageux pour étudier vous-même la « configuration du terrain » au point de vue de l'attaque et de la défense, dit en riant le colonel qui aimait à donner une couleur militaire à ses arguments, vous pouvez « lever les plans » vous-même. A moins que, mon cher lieutenant, vous n'ayez assez de fortune personnelle pour reconnaître la dot réglementaire à votre fiancée, acte généreux qui lèverait toutes les difficultés?? »

— « Non, mon colonel, je ne puis me permettre cette prodigalité, ma famille est dans une modeste aisance en vivant des produits d'une belle ferme que mon père, en mourant, a laissée prospère et que mon frère Henri dirige avec habileté, mais j'ai moi-même une sœur à marier, et comme en entrant au séminaire où l'on me destinait à l'état ecclésiastique, j'avais tacitement abandonné ma part à ma sœur, je chagrinerais ma vieille mère en la réclamant. »

— « Je vous approuve, mon cher lieutenant, et je vous quitte ; si Mlle S.... a une dot, vous l'épouserez dans trois mois, le temps nécessaire à la transmission et au retour de la demande en mariage. Dans le cas contraire, toute démarche serait inutile, et vous n'obtiendriez qu'un refus ministériel. »

Après le départ du bon colonel Gassias, Maurice Vallas demeura songeur et anxieux, sa chère Eva n'aurait-elle point de dot ?... « Chère aimée, pensait-il, je ne lui demande pas la fortune et je sens que je l'aimerais pauvre, mais si elle m'était refusée, si une barrière allait s'élever entre nous ! » A cette pensée, il s'assit, laissant tomber son front dans ses mains, et une image lointaine et chère encore apparut à son esprit. Il revit un instant la douce fille blonde, cette petite Rose Beraben qui lui avait donné son cœur et qu'il avait dédaignée... La pauvrette lui avait été fidèle deux ans, et petit à petit elle avait fini par l'oublier et s'était promise à un autre. Ce souvenir était accompagné d'un remords et avait plongé le jeune officier basque dans une sensation de tristesse qu'il eut de la peine à chasser.

— « N'y pensons plus, dit-il en secouant ses pensées, puisque j'ai changé toute ma destinée, ne quittons plus le nouveau chemin, il y a sans doute de belles fleurs à y cueillir ! Allons trouver Lionnet et Lhôtelier. »

XVIII

— « Mon cher Lionnet, je viens vous prier de me rendre un grand service, allons voir Lhôtelier, je vous expliquerai chez lui ce que j'attends de vous deux. » Arrivés chez ce dernier : « Je n'ai pas de secrets pour vous, dit-il, eh bien, vous n'ignorez pas qu'autorisé par Mlle Eveline S., j'ai vu ses parents hier et que j'ai eu le bonheur de me voir accorder la main de celle dont, depuis six mois, je ne faisais mystère à aucun de vous de mon espoir. Le service que je vous demande, mes chers camarades, fort délicat pour moi, très facile pour vous, est d'aller chez M. l'ingénieur S., lui demander de ma part (j'aimerais mieux qu'il pensât que la question vient du colonel), s'il m'autorise à adresser dès aujourd'hui ma demande en mariage au ministre de la marine ?... il comprendra. » — « Dans le cas contraire, mon cher Vallas, lui dit en souriant Lionnet, c'est moi que vous chargez de mettre devant lui « les points sur les i »; c'est bien; venez-vous, Lhôtelier ? Si vous preniez votre flûte pour adoucir le beau-père ? »

Une heure après, les deux amis de Vallas faisaient remettre leurs cartes à l'ingénieur colonial par l'Indien de planton et se voyaient aussitôt accueillis par un homme aux manières affables et fines. — « Notre mission, toute délicate qu'elle puisse paraître à vos yeux et aux nôtres, monsieur, est des plus simples. Vous avez fait à notre camarade le lieutenant Vallas l'honneur de lui accorder la main de Mlle votre fille, et nous sommes chargés de vous prier de vouloir bien mettre le comble à son bonheur en lui assurant qu'il peut faire parvenir sans retard à M. le chef de corps, qui doit les transmettre par le prochain paquebot à S. E. le ministre de la Marine, toutes les pièces relatives à sa demande de mariage.

— Certainement, messieurs, ma parole est donnée.

— Toutes les conditions y doivent être nettement stipulées, monsieur l'ingénieur ; il est donc essentiel que votre notaire remette au colonel le projet du contrat de mariage établissant l'apport de la future conjointe, en un mot, le chiffre de la dot de Mlle votre fille.

— Voilà tout, dit doucement le lieutenant Lhôtelier, qui ne voulait pas jouer un rôle tout à fait inutile... voilà tout.

— Messieurs, il n'a pas été parlé de dot avec M. Vallas ; je comptais bien sur sa visite prochaine, et je sais qu'elle eût peu tardé, dit en souriant le père ; je lui eusse dit ce qu'il n'ose pas demander lui-même, c'est que je promets à Eva une rente de 3.000 francs, ce qui, vous le voyez, messieurs, est plus beau qu'une somme de 30.000 francs qui, en France, leur donnerait à 3 1/2 un maigre intérêt de 1.050 francs.

— Reconnaissant, monsieur l'ingénieur, la générosité de votre promesse, nous n'avons qu'à nous retirer et nous connaissons trop la délicatesse de votre futur gendre pour ne pas être certains qu'il sera satisfait.

— Oui, ajouta Lhôtelier qui voulait placer son mot... Oui, Vallas sera content, mais le colonel... qu'en pensez-vous, Lionnet ?

— Notre mission est terminée, le colonel examinera les pièces avant de les transmettre. Nous n'avons plus à insister ; cependant, monsieur l'ingénieur, je dois vous dire que, dans ces conditions, toutes généreuses qu'elles soient, le colonel ne pourra transmettre un tel projet de mariage.

— Impossible, ajouta le calme Lhôtelier..., pas réglementaire.

— M. le colonel agira comme il l'entendra, messieurs, je vous ai dit mes conditions.

— Certes, notre ami Vallas n'aurait qu'à s'en louer s'il était médecin ou avocat, mais comme officier il doit produire un contrat établissant non des promesses, mais une donation.

— Donation reste, promesses volent, ajouta Lhôtelier froid et poli, c'est ce que le législateur militaire a pensé.

— Mon camarade dit vrai, monsieur ; quelque belles que soient des promesses, elles sont subordonnées à un événement imprévu qui peut en arrêter l'exécution, surtout lorsque la rente desservie à un enfant dépend non d'une fortune capitalisée, mais d'une situation aléatoire que peut faire cesser la retraite par exemple...

— Ou même la mort, dit Lhôtelier, complétant d'un air lugubre la pensée de Lionnet.

— Aussi le ministre n'exige-t-il que le dépôt d'une somme de 30.000 fr. ou une hypothèque de même valeur sur les propriétés que vous pouvez posséder.

Ces dernières paroles dites avec fermeté par Lionnet ne semblèrent pas être goûtées par l'ingénieur colonial qui songeait à son autre fille et répondit avec son affabilité invariable :

— « J'aime tendrement mes deux filles et je n'aurais pas voulu refuser à Eva l'homme qu'elle a choisi pour époux ; M. Vallas, jeune officier, bien fait et bien élevé, je dois le reconnaître, me semble avoir de l'avenir, et, en lui accordant sans observations la main d'Eveline, sans promesse immédiate d'une dot, j'ai désiré, je vous en fais loyalement l'aveu, laisser s'écouler les quelques mois qui me semblent nécessaires pour donner à cette affection le temps de s'affermir, et pour me permettre de mettre en valeur quelques terres et deux villas que je possède, afin de constituer légalement la dot de chacune de mes filles.

— Compris ! murmura le lieutenant Lhôtelier, très sage !

— Je vous ouvrirai mon cœur paternel, messieurs, en vous avouant que j'avais toujours espéré qu'Eva épouserait un jeune avocat du barreau de la ville, un de ses amis d'enfance, aimable et assez fortuné, que je n'ai pas besoin de vous nommer, ce qui serait un fait accompli sans la venue de ce bel officier. Ne voyez là, messieurs, aucune récrimination de la part d'un père qui aurait, je pense, le droit d'en traduire quelques-unes. Je me plais à reconnaître que les deux prétendants sont de valeur égale, cette fois la toge cède le pas à l'épée, je n'oppose aucun refus, laissant à la

Providence le soin d'exécuter ses volontés... Mais, je vous dois avouer que...

— Que vous eussiez préféré la toge, répondit Lhôtelier, l'ennuyeuse question de dot eût été écartée.

— Cela est fort exact, lieutenant, mais une autre considération que vous comprendrez tous les deux guide aussi mon cœur de père. Nos jeunes filles créoles ont toujours eu un penchant irrésistible pour l'épaulette ; mais hélas ces beaux et brillants officiers nous emmènent nos enfants pour longtemps... même pour toujours, tandis qu'un jeune avocat, un notaire, un médecin, garde près de nous les objets de notre amour.

— Sincère et tendre, monsieur, je vous approuve, dit le bon Lhôtelier, nous n'avons qu'à retourner dire à Vallas d'être patient afin de mériter la palme.

— Vous nous permettez de rapporter notre conversation à notre ami ? ajouta Lionnet.

— Certainement, messieurs, en l'assurant de nouveau de toute mon affection.

Et, serrant la main des deux officiers, M. S... les reconduisit au jardin où il les salua en souriant.

En entrant chez Vallas qui attendait avec une impatience que l'on doit comprendre, le retour de ses deux amis. — Tu n'es pas près d'épouser ta belle, lui dit, avec sa rude franchise, Lhôtelier qui avait été soldat et sergent avec Vallas, à moins que tu ne la dotes toi-même. Le papa lui assure une rente de 3.000 francs jusqu'à sa retraite, et à sa mort, ni ni, c'est fini. Écoute-moi, Maurice, pas de dot, pas de « conjungo », pas d'argent, pas de Suisse. Excellent homme, ton futur beau-père, mais si Lionnet s'est conduit chez lui comme un brillant capitaine rapporteur et un véritable avocat — je ne vous connaissais pas de cette force-là, Lionnet — moi, pendant ce temps-là, j'étudiais le « Pater », et j'ai vu clairement que s'il veut rester « dur à la détente », c'est-à-dire faire attendre la dot, c'est qu'il regrette que ton rival, M. Edgar de V..., qui est pourtant un bon cavalier, n'ait pas pris l'avance nécessaire pour sauter le fossé avant toi.

— Tu as raison, lui répondit Vallas en pâlissant et en mordant sa fine moustache, mais ce bel avocat ne sera jamais le mari d'Eveline, moi vivant !

XIX

J'entends, de cette table à laquelle je relis et transcris pour mes lecteurs ces vieilles pages retrouvées, des réflexions qui ont un grand fonds de raison : toutes ces histoires passées sont pour nous dénuées d'intérêt... encore, si elles étaient bien écrites, mais, sont-ce là des leçons de spiritisme? Oui, mes amis, tous ces faits sont mêlés de pensées philosophiques d'où je pourrais extraire et vous présenter bien des déductions empreintes de notre chère doctrine.

Oui, dans la vie de mon camarade Vallas je vous prie de voir un fait psychologique extraordinaire et, sans anticiper sur la fin de cette histoire qui est un roman, il est certain que la gitana espagnole avait prédit l'avenir et que la voyante Fine ajouta encore du merveilleux à nos esprits encore fermés aux connaissances du mystérieux.

Qui comprendra pourquoi ces deux cousins, se ressemblant comme deux jumeaux, fils de deux sœurs ont, sans le comprendre, interverti l'existence pour laquelle ces deux âmes semblaient destinées, obéissant à une puissance occulte contre laquelle ils n'ont su résister ni l'un ni l'autre ? N'y aurait il point une cause qu'il faudrait chercher dans une existence précédente ? C'est ce que nous comprendrons plus tard si vous et moi, lecteurs et conteur, allons patiemment au bout de cette histoire vraie que quelques témoins peuvent encore certifier.

XX

Un matin, la décision du rapport communiquée au domicile de chaque officier par un sergent, portait la note supplémentaire suivante : Samedi soir à 9 heures, le colonel et Mme Gassias recevront. Ils comptent que tous les officiers du détachement voudront bien leur faire le plaisir d'assister à cette soirée. Tenue : drap molleton, gilet blanc, casquette.

Et tous les camarades sans exception avaient répondu à l'invitation du chef aimé et même le lieutenant de Beauchêne qui commandait le détachement de Saint-Paul, avait reçu du colonel une permission de quarante-huit heures avec ordre de remettre le service à son sergent. Etre détaché à Saint-Paul était fort désiré, c'était un congé de six mois que le grand chef n'accordait qu'aux officiers les mieux notés... En 1874, ils étaient tous bien notés sans doute, car M. Gassias entrant un jour au mess sans se faire annoncer : « Je viens, dit-il, Messieurs, faire un heureux ; dans un mois a lieu la relève de Saint-Paul, et je voudrais connaître le plus désireux d'y aller. Quel est-il ? » Très discrets, aucun officier n'ose répondre : « Moi. » — « Allons, dit le colonel en riant, si personne n'y veut aller, M. de Beauchêne redoublera sa période. » La protestation fut générale : « Oh non, mon colonel ! » — « Eh bien, messieurs, à part M. Carrin qui est le dernier rentré de Saint-Paul, je vous laisse cette fois libres de me faire connaître le nom de celui de vous qui va aller pendant six mois se plonger dans l'étude... Avec six mois de semblables loisirs, un officier a le temps d'écrire un gros volume sur la Stratégie. » Cette réflexion du colonel avait fait sourire les jeunes lieutenants qui songeaient à Saint-Paul bien moins pour s'y livrer à l'étude des manœuvres nouvelles avec cavalerie et artillerie qu'aux parties de chasse sur les belles habitations dont, de temps immémorial, l'officier commandant la petite garnison de Saint-Paul était l'invité habituel. — « Voulez-vous aller à Saint-Paul, monsieur Vallas ? » demanda le colonel avec un peu de malice. — « Non, mon colonel, à moins d'être désigné, auquel cas j'obéirais. » — « C'est juste, lieutenant, j'oubliais que vous avez commencé ici l'étude de « l'attaque d'une place » et que votre présence est nécessaire à Saint-Denis... Alors, Messieurs, arrangez-vous ; pour une fois, je vous autorise à faire vous-mêmes l'élection du commandant de Saint-Paul, et, ajouta le colonel d'un air plus sérieux, je dois prévenir l'élu que je lui assure de la distraction par le travail avec une récompense au bout. La carte d'état-major date de 1836 et n'a pas été revue depuis, il y a donc lieu de la reviser à cause des routes nouvelles qui sillonnent les propriétés et qui doivent être indiquées au point de vue des manœuvres que le gouverneur, sur ma demande, prescrira dans quelques mois, et auxquelles prendront part toutes les troupes de la colonie. Le lieutenant qui va être désigné par vous, messieurs, pourra donc se livrer au plaisir de la topographie et de la géodésie, en s'aidant du cadastre de Saint-Paul. » À ces paroles, les visages des officiers s'étaient légèrement renfrognés, mais chacun fit bonne contenance et le colonel se retira en ajoutant : « Allons, mes camarades, il s'agit d'aller gagner une proposition pour l'épaulette de capitaine. »

Après le départ du chef, un grognement général s'exhala de toutes les lèvres. « Il est malin, le colo ! il n'a pas voulu désigner lui-même le condamné aux travaux forcés, dit Lionnet en riant, mais il y a moyen de le contenter et si je puis émettre une proposition, je suis certain, d'avance, qu'elle réunira tous les suffrages ; désignez-moi. Ancien dessinateur de plans au service des Ponts et Chaussées, je ne serais pas fâché de me refaire la main avec les instruments nouveaux, avec le crayon et l'encre de Chine ; ça vous va-t-il ? » — « Oui, Lionnet, répondirent tous les lieutenants à l'unanimité, nous acceptons et avec reconnaissance. Vous irez à Saint-Paul. » Cela se passait le matin même de la réception du colonel. « Eh bien, mes amis, demanda-t-il, lorsque ces messieurs furent tous entrés dans son salon les premiers rendus, quelle est la victime désignée pour se livrer aux travaux de topographie sous ce beau soleil tropical ? » — « Moi, mon colonel, dit Lionnet, en s'inclinant simplement. » — « Le hasard a bien fait les choses, dit le colonel. — « Le hasard n'y est pour rien, paraît-il, dit le commandant Bourgey, ces Messieurs m'ont appris, colonel, que M. Lionnet s'est offert volontairement. » — « J'en suis ravi alors, car je dois vous dire, Messieurs, que c'est le lieutenant Lionnet que j'aurais désigné ; son consentement volontaire me fait plaisir. » Chacun alla saluer Mme et Mlle Gassias. Ils étaient heureux, ajoutons-le, la femme du colonel les accueillant toujours avec affabilité, de lui faire une ou deux visites par mois.

La soirée fut vraiment charmante et les décorations du salon, de la salle des rafraîchissements et du jardin avaient été installées par des soldats intelligents et de bonne volonté dirigés par un vieux sergent préposé au magasin d'habillement et qui, depuis plus de quinze ans, était toujours maintenu dans cet emploi par le colonel du régiment de France à cause de ses bons services. Toutes les fois qu'une fête, une soirée, ou un bal devait s'offrir et qu'il fallait décorer savamment les lieux qui devaient réunir les Grâces, les Ris et les Jeux, on était certain de voir le sergent Gontard apporter ses lumières d'artiste décorateur et, comme dans ce charmant pays les fleurs poussent à profusion du bord de la mer au sommet des montagnes, une salle de bal y est toujours remplie de verdure et de fleurs. Entre les arbres du jardin, des guirlandes de camélias, de roses, d'ibiscus rouges et de lilas se mariaient délicieusement aux lanternes multicolores.

Par la tiède température coloniale le plus grand nombre des invités se tenaient dans le jardin. M. le gouverneur, Mme de Bormel, et les notables avec tous les officiers et les fonctionnaires de Saint-Denis, s'étaient rendus à l'invitation du commandant des troupes et, sans qu'un programme eût été dressé d'avance une série de distractions s'étaient succédé et avaient fait de cette soirée une fête intime et joyeuse. Toutes les demoiselles sont musiciennes à la Réunion, où il n'est pas rare de voir un quatuor de piano, violons et violoncelle exécuté par quatre demoiselles — le lieutenant Lhôtelier et Mlle Gabrielle Gassias avaient débuté par un délicieux duo de flûte et de piano ; le capitaine adjudant major de Vourgny et le lieutenant Lionnet avaient chanté le duo des *Mousquetaires* : Saint Nicolas, ô mon patron ; le lieutenant Luguet qui excellait dans le monologue et la chanson comique, avait maintenu la note gaie, enfin Mlle Gabrielle en jouant une valse créole avait donné le signal de la danse, après le départ des hautes personnalités que de Bormel, le fils du gouverneur et son aide de camp, qualifiait irrespectueusement d'encombrantes, et les couples de valseurs tournèrent bientôt en cadence dans le salon et dans le jardin à l'ombre épaisse des manguiers, des bois noirs et des tamariniers. Un des plus jeunes et des plus gracieux groupes doucement enlacé apparaissait souvent sous la lumière et retournait dans l'ombre aimée des fiancés, c'était celui formé par Mlle Eveline S. et le lieutenant Vallas. La valse achevée, quelques danseurs s'étaient assis sous les arbres, d'autres se promenaient parcourant l'allée ombreuse qui entourait le jardin. Vallas et sa fiancée étaient assis causant doucement, lorsque le prélude d'une mazurka se fit entendre.

— Mademoiselle Eva me fera-t-elle l'honneur de m'accorder cette danse, dit un jeune homme en la saluant, et en affectant de ne point regarder le jeune officier assis près d'elle ; c'était Edgar de V..., l'ami d'enfance de Mlle S...

Rougissant et tremblant un peu la jeune fille qui ne s'était point attendue à cette invitation sembla prier du regard Maurice de répondre. Le lieutenant avait pâli ; il venait de sentir pour la seconde fois l'aiguillon de la jalousie le piquer au cœur.

— Eva, répéta le jeune avocat, en appelant cette fois par son nom celle qui avait reçu de lui le premier aveu d'amour, pourquoi semblez-vous hésiter à m'accorder cette mazurka ?

Voyant l'embarras de sa compagne, Vallas comprit qu'il était temps de répondre.

— Monsieur, dit-il avec cette froide politesse qui dissimulait légèrement un sentiment de colère, vous sentez combien votre invitation a troublé mademoiselle. Vous n'ignorez pas que j'ai demandé sa main et qu'elle ne saurait danser avec un autre que moi sans ma permission ; notre tort a été de danser nous-mêmes.

— Si je me suis adressé à mademoiselle, c'est que d'elle seule j'attendais une réponse, répliqua Edgar de V... en lançant cette fois un regard courroucé sur Maurice.

— Cette réponse, j'ai cru devoir la faire pour elle, monsieur, reprit Vallas ; j'ajouterai que nous sommes chez le colonel Gassias où je serais désolé de voir naître le moindre motif de trouble, donc, si mademoiselle désire vous accorder l'honneur que vous sollicitez d'elle, je ne saurais m'y opposer.

— Vous me voyez réellement flatté de votre condescendance et de votre autorisation, monsieur l'officier, mais accepter serait de ma part faire une insolence à mademoiselle et je ne m'en sens pas le courage.

— Je pensais ainsi, monsieur, ajouta Vallas feignant de n'avoir pas compris, mais échangeant avec le jeune avocat un regard significatif.

— Bravo, Vallas, dit Lionnet en s'approchant du jeune couple avec la sœur d'Eva qu'il avait au bras, tandis qu'Edgar très pâle disparaissait au milieu des danseurs, j'ai eu peur un moment que ta vivacité ne fût mauvaise conseillère et tu as été sage comme Ulysse.

Quelques instants après, Lionnet qui avait salué et quitté Mlle Marie S..., sa danseuse, se promenait au fond du jardin en fumant une cigarette, lorsque près d'une tonnelle il reconnut la voix d'Edgar de V... qui disait à quelques amis : « Le beau fiancé d'Eva vient de me donner une leçon qui mérite son salaire, il l'aura ! »

— Leçon au-devant de laquelle vous êtes allé un peu imprudemment, monsieur, lui dit en s'avançant Lionnet, qui n'était pas fâché de se placer entre Vallas et son adversaire. Vous n'ignoriez nullement la situation de mon ami et vous deviez vous abstenir d'aller inviter Mlle S...

— Lieutenant, je pourrais vous répondre que vous vous mêlez ici à une conversation à laquelle...

— Je n'avais pas été prié de prendre part, je le reconnais, monsieur l'avocat, et je ne crains pas de vous en faire mes excuses, mais, ainsi que vous l'a dit avec calme M. Vallas, nous sommes chez le colonel et il serait fâcheux que la moindre discussion s'y fût élevée. Mlle Eva reste seule l'arbitre de la question ; elle a accordé sa main à M. Vallas, laissez-moi donc ajouter qu'en homme de parfaite éducation que vous êtes, je dirai plus, en homme de cœur, vous devez vous résigner.

A ces paroles, les quelques jeunes gens qui entouraient Edgar donnèrent raison au lieutenant Lionnet et supplièrent leur ami de se retirer.

— Fiançailles et hyménée sont deux, ajouta Edgar, et il y a loin de la coupe aux lèvres ; lieutenant, je me tairai, soit ; mais dites à M. Vallas que la partie engagée entre nous deux est partie liée. Il a remporté la première manche, je demande à jouer la seconde.

Alors Edgar redevenu calme repassa fièrement devant le coupe des fiancés encore assis au jardin, entra au salon, salua le colonel, Mme et Mlle Cassias et se retira sans laisser paraître la vive blessure qu'il emportait au cœur.

Le père d'Eva vint dire à sa fille que sa mère l'attendait et serra la main de son futur gendre en lui disant : — A demain, j'ai à vous parler.

Lorsqu'il fut seul avec Lionnet, Vallas lui dit : — Je compte sur vous et sur Giliani pour aller demain matin demander raison à M. Edgar de l'insulte qu'il a faite ce soir à ma fiancée et à moi.

— Pas encore, Maurice, c'est toi qui gagnes la première manche, ton concurrent malheureux l'a reconnu lui-même devant ses amis et devant moi, il n'y a qu'un instant, finissez donc la partie. Le provoquer en duel demain serait couvrir Mlle S... de ridicule et cet acte inconsidéré donnerait à son père l'occasion toute simple de rompre ton mariage. Edgar, je l'ai vu, mordra son frein en silence. Fais comme lui et attends.

— Tu as raison, Lionnet, répondit Vallas en tutoyant aussi Lionnet, allons-nous-en ; et les deux lieutenants, après avoir serré la main de leur colonel, regagnèrent lentement la Petite Ile en causant par une de ces belles nuits douces où le ciel est si rempli d'étoiles qu'il semble un voile d'or, nuits délicieuses dont le souvenir est ineffaçable dans la mémoire de ceux qui les ont vécues.

XXI

Quelques jours après, tous les camarades d'infanterie de marine étaient réunis le soir dans le jardin de Giliani et de Lionnet pour fêter le départ du vieux Demonde promu capitaine et qui devait rentrer en France par un prochain paquebot. Mam'zell Fine aidée de Mourdaïa, la petite indienne de Giliani, passaient les rafraîchissements ; la gaîté de cette belle jeunesse brillait autant que la lune qui, cette nuit-là, dardait ses traits argentés entre les feuilles des palmiers et des lianes qui couvrent la tonnelle ; le capitaine de Vourgny avait chanté la sérénade de *don Pasquale* de sa jolie voix de ténor léger, l'hôtelier avait fait retentir les échos de ce petit coin charmant de quelques-uns de ses beaux airs de flûte que la brise doit parfois y apporter encore ; enfin Lionnet avait accompagné sur la guitare deux ou trois romances créoles roucoulées par sa brune amie.

— Voyons, Fifine, demanda le capitaine de Vourgny, voulez-vous dormir un peu ? Vous permettez, Lionnet ?... Nous allons lui demander si elle peut retrouver sur l'océan le *Paul-et-Virginie* qui porte le cousin de notre ami Vallas.

La chose permise, Fifine fut mise en état d'hypnose et questionnée. Les conversations et les rires avaient fait place à l'intérêt et au silence et la jolie somnambule, semblant avoir laissé partir son esprit au loin, dormait paisible sur une longue chaise de rotin dans laquelle elle aimait à faire la sieste. Tout à coup, semblant sortir d'un rêve, elle commença à vaticiner non dans l'avenir mais dans le présent, en des phrases incohérentes.

— Interrogez-la vous-même, Vallas.

Celui-ci s'approcha de la voyante et lui prit la main. Fifine éprouva comme une commotion électrique dont l'effet parut éveiller sa lucidité.

— Mam'zell Fine, lui dit le jeune officier, vous rappelez-vous la scène à laquelle vous avez assisté chez Mlle Violette : vous aviez aperçu le *Paul-et-Virginie*, vous aviez vu l'abbé Bornave, mon cousin, se jeter à la mer pour sauver un matelot. Vrai ou non, Fine, pouvez-vous reprendre ce rêve, pouvez-vous, comme en tournant les pages d'un livre, voir le chapitre présent ?

Ce navire... doit être bien loin du cap de Bonne-Espérance... dans le sud, le voyez-vous ? — Attendez... s'écria Fifine, c'est la tempête ! j'ai beau chercher je ne vois plus le navire... Sombré ! — Que dites-vous, Fine ! Le *Paul-et-Virginie* a sombré ? — Oui... perdu, tempête ! Voie d'eau... Sombré. — Et la voyante dit alors qu'elle distinguait une embarcation, un grand canot battu par les lames et chargé de marins. — Pouvez-vous les reconnaître ? — Très mal, vous voyez bien que la nuit est sombre ! — Pouvez-vous en approcher ?... — Oui, mais il fait noir !... Attendez, ils sont... un deux, trois, cinq, six... huit... neuf... Ils sont neuf. Le capitaine est à la barre. Les pauvres gens ! ils sont couverts d'eau... ils ne parlent pas... ils sont mourants de faim sans doute ?...

Ici, Fifine se tut, et malgré toutes les questions la somnambule demeura muette.

— J'espère, dit Giliani à Vallas, que vous n'ajoutez pas foi à tout ce qu'elle raconte, c'est une réminiscence de nos pensées émises depuis le jour où vous nous avez conté sa vision maritime qui crée dans le cerveau de cette fille toutes ces images incohérentes. Pour moi je n'en crois rien. — Cependant, Giliani, lui dit Lionnet, vous avez bien douté de ce qu'elle avait vu aux Seychelles, et le retard du *Godavery* prédit par elle s'étant réalisé, vous avez été le premier à avouer votre conviction. — C'est vrai, mais pour une fois qu'une somnambule dit la vérité combien d'autres où elle est le jouet de son subconscient ! J'ai beau vouloir accepter vos dires, il est bien difficile d'admettre que l'âme de cette jeune fille puisse s'extérioriser et s'envoler au loin comme un oiseau de mer. — Cela est vrai pourtant, mes amis, dit le capitaine de Vourgny, et les faits multipliés de toutes parts apporteront un jour la preuve que l'âme se libère quand le corps repose, mais « les temps ne sont pas venus ».

Lisez les comptes rendus des expériences faites aujourd'hui par plusieurs médecins qui étudient non plus le magnétisme de Mesmer, du baron du Potet ou du général de Puységur, tout cela est vieux jeu et mis au rancart, mais une science plus moderne, la même qu'ils ont rajeunie en lui donnant le beau nom d'hypnotisme. Vous verrez que tout ce que vous offre ici Fifine et qui vous surprend malgré son naturel, vous paraîtrait peut-être merveilleux si le sujet vous était présenté par des princes de la science. En Cochinchine, au village de Cau-ti-Viaï non loin de Baria, je me souviens d'une petite congaï Annamite qui, endormie par le Dr Girard de la Barcerie nous mettait en rapport avec nos camarades de Saïgon. Les faits notés et vérifiés par échange de courriers étaient exacts huit fois sur dix, l'imagination s'interposait seulement deux fois. Du reste, lorsque Vallas recevra de son jeune cousin des nouvelles venant de Nouvelle-Calédonie ou des îles Sandwich, nous serons encore ici, et nous jugerons quelle somme de crédulité nous devrons accorder aux vaticinations de cette belle enfant.

Mais l'opinion de Giliani était partagée par le capitaine Pajol, un sceptique quand même et par Gemmeyer l'Alsacien qui, n'ayant jamais vu cela, déclarait le fait impossible. Quant à Lhôtelier, il gardait son indépendance et sifflait entre ses dents ; son opinion était que toutes ces pensées traduites en langage parlé étaient sorties du cerveau de Fine endormie comme les sons s'échappent d'un orgue. — Je ne comprends guère votre comparaison musicale, mon cher flûtiste, lui répondit le lieutenant Luguet, je préfère croire que l'esprit de Fine endormie est un kaléidoscope dans lequel elle voit les images qu'elle nous décrit. — Mais, mes amis, deux ou trois fois la somnambule nous a donné la preuve évidente que ce n'est pas en son cerveau, mais en dehors d'elle que se passait ce qu'elle décrivait comme si elle assistait à une scène vue dans une glace, ajouta l'adjudant-major. Mam'zell Fine réveillée adressa son beau sourire à tous les officiers, sans savoir rien de ce qu'elle avait vu et conté, et comme la nuit était avancée on se sépara et chacun regagna sa demeure.

Le rêve de Fifine n'était qu'interrompu, elle le continua dans la nuit et fort agitée elle se mit à parler en serrant le bras de Lionnet.

— Un navire à l'horizon ! Toutes voiles dehors ! — Allons, ma Finette, endors-toi, tu sais qu'il faut faire les malles pour Saint-Paul, si tu n'es pas plus sage que ça, je te laisserai ici avec Z'ette ta maman. Mais les gronderies de son ami ne pouvaient rien sur la voyante en état d'hypnose. — Voilà le canot des naufragés, oui, ils sont bien neuf, le cousin de Vallas est là avec les deux autres missionnaires, ils ont aperçu le navire, l'espoir éclaire leurs visages abattus. Le capitaine se dépouille de ses vêtements et fait un signal à l'aide d'un aviron au haut duquel flotte une chemise blanche.

— Tu ratiocines, ma Fifine, dors ou je vais au jardin m'étendre sur le rocking, tu ne vois que le *Paul-et-Virginie* depuis deux mois... Que dis-je ? Tu ne le vois plus puisque tu l'as fait sombrer ; ce que je vois de plus clair moi, c'est que tu es une mauvaise fille qui m'empêches de dormir, et que je suis résolu à divorcer.

Voilà le trois-mâts, je suis à bord, c'est un beau bateau qui vient du Cap.

— Décidément, pensa Lionnet, je suis condamné à avaler le drame depuis le prologue jusqu'au sixième acte... c'est une nuit blanche à passer près de cette petite folle, et comme le grand lieutenant était plein de tendresse pour cette petite folle et qu'il savait comment la calmer, il prit doucement sa jolie tête échevelée et la plaça sur son épaule : « Et ce beau bateau, qui va sur l'eau, de quel côté se dirige-t-il ? demande-le un peu au timonier puisque tu es à bord, les timoniers sont très polis, ma Fifine. — C'est vrai ! — Il m'a répondu : Un jour à Rodrigue, deux jours à l'Ile Maurice et dans huit à l'île de la Réunion.

— Alors voilà qui est bien, nous allons voir ton beau navire. Eh bien, Fifine, et tes naufragés, tu n'y penses plus... Est-ce qu'ils vont manger le petit mousse ? — L'homme de vigie a signalé une embarcation au loin : le timonier dirige sa lunette vers le point presque imperceptible. — Capitaine, crie le marin, un grand canot dans le nord-est... il est rempli de monde, on dirait des naufragés... ils sont une douzaine. »

— Eh bien, après Fifine ?... plus rien, voilà le rideau tombé, profitons de l'entr'acte pour nous rendormir.

Au jour, la vision s'acheva et Fine se prit à véhémenter de nouveau.

— C'est la fin, pensa Lionnet. Sixième acte, seizième tableau, le crime puni, la vertu récompensée. Va, ma Fifine. Conte-moi vite la fin que je dorme encore un brin.

— Sauvés ! s'écria Fifine en poussant d'abord un cri de joie, puis un sanglot.

— Sauvés ! cela devait être. C'est fini ! Quel intérêt ces gens-là avaient-ils à se noyer ? dit Lionnet en riant tout seul, sa compagne ayant enfoui son visage dans ses bras et s'étant endormie d'un sommeil calme.

À l'exercice du matin, Lionnet prit Vallas à part pendant la pause et lui dit : « Sérieusement, Maurice, crois-tu aux rêves de Fine ? — Oui, Lionnet, je suis d'une nature étrange, un sensitif inconcevable, et si je ne suis pas un voyant moi-même, je provoque chez un autre l'émission de projections télépathiques et je t'avoue que chaque fois que je me suis approché de Fine j'ai senti par un léger trouble celui que je jette en elle comme si un courant électrique naissait de ce contact amical et je crois développer sa clairvoyance.

— Cela me paraît évident, mon cher Vallas, car Fine l'a ressenti. Enfin, cette clairvoyance admise, si je te disais : Dans huit jours ton cousin Gaston Bornaye débarquera à Saint-Denis d'un navire qui n'est pas le *Paul-et-Virginie*, me croirais-tu ?

— Aussi vrai que je crois exacte la scène du gabier tombé à la mer.

— Alors, prends note du rêve de cette petite folle. Ce matin au jour un grand trois-mâts qui se rend à l'île Maurice a sauvé ton cousin naufragé et ce navire dont nous saurions le nom, j'en suis très certain, si j'avais songé à le demander à Fifine, sera ici dans huit jours. Surtout, pas un mot de cela, ajouta Lionnet, Giliani et les autres ne sont que trop disposés à se moquer de la « Belle au bois dormant » et de moi son châtelain... Attendons !

Et la semaine passa comme passent toutes les semaines sur cette terre en égrenant le chapelet des événements de la vie, naissances, maladies, décès, joies, douleurs, beaux jours et belles nuits.

Un dimanche, la veille du jour où Lionnet partait pour prendre le commandement de la petite garnison de Saint-Paul et où le capitaine Demonde devait s'embarquer pour rentrer en France, tous les camarades étaient réunis au complet autour de la grande table du mess ; c'était le jour des invitations, le commandant Bourgey, le vieux capitaine de place Boubé, et le lieutenant de Bormel, fils du gouverneur déjeunaient avec leurs camarades.

— Un grand trois-mâts venant de Maurice va mouiller en

rade, dit en entrant le capitaine Pajol. Vallas pâlit et Lionnet qui était son voisin lui toucha le bras en lui disant tout bas : « Sois calme, nous verrons bien si Fifine a dit vrai. »

Mais le conseil était superflu, la nature sensitive du Basque prenait le dessus ; Vallas aurait voulu se lever, fuir, courir au port, mais il se disait que céder à une illusion serait folie, et il se contint, mais incapable de participer à la conversation, ni de boire, ni de manger, il aurait étouffé.

On parlait de la traversée qu'allait faire le capitaine Demonde, de la joie de sa mère qu'il appelait irrespectueusement mais tendrement *ma vieille Normande !* On plaisantait Lionnet qu'on se représentait arpentant les hauteurs de Saint-Paul un parasol d'une main, sa planchette à éclimètre de l'autre et la gaieté s'allumait. Au moment où le café allait être servi, un sergent apparut et saluant demanda : — Monsieur Vallas. — Qu'y a-t-il ? dit le jeune officier en se levant, pâle comme un spectre ? — Mon lieutenant, c'est un prêtre qui veut vous voir et vous parler. A ces mots, tous les officiers, comme mus par un ressort furent debout. Vallas renversant sa chaise dans la précipitation de son mouvement courut vers la porte; mais déjà le jeune abbé Gaston Bornave, c'était lui, avait franchi le seuil et ouvrant les bras s'était précipité dans ceux de Vallas... — Ah ! Gaston, mon frère...
— Mon bon Maurice ! et l'étreinte fraternelle de ces deux jeunes hommes qu'on aurait pris pour des jumeaux eut lieu entre deux de ces sanglots que provoque la joie ou la douleur, sanglots auxquels les quinze officiers présents mêlèrent leur bien vive émotion et vous ne serez point surpris, chers lecteurs, lorsque je vous aurai dit que des bras de Vallas l'abbé Bornave, dont, depuis plus d'un an, on parlait à cette table, passa dans ceux des officiers présents. Il faut avoir assisté à une scène aussi émotionnante pour comprendre tout ce que Dieu a placé de sensibilité dans le cœur de l'homme.

J'arrêterai là ce chapitre après avoir tiré les rideaux de la moustiquaire et fait l'ombre et le silence autour du jeune prêtre vraiment naufragé et qui repose dans la petite maison de Vallas où tous les officiers l'ont escorté.

Souvenir ineffaçable pour Lionnet qui en me racontant la

suite de cette histoire ne put se défendre de laisser tomber une larme.

XXII

— Enfin, mon bon Maurice, me voici, grâce à tes soins si tendres et si fraternels, remis de mes fatigues ; je me sens parfaitement dispos et rétabli, tu vas me laisser me lever afin d'aller m'étendre à l'ombre dans le jardin de tes excellents voisins. Combien je suis touché, frérot, de l'intérêt si bienveillant que me témoignent tous ces officiers, surtout les lieutenants Giliani et Lionnet en qui j'ai comme retrouvé des amis.

— Repose toi encore aujourd'hui, mon cher Gaston, n'abuse pas de tes forces, tu sais que notre aimable Dr Mac Aulife t'a condamné à huit jours de chambre et à huit autres de convalescence. Nous irons au jardin, mais tu ne verras pas la ville avant une semaine. Ne parle pas trop ; je sais bien que, de tes lèvres, sont prêtes à s'envoler cent réponses vers autant de questions que les miennes brûlent de t'adresser ; mais, le docteur a coupé les ailes aux unes et aux autres et j'ai promis d'observer son ordonnance. Pauvre frère, tu étais si épuisé à ton arrivée que tu as dormi vingt heures sans ouvrir les yeux. Toute la ville de Saint-Denis s'est intéressée à ton sort et à celui de tes deux compagnons et des autres naufragés qui sont à l'hôpital militaire dans des chambres d'officiers et entourés de soins que leur prodiguent les bonnes sœurs, l'abbé Dupérier, l'excellent aumônier et tous les médecins.

— Oh ! oui, mes pauvres compagnons ! en mon égoïsme je les ai un peu oubliés, mais combien j'ai hâte de voler vers eux.

— Tranquillise-toi, Gaston, tous les jours mes amis sont allés prendre de leurs nouvelles et leur porter des tiennes ; le capitaine, les deux missionnaires et les matelots sont tous, ainsi que toi, hors de danger et sitôt que ta garde-robe sera remplacée et que tu pourras sortir, nous irons en voiture à l'hôpital voir tous les naufragés.

Il est venu beaucoup de visiteurs depuis cinq jours ; la colonie entière t'a adressé bien des marques de sympathie le même qu'à tes frères de malheur. M. le gouverneur de Jormel, monseigneur Delannoy, évêque de la Réunion, M. le procureur général Lefèvre, le colonel Gassias, M. le médecin en chef Dumontier, l'abbé Péroux, curé de la cathédrale les membres du clergé, enfin tous les officiers et les fonctionnaires sont venus pour te voir et ont été reçus chez Lionnet chargé de faire respecter la consigne sévère du docteur du régiment, et tu auras à jeter les yeux sur plus de deux cents cartes de visite. C'est que les journaux de Saint-Denis ont appris à toute l'île l'histoire de votre naufrage, de votre sauvetage, sans omettre de parler d'un acte de dévouement accompli en pleine mer par certain abbé Gaston Bornave.

— Maurice, qu'avait-on besoin de parler de cela ? Pourquoi Dieu ne m'a-t-il pas donné la force de sauver ceux qui ont disparu sous nos yeux, au moment où nous quittions le *Paul-et-Virginie* ? Je n'ai pu que les bénir au moment où leurs âmes purifiées par cette fin cruelle allaient franchir les portes de l'au-delà.

Mais Vallas, imposant doucement silence à son cousin, l'obligea à reprendre un repos encore nécessaire. A quelques jours de là, Lionnet, dont le colonel Gassias avait différé d'un mois le départ pour Saint-Paul, entra prendre des nouvelles du jeune prêtre et l'inviter à venir passer une heure ou deux à l'ombrage de son jardin, où Giliani et quelques officiers, heureux de le savoir un peu remis de ses fatigues, l'attendaient pour le féliciter.

La soirée était douce et Gaston Bornave, allongé sur le long fauteuil indien de Lionnet et entouré d'un auditoire bien sympathique formé par les officiers d'infanterie de marine, raconta les événements de sa longue et pénible traversée et les souffrances endurées par les survivants du *Paul-et-Virginie*. Il avait appris par Vallas que la clairvoyance de Mam'zell Fine leur avait dévoilé, au moment où ils s'accomplissaient si loin d'eux, les faits dont le prêtre basque consentit à faire le récit exact. Fifine lui fut présentée sur la demande instante de Gaston qui n'osa point arrêter l'élan de respect et de vénération que manifesta la jolie mulâtresse en se jetant à genoux devant lui et en couvrant ses mains de baisers et de larmes. C'est qu'un lien invisible et mystérieux avait, sans que personne pût en comprendre la cause, uni l'âme de cette fille et celle du jeune missionnaire au-devant de qui elle était allée si loin comme pour l'attirer vers la petite île de l'Océan Indien.

« Le trois-mâts *Paul-et-Virginie*, dit l'abbé Bornave, était un navire déjà vieux et fatigué par de nombreuses traversées entre la France et l'Océanie et qui, malgré les représentations que son capitaine M. Despelètes, un Basque de Saint-Jean-de-Luz, avait adressées aux armateurs, n'avait pu obtenir toutes les réparations que la prudence et l'intérêt même des propriétaires auraient dû imposer pour assurer la sécurité de l'équipage et la préservation du chargement.

« Au bout de quelques semaines l'eau s'était montrée dans la cale où deux cents barriques de vins étaient arrimées et où la présence de l'eau de mer aurait présenté peu d'inconvénient. A Teneriffe un calfatage rapide avait rassuré l'équipage et les deux missionnaires qui se rendaient avec moi en Océanie. Notre traversée jusqu'au Cap de Bonne-Espérance se fit sans encombre ; mais, après avoir doublé la terrible pointe africaine, la grosse mer, les longues et puissantes lames n'avaient pas tardé à secouer terriblement le *Paul-et-Virginie* dont les membrures craquaient d'une façon sinistre, et bientôt le maître calier vint avertir le capitaine que l'eau entrait par une voie qu'il serait peut-être difficile d'aveugler complètement. Le capitaine Despelètes, le lieutenant Augier et plusieurs matelots descendirent dans la cale qui se remplissait visiblement. Les pompes furent installées et demandèrent le secours incessant de nos bras.

« Un matin, le capitaine avoua qu'il n'était plus possible d'arrêter l'eau qui pénétrait par plusieurs ouvertures existant entre les bois du bordage et nous déclara qu'il allait virer de bord et regagner Table bay. Malheureusement cette manœuvre nous mit le vent en poupe et fatigua énormément le navire. Pour comble de malheur, une forte tempête s'éleva deux jours après et l'eau balaya tout ce qui était sur le pont. La foudre brisa notre mât de misaine qui par une chance inespérée s'abattit sur tribord et tomba à la mer, mais il était évident que l'eau emplissant la cale, les soutes et l'entrepont, il fallait alléger le bâtiment.

« Jour et nuit, continua l'abbé Bornave, tout le monde mit la main à la manœuvre et aux pompes, puis l'on dut jeter à la mer six cents barils de farine et trois cents caisses de marchandises destinées aux condamnés de la Nouvelle-Calédonie, mais c'était livrer la place vide à l'eau de mer qui envahit en peu d'heures tout l'entrepont. Un matin, le brave capitaine n'eut pas besoin de nous dire que le navire allait sombrer. Il fit mettre dans le grand canot des biscuits, des conserves de viande salée, deux barils d'eau et un tonnelet de rhum puis, l'embarcation déliée de ses supports fut mise à la mer. A midi, sous une mer démontée et une pluie torrentielle tout le monde descendit à l'aide d'une échelle de cordes dans le canot difficile à aborder vu l'état de la mer. Le capitaine Despelètes, un vieux loup de mer qui avait déjà passé par semblables épreuves, descendit le dernier et allait saisir la barre pour s'éloigner au plus vite lorsque le navire, qui roulait comme un immense bouchon de liège, s'abattit sur le canot et écrasa cinq homme qui tombèrent à la mer où ils disparurent sans qu'il fût possible de leur tendre les mains ni leur jeter un bout de corde. Un second retour du navire atteignait encore l'embarcation qui chavira et nous précipita tous à la mer avec les vivres et les avirons. Trois hommes et le lieutenant Augier se noyèrent encore et lorsque les plus heureux purent remonter à bord, nous n'étions plus que neuf sur dix-huit. Un matelot fut assez habile pour sauver un baril d'eau et, lorsque nous nous fûmes éloignés du navire, nous ne vîmes plus que sa mâture hors de l'eau se balançant au roulis et se découpant dans le ciel blafard. Quelques minutes après le *Paul-et-Virginie* avait disparu pour jamais dans les flots.

Nous étions trempés, grelottants de froid et la plus horrible détresse envahissait le cœur de chacun de nous qui voyait la mort se dresser muette et implacable.

Les deux autres missionnaires priaient avec ferveur le ciel de nous prendre en pitié. Moi, je songeais au pays que je ne devais point revoir, à toi Vallas, sans me douter que, par un mystérieux pouvoir, cette fille vous faisait assister à cette scène horrible. Un être cher, un ami dont je vous parlerai et qui, par la philosophie qu'il m'avait fait partager, avait banni de mon cœur la crainte de la mort, m'apparut soudain. Je suis certain d'avoir vu le saint abbé Marchal me sourire et ses lèvres murmurer le mot : Courage ! Durant les quatre longs jours remplis d'angoisse où notre canot fut le jouet des flots, j'eus seul, sans doute, en mon âme la conviction que nous serions sauvés. Le troisième jour, la mer s'apaisa, le ciel s'éclaircit et quelques rayons de soleil nous séchèrent un peu, mais nous étions épuisés par le manque de nourriture et de sommeil et les plus courageux perdaient toute espérance.

Quelle fut notre joie et quel cri s'échappa de nos poitrines lorsque le quatrième jour au lever du soleil nous aperçûmes, à quelques milles dans le Sud, un navire couvert de voiles, qui, d'après l'estime du capitaine, ne devait pas passer loin de nous.

J'élevai mon âme vers Dieu et ma conviction est que des êtres chers, invisibles de nous, avaient assisté à notre naufrage et nous venaient en aide en envoyant ce bâtiment à notre secours. Il dut nous apercevoir après que le capitaine s'étant dépouillé de sa chemise l'eut hissée au bout du seul aviron resté au fond du canot, car un signal nous fut adressé par des pavillons hissés à l'artimon et par un coup de canon qui eut pour effet de nous faire pleurer tous comme des enfants.

A 10 heures du matin, nous étions à contre-bord des *Deux-Frères* du Havre et, quelques instants après, tous sauvés.

Une fois sur le pont du navire, où il fallut nous hisser l'un après l'autre tant nous étions épuisés par la faim et l'insomnie, nous nous embrassâmes et tombâmes à genoux en adressant au ciel ces remercîments qui s'exhalent des cœurs les plus endurcis.

Sais-tu, mon cher Maurice, quelle image alors s'éveilla nettement en ma mémoire ? celle de cette gitane espagnole que deux fois j'ai rencontrée, la première, avec toi et la seconde seul alors qu'elle me prédit que je ferais naufrage dans une tempête : ses prédictions ne se sont que trop réalisées et le jour où je fus sauvé, je devinai que j'allais vers toi, Maurice. En ce moment, j'oubliai tous mes maux... et, aujourd'hui je les bénis, chers amis qui m'entourez.

— Oh ! mon bon Gaston, s'écria Vallas secoué par un sanglot en se jetant sur le jeune missionnaire qu'il étreignit dans ses bras, oui, tout ce qu'a dit cette « diabolica » s'est réalisé ; mais dans toute cette série de tristes aventures le seul coupable n'est-il pas moi qui, par ma désobéissance aux volontés de mon père, ai causé tous les malheurs. Giliani et Lionnet ici présents à qui j'ai raconté ces choses extraordinaires, te diront quels regrets ont pénétré en mon âme. Si j'étais resté au séminaire, tout autre eût été ta vie, tu serais allé à Saint-Cyr et tu occuperais peut-être ici ma place... je veux dire la place, avec l'épaulette que je t'ai volée.

— Allons, Vallas, tais-toi, penser de telles choses serait blasphémer, es-tu encore un enfant pour pleurer ?... Ce qui est arrivé était écrit, dirai-je, comme l'Arabe, et tu as fait ton devoir en te dérobant au sacerdoce puisque tu n'avais pas la vocation. Tu as fait un bon soldat, tu t'es conduit vaillamment et le sang que tu as versé à Orléans en défendant la Patrie, sang généreux qui t'a été payé de l'épaulette, a racheté ce que tu crois être une faute. J'étais libre de faire comme toi, j'ai cédé aux prières de mon père et de ma mère, l'avenir nous dira si, comme toi, je n'ai pas à m'en repentir. Les jours d'épreuves sont passés, des jours de bonheur leur succéderont sans doute ! »

Cette scène touchante avait bien ému les officiers présents qui tous témoignèrent leur admiration pour le caractère si noble du jeune abbé Bornave, et la nuit étant avancée, chacun regagna sa demeure voisine.

XXIII

Le temps fuit, les événements vont se précipiter. Les naufragés du *Paul-et-Virginie* ont oublié leurs maux et ont suivi le fil de leur destinée : le capitaine Despeletès et ses matelots ont été rapatriés par un paquebot ; les deux missionnaires sont partis sur un trois-mâts de Nantes qui portait des marchandises en Australie, d'où ils passeraient en Calédonie et de là aux Nouvelles-Hébrides.

Rien comme le malheur n'unit plus fermement les hommes qui l'ont supporté ensemble, et tous les naufragés s'étaient pressés dans les bras en s'adressant des adieux touchants. Le jour où les deux missionnaires quittèrent l'Ile de la Réunion sur le navire qui devait les emporter pour toujours peut-être loin de leur patrie, l'abbé Bornave et Vallas les accompagnèrent à bord et les quatre Basques après s'être adressé des vœux de santé et de paix se séparèrent pleins d'émotion.

Quant à l'abbé Bornave, il était, jusqu'à nouvel ordre, retenu à Saint-Denis par Monseigneur Delannoy, évêque de la Réunion qui avait ressenti une affection sincère pour le héros du *Paul-et-Virginie*. Les visites que Vallas avaient faites à Sa Grandeur avec son cousin avaient déterminé le bon évêque à conserver le jeune prêtre en s'autorisant de la disparition de plusieurs desservants des quartiers renvoyés en France comme malades. Une lettre adressée à Monseigneur de Bayonne lui avait valu une réponse si pleine d'éloges à l'adresse de Gaston que le prélat Dionysien n'avait pas hésité un instant à garder l'abbé Bornave qu'il avait nommé vicaire de l'église du quartier du Butor à l'est de Saint-Denis.

Par sa douceur, sa bienveillance, sa charité et ajoutons, par son extérieur noble et beau l'abbé Bornave s'était promptement attiré la sympathie de la population ouvrière et de couleur qui est celle de cette partie de la ville.

Vallas venait souvent voir son cousin et l'abbé était une fois par semaine l'invité des officiers d'infanterie de marine au milieu desquels il avait trouvé des amis. Tous savaient que Gaston avait aspiré à la carrière militaire et ils l'accueillaient avec une franche camaraderie comme un des leurs.

La ressemblance entre les deux cousins s'était accentuée, tous les deux étaient de taille semblable, leur voix était presque la même et l'accent basque, si énergique, ajoutait encore à l'illusion. Tous les deux étaient bruns et portaient de la même façon, taillée en pointe, la barbe que les officiers et les prêtres sont autorisés à garder librement aux colonies. Un soir, chez Giliani, Vallas eut l'idée de vérifier cette ressemblance et échangea ses vêtements avec ceux du prêtre qu'il habilla en officier, puis, sans sortir de la petite île, ils allèrent serrer la main des camarades qui les reçurent tous sans s'être aperçus de la substitution des costumes.

— Et quand je pense que mon père voulait que je portasse cette soutane ! dit Vallas en la dépouillant.

— Et moi, répliqua Gaston en soupirant et en quittant à regret le dolman qui lui allait si bien, je songe que le mien n'a pas voulu que je revêtisse ce costume militaire !

— Et qui te sied si bien, Gaston !

XXIV

Je lis une question sur les lèvres de quelques lectrices : Et ce mariage du lieutenant Vallas avec la belle Mlle Eva S..., il n'est donc pas encore célébré ?

Non, mesdames, et ce n'est ni de leur faute ni de la mienne ; malgré leur désir je ne modifierai rien à l'histoire que me raconta mon ami Lionnet et que ces pages qui se traînent un peu vous font peut-être trouver longue... si toutefois elle peut offrir quelque intérêt. Je l'offre comme délassement aux lectrices qui, comme, mon aimable correspondante de Bordeaux, réclament de la lecture plus sérieuse, au point de vue spirite, mais elles verront que notre chère doctrine trouve son application dans cette histoire vraie que certain général illustre pourrait raconter mieux que moi, puisqu'il fut l'un des témoins de ce drame.

Après six mois, le mariage de mon pauvre ami Vallas n'était pas encore béni. L'ingénieur colonial, père d'Eva, pour un motif qu'il avait laissé comprendre aux lieutenants Lhôtelier et Lionnet, n'avait pas voulu constituer le capital demandé, mais il s'était engagé à donner à sa fille Eva une rente de 3.000 francs en prenant une hypothèque sur ses deux villas et le colonel Gassias avait transmis la demande au gouverneur qui l'avait adressée au ministre de la Marine, en l'appuyant d'un avis favorable. Après la guerre on avait favorisé les mariages d'officiers et les ministres s'étaient montrés plus coulants sur la question de la dot, ce fut l'excuse du colonel.

À cette époque, ces pièces administratives demandaient plusieurs mois pour arriver en France et, avec les retards de la bureaucratie pour revenir à la Réunion — si l'on ajoute à cela le temps nécessaire à l'obtention des papiers de famille, on comprendra pourquoi tant de mois s'étaient écoulés avant de voir arriver la solution tant désirée par les deux fiancés dont l'affection mutuelle avait grandi avec une épreuve si longue.

Quelle ne fut donc pas leur déception cruelle lorsque la réponse ministérielle se traduisit par un refus. Le ministre d'alors, un amiral à cheval sur les règlements, consulta le général du bureau des troupes qui, ne connaissant pas les intéressés et voulant revenir aux vieux errements réglementaires, répondit par un refus et adressa un blâme au colonel Gassias.

Ce fut à recommencer et cette fois l'ingénieur S..., fut bien obligé d'écouter les prières de sa fille et de sa femme et de finir par où il aurait dû commencer, c'est-à-dire par constituer la dot. Une seconde demande en règle reprit le chemin de France en donnant cette fois aux deux fiancés, dont la situation devenait quelque peu difficile aux yeux du monde, l'espoir certain de s'épouser enfin dans trois mois, si toutefois le ministère mettait quelque complaisance à ne pas laisser la demande s'oublier dans un carton. Mais hélas de tristes événements allaient avoir le temps de s'accomplir.

Ma plume aborde un chapitre qui, je le sens, est difficile à écrire et demande une délicatesse de tact que je voudrais m'efforcer d'emprunter à ceux qui possèdent ce don de voiler avec poésie, ce qu'il ne faut pas dire et laisser comprendre.

N'inventant rien dans cette vieille histoire, mais devant l'achever, je n'en puis omettre ce que j'ai éprouvé le plus de plaisir à relire, la tendre passion qui unit une délicieuse jeune fille chaste et pure et l'abbé Gaston Bornave non moins chaste. Que de réflexions se pressent en foule en mon esprit d'homme, de philosophe et de spirite en recopiant des pages où pas un mot ne blessera les yeux d'une femme et que ne liront pas sans émotion celles qui, sans froisser leurs sentiments religieux, admettront dans la sensibilité de leur cœur qu'une vocation innée peut seule, chez un prêtre, faire respecter toute sa vie les vœux inhumains qu'il a prononcés au pied des autels.

Je m'arrêterai là pour préparer les esprits de mes lecteurs au récit d'une passion qui ne rappellera en rien les amours de des Grieux et de Manon Lescaut, de Cinq Mars et de Marion Delorme.

XXV

— Eh bien, ma pauvre Eveline, ton mariage se fait toujours attendre et le ministre est bien cruel envers ton fiancé et toi...

— Je pense, ma bonne Violetta, que toutes les pièces adressées à Paris sont maintenant entre les mains de l'amiral, maître de nos destinées ; M. le Gouverneur les a chaleureusement appuyées et Maurice disait hier à mon père que, dans un mois, nous pourrions enfin être unis devant Dieu et devant les hommes. Parlons donc d'autre chose, Violetta ; tu ne m'as pas encore donné ton impression au sujet de l'abbé Bornave que mon fiancé et moi t'avons présenté depuis deux mois. Comment l'as-tu trouvé ?

A cette question inattendue la jeune et belle fille rougit étrangement et c'est en balbutiant qu'elle répondit : — Je le trouve bien. Comme il ressemble à M. Vallas !

— Mais, ma chérie, je songe à une chose, n'est-il pas ton confesseur ?

— Non, Eveline, et tu vas trouver étrange ce que je vais te confier, l'abbé Bornave n'a pas voulu me confesser. C'est en tremblant, je l'avoue, que je me suis approchée du confessionnal, lorsque j'ai su que ce jeune prêtre y attendait ses pénitentes.

J'y suis entrée et me suis agenouillée, attendant anxieuse qu'il m'adressât la parole et ma surprise fut grande lorsqu'il me dit qu'il aimerait mieux me voir aller demander l'absolution à M. le Curé.

— Et depuis, ma chérie, as-tu revu l'abbé Bornave ?

A cette seconde question, Violetta ne put cacher le trouble qui s'était emparé d'elle et murmura... — Oui, Eva, je l'ai revu, mais ne me demande rien de plus.

— Chère Violetta, il me semble que mes questions t'ont fait de la peine ?

— Oh non, ma bonne Eva... et la brune enfant, ne pouvant plus maîtriser son émotion, se mit à sangloter.

— Mon Dieu ! qu'as-tu donc, Violetta ? et, courant vers son amie, Eva la prit dans ses bras et la couvrant de baisers, lui dit tout bas : Un secret, mignonne ?

— Oui, Eva, un secret ; pourquoi avez-vous amené ici l'abbé Bornave ? et les pleurs de la pauvre enfant redoublèrent.

Puis, laissant tomber doucement sa tête sur l'épaule de son amie, elle lui dit bien bas : Est-ce que c'est mal d'aimer un prêtre ?

— Ma chérie, que puis-je te répondre ? Oui, c'est mal sans doute... Que dois-tu attendre d'un pareil amour. Tu l'as donc revu seul ? Est-ce qu'il t'a dit qu'il t'aime ?

— Oh ! non, jamais, je te le jure : je serais morte de honte s'il savait que je l'ai regardé d'un œil coupable. Je t'ai tout dit, crois-tu que Dieu me pardonnera ?

— Oui, adorable amie, oui Dieu te viendra en aide, et tu oublieras un instant d'erreur, car tu sais bien qu'un prêtre a prononcé des vœux qui l'éloignent du mariage. Or tu ne voudrais pas qu'il fût criminel en t'aimant comme un... autre homme.

— « Non, Eva, tu me connais, tu sais que je mourrais si l'abbé Bornave me faisait un aveu défendu. Ne parlons plus de cela et jure-moi d'oublier ce que je viens de te confier. Je sens que cet acte loyal m'a fait du bien. Parlons plutôt de toi et de ton bonheur prochain ; un mois est bien vite passé surtout, à ce qu'on dit, pour des amoureux comme vous, qui se rencontrent tous les jours.

— C'est vrai, ma Violetta, mais je vois moins Vallas depuis que son cousin l'abbé est à Saint-Denis ; il me demande souvent la permission d'aller causer avec lui, et je ne puis lui refuser ce plaisir.

— Tu aimes bien M. Vallas, Eva, mais si, pour une cause

qu'il ne faut pas prévoir, le ministre reculait encore votre mariage, que feriez-vous ?

— Ta question, chère Violetta, n'a rien qui puisse me troubler car elle a été prévue : M. Vallas donnerait sa démission et nous nous marierions sans la permission de M. le Ministre.

— Espérons que ton fiancé ne sera pas réduit à pareille alternative, tu te marieras avec ton bel officier, il t'emmènera en France où tu seras heureuse et, comme tu me l'as dit, quand il sera capitaine, il fera des démarches pour revenir à la Réunion.

En ce moment, la Cafrine Zézette, servante de Violetta, entra avec Fifine sa fille et Taïlé, la suivante de Mlle Eveline.

— Bonjour Fine, lui dirent les deux amies, as-tu quelque chose à nous dire ? — Non, mesdemoiselles, j'arrive de Saint-Paul pour voir Maman Zett' et passer quelques jours ici.

Eva et Violetta n'ignoraient pas la liaison de Mam'zell Fine avec le lieutenant Lionnet, mais quelque sévère qu'on soit aux colonies pour la conduite des jeunes filles, le temps n'a pas encore effacé le préjugé de la couleur et ce qui serait regardé comme un crime chez une demoiselle de famille semble naturel lorsque la coupable est une fille de couleur.

Depuis quelques années les mariages légaux et religieux se sont multipliés entre les mulâtresses et ce qu'on appelle « les petits blancs », mais le nombre des divorces augmentant en même temps, a rendu ces unions légales si inutiles que les mariages libres d'autrefois valaient encore mieux, car ils attiraient peu l'attention ou plutôt étaient regardés avec indifférence.

Il était tard, la nuit allait venir et il fallait qu'Eva rentrât à Saint-Denis ; elle embrassa donc bien tendrement Violetta en murmurant à son oreille : « Prie Dieu, tu oublieras. » Et, suivie de Taïlé, sa jeune malabare, Mlle S... regagna la ville.

Violetta resta seule avec Fifine qui était de son âge et qu'elle affectionnait sincèrement. Moins délicate et moins discrète que Mlle Eva, la mulâtresse se mit à parler de l'abbé

Bornave avec indifférence, sans se douter que tout à la fois elle causait au cœur de Violetta du plaisir et de la peine.

L'amie du lieutenant Lionnet bavarda longtemps, racontant ce que savait déjà celle qui l'écoutait distraitement, c'est-à-dire ce qu'elle avait entendu dire de l'histoire de Vallas et de l'abbé Bornave, puis Fifine crut intéressant de conter aussi l'existence qu'elle menait à Saint-Paul. L'officier lui avait choisi une jolie maisonnette dans le quartier du *Bernica*, où elle allait tous les jours se baigner dans les eaux si fraîches et si claires du torrent. Elle parla des travaux de son ami et des soirées qu'il venait passer avec elle pour se délasser de ses fatigues avant de rentrer au quartier qu'il était tenu d'habiter.

La caserne de Saint-Paul, qui abritait alors un détachement de quarante soldats d'infanterie de marine et qui a été, je crois, abandonnée depuis, était un ancien magasin de la puissante Compagnie des Indes et avait été construit à la fin du règne de Louis XVI. Il y avait déjà deux mois que le lieutenant Lionnet y était détaché sans y trouver trop d'ennui. Ses matinées étaient employées par lui aux levés faits sur le terrain et l'après-midi à dessiner les épures qui devaient apporter les corrections à la vieille carte d'état-major.

Le dimanche, il recevait deux ou trois camarades qui venaient de Saint-Denis à cheval par la belle route de la Montagne et de la Possession et passaient la journée avec lui.

Un jour, Vallas et son cousin étaient arrivés en voiture et Mamzelle Fine sur l'invitation expresse des deux visiteurs, avait elle-même servi le repas et pris le café avec les trois amis.

— Voulez-vous dormir, Fifine, avait demandé après la sieste Vallas qui désirait montrer à l'abbé Bornave le pouvoir de celle qui avait assisté au naufrage du *Paul-et-Virginie* et en avait si bien décrit les cruels incidents.

Sans penser aux conséquences d'une séance d'hypnotisme, Lionnet, pour complaire à son ami, plongea sa compagne dans le sommeil magnétique. Alors elle dit au jeune abbé et à Vallas des choses qui se passaient à la même heure au pays basque, faits qu'il est inutile de rappeler ici, mais que Lionnet m'assura avoir été notés et vérifiés.

Comme Fine allait être démagnétisée par le lieutenant, elle

se leva en l'écartant avec force et s'écria en regardant Vallas et l'abbé Bornave... Du sang ! du sang sur vous deux !

— Tais-toi, folle, dit Lionnet, en soufflant sur les yeux de la voyante, et en l'éveillant... assez, avec ce sang ! tu en vois partout !

— Cela, mes chers amis, n'a pas le sens commun... Si je parle de vous le soir à cette petite folle, je suis certain que le matin elle aura rêvé de coups de poignard ou de coups d'épée, ce qui, je le répète, n'a aucune raison d'être.

Aussi, Vallas et le jeune abbé ne gardèrent-ils aucune impression fâcheuse des paroles de Fifine et revinrent-ils à Saint-Denis paisiblement.

— A bientôt, leur dit Lionnet, en les accompagnant à leur voiture, sorte de jolie charrette anglaise que conduisait un jeune cocher indien vêtu de blanc et portant sur la tête un beau turban de soie bleue.

— Oui, à bientôt, répéta Mam'zell' Fine d'un ton étrange.

XXVI

J'aborde maintenant un chapitre délicat, dans lequel je parlerai de ce qu'il y a de plus doux pour les cœurs de deux jeunes gens chastes et purs, de cette attraction divine de deux âmes placées sur terre pour aimer.

Un matin donc, Violetta était allée à l'église du Butor pour assister à la messe et se préparer, par la confession, au sacrement de la communion. En entrant au tribunal de la pénitence, elle avait appris que c'était l'abbé Bornave qui y entendait les aveux des pécheresses.

Toute tremblante, elle s'était agenouillée dans le réduit sombre et avait murmuré doucement : Mon père.

— C'est vous, mademoiselle Violetta ? lui avait dit à voix basse le jeune abbé...

— Oui, mon père. Voulez-vous entendre ma confession ?

— Non, mon enfant. J'aimerais mieux vous voir aller au confessionnal de M. le curé.

Très émue, Violetta se retira et rentra chez elle, en proie à un trouble facile à concevoir.

Dans la soirée, comme elle était assise sur le banc de son jardin, elle fut surprise de voir l'abbé entrer suivi de Zézette.

— Voulez-vous recevoir ma visite, mademoiselle Violetta ?
— Oui, monsieur l'abbé.
— Vous avez dû être étonnée, mademoiselle, de l'accueil fait ce matin par le prêtre à une pénitente qui était venue réclamer son ministère...
— En effet, monsieur l'abbé.
— Eh bien, dussiez-vous mal penser de moi, je viens franchement vous dire des choses que dicte ma conscience. Je connais toute la pureté de votre âme, car mon cousin Vallas et sa fiancée m'ont beaucoup parlé de vous et je ne me sens pas digne de scruter votre conscience, je ne crois pas avoir le pouvoir de remettre des péchés imaginaires comme doivent être les vôtres et je viens vous expliquer un état d'âme que vous comprendrez, mademoiselle, car j'ai jugé votre intelligence bien supérieure à celle de toutes les femmes qui viennent s'agenouiller dans le confessionnal et s'en retournent avec la conviction qu'elles n'ont plus rien à se reprocher parce qu'un homme, revêtu de la robe de prêtre, leur a fait entendre l'*obsolvo te*.

D'après l'Église catholique, l'absolution remet l'âme en état de grâce, et je me range à l'opinion de l'Église protestante, qui n'admet pas ce pouvoir donné au prêtre en qualité de juge et comme représentant de Jésus-Christ. La rémission des péchés est acquise à la foi profonde, au repentir absolu, mais ne dépend aucunement de l'intervention du ministre, elle appartient à Dieu seul.

— Alors monsieur l'abbé, vous ne confesserez plus ?
— Si, mademoiselle, j'assisterai à la confession, je donnerai des conseils et même je prononcerai l'*absolvo* mais, suivant les intelligences qui s'approcheront de moi, je me tairai ou j'ajouterai le conseil de faire à Dieu seul une confession complète et sincère. Deux femmes ont reçu de moi cet avis : une jeune fille de mon pays, qui sera ma belle-sœur avant peu, Mlle Rose Beraben, et vous, dont j'espère être l'ami... ne me sentant pas le courage d'être appelé par vous « Mon père ».

Très émue, Violetta ne trouva pas de paroles pour répondre à ce prêtre, dont la présence la troublait. Tous deux jeunes et beaux, ils comprenaient que le silence seul pouvait traduire leurs pensées et ils se séparèrent en proie à un sentiment de sympathie réciproque profonde.

— Au revoir, mademoiselle Violetta.

— Au revoir, monsieur l'abbé.

Et chaque soir, Gaston Bornave venait s'asseoir dans le jardin de Violetta et causer avec elle. Il la questionna sur sa vie passée, il apprit, des lèvres de la jeune fille, la perte de son père mort en mer, et de celle que le ciel eût dû lui conserver, de sa mère bien-aimée qui, en mourant, l'avait laissée seule au monde.

Gaston, à son tour, raconta son passé déjà assombri par les tristesses et les déceptions. Il avoua que cette soutane qu'il portait, il l'avait acceptée volontairement, mais par sacrifice, il assurait qu'il remplirait son devoir, mais en confessant que son âme était envahie par le doute.

L'innocente enfant écoutait avec plaisir ce jeune homme, dont la parole douce, dont la franchise, attiraient toute sa confiance, sentant bien que jamais elle n'aurait rien à redouter de lui.

Un soir que Violetta parlait pour la dixième fois de la mort de ses parents, qui la laissaient seule exposée à bien des dangers, Gaston lui assura qu'ils n'étaient pas morts, mais seulement invisibles et que, bien souvent, ils étaient près de leur chère enfant, pour la protéger et la mettre à l'abri des dangers.

— Comment, monsieur l'abbé, vous ne croyez pas à la mort ?

— Non, ma chère enfant, je crois que la vie est un perpétuel recommencement et que ce que nous appelons la mort, mot qui dans votre imagination encore ignorante signifie fin de la vie, est peut-être la vie réelle qui s'interrompt pour faire place à l'intermittence actuelle... à la vie présente.

— Alors, monsieur l'abbé, vous pensez que peut-être nous avons déjà vécu sur cette terre ?

— Oui, Violetta... pardonnez-moi, mademoiselle, mais je sens un bonheur bien grand, quoique fraternel, à vous appeler simplement Violetta, et quand votre cœur vous aura dit que vous avez un frère en moi, vous oublierez mon caractère de prêtre, pour m'appeler mon frère, mon ami...

Et un soir vint où la naïve et adorable enfant ne vit plus en Gaston Bornave qu'un ami tendre et loyal et en le quittant elle lui tendit son front et l'appela mon frère.

Ce fut pour ces deux âmes chastes un bonheur pur et sans mélange qui avait pour cadre un ciel serein où brillaient les étoiles.

Chaque soir Gaston vêtu d'un costume civil sombre quittait sa demeure située non loin de celle de Violetta et la trouvait sur le seuil de sa porte, où calme et sans crainte elle lui tendait son front d'ange.

Bonsoir Violette... bonsoir Gaston... Le prêtre avait peu à peu disparu et bientôt Violetta ne vit plus en l'abbé Bornave qu'un frère qu'elle avait toujours connu et qu'elle voudrait toujours aimer ainsi de cette amitié pure, vierge de tout désir.

XXVII

Laissons dans ce doux nid ces deux colombes et voyons venir le démon sous la forme d'une petite sauvage.

J'ai plusieurs fois nommé Taïlé, la jeune malabare attachée à la personne de Mlle Eveline S...., la fiancée du lieutenant Vallas.

Très jolie et très passionnée, comme les filles nées sous le ciel brûlant de l'Inde, elle avait bien des fois lancé au bel officier des œillades engageantes qu'il aurait peut-être comprises et accueillies s'il n'avait été si complètement épris de sa chère Eva.

Lorsque l'abbé Bornave fut arrivé, Taïlé fut envoyée souvent par sa maîtresse chez Vallas afin de demander des nouvelles du naufragé et lui remettre quelques douceurs qui accompagnent presque toujours, au pays des créoles, l'envoi d'un billet quelconque.

La gentille malabare entrait dans la chambre du lieutenant et causait volontiers. Elle plongeait les rayons de ses yeux noirs dans ceux de l'abbé Bornave qui n'y prêtait guère attention. En quittant Vallas un matin, après une commission faite, elle lui dit dans le gentil patois créole. — « Vous l'es bien zoli, mais vout'cousin l'es beau ; mi aime a li. » Cet aveu fit sourire le lieutenant qui trouva fort naturel le bon goût de Mam'zell Taïlé et se garda bien de répéter à Gaston les paroles de la petite Indienne.

Un samedi Taïlé alla au Butor demander l'abbé Bornave ; elle lui dit qu'elle était chrétienne et qu'elle voulait se confesser. Le jeune prêtre la pria d'entrer au confessionnal, et jetant sur lui un surplis il alla la rejoindre. — « Monsieur l'abbé, lui dit-elle, je viens vous dire un gros péché. — Quel est-il ? demanda doucement le prêtre sans lui faire remarquer qu'elle ne l'avait pas appelé « mon père ». — Je suis amoureuse. — Quel âge avez-vous, mon enfant ? — Dix-sept ans. — Quel sentiment éprouvez-vous ? — Je ne sais pas moi, je suis amoureuse. — Très bien, vous l'avez dit, cela peut être bien ou répréhensible. Celui que vous aimez est-il digne de votre amour ? — Oh oui, mais moi je ne suis pas digne du sien. — Est-ce un de vos compatriotes. — Non. — Cela ne fait rien, mon enfant. Voulez-vous l'épouser ? — Je ne peux pas, mais je l'aime. — Alors demandez à Dieu l'oubli de cet amour. — Ce n'est pas possible, je l'aime et je veux qu'il le sache. — Je suis un confesseur, ma fille, non un confident. — Et Taïlé se prenant à pleurer, avoua à l'abbé Bornave son amour et son désir. — Retirez-vous, mon enfant, vous doublez votre péché en parlant ainsi à un prêtre », et, sortant du confessionnal, il s'en alla en exhortant la suivante de sa future cousine à oublier cette passion coupable.

Taïlé s'éloigna pleine de dépit mais presque tous les jours elle vint au Butor pour apercevoir le bel abbé.

Elle l'épia et ne tarda pas à découvrir les visites qu'il faisait à Violetta. En cette âme sauvage, le désir se doubla d'un sentiment plus coupable encore, celui de la jalousie, et, de l'amour à la jalousie et de la jalousie à la vengeance la petite Indienne ne fit qu'un saut.

Un soir que Violetta attendait heureuse le moment de la visite de son ami, elle le vit venir de loin et son cœur battit doucement.

La bonne Zézette était toujours auprès d'elle et partageait, avec une joie profonde, le bonheur de la jeune maîtresse pour qui elle eût donné sa vie. Elle connaissait toute la pureté de l'âme de Violetta et pendant qu'elle et l'abbé étaient assis l'un près de l'autre, dans ce petit jardin témoin de leurs doux entretiens, la cafrine se tenait sur le seuil de la porte, veillant au dehors, comme un chien fidèle, sans comprendre autre chose à ce qui se passait derrière elle, si ce n'est que le bon Dieu avait enfin donné un ami à sa Violetta.

De ses yeux perçants la négresse remarqua, non loin de la villa, une ombre qui se dissimulait sous les filaos et les lilas qui bordent le chemin. Au départ de Gaston, la cafrine un peu défiante le suivit jusqu'à l'endroit où elle avait aperçu l'ombre disparaître... Elle la vit un instant regarder l'abbé puis se cacher de nouveau et n'y prit pas garde, le jeune prêtre ayant regagné sa demeure.

Lorsqu'elle rentra, elle trouva Violetta agenouillée, les mains jointes, les yeux levés vers le ciel étoilé... — Chère Mam'zelle... lui dit Zette, il est tard, il faut vous reposer.

— Oui, Zette, laisse-moi terminer la prière que j'adresse à Dieu pour lui.

Le lendemain un jeune créole au service de l'abbé Bornave vint remettre à Zette une lettre pour sa maîtresse... elle était de l'abbé Bornave.

Avec quelle émotion Violetta l'ouvrit et la lut. Avec quel bonheur infini elle la relut plusieurs fois... la voici cette lettre datée d'un soir de l'année 1873.

Chère Violetta, ma sœur,

— Je vous ai dit ma vie, je vous ai ouvert mon âme, je vous ai parlé de mes doutes religieux, j'ai laissé exhaler devant vous des plaintes pour les jours tristes que je semblais reprocher au ciel de m'avoir comptés... Combien j'étais lâche et ingrat puisque je devais goûter le bonheur le plus pur.. Mes lèvres ont senti le miel remonter du fond de la coupe où jusqu'à ce jour je n'avais bu que du fiel. Violetta, ange descendu du ciel, je vous ai rencontrée et j'ai oublié tous les jours sombres.

La joie succède à mes épreuves passées. J'ai eu des amis, j'ai vu des jeunes filles charmantes, il en est une pour laquelle mon cœur avait ressenti une amitié plus forte que pour les autres, mais le caractère sacré qu'elle portait comme ayant été — je le pensais alors — choisie par un autre pour la future compagne de sa vie, fit taire à jamais mon cœur qui se ferma jusqu'au jour où je vous ai vue Violetta.

Ne jetez pas cette lettre écrite par un prêtre, lisez-la jusqu'au bout, ensuite vous la brûlerez, mais rien de ce qu'elle redira de mes pensées ne doit troubler votre âme pure.

C'est donc en prêtre que je vous parlerai. Je vous dois de connaître le sentiment le plus radieux qui ait pénétré jusqu'à ce jour en mon cœur et je sens qu'il doit s'arrêter là. Je ne puis être pour vous qu'un frère, ma douce Violetta, je vous jure que vous resterez ma sœur.

Si la destinée que j'avais rêvée s'était accomplie, si j'avais porté l'épée, je vous parlerais un autre langage, ma tendre amie, je vous dirais : je n'ai jamais aimé que vous, et je serais fier de vous consacrer toute ma vie, voulez-vous unir la vôtre à la mienne et, par ce sacrement qu'il m'est à jamais interdit de recevoir, nous nous serions donnés l'un à l'autre pour toujours.

Dieu ne le veut pas et je resterai le frère tendre et dévoué. Mais ce soir, en vous faisant ce serment d'amitié fidèle, je sens que je n'ai pas le droit de vous demander un sacrifice égal au mien. Vous êtes jeune, vous êtes belle, vous êtes aimante ; vos vingt ans, vos charmes, votre tendresse, sont réservés à un autre et je me demande si mon affection a le droit de l'éloigner et de tenir la place que le ciel lui réserve ? Sur votre chemin, s'il passait un jeune homme digne de vous, je prierais Dieu de vous le donner pour époux, je vous bénirais tous les deux et je resterais toujours pour vous le frère dévoué.

Mes convictions ont écarté de moi toutes les idées superstitieuses et cependant certaines prédictions se sont réalisées et des jours tristes assombrissent encore mon horizon. Si le rideau qui vient de se lever et m'a permis d'entrevoir le bonheur devait retomber, qu'il ne couvre que moi et vous laisse jouir en paix de celui que vous souhaite le cœur dévoué de votre ami pour la vie.

GASTON.

La lecture de cette page si tendre, si pleine d'affection — disons le mot — si remplie d'amour pur, fit couler de douces larmes des beaux yeux de Violetta qui murmura : Mon Dieu, protégez-le et pardonnez-moi cet aveu que vous seul entendrez... je l'aime.

XXVIII

Quelques semaines de bonheur passèrent comme un rêve pour les deux amis. Mgr Delannoy, dont l'affection pour l'abbé Bornave avait grandi chaque jour, se l'était attaché comme secrétaire.

Mais la joie pure n'est pas de ce monde, l'amour coupable que Gaston avait inspiré à la petite indienne Taïlé, qu'il rencontrait sur son chemin bien souvent sans la regarder, avait allumé dans le cœur de cette âme sauvage le désir de la vengeance. Eva n'avait pas été sans remarquer le changement survenu dans le caractère de sa suivante et ses absences fréquentes que la malabare mettait sur le compte de sa mère malade qui l'appelait chaque soir et chez qui elle passait souvent la nuit. Un soir, Taïlé songea à assouvir sa passion criminelle et une pensée atroce s'empara de son âme, celle de faire disparaître la jeune fille qu'elle savait aimée de celui qu'elle désirait.

Profitant de l'occasion fournie par sa maîtresse qui l'envoya porter à Violetta des fruits de mangues et d'ananas, elle glissa dans l'un d'eux du poison que les Indiens connaissent et qui peut donner la mort en quelques heures. Par quel hasard Violetta fut-elle protégée, Dieu le sait, mais l'amie d'Eva et de Gaston ne ressentit rien de cette tentative criminelle. Alors la vindicative Indienne comprit que c'était celui qui la dédaignait qui devait mourir.

Le lendemain soir, comme l'abbé Bornave sortait de chez celle à qui il avait donné l'amour le plus pur et s'en retournait à l'Evêché l'âme radieuse, Taïlé qui l'attendait dans l'ombre, cachée derrière un arbre, sauta sur lui comme une panthère, et, armée d'un couteau, le frappa au cou. Gaston poussa un cri et avant d'avoir pu reconnaître le meurtrier qui s'enfuit, il s'affaissa en perdant son sang.

Son cri avait été entendu de la Cafrine Zette qui ne rentrait jamais qu'après avoir vu disparaître au loin l'ami de sa maîtresse. Elle courut à l'endroit où elle avait entendu le cri et trouva l'abbé Bornave étendu couvert de sang. Elle appela sans bruit au secours du blessé quelques noirs, dont les paillotes étaient voisines sur le bord du chemin et le prêtre évanoui et ensanglanté fut porté dans la case de l'un d'eux.

— Pas un mot, leur dit Zette, qui songea à l'honneur de sa maîtresse, allez vite chercher le médecin du Butor. Elle ordonna à deux noirs de rester là et courant chez Violetta, elle eut assez de présence d'esprit pour cacher son angoisse, fit coucher sa jeune maîtresse, puis fermant la porte, elle revint en hâte à la case où l'abbé Bornave était étendu sur un mauvais lit.

Le Dr Legras, qu'on avait rencontré, avait suivi le noir et entrait peu après Zézette occupée à laver la plaie du cou.

Le docteur l'examina avec soin et s'écria : « L'assassin a été maladroit et la victime l'a échappée belle... deux lignes plus loin la carotide était tranchée ; ce ne sera rien. » Il fit respirer au blessé un flacon de sel qui le rappela à la vie et rapprochant les lèvres de la blessure fit un pansement suffisant pour arrêter l'écoulement du sang. — Où suis-je ? demanda le prêtre en rouvrant les yeux. — Dans la case d'un bon noir, d'un ami à moi, lui dit Zette en lui mettant un doigt sur la bouche. — Vallas ! dit l'abbé, courez chercher mon cousin le lieutenant Vallas.

— Qui donc m'a frappé ? demanda-t-il...

— On n'a pas vu l'assassin... J'ai entendu votre cri, monsieur l'abbé. Je suis accourue et vous ai trouvé couché en travers du chemin... C'est quelque voleur... — Non, dit le docteur, puisqu'en déshabillant M. l'abbé on a trouvé sa montre et sa bourse. — Alors, c'est le résultat de quelque erreur, mais à l'heure qu'il est, le coupable est loin et ne se dénoncera pas.

Une heure après, Vallas, que l'un des noirs était allé quérir à la petite Ile, arrivait avec une voiture, et après avoir été rassuré par le Dʳ Legras, l'officier pria Zézette et les noirs témoins du fait de ne pas parler de cet événement. Sa générosité envers eux tous paya leur silence et après avoir installé dans la voiture l'abbé Bornave revenu tout à fait à lui, le docteur et le lieutenant se dirigèrent lentement vers la petite île où Gaston reprit dans le lit de Maurice la place qu'avait déjà occupée le naufragé du *Paul-et-Virginie*.

— Qu'as-tu pensé, mon cher Vallas, en me voyant blessé au cou ?

— Je devine ce que tu ne dis pas, mon cher Gaston, et ce que mes lèvres ont failli laisser échapper dix fois pendant le voyage : la prédiction de la gitane ?

— Oui, Maurice... Quel mystère insondable !... Est-il donc possible de soulever ainsi le rideau qui cache l'avenir ?

XXIX

Comme la blessure de l'abbé Bornave n'avait aucune gravité, il écrivit quelques mots à Monseigneur pour avertir l'excellent évêque qu'il passait la journée chez son cousin Vallas et, le soir venu, il supplia celui-ci de lui envoyer chercher une voiture puis, obéissant à son cœur, il se fit conduire chez Violetta.

— Mam'zell n'a rien su, dit Zézette bas au jeune abbé, mais elle eût été bien inquiète si vous n'étiez pas venu ce soir.

Violetta, dont les beaux yeux cherchaient avec bonheur ceux de son ami, remarqua bien vite sa pâleur et la teinte de souffrance dont ses traits étaient couverts. Elle s'approcha de lui et vit, entre son cou et le col, un léger linge sur lequel apparaissait une petite tache rouge... « Du sang ! monsieur l'abbé ? s'écria-t-elle. » — « Ce n'est rien, ma douce Violetta, lui dit-il, une très légère blessure... » — « Comment cela est-il arrivé ? mon ami... je vous en conjure ?... je veux savoir. » — « Vous cacher la chose serait, chère enfant, lui donner une importance qu'elle n'a pas, et je vous dois toute la vérité de ma vie... »

« Hier soir, en vous quittant, chère Violetta, j'ai été, dans la nuit noire, victime de quelque erreur... j'ai été frappé d'un léger coup de couteau qui, fort heureusement, n'aura pas de gravité... — Et le meurtrier, l'avez-vous distingué ? » — « A peine, ma bonne amie... il était fort petit, c'est tout ce dont je me souviens, car je crois bien que, comme une femme, je me suis évanoui. » Violetta ne put retenir une exclamation : « Oh ! Gaston, cher Gaston, quel est le malheureux qui vous a osé frapper, vous si bon ? — Je crois à une erreur, je le répète, et désire ne jamais connaître le coupable. »

Alors Zézette, tout en servant le thé et des rafraîchissements aux deux amis, raconta la scène de la veille et fut bien grondée par sa maîtresse dont les yeux pleins de larmes et de tendresse furent un baume bien doux pour Gaston Bornave. Il voulut prier son amie de lui chanter un de ces airs créoles qu'il aimait, mais elle n'avait pas le cœur à faire de la musique, et, disant que son âme était triste, elle conduisit son ami au jardin où, mettant sa main dans sa main, elle leva les yeux au ciel en murmurant : Merci, mon Dieu ! ma prière d'hier soir a été exaucée. Lorsque vous êtes parti, Gaston, je suis tombée à genoux là et j'ai prié le Seigneur de vous protéger... et il m'a entendue puisque la main criminelle ne vous a blessé que légèrement. Et la tendre enfant se laissa de nouveau tomber dans l'attitude de la prière en disant... Pardonnez Gaston, à celui qui a versé votre sang. Se penchant doucement vers cette créature angélique, Gaston déposa un baiser sur son front pur. — « Oui, dit-il, je lui pardonne pour l'amour de vous. » En cet instant, une vieille femme malabare entra dans le jardin et pria Zette d'appeler M. l'abbé. — « Venez vite, monsieur l'abbé, venez vite, ma fille se meurt et vous supplie de me suivre à son lit. »

Le prêtre se leva et accompagna cette femme qui le précéda jusqu'à une petite maison du Butor qu'entouraient un certain nombre d'Indiens et de noirs du quartier. Tous s'écartèrent en silence avec respect et l'abbé Bornave entra dans une chambre sombre, à peine éclairée par la lumière d'une veilleuse allumée devant une petite Sainte Vierge en plâtre. Dans un lit étroit et bas était couchée la mourante dont les formes délicates semblaient celles d'une enfant. Quoique très faible, elle dit en indien à sa mère de se retirer et de fermer la porte. Alors, dans un sanglot, cet être, que la mort attendait, fit un effort pour se soulever et, se mettant à genoux, dit en joignant les mains: « Pardon, pardon, monsieur l'abbé. » — « C'est bien, ma fille, lui dit le prêtre... cela suffit, si vous avez commis des fautes, repentez-vous et Dieu vous pardonnera. » — « Non, monsieur Gaston, ce n'est pas à Dieu que je demande pardon, c'est à vous, à vous qui ne savez pas quelle coupable je suis... vous ne me reconnaissez pas... Taïlé... Taïlé, la méchante fille. Taïlé jalouse, Taïlé qui vous a attendu hier comme vous sortiez de chez Mlle Violetta et qui a voulu vous tuer. »

« — Comment malheureuse, c'est toi qui m'a frappé ? Que t'avais-je fait ? »

« — Vous n'avez pas voulu m'aimer ! et j'ai commis deux crimes, mais c'est moi seule que Dieu a punie et c'est juste. » — « Tais-toi, ma fille, je te pardonne et Dieu oubliera ton erreur. » — « Non, mon père, je sais que dans deux heures je serai morte ; écoutez jusqu'au bout... vous ne savez pas tout. Il y a deux jours, j'ai porté à Mlle Violetta des mangues et un ananas de la part de Mlle Éva... j'ai mis du poison dans l'une des mangues que j'eus soin de placer en dessus, afin qu'elle la choisît tout de suite.

« Zézette mit les fruits sur une table, mais Mlle Violetta n'accepta que trois mangues et l'ananas, me forçant à emporter les autres pour moi. »

« — Oh ! misérable fille, s'écria l'abbé Bornave... et ce fruit... où est-il ?

« — Hélas ! Dieu veillait sur l'innocence... continua la malheureuse fille dont la voix s'affaiblissait. Bien persuadée que Mlle Violetta avait conservé le fruit empoisonné, j'emportai la corbeille et les mangues restées au fond. J'attendis tout le jour non loin de la maison où je croyais avoir fait entrer la mort afin d'être avertie, au premier cri, que le poison avait accompli son œuvre.

« Déçue dans mon attente cruelle je pensai que Mlle Violetta avait pu laisser tomber la mangue... un fruit à terre ne se ramasse point. Alors j'eus une idée horrible contre laquelle il me fut impossible de lutter, celle de vous tuer, Monsieur Gaston. J'avais manqué ma criminelle tentative sur celle que vous aimiez, il me fallait encore l'atteindre au cœur en perçant le vôtre. Et c'est pour accomplir ce forfait qu'hier soir, à la nuit, je vous ai attendu et que je vous ai frappé. Et mon double crime a été inutile !... Le Dieu juste m'a cruellement punie ! En rentrant ici, mon forfait accompli, la fièvre me dévorait, j'avais soif... ma mère m'apporta une mangue dont je bus avidement le jus... Un quart d'heure après, j'étais la proie d'horribles douleurs... Mère ! mère ! où as-tu pris ce fruit ? demandai-je folle d'angoisse... »

« — Dans la corbeille que tu as rapportée hier. — Ah ! Ciel, je suis empoisonnée, hurlai-je avec rage ! Tout a été tenté pour me faire rejeter le poison, je suis perdue, mon cœur se ralentit ; je devais mourir ce matin, mais grâce au café j'ai pu vivre jusqu'à l'instant afin qu'il me fût permis de vous savoir sauvé, vous aussi... Vous deviez voir mourir la méchante Taïlé. Pardon ! pardon, monsieur l'abbé... Pardonnez-moi de vous avoir aimé... j'étais folle ! mais j'avais dix-sept ans, monsieur Gaston ! j'étais gentille... et je vais mourir... Ah mon Dieu, pitié, pitié ! » Le prêtre fit rentrer la mère et lui demanda si le médecin était venu et la pria de le rappeler... il sauverait peut-être cette malheureuse enfant !

« — Inutile, Père, dit la Malabare flétrie, froide, brisée, mais calme devant cette mort horrible, le médecin n'y peut rien, lait, vomitifs, tout est inutile... le café seul a arrêté quelques heures l'effet du poison... C'est écrit... Dans une heure ma jolie Taïlé sera dans le Nirvana... Mais saurais-je jamais qui l'a empoisonnée ?... dit la pauvre mère en sanglotant.

Ainsi, cette fille n'avait pas parlé. Le prêtre seul connaissait la coupable en même temps que la victime unique. Silencieux, il s'agenouilla près du lit de la petite Malabare qui prit sa main et la porta à ses lèvres, puis, se soulevant, la mourante retenant les plaintes que ses douleurs atroces devaient provoquer, mit ses petites lèvres décolorées près de l'oreille du jeune prêtre et murmura : « Vous me pardonnerez tous les deux, elle et vous, monsieur Gaston, vous lui direz que je regrette mes crimes... Vous ne m'oublierez jamais, vous ; quand vous vous rappellerez la petite sauvage qui s'appelait Taïlé, vous oublierez qu'elle a voulu vous tuer parce qu'elle vous aimait... la petite folle ! Dites-lui que vous penserez quelquefois à Taïlé... elle ne regrettera pas de mourir ! »

« — Meurs en paix, ma fille, Dieu te pardonne... et moi aussi, lui dit-il bien bas... mais il faudra expier tes fautes... et tu les expieras... »

Et s'étant relevé l'abbé Bornave vit que la jeune Indienne ne bougeait plus. Son cœur avait cessé de battre... La mère poussa un cri terrible !

Gaston sortit en essuyant une larme.

Alors la porte s'ouvrit et le flot des Indiens pénétra dans la petite maison pour préparer l'ensevelissement et la cérémonie des morts.

Le lendemain soir, au soleil couchant, bien qu'elle se fût dite chrétienne, Taïlé fut reprise par le prêtre bouddhiste et son corps léger et gracile d'où l'âme ignorante s'était envolée, fut porté comme une momie à la pagode indoue au milieu des danses, et au bruit des chants gutturaux des Malabars vêtus de leurs plus jolis costumes aux couleurs voyantes, au son des tamtams et des trompes, dans la fumée de l'encens.

Pendant ce temps Violetta, et son ami l'abbé Bornave, témoins de la cérémonie qui défila devant la charmante villa, s'agenouillaient et priaient pour le repos de cette petite âme encore sauvage et inconsciente qu'un seul sentiment pardonnable, l'amour, avait conduite jusqu'au crime.

XXX

Le courrier de France est arrivé ; le coup de canon, qui retentit dans tous les cœurs des habitants de Saint-Denis, appelle chacun au port... On court aux nouvelles, on se presse pour assister à la distribution des lettres, on brise les enveloppes des journaux, on s'interpelle... On se presse les mains, on se félicite...

Ce paquebot, qui se balance sur la rade de Saint-Denis, a laissé échapper les secrets enfermés quatre semaines dans ses flancs. Il apporte bien des joies et souvent, hélas ! des tristesses.

J'ai déjà écrit cela et je sens le besoin de redire ces impressions que j'ai tant de fois éprouvées. Qui n'a pas quitté sa patrie, qui n'a pas vécu là bas, dans les colonies lointaines, ne comprend pas les émotions qu'apporte — à l'âme de l'exilé volontaire ou contraint — « l'arrivée du courrier ». Ce jour-là, tous les fonctionnaires, tous les officiers, les négociants, les armateurs, les jolies créoles, en toilettes légères, vont à la poste. C'est le grand jour des saluts, celui où tous les visages, en attendant des lettres, sont radieux... Les cafés débordent de consommateurs, qui causent des messages reçus, de leurs affaires, de leurs familles et du reste.

Sous une tonnelle du Café de l'Europe, les officiers d'infanterie de marine entouraient le lieutenant-colonel Gassias qui venait d'apprendre le maintien de la proposition faite en sa faveur, par le général inspecteur, pour le grade de colonel. Le commandant Bourgey était proposé pour lieutenant-colonel. Le capitaine Guisard un blessé de Bazeilles, était promu officier de la Légion d'honneur ; le lieutenant Charles Lionnet était au tableau pour capitaine au choix ; enfin, quatre sous-lieutenants étaient promus lieutenants. La joie éclatait donc parmi les officiers qui accompagnèrent le colonel chez Mme Gassias. Elle reçut, ainsi que sa fille Gabrielle, les compliment de tous les officiers, qu'elle fit entrer au jardin où la conversation s'alluma vive et animée.

Vallas venait d'apprendre, par un camarade détaché au ministère de la Marine, que toutes les pièces relatives à sa demande de mariage étaient enfin réunies, sur le bureau du Ministre qui allait y apposer sa signature et qu'elles prendraient, irrévocablement, le chemin de la Réunion, par le prochain paquebot. — « Tu peux donc allumer déjà les flambeaux de ton hyménée », lui disait son camarade en terminant sa lettre par des félicitations et des souhaits de bonheur.

Aussi le jeune lieutenant pria-t-il le colonel et Mme Gassias de lui permettre d'aller communiquer cette heureuse nouvelle, ainsi que celles concernant ses camarades, à sa fiancée et à la famille S... ; puis, il faut ajouter qu'il avait hâte de rejoindre ensuite son cousin, l'abbé Bornave, pour dépouiller ensemble le courrier du pays Basque, dont une partie était encore attendue par le vaguemestre... — Vallas, lui dirent en riant le capitaine de Vourgny, les lieutenants de Beauchêne et Giliani, avec tout le clan des danseurs... songe à l'orchestre... car on dansera. — N'oublie pas les glaces, surtout, lui cria Lhotelier, toujours calme et positif... je te jouerai, ce soir-là, le *Mariage de Figaro !*

Après avoir lu à Mlle Eva et à sa famille, la lettre leur assurant que leur mariage pouvait enfin être fixé à la semaine qui suivrait l'arrivée du prochain paquebot, Maurice rencontra le vaguemestre et courut à l'évêché où il trouva Gaston ouvrant son courrier. Tous les deux se plongèrent alors dans cette joie douce que procure la lecture des lettres de famille.

La première nouvelle fut celle du mariage de Rose, la fille du Dr Beraben, avec Jean Bornave, le frère de l'abbé. En l'apprenant, Maurice n'avait pu s'empêcher de pâlir. — « Mon cher frérot, unissons nos cœurs pour souhaiter à la chère enfant tout le bonheur qu'elle mérite... Elle aurait pu n'être que ma cousine, elle est ma sœur, tu ne dois pas le regretter, Maurice, dit en souriant avec douceur Gaston, qui pressa la main de son cousin.

Selon leur désir, les jeunes époux s'installaient à quelques kilomètres de la scierie du père Bornave, le long du Gave, où une chute d'eau invitait depuis longtemps un travailleur intelligent à s'établir. La sœur de Maurice, Anita Vallas, avait été demandée en mariage par un brave garçon qui venait de terminer son service militaire comme sergent aux chasseurs alpins. Il devait diriger la ferme des Vallas, qui réclamait un bras fort et un cœur vaillant. Mais il était décidé que les fiancés attendraient le retour de Maurice Vallas, qui, après son mariage avec Eva, rentrerait en France où tous les deux assisteraient à cette fête de famille. Enfin les nouvelles du pays étaient bonnes, et comme on y avait appris le naufrage du *Paul-et-Virginie* en même temps que l'arrivée de l'abbé Bornave à l'île de la Réunion, chacun s'était réjoui de savoir les deux cousins réunis. On avait l'espoir que Gaston, renonçant à se faire missionnaire, resterait dans le clergé colonial et pourrait revenir en France, en congé.

après plusieurs années. Tous les mois on aurait de ses nouvelles, tandis que, s'il était allé en Océanie, ses parents eussent toujours vécu dans l'inquiétude au sujet de leur fils et de leur frère bien-aimé.

Gaston avait reçu une lettre de l'Évêque de Bayonne, qui était en correspondance avec celui de la Réunion. Sa Grandeur félicitait son « cher enfant » d'avoir échappé aux dangers de son naufrage ; ce que le saint homme attribuait aux prières qu'il avait adressées au Très-Haut et ce qui peut-être était possible. Il disait au jeune prêtre combien il était fier de l'acte héroïque qu'il avait accompli en se jetant courageusement à la mer pour sauver un de ses semblables, ce que lui avait écrit Monseigneur de la Réunion, passage épistolaire que Gaston crut modestement devoir lire tout bas... Après avoir rempli leur cœur de joie les deux amis se séparèrent, Vallas pour retourner auprès de sa fiancée, l'abbé Bornave pour se rendre chez l'Évêque qui lui avait donné une chambre confortable, sous la galerie large et fraîche, dans le beau jardin ombreux dont Mgr Delannoy l'avait prié d'user en toute jouissance.

Quand il eut aidé l'aimable Évêque à dépouiller son courrier, il rentra chez lui, et s'aperçut que, parmi ses lettres, il en était une qu'il n'avait pas ouverte. Elle portait le timbre postal de Paris. Il en brisa l'enveloppe et quelle fut sa joie de reconnaître la signature et l'écriture large et caractéristique de l'abbé Marchal... Voici cette lettre :

Paris, 8 janvier 1874.

Mon cher Gaston,

« Que de faits étranges ont à se raconter deux hommes qui se sont quittés depuis une année à peine, parce que chacun a pris un chemin différent, alors qu'ils auraient cru mener la même vie s'ils avaient continué à vivre l'un près de l'autre. »

« De moi, je suis peu pressé de vous dire les tristesses des jours qui se succèdent comme une mer mauvaise qui ne veut pas s'apaiser. Parlons donc de vous, mon enfant. »

« Lorsque vous êtes parti pour vous embarquer au Havre,

vous m'aviez fait promettre d'aller voir votre famille ; j'étais interdit déjà et votre cœur, jeune et généreux, n'avait pas songé que je pourrais être mal accueilli par votre mère si pieuse, par votre père dont vous m'aviez dit le caractère sévère et que ses pratiques religieuses auraient peut-être mal disposé à recevoir un prêtre écarté du sein de l'Eglise par ceux qui devraient l'aimer, le secourir et dont ils auraient dû discuter et combattre doucement ce qu'ils croient les erreurs. Si j'avais pensé trouver en l'abbé Herrigoyen, une âme généreuse et tendre, je me serais peut-être présenté à lui comme un frère et j'aurais demandé à partager son foyer et la moitié de son pain, mais son esprit étroit lui eût sans doute conseillé de faire sonner les cloches pour prévenir ses ouailles de fermer la porte

    Au nez du pauvre misérable ;
Et de chasser partout le triste pèlerin,
    Cachant, sous sa robe, le diable,
Sans comprendre combien cruel est son chagrin.

« J'ai donc cru sage de m'abstenir et je suis parti cacher, dans la grande Babylone, non point ma honte, car ma conscience ne me reproche rien, mais ma tristesse. »

« Une lettre de mon ami d'Amérique, M. Hogson, m'annonçait qu'il arriverait sous peu de temps à Paris et je savais que je trouverais chez lui l'accueil des anciens jours, ma chambre et mon couvert. Il me faisait part de ses projets de parcourir encore l'Italie en ma société ; je remerciais donc le ciel qui m'offrait un abri au moment de l'orage, le pain alors que l'Eglise me condamnait à la disette et un bien plus précieux, l'amitié d'un homme de cœur. »

« Arrivé à Paris, je me rendis chez M. Gaëtan Leymarie, le libraire-éditeur, qui, avec sa chère et digne compagne m'avaient jadis présenté à Allan Kardec, et je fus touché de leur accueil dont je garderai toujours un souvenir reconnaissant. Ils m'ont fourni du travail qui m'assure le pain quotidien et la première édition de mon *Esprit consolateur* étant épuisée, M. Leymarie va m'aider à publier la seconde.

« Votre lettre, mon cher Gaston, m'a donné des détails intéressants sur votre voyage commencé sous de favorables auspices jusqu'au Cap de Bonne-Espérance et qui s'est terminé d'une façon si tragique.

« J'ai su depuis, par la famille de l'un des deux missionnaires, l'acte si courageux accompli par un jeune prêtre passager qui, paraît-il, se précipita dans les flots, au risque d'y périr, pour sauver la vie d'un matelot ; cette histoire a rempli mes yeux de douces larmes ; mais, comme, dans votre récit de voyage, vous n'avez pas cru devoir me parler de ce beau fait, j'ignore le nom de ce brave jeune homme, à qui, si vous le rencontrez, vous direz toute mon admiration.

« A toute chose malheur est bon, dit le proverbe, et je suis tenté de vous l'appliquer, mon cher Gaston, puisque, malgré votre désir d'aller si loin vous perdre dans les sombres forêts océaniennes, au milieu des cannibales des îles Sandwich, un destin meilleur vous a arrêté dans cette île charmante de l'Océan Indien dont vous me faites un récit tel que, si j'avais vingt ans de moins et un peu d'or en plus, je serais capable de m'embarquer pour aller vous retrouver dans ce petit coin délicieux et discret.

« Une lettre de mon ami M. Hogson m'apprend qu'il recule son arrivée en Europe de deux mois, sans se douter de l'épreuve à laquelle ce retard me condamne... Ce prodigue qui, lorsque nous sommes ensemble, dépense sans compter, n'a jamais pensé que le pauvre doit payer son pain, et, comme je ne le lui ai jamais dit ni ne lui ai rien demandé, il ne m'a pas proposé une avance que j'eusse acceptée et que je ne solliciterai point.

« Hélas ! c'est beaucoup parler de moi qui ai appris que si cette existence est chargée d'épreuves c'est que j'ai dû mériter les miennes dans une vie antérieure, ce qui serait juste. Je les accepte de grand cœur en pensant que, plus tard, j'aurai peut-être, moi aussi, en partage, ces biens terrestres qui me permettront de soulager mes semblables. Avez-vous relu, mon cher Gaston, les livres que je vous ai offerts, relisez-les... Les ouvrages spirites commencent à se multiplier. Mais aucun de ceux que j'ai lus n'approche des écrits qu'a publiés, avec l'aide d'esprit élevés, celui que nous appelons « Le Maître », de cet Allan Kardec dont les préceptes sont si sages, dont la doctrine est si consolante qu'il n'est pas une douleur humaine, physique ou morale qui ne puisse y trouver le baume nécessaire à sa guérison. Toute faute doit être rachetée, toute souffrance doit être acceptée parce qu'elle efface une faute passée, de même que sur une robe blanche une tache disparait sous un lavage.

« Accepter sa situation sans se plaindre c'est croire qu'il fallait qu'elle nous fût imposée. Vous et moi, Gaston, nous n'ignorons point que le sacerdoce nous a été imposé et que, l'ayant accepté malgré nos désirs, nous devons remplir notre ministère avec dignité.

« Jadis, nous aurions ajouté, à la pratique de la religion et au respect du vœu, une foi aveugle contre laquelle il n'aurait pu entrer en notre esprit la pensée de douter. Aujourd'hui, mon ami, si nous sommes liés au sacerdoce par ce vœu prononcé librement, nous avons le droit de croire et d'écrire, pour les générations qui viennent derrière nous, que si nous avons été trompés nous leur devons la vérité. Le vœu est le piège immoral contre lequel je me récrie et pourtant je n'ai pas brisé le mien. Vous regarderez le vôtre comme solennel et sacré, mon cher enfant, et vous resterez lié à l'Eglise comme l'oiselet privé de liberté dont on ouvre la cage et qui, après avoir essayé ses ailes, est effrayé de sa liberté et revient dans sa prison où il rentre, captif volontaire, parce qu'il y trouve l'eau et le grain.

On a dit de l'*Imitation de Jésus-Christ* que si l'Evangile est le plus bel écrit venant de Dieu, celui-là est le plus beau qui soit sorti de la main de l'homme. Oui, le moine inconnu qui a écrit lui-même les quatre livres de l'*Imitation* ou qui a compilé, pour les réunir sous une seule couverture, les belles pensées, ardentes, pieuses et poétiques émises, jusqu'au xve siècle, par des imaginations mystiques et particulières et qui suffisent pour conduire une âme à la sainte pureté — ce moine, dis-je, a fait un beau livre. Je l'ai lu, relu, médité ; eh bien ! j'avoue qu'il n'a point satisfait mon cerveau, qu'il n'a rien dit à mon cœur, et que mon âme inquiète n'a trouvé, dans l'*Imitation du Christ*, aucune indication pour une vie future dont l'auteur n'avait point l'intuition. L'abbé de Lamennais était à même de transcrire noblement des pensées humaines émises en un latin peut-être difficile à rendre dans une cellule de bénédictin ou de chartreux il y a cinq cents ans ; mais il traduisait. Aurait-il émis lui-même les mêmes pensées au XIX² siècle ? Ce livre a été écrit pour un religieux qui ne veut rien connaître du monde. Une pensée se présente à l'esprit de tout lecteur de l'*Imitation* : serait-il possible à Dieu d'avoir imaginé une humanité dont tous les membres voudraient suivre à la lettre les préceptes de l'*Imitation ?* Que d'exagération mystique contient ce petit volume dont les conseils ne peuvent être utiles que pour l'homme enfermé dans une cellule ou un sombre cachot, seul avec ses tristes pensées. On y voit toujours surgir le démon, le vieil ennemi, l'antique serpent ; mais au moins, les peines horribles d'un enfer monstrueux n'y sont point étalées. Cependant, tel qu'il est, mon cher ami, si vous ne voulez pas admettre avec moi que l'âme immortelle n'attendra pas des millions d'années ce jugement dernier problématique et ce châtiment éternel impie qui est réservé à celui qui a mal dépensé les quelques jours d'une vie éphémère qu'il n'a pas demandée la première fois et que nous redemanderons tous si le ciel y a ajouté le libre arbitre, ne cherchez point de livre plus consolant que l'*Imitation de Jésus-Christ.*

« Mais votre âme pure, mon cher enfant, vous a dit tout ce que je vous écris et cette lettre peut traîner sur votre table sans crainte, car l'indiscret qui la lirait n'accusera point le père Marchal de corrompre votre cœur. Il verra qu'il ne veut lui parler que de la vérité avec son simple bon sens.

« Vous avez pour curé de la cathédrale à Saint-Denis un de mes anciens du séminaire, l'abbé Peroux, chevalier de la Légion d'honneur, esprit large et aimable, qui sera un ami pour vous. Vous me rappellerez à son souvenir et lui direz mon histoire.

« Ai-je tout dit à votre cœur ?... Vous êtes jeune, la nature vous a gratifié de ses dons charmants que j'ai vite appréciés chez vous, la douceur et l'énergie tout à la fois et la beauté de la forme. Votre sensibilité ne vous mettra point à l'abri des lois de la nature et vous sentirez, comme tout homme, ce sentiment puissant que le créateur lui a imposé... nommons-le par son nom, l'amour. Il m'a atteint, cher Gaston, il m'a frappé, il a fait couler mes larmes, il vous frappera, et comme moi il vous fera verser des pleurs. Loin de nos âmes élevées le voile de l'hypocrisie. Si vous rencontrez, sur le sentier de votre belle jeunesse, cet être composé de toutes les vertus, de toutes les douceurs et de toutes les cruautés que le charme a cimentées, et qui est la femme, fermez les yeux, fuyez le.... l'amour nous est interdit, fût-il pur comme celui des anges.

« Comme l'oiselet, dont je vous citais l'exemple tout à l'heure, repliez vos ailes, refusez la liberté, ne cherchez pas à goûter le bonheur, et regagnez votre cage.

« Donnez-moi de vos nouvelles de temps en temps ; vos lettres me feront du bien et m'aideront à apaiser des peines, qui sont légères sans doute, mais que mon imagination grossit. Parlez-moi de ce jeune lieutenant Vallas, votre cousin, que vous avez retrouvé presque miraculeusement et que vous m'avez dit aimer comme un frère.

« Quand vous éleverez vos pensées les plus pures vers le Très-Haut, là-bas sous le ciel limpide des nuits que vous me dites si belles, et si remplies d'étoiles, pensez à votre vieil ami et dites à Dieu : Mon père, ayez pitié de lui ! »

« Je vous embrasse, mon cher enfant, de tout le cœur qui vous est dévoué et qui vous souhaite le bonheur terrestre. »

V. MARCHAL,
Ancien aumônier de l'armée.

Après avoir lu cette lettre de son vieil ami, au cœur si droit, la nuit était arrivée. Gaston, seul et silencieux, réfléchissait aux conseils relatifs à ce sentiment si tendre contre lequel la vigilance du vieux prêtre expérimenté voulait le mettre en garde. Il examina son cœur, il vit apparaître à ses yeux l'image jeune et charmante de Violetta. Il se dit qu'elle n'était pour lui qu'une sœur... et lorsque Mgr Delannoy vint doucement l'avertir que l'heure du repas était arrivée, il vit que le jeune prêtre avait pleuré.

XXXI

En vous promettant, lecteurs amis, cette histoire de l'abbé Bornave je ne pensais point vous raconter quelque chose de bien gai et vous avez dû constater déjà cette fatalité qui semble s'attacher à deux existences, force inconsciente qui a frappé d'autres êtres ainsi que, dans un torrent rapide, deux pierres, emportées avec violence, heurtent et détachent d'autres roches qui les suivent en leur fuite que rien n'arrête.

La destinée existe-t-elle ? Est-il possible de la changer ? Si la réponse est affirmative, il est admissible de concevoir qu'en changeant soit volontairement, soit impulsivement la route qui était tracée à une âme humaine, toute sa vie soit changée, et l'on comprend alors que bien des gens ont raison, lorsqu'ils disent ce que chacun de nous a entendu répéter souvent, s'il ne l'a dit lui-même : « Ce n'était pas la vie que je devais mener. — J'ai manqué ma vocation. — J'ai gâché ma vie », expression triviale, sans doute, mais parfaitement juste.

Ces réflexions jetées, revenons à nos pages retrouvées... dont je voudrais passer les plus tristes... hélas, il faudrait finir ici.

. . . .

— « Eva, je vous en prie, écoutez-moi quelques instants ; pourquoi me couvrir de votre dédain ? Ne suis-je pas votre ami d'enfance ? Ne vous ai-je pas avoué mon amour le premier ? »

— « Edgar, je vous conjure de vous éloigner, votre conduite est blâmable ; oui, vous êtes un ami, oui, vous m'avez fait un jour l'aveu de... votre affection, mais vous ai-je laissé croire que j'y répondais ? Non, avouez-le. Restez mon ami dévoué, je resterai la vôtre, rien de plus. »

— « Eva, encore un mot, tant que l'autorisation à ce mariage n'est point arrivée, vous vous appartenez encore... laissez-moi espérer. »

— « Monsieur, ce que vous dites suffirait pour changer mon amitié en haine ; croyez-vous donc que la parole que j'ai donnée à M. le lieutenant Vallas est de celles que l'on foule aux pieds. Retirez-vous, si vous ne voulez pas aller au-devant d'un malheur. Viens, Violetta, allons rejoindre ma mère et ma sœur. »

Cette scène rapide s'était passée au jardin du roi, un soir que la musique de l'infanterie de marine y donnait un concert.

M. Edgar de V... avait vu Mlle Eva S... entrer dans une allée ombreuse avec son amie Violetta pendant un intermède musical et l'avait suivie. Cette insistance, si elle démontrait le sentiment du jeune avocat, dénotait chez lui l'oubli des convenances et des règles d'une éducation habituellement délicate chez lui.

Dans la grande et belle avenue, qui va de la grille au Musée, la société se promenait sous la lumière des guirlandes de lanternes vénitiennes tendues entre la longue allée d'arbres. Les officiers, mêlés aux familles créoles, causaient avec les demoiselles qu'ils rencontraient dans le monde et dont plus d'une, à son tour, attendait un aveu et une demande qui changeraient sa vie de jeune fille.

Vallas, un moment près de la famille du colonel qu'il était allé saluer, ne quittait pas des yeux sa fiancée aimée à laquelle, dans quelques jours, il lui serait enfin permis de donner son nom.

Il la vit un instant entrer sous l'une des allées latérales avec son amie Violetta et se sentit ému en apercevant M. Edgar quitter un groupe de jeunes gens et entrer rapidement dans l'avenue où les jeunes filles avaient disparu.

Saluant le colonel Gassias et sa famille, il s'approcha des lieutenant Giliani et Lhotelier qui causaient ensemble... — « Suivez-moi », leur dit-il tout bas ; et, prenant avec ses amis une autre allée, il arriva sans bruit à une épaisse touffe de bambous à côté de laquelle étaient près de parvenir les jeunes filles. Voyant accourir derrière elles le jeune avocat, Vallas fit signe aux deux officiers de faire silence.

Ils assistèrent donc à l'entretien que nous venons d'entendre.

— « De quel malheur voulez-vous donc parler Eva, interrogea Edgar, en retenant celle-ci par le bras ? »

—« Laissez-moi, monsieur, ce que vous faites est déloyal...

le malheur serait que mon fiancé fût ici, ou l'un de ses amis... il est certain que vous ne vous permettriez point de m'arrêter. »

— « Eva, un dernier mot, écoutez-le, vous savez que je vous aime, je vais oser vous demander une chose, vous ne me la refuserez pas ; et ici, en présence de Mlle Violetta, je jure, en honnête homme, de ne plus jamais, jamais vous importuner... Eva, j'ai été le premier à vous dire que je vous aime, et je me retire pour toujours si vous me donnez un baiser, un seul, Eva, le premier... le dernier. »

Et, en disant ces paroles, l'insensé allait s'approcher de la fiancée de Vallas qui, poussant un cri, s'enfuit avec Violetta.

Le malheureux, oubliant toute réserve, allait peut-être poursuivre Mlle Eva lorsqu'il se sentit saisi au cou par une main de fer, celle de Vallas qui venait de s'élancer sur lui comme un tigre.

— « Misérable !... lui dit-il, qu'avez-vous fait ? et (lâchant l'étreinte de ses cinq doigts...) répondez ! »

— « Qui êtes-vous, monsieur, pour vous permettre de porter sur moi une main aussi brutale ? » — « Vous le savez, monsieur l'avocat ; et si, par éducation ou faiblesse, j'ai oublié votre insolence à l'égard de Mlle Eva, au bal du colonel, vous ne sauriez échapper, ce soir, à la leçon que vous méritez. J'ai eu assez de calme depuis quelques instants pour permettre à ces demoiselles de s'éloigner sans se douter de ma présence ; maintenant voici le moment où votre double insulte à ma fiancée et à moi doit être payée », et joignant le geste à la parole, il appliqua deux violents soufflets sur les joues de l'ami d'enfance d'Eva.

Rugissant de colère, celui-ci, plein de vigueur juvénile, s'élança sur son adversaire pour le frapper et le renverser, mais il ne se doutait pas de la force de l'officier basque qui, le saisissant dans ses bras, l'enleva comme un enfant et l'allait précipiter dans un bassin voisin lorsque Giliani et Lhotelier apparurent pour mettre fin au combat.

— « Assez, messieurs, dit le lieutenant Giliani, plus de voies de fait, reprenez votre calme. »

— « Ah ! monsieur avait amené des aides, s'écria Edgar sous l'empire de la colère ! »

— « Des aides, non monsieur, et je crois vous avoir assez démontré que je n'en avais pas besoin, mais des témoins sans lesquels la rencontre que vous avez provoquée pour la seconde fois n'aurait pu avoir lieu. »

— « Me prenez-vous donc pour un lâche, lieutenant ? »

— « Non, monsieur, lui dit Lhôtelier calme, nous sommes témoins de la leçon méritée que vous a infligée notre ami Vallas ; mais nous l'avons été aussi de l'insulte que vous avez faite à Mlle S... et pour laquelle, je pense, vous n'aviez point songé à amener de témoins, vous. »

— « C'est bien, messieurs, je suis à vos ordres, un duel est irrévocable entre M. Vallas et moi. Il est l'insulté, il a donc le choix des armes. Demain matin mes témoins seront à l'hôtel de l'Europe à 10 heures. Que l'affaire se termine avant la fin du jour. Je tiens cependant, messieurs, à ce que vous n'emportiez point de moi le souvenir d'un lâche. Si votre présence ne s'était point révélée, la demande d'un baiser à la fiancée de monsieur n'eût point été connue et je vous fais ici serment que jamais plus elle ne m'eût trouvé devant elle. J'ai cédé à un moment de dépit... je le regrette. Mais je n'en demande pardon qu'à elle... à vous nullement ! »

— « Un mot avant de nous séparer, monsieur, lui dit Vallas, donnez à vos témoins le motif qui vous plaira de notre duel ; mais, sur votre honneur, que le nom de Mlle Eva S... ne soit pas prononcé dans cette affaire. »

— « Je vous le promets, messieurs. »

Et s'étant salués, M. Edgar de V... et les trois officiers revinrent à la musique et se mêlèrent aux groupes des promeneurs.

Vallas ne revint auprès de sa fiancée qu'après avoir ostensiblement salué quelques familles. Eva, par un discrétion que l'on comprendra et convaincue qu'elle eût mis deux adversaires les armes à la main si elle eût raconté la scène du jardin à son fiancé, et ne se doutant pas de la présence de celui-ci pendant la scène très rapide qui avait eu lieu avec Edgar, ne dit rien à Vallas, lequel, de son côté, demeura bouche close.

XXXII

Avant de quitter le jardin, la musique achevée, Vallas s'approcha du colonel et lui dit : — « Mon colonel, j'ai demain un service à demander à mon ami Lionnet, voulez-vous que je lui dise que vous lui accordez la permission de vingt-quatre heures ? »

— « De quarante-huit, mon cher camarade, lui répondit le bienveillant officier supérieur qui savait que le lieutenant Lionnet devait être l'un des témoins du mariage de Vallas. Vous aurez peut-être besoin de lui après-demain, envoyez-moi le lieutenant Genmeyer que je vois là-bas. » — « Lieutenant, lui dit le colonel, lorsque celui-ci fut près de lui et après que Vallas eût adressé ses remerciements au colonel, vous irez passer deux ou trois jours à Saint-Paul à la chasse, envoyez-nous un lièvre si vous êtes adroit. Vous direz à M. Lionnet de venir à Saint-Denis pendant ce temps-là. J'ai à lui parler. »

Vallas se rendit aussitôt au télégraphe et adressa à Lionnet la dépêche suivante :

Lieutenant Lionnet, Commandant détachement
Infanterie de Marine, Saint-Paul.

« Colonel l'accorde permission quarante-huit heures. Sois
« ici à 7 heures chez moi. Service sérieux à te demander.
« Compte sur toi. »

M. VALLAS.

Quand il reçut cette dépêche le lieutenant Lionnet était chez Mlle Fifine qui sommeillait sur un grand hamac, pendant qu'il lisait en fumant.

— « Finette, lui dit-il doucement sans l'éveiller, dis-moi ce que contient cette dépêche ? » et il la mit doucement sur le front de la voyante.

Aussitôt, elle écarta le papier avec rapidité... — « Vallas ! s'écria-t-elle, du sang ! » — « Toujours, lui dit son ami; tu as eu un bourreau dans tes ascendants, cela est certain. »

Aussitôt, Lionnet déchira le papier bleu et, jetant d'abord les yeux sur la signature, puis parcourant la dépêche...
— « Sapristi ! s'écria le jeune lieutenant... on dirait qu'il y a du vrai cette fois... Un service sérieux... Ce doit être cela... Serait-ce par hasard la suite de l'invitation à la valse ? »

— « Fine, fais ma valise, ma chère, je vais retenir une voiture... je pars cette nuit à 3 heures, le colonel a besoin de moi pour ma carte. »

A 10 heures du matin les lieutenants Lionnet, Giliani et Lhotelier, exacts au rendez-vous, trouvaient, sous une tonnelle de l'hôtel de l'Europe, MM. F. Legras, greffier du Tribunal, G. Lahuppe, imprimeur et rédacteur en chef du *Journal Créole* et le Dr Mac Auliffe, amis du jeune avocat.

Afin de n'éveiller aucun soupçon ils se firent servir de la bière glacée et renvoyèrent le garçon. — « Messieurs, dit M. G. Lahuppe, vous savez qu'une altercation regrettable s'est produite hier, à propos d'un motif futile, un cheval de course, et qu'elle a malheureusement dégénéré en une scène violente entre M. Edgar de V... et le lieutenant Vallas. Nous pensions pouvoir arranger la chose, malheureusement notre client et ami a été frappé au visage en présence de deux de vous, messieurs, et pense qu'une rencontre est malheureusement obligatoire. »

— « Tel est l'avis de M. Vallas et le nôtre, répondit le lieutenant Lionnet. M. Edgar de V... a même reconnu à notre ami le titre d'offensé ; cependant le lieutenant ayant porté la main sur son adversaire devant MM. Giliani et Lhotelier, ici présents, nous charge de vous dire qu'il laisse le choix des armes à votre ami. En conséquence nous accepterons le pistolet ou l'épée.

— « Nous prendrons l'épée », répondit M. Lahuppe, qui savait Edgar de première force au fleuret. »

— « Accepté l'épée », répondirent Lionnet et Giliani.

— « Le lieu du combat sera le champ de course, si vous n'y voyez pas d'empêchement, près du monument du lieutenant anglais John Graham Munro », proposa M. F. Legras.

— « Accepté, messieurs ; l'heure, maintenant », demanda Giliani.

— « Notre client, plaidant au Palais, ne peut s'absenter

avant 6 heures, et peut difficilement se dispenser d'un repas de famille ; la rencontre, si vous le voulez, aura donc lieu ce soir à 10 heures. La pleine lune, qui a lieu aujourd'hui, éclairera suffisamment les adversaires. »

Tout fut donc ainsi réglé et les six témoins se séparèrent.

XXXIII

Le lieutenant Maurice Vallas, un peu fiévreux, se promenait dans le jardin de Giliani en fumant des cigarettes, attendant le retour de ses amis et songeant aux événements que la fin de ce jour devait amener avec elle.

Son esprit anxieux et incapable de fixer une pensée ne lui présentait que des images sombres. Arrêté devant un arbre entouré d'une jolie liane dont les fleurs aux couleurs vives venaient d'attirer ses regards, il en cueillit une qu'il examina avec attention ; c'était une *passiflore* assez commune dans l'île lointaine et que les créoles entourent de soins superstitieux. Sa longue tige s'attache à l'arbre choisi à l'aide de vrilles ou minces tentacules que l'on voit apparaître, s'allonger, se développer juste à la longueur voulue pour fixer aux aspérités de l'écorce la tige légère et flexible qui incline la tête, et veux monter, non tomber. On ne peut regarder cette frêle liane sans croire qu'une volonté qui lui est propre la fait agir. Maurice considérait le calice plat de la fleur et sa corolle qui semble se détacher pour présenter comme sur un léger coussin vert pâle une couronne formée par une double rangée de filaments roses, pourpres et violets. Ses cinq étamines, son pistil, ses trois styles aux stigmates capités offrent un bizarre ensemble de formes dans lesquelles l'imagination populaire a cru reconnaître (sans songer que cette fleur a existé de tout temps) les divers instruments de la Passion du Christ : la couronne d'épines, les clous, le marteau, la lance et le fouet. Absorbé par cette contemplation, Maurice ne s'aperçut pas que la porte du jardin s'était ouverte et que quelqu'un avait pénétré dans le jardin ; c'était l'abbé Bornave qui, sans bruit, s'était approché de son cousin pour regarder par dessus son épaule ce qu'il tenait entre ses doigts et considérait si attentivement.

— « Tu fais donc de la botanique, Maurice ? » lui demanda en souriant le jeune prêtre qui lui tendit la main.

— « Non, Gaston, non, j'essayais de lire en cette petite fleur biblique comme en un livre aux caractères indéchiffrables le destin d'un jour ; tu connais les passiflores, Gaston, contemple celle-ci et suis, en sa merveilleuse structure, les secrets que la nature y cache si mystérieusement.

« Vois les images que cette chose divine qu'est une fleur présentait à mon cerveau : je considérais cette petite couronne symbole du martyre, ce petit marteau, ces clous et ce long pistil qui rappelle une lance ou le fer d'une épée capable de percer un cœur. »

— « Qu'as-tu Maurice ? Ton âme me semble bien empreinte de mysticité en cette belle matinée si ensoleillée ; à quoi songes-tu donc ? »

— « Mystique, je le suis plus souvent que tu ne crois, frérot, mais, aujourd'hui j'ai plus d'une raison de l'être. Regarde encore cette fleur : en arrachant l'un après l'autre les stigmates qui paraissent se contracter et souffrir, il semble que la liqueur germinative que tu vois poindre soit du sang dans lequel ce petit fer de lance ou d'épée ait trempé sa pointe. C'est comme une prédiction que je viens d'y lire. »

— « Maurice, quelles sont ces pensées, où les puises-tu ? Tu me caches quelque chose, je le devine ; ce mot « prédiction » m'émeut toujours car il nous place, toi et moi, entre notre passé troublé et notre avenir mystérieux que, par pressentiment, j'entrevois sombre... ne me cache rien. »

— « Alors, Gaston, assieds-toi là et écoute ; il ne peut exister aucun secret entre nous. Oui, la fatale prédiction doit s'accomplir, la gitana l'a dit, et la voyante bizarre, mamzell' Fine, l'amie de mon cher Lionnet l'a renouvelée ; nous sommes enveloppés sous le même voile de tristesse qui porte des taches rouges. Cette blessure au cou annoncée par la bohémienne de malheur, tu l'as reçue et, comme l'abeille qui meurt de la piqûre qu'elle a faite, la pauvrette inconsciente qui t'a frappé en est morte aussi ! Gaston le second événement s'approche... Cette nuit, je me bats en duel et cette petite fleur de la passion qui s'est présentée à moi et vers laquelle mes doigts sont allés malgré eux me parle de fer, de sang et de couronne de martyre. »

À cet aveu, le jeune prêtre tout pâle se leva d'un bond et saisit la main de son cousin... « Un duel ! Que dis-tu ? Parle jusqu'au bout... dis-moi tout. »

— « Tu vas le savoir Gaston, mon cher frérot... car voici mes témoins. »

En effet les lieutenants Lionnet, Giliani et le bon Lhôtelier apparaissaient à l'entrée du jardin.

— « Eh bien ! mes amis, demanda Vallas froidement ? »

— « Tout est réglé ; ce soir à 10 heures, près du monument de Graham-Munro ».

— « Et l'arme choisie ? » — « L'épée de combat. » — « Je m'en doutais et je la préfère au revolver impitoyable ou ridicule. »

— « Mais, Maurice... ton adversaire ? Tu ne m'as pas dit son nom. »

— « M. Edgar de V... » — « Fatalité ! c'était écrit... » dit à voix basse le secrétaire de Mgr Delaunoy.

— « C'est bien, Maurice, je serai près de là, si tu veux me le permettre ? » — « Te le permettre ! mais, je t'en prie mon bon Gaston... qui sait si ton ministère ne sera pas nécessaire à l'un de nous. » — « Songe à tout, Vallas, conseilla Lionnet, le jour fuit rapide. N'oublie rien. As-tu prévenu le colonel ? » — « Non, M. Gassias est rigide en matière de duel. Il refuserait de me permettre de me battre et, comme la rencontre aurait lieu quand même, car mon adversaire m'accuserait de manquer de courage si j'obéissais, je doublerais ma faute par une contravention et par ma désobéissance. »

— « Moi, dit Lhôtelier, je vais aller inviter le Dr Miornec à cette petite réunion de famille, sa présence y sera probablement aussi utile que celle de monsieur l'abbé. »

— « Maintenant, mes chers camarades, séparons-nous, à ce soir, je ne déjeûnerai pas au mess, j'ai, vous le comprendrez, un devoir pénible à remplir près de ma fiancée ; quelle que soit l'issue du combat, elle doit en être prévenue. »

— « N'en fais rien, imprudent, s'écria Lionnet, Mlle Eva ne doit rien savoir ; elle ferait manquer le duel entre son fiancé et son ami d'enfance. Qui sait si elle ne viendrait pas se jeter entre vous ! Crois-moi ne lui souffle pas mot à ce sujet. » Les lieutenants Giliani et Lhôtelier ainsi que l'abbé Bornave lui-même, se rangèrent à cet avis et Vallas promit de n'en rien dire. Il assura que sa visite serait ce qu'elle était chaque jour et qu'il s'efforcerait d'être calme.

Les trois officiers serrèrent la main des deux cousins et se retirèrent, puis Vallas laissa l'abbé Bornave au jardin et rentra se mettre en tenue.

Lorsqu'il fut seul, Gaston triste et soucieux s'assit sous la tonnelle et promena ses regards sur ce jardin plein de verdure dont il avait été deux fois l'hôte, à son arrivée dans l'île après son naufrage et au lendemain du soir fatal où la main criminelle de Taïlé l'indienne l'avait frappé d'un coup de poignard. Il cherchait à pénétrer cet avenir éloigné de quelques heures à peine de l'instant présent en se rappelant malgré lui sa seconde rencontre sur la route d'Espagne avec Sarah la gitane, et ses pensées, semblaient fuir emportées sur les ailes d'un oiseau de mauvais augure.

Tout à coup les yeux de Gaston qui erraient sur l'herbe verte, aperçurent deux fleurettes et leur vue chassant comme de légers nuages dissipés par le vent toutes ses idées sombres, son visage se dérida et le sourire le plus gracieux vint l'illuminer de joie.

L'une était une petite violette cachée à l'ombre d'une haute fougère, l'autre une marguerite étalant orgueilleusement sa collerette dentelée de blancs pétales autour de son plastron d'or.

Se lever, courir vers la violette, la cueillir, en respirer le doux parfum, et la porter à ses lèvres... ce fut la durée d'un geste. O pauvre prêtre, sous ta robe noire, comme ton cœur d'homme jeune, tendre et beau battait délicieusement. C'est qu'un sentiment que Dieu lui-même insuffla dans leurs âmes le jour où il forma l'homme fier et sa belle compagne, un sentiment que le Créateur ne saurait plus éteindre, venait de pénétrer en ton être, celui de l'amour pur et chaste.

Gaston bien loin du monde, oublieux du duel qui l'avait

ému, ne voyait en tenant entre ses doigts cette fleur si frêle que l'image adorée de la jeune fille, belle, innocente, de l'ange qui, depuis six mois, emplissait sa vie de joie et de douceur.

Et l'homme au caractère ferme, l'abbé Bornave, redevenant adolescent, se baissa vers la pâquerette et doucement, avec un sourire d'enfant, comme il avait fait souvent innocemment dans la prairie basque, il effeuilla un à un les pétales de la fleur immaculée... Violetta m'aime... un peu... beaucoup... — « Que fais-tu donc là, Gaston, demanda Maurice rieur en paraissant au bout de l'allée... Etudierais-tu la botanique à ton tour ?... — « Elle m'aime ! » répondit l'abbé Bornave étourdiment et, s'apercevant de son attitude il devint cramoisi.

— « Je le savais, mon pauvre Gaston, et je sais aussi que tu l'adores, que tu souffres, que ton cœur est déchiré... et cette torture, c'est moi, toujours moi qui te l'ai imposée. Ah ! Bornave, si je pouvais reculer ma vie, si je pouvais être encore au séminaire de Betharram... notre vie serait tout autre. Si le Ciel le permettait comme je te rendrais ce dolman, cette épaulette, comme je ceindrai ce sabre à ton côté et avec quelle joie je te crierais : « Prends-la ta Violetta, cueille-la, mets-la sur ton cœur, fuis avec elle pour toujours ; vous êtes si dignes l'un de l'autre et de votre amour pur. Cette couronne de martyre que je contemplais sur cette passiflore, c'était la tienne ô mon frère ! »

Et disant ces paroles Vallas ouvrit ses bras à l'abbé Bornave qui s'y précipita et ces deux hommes jeunes et beaux mêlèrent quelques larmes que ni l'un ni l'autre ne pouvaient retenir.

— « Allons, dit le prêtre le premier, soyons homme et que notre destin s'accomplisse. Montrons-nous forts contre lui... et sourions ! »

En recopiant pour le mettre au net ce passage, je songe que si l'envie me prenait un jour de faire éditer sous une belle couverture « *Vieilles Notes* » et « *Pages retrouvées* » je mettrais peut-être un titre en tête de chaque chapitre et que je donnerais à ce dernier celui de : *Les deux fleurs*.

XXXIV

C'était par une nuit splendide, la lune en son plein brillait de tout son éclat ce qui atténuait un peu celui des étoiles, mais tout l'écrin des perles de l'hémisphère austral s'étalait radieux sur son vaste manteau de velours. Deux voitures avaient quitté la ville lentement et passé le pont de la rivière Saint-Denis, au pas, comme pour une promenade, se dirigeant vers la plaine de la Redoute. Elles s'arrêtèrent devant les longs gradins de pierres envahis par l'herbe et qui forment les tribunes aux jours des courses ; quelques messieurs en descendirent, l'un d'eux tenant sous le bras des épées dissimulées dans un étui de serge verte. C'était Edgar de V... et ses témoins MM. G. Lahuppe, F. Legras et le Dr Mac Auliffe.

Ensemble ils s'éloignèrent des deux landaus en marchant vers le mausolée qui abrite, depuis 1810, la dépouille mortelle du jeune officier anglais tombé là au champ d'honneur et dont la colonne de granit se découpait dans le ciel de nacre sombre.

Vallas et ses amis les lieutenants Lionnet, Giliani, Lhôtelier et le Dr Miornec du bataillon d'infanterie de marine les y avaient précédés.

Un froid salut fut échangé de part et d'autre entre les deux groupes, et, sur la proposition des officiers, acceptée par les témoins de l'avocat créole, quatre torches de résine à la lumière rouge éclatante furent allumées et tenues par quatre soldats afin d'éclairer les combattants.

Les deux adversaires mirent habit bas et deux témoins, M. Lahuppe et le lieutenant Lionnet, ayant tiré les épées et les places au sort remirent une arme à chacun. Les conditions du duel étaient que chaque reprise serait de deux minutes et que le combat cesserait lorsqu'une blessure déclarée grave mettrait celui qui l'aurait reçue dans l'impossibilité de reprendre l'épée, et cela de l'avis des combattants seuls.

— « Allez, messieurs », prononça M. Lahuppe le doyen

des témoins dès que les places prises, les deux fers furent croisés.

Egalement de sang-froid, les deux adversaires jeunes et souples engagèrent l'épée après un salut de la lame et se livrèrent à une série de feintes et de dégagements suivis de coups droits allongés et parés adroitement.

Edgar habile tireur se fendait et se relevait avec vivacité écartant avec dextérité plusieurs coups dangereux. Vallas dont le bras était plus vigoureux fit plusieurs battements de fer suivis de contres habiles et de menaces audacieuses détournées par une lame fine et vive.

Trois reprises suivies de repos d'une minute avaient eu lieu sans que la pointe d'une des deux épées eût rencontré le corps de l'un des adversaires ; il était évident qu'ils étaient d'égale force et dignes l'un de l'autre.

A la quatrième reprise Vallas qui comprenait le jeu du jeune avocat se fendit après un choc en quarte et un doublé rapide et, la pointe de son épée relevée avec prestresse déchira la chemise d'Edgar qui, sans perdre de son calme riposta par un contre et un coup droit et avant que le lieutenant eût pu se relever il allongea le bras la pointe en pleine poitrine. Mais le coup paré et détourné avec un bras ferme n'atteignit que l'épaule de l'officier où la lame pénétra de plusieurs centimètres dans la chair. Le sang jaillit aussitôt et couvrit de sang la chemise de Maurice. Le Dr Miornec et ses amis s'élancèrent vers lui. « La blessure est assez grave pour suspendre le combat, dirent-ils, il serait impossible de tenir l'épée. »

— « Continuons, messieurs », dit Vallas en passant l'arme dans son autre main et en retombant en garde. « Quand il vous plaira, monsieur, dit-il à son adversaire surpris, n'ayez aucun scrupule je tire aussi bien du bras gauche. » — « A votre disposition, monsieur », répondit l'avocat qui croisa le fer en reprenant la position de combat.

Edgar alors ne tarda pas à s'apercevoir qu'il avait devant lui un rude jouteur qu'il ne fallait pas laisser reposer et vivement il porta plusieurs coups aussitôt parés avec ripostes menaçantes et il comprit que le jeu du gaucher devenait dangereux et difficile à écarter. Après une feinte habile il se fendit et toucha légèrement l'épaule de son adversaire, mais il s'était fendu trop à fond ce dont Vallas toujours calme malgré la douleur de sa blessure, profita sans perdre une seconde et, ne laissant point à Edgar le temps de se relever, il chassa d'un coup de fouet irrésistible l'épée de celui-ci dont la poitrine était découverte, allongea le bras, et, d'un coup droit terrible, il plongea son épée dans le sein du malheureux jeune homme qui tomba à la renverse, les bras grands ouverts, laissant échapper son épée en poussant un cri déchirant. En se relevant Vallas retira son arme qui avait traversé son adversaire de part en part en lui perçant le cœur.

Le sang du blessé sortait à flots par la bouche, par le nez et par sa cruelle blessure. Les deux docteurs et l'abbé Bornave, qui s'était rapproché des combattants après la blessure de Vallas, s'agenouillèrent près du corps d'Edgar couché dans l'herbe. Mais, hélas ! la mission des médecins et celle du ministre de Dieu furent inutiles. Le pauvre ami d'enfance d'Eva payait chèrement l'aveu de son amour et la demande d'un premier et dernier baiser. Il ouvrit les yeux sans rien voir, essaya de prononcer un mot incompréhensible, peut-être le nom de celle pour qui il donnait sa vie, et ses paupières se refermèrent pour jamais... Son âme s'était envolée ! Cette scène lugubre, éclairée par quatre torches, est un tableau qui, jamais, ne pourra sortir de la mémoire de ceux qui en ont été les tristes témoins.

Vallas, après avoir fait panser sa blessure assez pénétrante mais sans gravité, regagna la *Petite Ile* avec l'abbé Bornave qui lui donnait le bras et ses camarades attristés et silencieux.

Le corps du pauvre Edgar de V... fut couché dans un landau où l'étendirent les soldats et, entouré de ses amis éplorés, il fut lentement emmené vers sa demeure.

Les torches éteintes, les quatre « marsouins » regagnèrent la caserne et la lune brillante n'éclaira plus que la plaine silencieuse et le mausolée solitaire du jeune officier anglais dont l'âme, peut-être attirée par le bruit qui se faisait près de sa tombe, était venue assister là à un autre lugubre combat.

XXXV

A peine le jour avait-il succédé à cette nuit sanglante que la triste nouvelle de la mort d'Edgar de V... se répandit avec la rapidité d'une traînée de poudre, et dès 10 heures du matin, toutes les familles de Saint-Denis l'avaient apprise.

Est-il nécessaire de dépeindre l'immense douleur de la mère de la victime du duel et de tous les siens ; de décrire les obsèques à la cathédrale où, dans sa mansuétude chrétienne, Monseigneur permit à la dépouille du défunt de pénétrer, et le convoi suivi de ce que la population du chef-lieu et des quartiers comptait de plus distingué ? de reproduire le discours du vieil avocat Morel, le bâtonnier des avocats et ceux de quelques amis ?... Non, ces descriptions n'ajouteraient rien à l'intérêt de ce récit. Qu'il suffise de savoir qu'une semaine passée avait, comme sur toutes choses en ce monde, amené le silence qui succède à tous les commentaires dont les conversations et les journaux sont toujours les échos plus ou moins fidèles.

L'adversaire du jeune avocat, le lieutenant Vallas, jouissait de trop de sympathie pour n'être pas plaint. Très sensibles sur le point d'honneur, les créoles ont la réputation justifiée de mettre pour un mot flamberge au vent et tous savaient par le récit des témoins du duel et par celui du procès-verbal publié dans les feuilles publiques de la colonie comment s'était passé le combat, et le fait relaté qu'après avoir été blessé assez grièvement le jeune officier avait bravement continué la lutte en changeant son épée de main, lui avait valu une admiration discrète et générale.

Mais, le lieutenant-colonel Gassias et M. le gouverneur de Bormel ne pouvaient être du même avis. Appelé par son chef, Maurice qui gardait le lit par suite d'une assez forte fièvre causée par sa blessure à l'épaule, fut retenu à la chambre par le D'r Miornec. Le commandant Bourgey vint constater l'état du lieutenant et une heure après l'adjudant de semaine remettait à celui-ci une lettre du colonel lui infligeant trente jours d'arrêts de rigueur pour avoir contrevenu à la loi sur le duel en se battant sans autorisation préalable de son chef avec un avocat du barreau de Saint-Denis et lui avoir donné la mort, homicide par imprudence qui rendait le coupable passible du conseil de guerre. L'adjudant, après avoir fait placer un factionnaire à la porte de la demeure de l'officier puni, se retira en emportant son sabre, ce que prescrit le règlement militaire et indique que le coupable ne peut plus faire de service pendant la durée des arrêts de rigueur. Il lui est interdit même de recevoir d'autres visites que celle de ses chefs, du docteur s'il est souffrant et de ses parents dûment autorisés par le capitaine adjudant-major. On devine donc que M. de Vourgny se hâta d'accorder cette permission permanente à l'abbé Bornave, cousin et seul parent du lieutenant Vallas dans la colonie.

Dans l'après-midi, une seconde lettre de service du gouverneur de l'île apportée par le même adjudant faisait connaitre au malheureux Vallas qu'après avoir consulté son excellent dossier du personnel qui attestait sa belle conduite devant l'ennemi, où il avait reçu une blessure et conquis l'épaulette, et qu'ayant reçu de la famille de son adversaire qui avait loyalement été reconnu le provocateur, une demande généreuse ayant pour but de prier le chef de la colonie de faire cesser toute poursuite contre le lieutenant, il n'ordonnerait pas sa traduction devant un conseil de guerre mais qu'il doublait les trente jours d'arrêts infligés par le colonel et prescrivait son renvoi dans un régiment de France à la fin de sa punition.

D'un geste de désespoir Maurice tendit le papier à Gaston Bornave qui était auprès du lit du blessé. — « Que penses-tu de l'enchaînement fatal des événements, la roue de mon malheureux destin cessera-t-elle jamais de tourner ? mon départ prescrit, c'est mon mariage remis aux calendes grecques !... Et Eva qui ne m'a pas écrit un mot ! » Et celui qui avait vu la mort plus d'une fois devant lui sans reculer, cacha sa tête dans son oreiller et se mit à pleurer comme un enfant.

— « Courage mon ami, lui dit Gaston en lui prenant la main, ne te laisse point abattre par l'adversité, accepte avec résignation ces épreuves dont je prends ma part, crois-le bien. L'avenir est peut-être moins sombre que nous le croyons. N'est-ce pas le doigt de Dieu qui nous a réunis, Gaston, sois homme et dis-toi que les maux qui nous frappent seraient moindres si nous savions réfréner notre douleur. »

— « Tu as raison Gaston j'ai besoin de réfléchir à ce que je dois faire. Demeurer soixante jours en cette chambre qui me semble déjà un cachot, être dans l'impossibilité de franchir ma porte gardée par cette sentinelle, ne pouvoir courir vers celle que j'aime et qui doit tant souffrir par moi, c'est insupportable ! Un basque en prison, c'est une hirondelle mise en cage... Comme elle il en meurt ! »

A demain Gaston, laisse-moi seul, je vais prendre une détermination.

— « Puisse la nuit te porter conseil, et la sagesse t'inspirer, mon pauvre Maurice. »

— « Je n'ose espérer que ma résolution soit le fruit de la raison, mais, tu me connais, ce que j'aurai décidé, je l'exécuterai. »

Les deux cousins s'étant pressé la main, l'abbé Bornave regagna l'Evêché.

Vallas ne dormit pas de la nuit, les pensées les plus extravagantes traversèrent sa cervelle ; enfin, lorsque le sommeil réussit à s'emparer de lui, il avait arrêté un plan de conduite dont il se promit de ne point s'écarter.

Le lendemain matin, l'adjudant-major de Vourgny vint voir le prisonnier pour qui il avait beaucoup d'amitié et lui dit sans préambule :

— « Mon cher camarade, êtes-vous toujours dans l'intention d'épouser Mlle Eva ? »

— « Pourquoi cette question, demanda Vallas troublé. Mais plus que jamais mon capitaine. Est-ce qu'après avoir tué l'ami d'enfance qu'elle eût épousé si la fatalité ne m'eût placé sur son chemin, je ne dois pas l'aimer doublement et lui faire oublier ce malheur en devenant le tendre compagnon de sa vie ? »

— « Cette pensée est noble et belle, lieutenant, mais pour cela, il vous faut toujours le consentement du père. Or, on m'a dit hier soir dans un salon qu'il le retire purement et simplement. »

— « S'il faisait cela, cet homme serait un misérable ! »

— « Peut-être suis-je de votre avis, mais c'est son droit.

En cet instant l'abbé Bornave entrait. Le capitaine de Vourgny laissant les deux cousins seuls se retira en promettant à Vallas de venir lui tenir compagnie souvent.

— « Eh bien Maurice, as-tu compris que le plus sage est de patienter, de subir tes arrêts... tout s'arrangera. » — « Alors tu ne sais pas ce que m'apprend le bon et aimable capitaine qui sort d'ici ? »

— « Je m'en doute, Maurice, ma chère Violetta qui venait de quitter ta fiancée me l'a fait connaître hier soir : Consentement suspendu. Correspondance interdite. » — « Ah ! le père est cruel de me priver d'écrire à celle que j'aime et que j'épouserai... Alors, plus que jamais je suis décidé à mettre à exécution le plan que j'ai conçu cette nuit. Gaston, mets-toi à ma table et sois mon secrétaire, ma main droite pouvant difficilement tenir la plume. — ... Bien. — Ecris :

« Ma chère Eva, ma bien-aimée,

« Je n'ai point à vous pardonner le silence que vous gardez à mon égard, depuis le triste soir qui vous a ravi un ami d'enfance et qui m'a cruellement séparé de vous. J'ai compris la délicatesse du sentiment qui a retenu votre plume et j'avais pour devoir d'agir de même, ne voulant pas mettre trop tôt le doigt sur la plaie faite à votre cœur. Hélas c'est une dure fatalité, qui a voulu que mon bras ait eu à croiser le fer contre celui qui eût pu être mon ami. C'est à regret que j'ai eu à venger une première insolence que j'avais voulu oublier et qu'il a renouvelée envers vous en une scène fâcheuse que deux de mes amis et moi avons vu jouer sous nos yeux au jardin public la veille de cette rencontre qu'il avait rendue inévitable et qui lui fut fatale. Si je ne vous avais pas vengée après avoir été témoin d'une telle insulte, qu'eussiez-vous pensé de moi ?

« Je ne dois point vous laisser ignorer que M. le gouverneur m'a infligé soixante jours d'arrêts de rigueur et qu'il me prévient qu'il me renverra à la disposition du ministre par le paquebot qui arrivera dans la dernière quinzaine de ma punition. Il n'est donc plus question de notre mariage malgré l'autorisation ministérielle que doit apporter enfin le courrier attendu demain ou après. En outre on m'assure que votre père ne veut plus donner sa fille à un malheureux coupable d'homicide. Je viens donc vous poser une question : Eva voulez-vous toujours être la femme de celui qui vous aime depuis un an et qui ne pourrait vivre sans l'exécution de la parole donnée, sans la promesse de votre amour ? Dans ce cas, consentiriez-vous à fuir avec moi si j'en prépare les moyens ? Répondez-moi par un seul mot : oui ou non, que me transmettra de votre part l'ami que j'aime comme un frère, l'abbé Bornave. Il vous fera tenir cette lettre par Mlle Violetta D... chez qui il ira chercher la réponse demain à 5 heures du soir.

« Dans plusieurs jours, quelle que soit votre réponse, vous recevrez de moi une dernière lettre pour vous dicter votre conduite si vous répondez oui, ou qui vous adressera mon dernier adieu en vous rendant votre parole si vous êtes assez cruelle pour dire non.

« Mais laissez croire au pauvre prisonnier que votre cœur lui restera fidèle et croyez, mon Eva adorée, que je serai pour vous le compagnon dévoué dans les bons et les mauvais jours.

« M. VALLAS. »

La lettre achevée et signée en tremblant, le lieutenant la remit à l'abbé Bornave et, lui tendant la main il lui dit :

« Au revoir, Gaston. Puisses-tu changer mon destin en chemin et me rapporter le bonheur. »

XXXVI

La nuit est sombre, la ville de Saint-Denis repose enveloppée d'un épais manteau de nuages sortis de l'Océan Indien, tout est calme, rien ne bouge dans la nature tropicale.

Pourtant, plusieurs ombres, se suivant à intervalles égaux, se sont glissées furtivement, sans bruit, comme évitant d'éveiller la moindre attention, dans la chapelle de la Délivrance, qui domine du haut du double escalier y accédant, le chemin de la petite île à Saint-Denis. La Vierge, qui regarde la ville et semble la bénir, a vu s'éteindre, l'un après l'autre, les cierges que la dévotion ou la superstition allume chaque jour par douzaines, aux pieds de la mère du Christ.

La porte de la petite église s'est refermée doucement sur chaque ombre. Une cérémonie religieuse va s'y accomplir en silence, sans éclat, loin de la foule brillante et parfois peu recueillie qui, en pleine lumière du ciel et sous les feux de mille bougies, assiste à un mariage mondain.

Après avoir nommé tous les personnages de cette scène nocturne on comprendra quel mystère l'enveloppe.

A l'autel, éclairé seulement par deux cierges à la lumière pâle et vacillante, un jeune prêtre agenouillé se recueille. En entendant les pas discrets des premiers arrivants il tourne un instant la tête, et se replonge dans ses pensées ou sa prière ; enfin lorsqu'il s'est assuré que tous ceux qu'il attendait sont présents, il fait un signe de croix, se lève et se retourne. C'est l'abbé Bornave qui est venu bénir, en cette modeste église, le mariage du lieutenant Vallas avec Mlle Eveline S..., tous deux agenouillés l'un près de l'autre, devant l'hôtel, dans le chœur obscur. Derrière eux, debout se tiennent les lieutenants Giliani et Lionnet, témoins de leur ami Vallas, et de Beauchesne et Gemmeyer qui assistent la fiancée. Plus loin, deux femmes à peine visibles, dont l'une verse des pleurs en cachant son visage dans ses mains et l'autre placée derrière elle, sont venues assister à cette cérémonie clandestine. C'est Mlle Violetta D.. et la vieille Zézette, sa fidèle cafrine.

Aucun autre témoin n'a été prévenu.

Après avoir invité le jeune couple à dire tout bas un *pater* et un *ave*, le prêtre lui adresse, d'une voix émue et basse, les paroles suivantes : « O mes amis, combien cette

« union que Dieu va consacrer à jamais et bénir par mes
« mains et qui sera valable à ses yeux et à ceux des hommes,
« est différente de ce que nous l'avions tous rêvée. Cette
« humble cérémonie accomplie sans faste, loin du monde,
« dans la nuit, comme une faute, n'est pas moins au pied
« de l'autel, un sacrement divin qui va vous unir l'un à
« l'autre pour toute cette vie d'un lien indissoluble. Dans
« cette chapelle, en présence de ces camarades dévoués, je
« ne puis vous adresser le discours que j'aurais été si fier
« de faire entendre dans la nef de la cathédrale, remplie
« des amis de cette jeune fille dont la tendresse et la fidé-
« lité à sa parole sont si grandes. Dans quelques instants,
« qu'il faut hâter, mon bien cher Maurice, elle sera ta
« femme, la compagne qui se sera donnée pleinement à
« toi, abandonnant tout sans retourner la tête pour dire
« adieu à ce qu'elle quitte pour te suivre, aussi lui devras-tu
« tout ton amour, tout ton dévouement, toute ta fidélité afin
« de lui faire accepter la vie inconnue dans laquelle, d'un
« accord commun, vous allez entrer... Soyez courageux
« tous les deux, appuyez-vous l'un sur l'autre dans ce sen-
« tier de traverse où vous trouverez bien des pierres et des
« ronces, mais le ciel sombre redeviendra pur et vous ou-
« blierez ce temps d'épreuves. Vous serez forts si vous mar-
« chez avec confiance, avec amour. Hélas ! les minutes nous
« sont comptées ; levez-vous donc et répondez : Louis-Mau-
« rice Valias, consentez-vous à prendre pour épouse Marie-
« Eveline S... ici présente ? » — « Oui », répondit le lieutenant avec fermeté. « Et vous Eveline S..., consentez-vous à
prendre pour époux Louis-Maurice Vallas, ici présent ? » —
« Oui, dit Eva à voix basse en dissimulant un sanglot. Maurice passa au doigt de sa compagne l'anneau nuptial... « Au
nom de Dieu, mes amis, je vous unis », dit le prêtre qui
acheva la prière du mariage. Alors, ôtant son surplis, il se
dirigea vers un pupitre sur lequel le registre des actes religieux était prêt à recevoir les signatures des nouveaux époux
et des témoins, avec celle de l'officiant.

Violetta se leva et se portant au-devant d'Eva, elle lui ouvrit les bras. Les deux amies demeurèrent dans une muette
et longue étreinte, sans pouvoir échanger une parole, lais-

sant couler leurs larmes. A les voir ainsi, quelque étranger, entré dans cette chapelle et ignorant ce qui venait de s'y passer, aurait sans doute cherché des yeux un cercueil, seul capable de faire naître ces pleurs.

— « Sois courageuse, ma chère Eveline, tu pars avec celui « qui a le droit de t'emporter, tu auras la force de suppor- « ter les épreuves qui vous attendent. Pense parfois à Vio- « letta qui, sans toi, n'a plus personne... pour la protéger.

— « Je le sais, ma Violette, tu restes ici seule au monde.

— « Oui, seule, hélas ! car l'ami que le ciel a placé sur mon chemin pourra-t-il demeurer ici longtemps après votre départ ?... Alors la petite Violette languira, se fanera... et mourra !

Tous les témoins ayant signé venaient silencieusement serrer les mains des deux époux lorsque le bruit de trois coups frappés discrètement à la porte attira l'attention de tous.

— « Va voir, Lionnet, dit Vallas à son ami et reviens vite.

— « Il faut partir, Maurice, tout est prêt, les marins sont « à l'endroit convenu, le patron prévient qu'il faut vous hâ- « ter... la mer devient forte. »

Alors Vallas enveloppa sa femme d'un vaste manteau de couleur sombre, et, dissimulé lui-même sous un ample vêtement, il tendit la main à ses camarades. — « Merci, leur « dit-il, jamais je n'oublierai le service que vous m'avez « rendu cette nuit et tout ce que vous avez fait depuis deux « jours pour préparer notre fuite. Embrassons-nous et re- « tirez-vous sans bruit.

« Vous, mon cher de Beauchesne, remettez vous-même de- « main matin ce pli au colonel Gassias. Vous, Giliani et « Gemmeyer, soyez au mess auprès de tous nos camarades « les interprètes de mes regrets. Partir sans les avoir em- « brassés me serre le cœur. Expliquez-leur mon départ pré- « cipité, ils me pardonneront une décision qui s'appuie sur « l'honneur. Dites-leur que la conduite impitoyable du gou- « verneur m'y a contraint. L'ordre qui me renvoyait en « France rendait notre mariage impossible après ce mal- « heureux duel dont je déplore l'issue, car j'eusse couvert « de ridicule et de honte celle à qui j'avais juré de l'épouser.

« Ne m'oubliez pas, moi, je conserverai de ces deux der-
« nières années passées au milieu de vous un souvenir inef-
« façable. Adieu ! » Et dans une étreinte fraternelle, Vallas
pressa l'un après l'autre Giliani, de Beauchesne et Gemneyer
qui sortirent sans bruit de la chapelle, laissant Vallas avec
sa femme et Lionnet. Ce dernier ne voulait pas quitter ses
amis avant de les avoir vus s'embarquer.

Violette bien triste donna encore une dernière caresse à
son amie d'enfance et, ayant embrassé Vallas, leur promit
de remettre elle-même à Mme S. la lettre qu'Eva avait écrite
à sa mère pour transmettre ses adieux à sa famille. Elle
allait se retirer avec les trois officiers qui lui avaient offert
de l'accompagner jusque chez elle, lorsque Gaston Bornave
s'approcha d'elle.

— « Ma chère enfant, lui dit-il avec une grande émotion,
« si je pouvais vous aimer davantage, je vous chérirais
« encore pour ceux qui nous quittent, Violette, s'il m'était
« permis, comme à Maurice qui brise son épée, de rompre
« le vœu que je voudrais avoir assez de courage pour ne
« considérer que comme un préjugé cruel, me suivriez-vous
« comme Eva qui part avec celui que, je le crains, je ne
« reverrai jamais ? » — « Oui, mon ami, oui, sans hésiter,
« répondit bien bas la douce jeune fille, mais hélas à elle,
« Dieu le permet, tandis qu'à moi, il le défend ! »

Un quart d'heure après, M. et Mme Vallas précédés du
matelot qui était venu les chercher, et suivis du lieutenant
Lionnet et de l'abbé Bornave, qui avaient mis une certaine
distance entre eux, afin d'assurer leur fuite, en arrêtant
quelque indiscret qui eut pu les suivre, arrivèrent au bord
de la mer en une petite anse cachée non loin du cap Bernard.
Là, les attendait une embarcation montée par cinq hommes,
qui s'étaient engagés à conduire les fugitifs à bord du petit
brick, qui croisait au large, à l'abri de la haute falaise
abrupte, pour les porter à l'île Maurice.

« Pas une minute à perdre, mon officier, dit le patron à
celui qui s'entendait donner ce titre pour la dernière fois,
la mer est un peu forte, et pour aborder la *Belle Paimpolaise*
avant que le vent du large ne « s'amène », il va nous falloir

« souquer » dur. Vos bagages sont dans le canot... Embarquez vite. »

Instants inoubliables ! Vallas se jeta dans les bras de Gaston Bornave, qui retenait des sanglots dont son cousin n'était plus maître. — « Adieu Maurice, adieu madame, soyez
« vaillants. Nos épreuves ne sont pas finies, frérot, ajouta-t-il
« plus bas... Reverrons-nous jamais notre cher pays bas-
« que ? » — Tais-toi, Gaston, n'abats point mon courage,
« adieu ! Et toi, Lionnet, embrasse-moi, mon fidèle ami...
« Pourquoi Edgar ne m'a-t-il pas tué ? la pauvre femme que
« j'enlève eut peut-être connu le bonheur que je lui ravis...
« Adieu ! Donne un souvenir à Fifine, à la pauvre fille mê-
« lée sans le savoir à ce drame. »

Puis avant d'entrer dans l'embarcation, Maurice courut encore vers Gaston et lui dit bien bas en lui donnant un ultime baiser... « Tu diras à Rose de me pardonner et de prier pour moi. »

Quittant les deux derniers amis qu'il laissait sur cette chère petite terre française, Vallas prit sa femme dans ses bras et entra avec elle dans le canot, où il la fit asseoir à côté de lui, entre les deux petites malles qui contenaient tout leur bien et que Lionnet avait réussi à faire apporter là, puis il couvrit sa compagne de son manteau, et entourant sa tête de son bras « Merci Eva, lui murmura-t-il à l'oreille. »

— « Avant partout ! » dit le patron en saisissant la barre du gouvernail. Quelques instants après la barque disparaissait dans la nuit et, debout sur les galets, l'abbé Bornave et le lieutenant Lionnet n'entendirent bientôt plus que le bruit des avirons battant les flots, allant diminuant, puis s'éteignant. La mer seule brisait sur le rivage ses vagues plaintives, et le cri strident de quelques fouquets, volant dans la nuit, furent, pour les deux amis, comme un dernier adieu, auquel la nature semblait s'associer avec tristesse.

— « Que Dieu les prenne en sa sainte pitié », dit l'abbé Bornave en levant le bras, et allongeant la main vers le petit brick, dont l'ombre légère découpait sa silhouette sur l'horizon brumeux, pour leur envoyer sa bénédiction. Accompagné de Lionnet, le jeune prêtre, dont l'âme était brisée, regagna la demeure de l'ami de Vallas où, pour la troisième fois, il accepta l'hospitalité à la petite île en une circonstance plus malheureuse que les précédentes. La première, après son naufrage, il y avait tout oublié en pressant son « frérot » dans ses bras. La seconde, après le coup de poignard de Tatlé, il s'y était vite remis de son émotion... Aujourd'hui ces lieux étaient bien plus tristes, car l'ami d'enfance vers lequel un destin fatal l'avait amené était parti à jamais... ; de telles réflexions pouvaient-elles permettre aux paupières du jeune Basque de se fermer au sommeil !

XXXVII

Laissons Vallas s'enfuir sur cette petite embarcation que les vagues secouent et qui porte Vallas, sa fortune et son amour, pour revenir en arrière et expliquer les faits dont le chapitre précédent a raconté la conséquence.

Nous avons quitté le jeune lieutenant, aux arrêts de rigueur pour deux mois, adressant à sa fiancée la lettre qui lui fut remise par Violetta, afin de lui demander si elle l'aimait assez pour consentir à fuir avec lui.

La réponse d'Eva transmise verbalement indiquait un caractère prudent et sage. Elle fut rapportée mot à mot par l'amie de Gaston. « Oui, disait Mlle S... je tiendrai ma pro-
« messe. Le courrier en vue depuis ce matin apporte certai-
« nement l'autorisation de notre mariage. Je fléchirai mon
« père dont la bonté est grande, et l'amènerai à nous rendre
« le consentement qu'il a retiré à la suite du triste événement
« que vous savez. Alors, afin de faire cesser la situation pé-
« nible dans laquelle se trouve sa fille, il ira prier M. le
« colonel Gassias d'intervenir auprès de M. le Gouverneur,
« qui peut suspendre vos arrêts durant quelques heures afin
« de permettre la célébration de notre mariage, à la mairie
« et à la chapelle du Brûlé, devant quelques parents et amis,
« sans mystère, mais sans bruit, nous réservant de réunir,
« après votre punition terminée toute ma famille, toutes nos
« connaissances, tous vos camarades, pour donner alors
« une consécration éclatante à cette union, en entendant une

« messe solennelle à la cathédrale de Saint-Denis. Si M. le
« Gouverneur refuse, je jure de suivre, où il voudra, celui
« que je regarde comme mon époux devant Dieu. »

Cette réponse remplit d'allégresse l'âme du bel officier qui, oubliant aussitôt les douleurs causées par son coup d'épée dans l'épaule se mit à chanter l'air favori qui chez lui était l'indice de la joie. « Quand on est Basque et bon chrétien ! »

— « Attends pour te réjouir, mon bon cousin », lui dit en souriant Gaston, « ne le fais qu'à bon escient »... et l'abbé avait raison.

Le soir, le paquebot apportait en effet la précieuse autorisation ministérielle du mariage, et ce qu'avait prévu la fine Mlle Eva se réalisa de point en point. Son père, heureux de la nouvelle, eut pitié des deux amoureux, s'attendrit même sur le sort de son futur gendre et obéit aux désirs de sa fille en se rendant chez le colonel Gassias qui, plein d'affection pour le malheureux lieutenant se faisait annoncer quelques minutes après, chez M. de Bormel afin de le prier de donner satisfaction à la prière de la famille S... et permettre aux deux fiancés impatients, de se marier en suspendant les arrêts de M. le lieutenant Vallas, vingt-quatre heures.

Le bon colonel trouva malheureusement le gouverneur dans une fâcheuse disposition d'esprit. Il se vit opposer un refus catégorique et éprouva une surprise pénible en entendant le chef de la colonie lui dire : « Mon cher colonel, je
« ne puis, après l'issue malheureuse du duel de M. Vallas,
« le maintenir dans la colonie, où sa présence en ville, après
« ses arrêts achevés, amènera certainement quelque dis-
« cussion entre lui et les amis de la malheureuse victime.
« De plus, je ne puis me prêter à l'union du meurtrier, très
« malheureux et très honorable, je le reconnais, mais qui ne
« la contracte peut-être que pour réparer une faute. »

Le colonel présenta fort éloquemment la défense de l'officier placé sous ses ordres, mettant en avant sa belle conduite à la guerre et même en ce duel malheureux, où blessé il avait continué le combat... enfin il se fit aussi l'avocat de la jeune fille, fiancée depuis près d'un an, et dont Vallas n'avait fait que venger l'honneur... Et, trouvant des arguments plus péremptoires, le commandant des troupes, chef suprême après le gouverneur, allait peut-être user de quelque véhémence en présentant la défense du lieutenant Vallas, lorsque le gouverneur lui déclara nettement qu'il avait prévenu le ministre de la marine du renvoi immédiat en France de cet officier sur le paquebot partant dans dix jours.

Le colonel, peiné de cette décision, osa la blâmer et la qualifier de cruelle : « Un duel n'est pas un crime, Monsieur le « Gouverneur, lui dit le colonel Gassias, et votre décision « peut réduire les deux jeunes gens au désespoir ; laissez-« les se marier et le paquebot emportera, si vous le jugez « nécessaire, dans dix jours, le couple uni enfin après tant « de mois d'attente. »

Rien ne put fléchir M. de Bormel qui, froidement, pria le colonel de se retirer. En proie à un sentiment pénible le chef militaire prit une voiture et se rendit chez Vallas à qui il transmit, avec un regret sincère, les paroles du gouverneur.

— « C'est bien, mon colonel, lui répondit respectueuse-« ment l'officier, je me résigne à mon sort. »

— « Tout passe, mon cher lieutenant, lui dit le bienveil-« lant M. Gassias, trompé par cette réponse, laissons s'écou-« ler deux ou trois jours, je retournerai à l'assaut et si je « gagne la bataille, c'est-à-dire si j'amène le gouverneur à « vous garder jusqu'à l'expiration de vos arrêts... deux mois « ne sont pas l'Eternité !... nous reverrons le beau temps « succéder à l'orage et vous oublierez tout, le jour de votre « mariage, où je solliciterai l'honneur, qui me revient, d'être « votre premier témoin. » Et, serrant la main du lieutenant, qui lui exprima ses sentiments de profonde reconnaissance, le colonel se retira en exhortant le prisonnier à la patience.

Après le départ de son chef, Vallas fit appeler son ami Lionnet, dont la case, on le sait, était voisine et que le factionnaire laissa pénétrer :

« Lionnet, lui dit-il, nous n'avons pas une heure à perdre, « je connais ton dévouement, il me le faut tout entier. Le « gouverneur refuse de me laisser marier et ordonne mon « embarquement dans dix jours ! Le colonel qui sort d'ici

« n'obtiendra rien d'une nouvelle entrevue qu'il compte avoir
« avec M. de Bormel... il faut donc agir au lieu de se déses-
« pérer et exécuter sans tarder le plan que j'ai conçu. Il
« est irrévocable, veux-tu m'aider à le mener à bonne fin ? »

— « C'est entendu, Vallas, compte sur moi, que faut-il
faire ? »

— « Préparer ma fuite ; envoie chercher l'abbé Bornave
« et soyez ici tous les deux dans une heure. »

Lorsque les trois amis furent réunis, Vallas expliqua son plan. Faire remettre au plus tôt à sa fiancée une dernière lettre qu'il venait de lui écrire. Assurer leur union tout au moins à l'église, étant dans l'impossibilité de contracter le mariage civil, qui aurait lieu plus tard, enfin préparer leur fuite de la Réunion et gagner l'île Maurice. Lionnet et l'abbé quittèrent le lieutenant en lui assurant que tout serait prêt pour le surlendemain.

La missive adressée à Eva était une prière qui imposait à la jeune fille une réponse qui ne se fit point attendre : « Ma
« chère Eva, lui écrivait son fiancé, le moment irrévocable
« est arrivé de me prouver toute votre confiance. Le gouver-
« neur refuse de suspendre mes arrêts pour nous marier et
« ordonne mon embarquement dans dix jours. Je vais prépa-
« rer notre fuite après la célébration de notre mariage de-
« vant Dieu seul, puisqu'il ne peut être procédé à notre union
« civile qu'il est nécessaire de remettre à plus tard. Mon
« cousin et ami Bornave consent à nous unir en présence de
« quelques amis qui seront mes témoins et les vôtres. Serez-
« vous prête à l'instant désigné ? Un seul mot je vous prie.
« Celui qui vous aime et vous en donne la preuve en quittant
« tout pour tenir sa parole. — Maurice Vallas. »

Le soir même, la cafrine Zézette lui rapportait le billet suivant : — « Je tiendrai également ma promesse et serai à
« l'heure dite à l'endroit désigné. — Eveline S... »

Lionnet fit diligence ; il se rendit au port, où, apprenant le départ d'un brick, la *Belle Paimpolaise* qui se rendait à l'île Maurice avec un chargement de riz et de bois, le lieu-tenant prit une baleinière et se fit transporter à bord. Il se présenta au capitaine et, de l'entretien qu'il eut avec lui, il résulta que, dans la nuit de son départ, il croiserait à l'abri du cap Bernard, où il attendrait deux passagers, qu'un grand canot prendrait à la petite anse de la caserne. A son retour à terre, Lionnet, aidé de l'excellent M. Protet, directeur des marines, s'assura d'une embarcation qui, à l'heure dite, devrait prendre les fugitifs au lieu convenu.

L'abbé Bornave, secrétaire de Mgr l'évêque de la Réunion, n'eut pas de peine, de son côté, à obtenir du desservant de la Délivrance qu'il lui remît la clé de la chapelle, pour y célébrer le mariage de ses deux amis.

Tout fut donc prêt pour l'évasion de Vallas. Mais le point difficile que le ciel sembla protéger fut le départ d'Eva sans que sa famille se doutât de rien. Le matin du jour désigné elle annonça à sa mère qu'elle allait passer la journée et celle du lendemain chez son amie Violetta, et elle s'y rendit tout naturellement.

Quant à Vallas, il profita de l'éloignement de la sentinelle, appelée quelques instants par l'ordonnance de Giliani, pour s'élancer chez Lionnet, où il se vêtit de façon à n'être reconnu de personne.

A minuit, tous les témoins de la scène que nous avons décrite arrivaient l'un après l'autre à la chapelle, où nous avons assisté à l'une des scènes qui font pressentir le dénouement de cette triste histoire.

XXXVIII

Quelques heures après la fuite de Vallas et d'Eveline, à l'heure du rapport, le lieutenant de Beauchesne se présentait chez le colonel Gassias, et lui remettait le pli que lui avait confié le fugitif. En voici le contenu :

« Mon colonel. Lors de votre dernière visite, quand vous
« m'avez fait connaître la décision de M. le gouverneur, je
« vous ai répondu : Je me résigne à mon sort, sans vous
« expliquer ce qu'était cette résignation. Aujourd'hui je
« viens vous dire ce que j'attendais de l'avenir.

« A l'heure où la présente lettre est sous vos yeux, j'ai
« brisé ma carrière pour accomplir ma parole donnée. J'ai
« épousé cette nuit Mlle Eveline S...; à l'Eglise de la Déli-
« vrance et nous avons quitté l'île de la Réunion, nous ren-
« dant à l'île Maurice.

« Libre de tout engagement militaire, notre pays étant en
« état de paix et le territoire de la France libéré, j'ai l'hon-
« neur, mon colonel, de vous remettre ma démission de lieu-
« tenant, en vous priant de la transmettre à M. le gouver-
« neur et à M. le ministre de la Marine.

« Ce n'est pas sans un profond regret que je me sépare
« de la famille militaire qui m'avait si bien accueilli, après
« y avoir conquis une place que j'ai payée d'un peu de mon
« sang. En quittant le 3ᵉ régiment d'infanterie de marine, je
« désire à mes camarades dont je ne me sépare point sans
« verser une larme, de toujours servir sous les ordres de
« chefs tels que vous, mon colonel.

« Offrez à Mme Gassias, qui fut une mère pour nous tous
« loin de France, l'expression de mes hommages très res-
« pectueux et de mes regrets, et vous-mêmes recevez, mon
« colonel, l'assurance de ma reconnaissance pour la bien-
« veillance que vous avez toujours témoignée à votre lieu-
« tenant très dévoué. — Maurice Vallas. »

À cette lettre était jointe, dans la même enveloppe, la démission de l'officier faite dans la forme réglementaire.

— « Pauvre Vallas ! » dit simplement le colonel qui ne
pouvait cacher son émotion. — « Merci, monsieur de Beauchesne, je vais aller voir le gouverneur qui, peut-être, éprou-
vera quelque regret d'avoir contraint à rompre ses arrêts et
à donner sa démission un bon officier qui aime sa patrie et
ne demandait qu'à la servir loyalement. »

Le même jour, Violetta faisait parvenir à Mme S..., au
Brûlé, la lettre d'Eva, ainsi conçue :

« Chère mère, combien vous allez pleurer en lisant cette
« lettre de votre Eva, en route pour l'île Maurice. Je sens que
« vous et mon père allez couvrir de reproches celui qui,
« depuis cette nuit, a échangé avec votre fille l'anneau nup-
« tial au pied de l'autel, dans la chapelle de la Délivrance,
« où l'abbé Bornave a bien voulu nous unir. Chers parents,
« si je vous eusse prévenus vous n'auriez jamais consenti
« à cette union clandestine et encore moins à me laisser
« suivre celui qui m'a donné tant de preuves d'attachement.
« Le ciel dirige nos destinées, et tôt ou tard, le duel qui
« fut fatal au malheureux Edgar aurait eu lieu.

« J'avais donné mon cœur à M. Vallas qui m'aimait. C'est
« pour moi qu'il a été blessé et qu'il a eu le malheur de
« tuer son adversaire, c'est pour moi qu'il avait à subir
« deux mois de prison, enfin c'est pour moi qu'il a donné sa
« démission... Si le gouverneur avait exaucé la demande de
« mon cher père, mon fiancé et moi eussions encore patienté,
« mais l'ordre de renvoyer M. Vallas dans huit jours, sans
« avoir permis notre mariage, autorisé par le ministre, a
« exaspéré celui qui, depuis près d'un an, attendait ma
« main. Il me l'a demandée de nouveau en me proposant de
« fuir, je la lui ai donnée. Après l'avoir si longtemps atten-
« due en des jours heureux, pouvais-je la retirer quand le
« malheur frappait mon fiancé ? Pardonnez-moi tous, vous
« chère mère, vous, mon père, et toi, ma chère sœur. L'île
« Maurice n'est pas éloignée. Ce nom, qui est celui de mon
« mari, lui portera bonheur sans doute. Maurice va se pré-
« senter au gouverneur et espère trouver en lui un appui,
« avant de rentrer en France. Nous sommes partis presque
« sans ressources, mais notre amour nous protégera... et
« si vous me pardonnez vous jugerez ce que vous pouvez
« faire pour vos enfants.
« Je ne vous dis pas adieu, mes chers parents, à qui
« j'adresse toutes mes tendresses et, encore une fois, je vous
« prie d'accorder tout votre pardon à votre fille qui vous a
« toujours aimés tendrement. — Eveline. »

Il est facile de comprendre la douleur de la famille S...
La mère se répandit en sanglots et M. S... parla de partir
immédiatement à l'île Maurice, arracher sa fille à son mari
et la ramener... Très sensibles sur le point d'honneur les
créoles tiennent surtout à la réputation familiale, et la faute
la plus légère couvre de honte toute une famille, dont chaque
membre est prêt à venger la moindre atteinte qui peut y
être faite.

Le jugement d'autrui y est sévère et chacun est jaloux de
mériter l'estime générale.

Pour M. S... le départ de son enfant était simplement un
enlèvement, la fuite d'une fille avec son amant.

Le bruit d'un événement semblable, le départ du jeune officier suivi de l'une des demoiselles les plus honorablement

considérées, sa démission qui en était la conséquence, tout cela fut connu de toute la ville de Saint-Denis avant la fin du jour. On reparla du duel, on discuta sur les faits et les causes, accusant Vallas d'avoir trompé indignement une famille. Mais quand le mariage secret fut connu et prouvé, l'opinion changea totalement, et de deux coupables on fit bien vite deux victimes de la rigide conduite du gouverneur, cause de cette fuite, et le lendemain les deux fugitifs étaient devenus des héros.

Un article fort habilement écrit sous la signature d'un ami, et faisant connaître les faits exacts, parut quelques jours après dans le *Créole* de Saint-Denis, et enveloppa de tant de sympathie le lieutenant Vallas et sa compagne que le bruit s'apaisa. On ne parla de lui et de Mlle Eva S... que comme de deux nouveaux modèles de fidélité et d'amour, et quinze jours après il n'en fut plus question... ainsi va le monde.

M. S..., blessé dans son cœur de père, refusa d'adresser le moindre subside à sa fille tant qu'elle n'aurait pas réintégré le foyer paternel, et il interdit à la mère et à la sœur d'Eva d'écrire à ceux qu'il ne qualifiait que « les coupables ». Quant à la pauvre Violetta qui avait prêté la main à ce qu'il appelait « l'infâme comédie » du mariage et de la fuite de sa fille, il lui fit interdire de revenir au Brûlé. L'abbé Bornave, qui avait consenti à unir sous l'œil de Dieu deux cœurs meurtris, sans que M. le maire eût ceint son écharpe et prononcé le premier le *conjungo*, alla lui-même au-devant du blâme que Mgr Delannoy ne pouvait se dispenser de lui infliger. Aucune plainte ne fut présentée au parquet, et les deux conjoints ayant quitté la colonie dans les vingt-quatre heures, le jeune prêtre fut laissé en paix à ses fonctions de secrétaire de Monseigneur.

XXXIX

Un soir, une semaine après le départ de leurs amis, l'abbé Bornave et Violetta étaient réunis dans le petit nid du Butor et causaient l'un près de l'autre ; écoutons-les.

— « Cher Gaston, les doutes que vous émettez parfois troublent mon esprit, et j'ai besoin que vous répondiez à bien des questions que je veux vous poser lorsque je suis seule, et que je ne sais plus formuler dès que vous êtes là.

— « Je vous comprends, chère Violette, c'est toujours le caractère dont vous me voyez revêtu, et qui depuis tant de siècles s'attache peut-être plus à cette robe qu'au sacrement de l'ordre lui-même, qui vous arrête. Si les prêtres étaient vêtus comme le commun des mortels, les hommes n'auraient pour eux qu'une minime considération et celle que leur accordent les femmes s'effacerait peu à peu. On ne se représente pas l'envoyé de Dieu suivant la mode, dans la religion catholique... et cela durera encore quelque temps.

— « Parlant de Jésus ne m'avez-vous pas dit qu'il n'a jamais institué l'Église et le clergé tels qu'ils existent ?

— « Non, Violette, non, jamais cet homme pur, honnête n'aurait imaginé cette hiérarchie, que l'Église seule a pu concevoir pour maintenir une puissance qui a résisté au temps, mais qui succombera, parce que toute construction humaine a une fin, surtout celle qui s'appuie sur des bases peu solides.

— « Et Jésus, c'est presque en tremblant, ô mon ami, que j'ose en parler à un prêtre. Jésus, à vos yeux, est-il Dieu ?

« Toute autre femme que vous, amie chère, n'obtiendrait de moi aucune réponse à pareille demande. Avec vous, Violette, je dirai ce que je pense, parce que l'eau pure qui emplit un vase de cristal ne saurait se troubler.

« Non, je ne crois pas à la divinité de Jésus et lui-même, du jour où il a parlé, pour répandre sa morale digne d'un Dieu, jusqu'au jour où la lâcheté d'un proconsul romain l'a laissé clouer au gibet, n'a parlé du Dieu du ciel que comme d'un père commun à tous les hommes. Admettre la divinité de Jésus c'est entrer dans tant d'hypothèses que je craindrais de vous les présenter et de vous troubler. Dieu doit tout connaître, le passé, le présent, l'avenir. S'il connaît l'avenir, il n'en peut changer l'immutabilité. Si Dieu s'est séparé de cette partie de lui-même pour la faire naître d'une femme, en faire un homme et le laisser crucifier, c'est se crucifier lui-même... Nous aurons beau chercher une solution à ce problème théologique nous ne la trouverons jamais, ainsi que me disait l'abbé Marchal... laissons-le.

« — Et Dieu lui-même, cher Gaston, pourriez-vous me présenter de lui une image exacte, une idée admissible ?

« — Oh ! chère petite Violette, comme vous devenez philosophe, et combien cette question, qui n'a jamais été résolue et ne le sera jamais, est embarrassante pour celui qui ignore tout, et combien plus encore pour celui qui l'a étudiée.

« N'essayez point de vous faire une idée de ce que nous appelons Dieu, vous n'y parviendrez jamais, tout au moins en cette vie. Vous êtes trop intelligente, Violette, pour voir en l'Être suprême une personnalité à l'image de l'homme, regardant partout, voulant tout voir, tout savoir, punir, pardonner, récompenser... Dieu est-il tout ? est-il en tout ? Ne cherchez point... Demande-t-il notre adoration, nos prières ?... J'en doute fort... Mais il faut que la faiblesse humaine croie en lui, et le prie... »

— « Est-ce pour mériter l'éternité, cher ami ? »

— « L'Éternité, la concevez-vous, ma petite Violette ? toujours, jamais, toujours ! quels mots, quelles idées !

« Vous comprenez que les mots les plus simples sont ceux qui traduisent le mieux les pensées, et je vais vous donner de l'Éternité une définition que j'entendis faire un jour, dans un village des Pyrénées, par un pauvre prêtre simple et, je puis bien le dire, saintement ignorant, et que je n'ai jamais oubliée... elle vous donnera tout au moins une idée du commencement de l'éternité. « Imaginez par la pensée une boule d'acier dur et poli semblable par son volume à notre planète, et placez une mouche aux ailes d'or volant à sa surface et qui n'approcherait du globe d'acier qu'une fois tous les cent ans, pour le frapper d'un coup d'aile. Eh bien ! disait le curé dont je vous parle, à ses ouailles attentives, quand, de ce petit coup d'aile frappé tous les cent ans, la petite mouche d'or aura pulvérisé l'immense globe d'acier gros comme la terre, l'éternité ne fera que commencer. »

— « Une dernière question, mon cher Gaston. Ne m'avez-vous pas lu, dans l'un des livres du père Marchal, que la succession des vies imposées à l'âme peut durer dans l'éternité ?

« Violetta, ne cherchez pas, vivez pure en cette vie présente, aimez votre prochain, soyez charitable, remerciez Dieu, ne lui demandez rien, et croyez bien que si votre âme blanche et angélique doit voir perpétuer son existence, les moyens lui en seront toujours fournis et de plus en plus purs, par la nature, par la providence, par Dieu. Laissons un moment ces pensées pour envoyer là-bas, à Maurice et à Eva, notre souvenir fidèle et si le ciel jette parfois un regard sur ses créatures, qu'il leur accorde sa protection. Dans peu de jours nous aurons de leurs nouvelles. »

XL

Un matin, quelques semaines après les événements relatifs au départ du lieutenant Vallas pour l'île Maurice où l'avait suivi sans hésiter la compagne digne de lui, Charles Lionnet, revenu de Saint-Paul où l'avait remplacé son camarade de Beauchesne, était assis, seul, sous sa tonnelle où il fredonnait, d'un air triste, ce couplet de la ravissante chanson de *Mimi Pinson* que le poète Henri Mürger a placé dans la bouche de l'un des personnages de la *Vie de Bohême* :

> Hier, en voyant une hirondelle
> Qui nous ramenait le printemps,
> Je me suis rappelé la belle
> Qui m'aima quand elle eut le temps.

Qui n'a entendu, avec un plaisir infini, ces regrets exprimés si tendrement par un cœur tout à la fois philosophe et sensible qu'une flèche du fils de Vénus a pourtant fait saigner?

Et Lionnet pensif, souriant entre deux soupirs, se leva pour rentrer chez lui.

« Allons ! dit-il, se parlant à lui-même, n'y pensons plus !
« Oiseau charmant, chanteur et persifleur qui t'es envolé, ne
« l'avais-je pas dit, le jour où libre tu étais venu voir cette
« petite cage : Entrez-y, Mamzelle Fine, restez-y le temps
« qu'il vous plaira d'y séjourner, et s'il vient quelque beau
« matin où l'ennui vous saisisse, quelque soir où le ciel vous

« convie à suivre vers un autre climat l'un de ses beaux
« nuages dorés... Envolez-vous alors. »

Et Fine s'était envolée et le pauvre garçon regardait, dans la cage vide, tous les objets qui évoquaient mille souvenirs charmants de la compagne agréable qui, pendant près de deux ans, avait payé d'une amitié tendre, fidèle et désintéressée, l'hospitalité franche et pauvre que pouvait offrir un lieutenant d'infanterie de marine.

L'hirondelle n'avait pas repris sa liberté sans quelques avertissements. Un jour la voyante avait dit à Lionnet : « Ami, j'ai vu cette nuit un beau pays plus riche, plus om-
« breux, plus fleuri que mon île chérie, je demandai où je
« me trouvais et un Indien m'apprit que j'étais à Ceylan, je
« m'assis sur une pierre d'où je pouvais admirer une belle
« ville et un port rempli de navires de toutes les nations se
« déroulant à mes yeux. Le trois-mâts qui m'avait amenée et
« que je distinguais au milieu de tous les bateaux de com-
« merce, sortit lentement de la rade, déploya ses voiles et
« gagna la haute mer ; alors ma tête tombant dans mes
« mains, je me pris à pleurer... puis me levant et cherchant
« du regard le bâtiment parti sans m'emporter, je poussai
« un cri. » — « Oui, et tu m'éveillas, lui répondit Lionnet
« en riant. »

Plusieurs fois Fine était revenue sur ce rêve, sur cette vision de l'Inde qui l'appelait, et un soir, en rentrant d'un exercice de tir, l'officier avait trouvé sur sa table ce petit billet : « Adieu Lionnet, mon rêve s'accomplit. Allez vite sur
« la terrasse et voyez ce trois-mâts qui court vers l'endroit
« de l'horizon où le soleil se lève, il emporte celle qui ne
« vous oubliera jamais et à laquelle vous donnerez quelque-
« fois un souvenir quand vous vous rappellerez de l'île Bour-
« bon. Nous nous reverrons plus tard. Fifine. »

Et, près de ce billet, le lieutenant trouva enveloppé dans un papier de soie un petit porte-cigares en paille de manille, qui avait dû coûter quelques sous mais que mon ami Lionnet crut devoir payer de quelques larmes

En ce moment Giliani apparaissait sur les marches du jardin. Il remarqua le visage triste de son camarade. « Tu as
« du chagrin Lionnet ? » — Oui, mon cher, lui répondit

« franchement son voisin, il ne durera que peu de jours sans
« doute, mais je ne saurais feindre une insensibilité dont
« mon cœur est incapable, et les larmes qui, malgré moi,
« sont tombées de mes yeux, c'est à Mamzelle Fine que je
« les ai données, ou plutôt parce que je viens de voir se fer-
« mer un gracieux chapitre du livre de ma jeunesse, chapitre
« riant et léger dont je garderai un souvenir ineffaçable. »

Quelques jours auparavant, Giliani avait, en rentrant chez lui, trouvé une jolie petite maque de Madagascar morte dans un coin du jardin, où la pauvre bête s'était empoisonnée en mangeant un fruit vénéneux et son maître l'avait regrettée sincèrement. Aussi dit-il à Lionnet : « Mon bon Lionnet, comment ne pleurerais-tu pas le départ de la charmante amie que nous aimions tous quand j'ai donné un pleur à la mort de ma petite Lily ! »

Au mess où la nouvelle du voyage de Mamzell Fine avait été vite connue, tous les camarades de Lionnet partagèrent son chagrin passager et le capitaine Pajol, pour ramener la gaîté, fit venir deux bouteilles de champagne et proposa de boire au bon voyage de Fifine et à la prompte promotion de Lionnet au grade de capitaine.

Et lorsque le repas terminé, les lieutenants accompagnèrent Lionnet à sa case, il leur offrit un punch puis, décrochant sa guitare il leur dit : « Enterrons ensemble ce joyeux souvenir. » Puis il chanta gaiement sans trahir son émotion toute la romance de Mimi Pinson,

<blockquote>Hier, en voyant une hirondelle...</blockquote>

Un mois après, l'ordre de sa rentrée en France arrivait ainsi que pour six autres officiers avec lesquels il devait faire la traversée.

La veille de son embarquement, il alla demander l'abbé Bornave à l'évêché, ne voulant pas quitter la Réunion sans dire adieu au sympathique ami de Vallas. Il trouva le jeune prêtre pâle et triste.

« Avez-vous des nouvelles de votre cousin, lui demanda le lieutenant, — il a écrit à Giliani et à moi deux mots seulement, quelques jours après son arrivée à Maurice, mais depuis nous n'avons plus eu de ses nouvelles. »

« La lettre que j'ai reçue de Maurice hier n'est pas gaie, répondit l'abbé Bornave ; le Gouverneur de l'Ile Maurice n'a
« pas fait à mon cousin l'accueil qu'il croyait pouvoir atten-
« dre ; ce fonctionnaire anglais a montré quelque défiance à
« l'égard d'un officier venant de l'Ile de la Réunion sans re-
« commandations. Il lui promit son appui dès qu'il aurait
« reçu une réponse à la lettre qu'il allait adresser au Gou-
« verneur de l'île française, mais il le laissa se retirer sans
« lui offrir sa protection. »

Le peu de ressources qu'avait pu réunir le couple fugitif ne pouvait le mener bien loin dans un pays anglais où les familles restées françaises de cœur et de langage sont nombreuses, mais à qui, selon les usages britanniques qu'elles ont adoptés peu à peu forcément, il est nécessaire d'être présenté pour s'en voir accueilli favorablement.

L'abbé Bornave ajouta qu'il s'était présenté chez le père de Mme Vallas qui ne l'avait pas reçu. Lui ayant adressé une lettre assez pressante, il n'avait obtenu qu'une réponse malveillante : « Dans un pays riche comme l'île sœur, lui écri-
« vait l'ingénieur colonial, on ne meurt pas de faim, et un
« homme jeune et intelligent comme celui qui m'a enlevé ma
« fille trouvera les moyens de la nourrir. »

Vallas avait dû accepter un emploi de surveillant dans une usine à sucre, et déjà il avait payé son tribut à la fièvre qui sévit beaucoup plus violemment qu'à la Réunion dans l'île sœur, où la population indienne a importé toutes les impuretés de la race et quantité de maladies qui étaient inconnues jadis de nos pères avant que l'abolition de l'esclavage nous forçât de recourir à la main-d'œuvre des malabars.

Lionnet n'ignorait pas la pure affection qui unissait Gaston Bornave à l'orpheline amie d'Eveline, et en se séparant du secrétaire de Monseigneur il ne crut point être indiscret en le priant d'être l'interprète de toute sa respectueuse sympathie pour celle qui avait donné de si grandes preuves d'amitié à Mlle S... et à Vallas lors de leur fuite.

À ces paroles le front du jeune prêtre se rembrunit et un nuage de tristesse sembla le couvrir.

Il se leva, ouvrit ses bras à l'ami de Vallas et l'embrassa

avec émotion en lui disant : « Bon voyage, cher lieutenant. Où et quand nous reverrons-nous ? »

— « Seules les montagnes ne se rencontrent point, mon cher abbé. Puisse le jour qui nous remettra en présence l'un de l'autre être un jour de bonheur. »

Le lendemain le lieutenant Lionnet et ses camarades étaient en pleine mer.

A Suez l'ami de Vallas s'entendit appeler sur le pont de la Dordogne par le commandant qui, en lui serrant la main et en lui adressant d'amicales félicitations, lui remit le numéro du *Journal officiel* qui contenait sa promotion au grade de capitaine adjudant-major... Jour heureux pour un lieutenant.

XLI

— « Mon cher enfant, dit après le déjeuner, un matin que Mgr Delannoy était en tête-à-tête avec l'abbé Bornave qu'il aimait beaucoup et dont il avait apprécié le beau caractère, je ne sais si la nouvelle que j'ai à vous communiquer satisfera vos anciens désirs.

« Vous n'avez point oublié que vous aviez sollicité, il y a deux ans, de Mgr de Bayonne, la faveur d'aller, comme missionnaire, porter la parole évangélique en Océanie. Vous fûtes même embarqué et, sans le naufrage qui vous a amené dans cette île et m'a procuré la joie de vous connaître et de vous aimer, vous seriez aux îles Sandwich ou en Nouvelle-Calédonie.

« En vous parlant de votre départ qui restera subordonné au mien puisque j'ai le plaisir de vous annoncer ma rentrée en France dans plusieurs mois, le gouvernement me demandant si je veux bien accepter l'évêché d'Aire, je tiens à ajouter que je vous garde jusqu'au jour de mon embarquement et même jusqu'à Suez où nous nous séparerons. Là, mon cher Gaston, vous redeviendrez un missionnaire et vous partirez, avec onze autres prêtres, pour une destination que vous fera connaître, à ce moment, le chef de cette mission africaine. »

En entendant les premières paroles de Sa Grandeur l'abbé

Bornave avait pâli, mais la certitude de demeurer quelques mois encore à la Réunion lui rendit un peu de calme. Il remercia l'aimable évêque de la bienveillance qu'il lui avait toujours accordée en lui exprimant combien il était satisfait que leur séparation ne fût pas immédiate et il se retira chez lui après avoir assuré Mgr Delannoy que, jusqu'au dernier jour, il pouvait compter sur son inaltérable dévouement.

Après avoir fermé sa porte, le pauvre prêtre prenant sa tête dans ses mains se mit à fondre en larmes. « Oh ! dit-il, pourquoi le destin m'a-t-il amené en cette île ? Que n'ai-je péri dans ce naufrage en sombrant avec le *Paul-et-Virginie*? Si j'avais continué ma route vers l'Océanie je n'aurais pas rencontré l'ange que j'adore et dont il va falloir me séparer ! Quel déchirement pour nos deux cœurs ! Seigneur, inspirez-moi le courage… Que dois-je faire ? Fuir aussi avec Violette ? Mais consentira-t-elle à me suivre, elle qui ne possède que l'honneur ? Et moi ne serais-je pas le dernier des misérables si je lui proposais de partir avec un prêtre ! O vœu cruel, terrible robe de Nessus ! Que ne puis-je te fouler aux pieds ? Que ne puis-je l'arracher en déchirant ma chair ! O mon vieil ami, mon vénéré père Marchal, que n'êtes-vous près de votre enfant sans courage et sans forces, pour le consoler, le conseiller, lui montrer la route à suivre ? » et la nuit était venue sans que l'abbé Bornave eût pu reprendre son calme et son énergie.

Son amitié toujours pure avait, de jour en jour, vu resserrer les liens délicieux qui unissaient son âme à celle de Violette, et ses visites, espacées autrefois, étaient devenues quotidiennes, et si doux étaient les entretiens des deux amis qu'un soir passé sans se voir, lorsque Gaston devait assister aux réceptions de Monseigneur, était une épreuve cruelle pour les deux amis.

Après avoir pleuré sans oser envisager l'avenir, Gaston se rendit au Butor et trouva Violette l'attendant comme toujours sur le banc de son jardin. La nuit était sombre et la bonne Zette voulut, comme d'habitude, apporter le bougeoir garni de sa verrine. « Inutiles, dit le jeune prêtre, nous allons rentrer au salon, mademoiselle voudra bien me faire un peu de musique. »

— « Ami, demanda Violette, après avoir tendu son front à Gaston, il me semble que votre voix tremble... Avez-vous quelque peine ? »

— « Non, chère Violette, j'ai travaillé tard et suis un peu fatigué. »

Quelques instants après ils entrèrent dans le petit salon où, sur la prière de l'abbé, Violette commença une douce romance qu'il aimait et qu'elle accompagnait sur la guitare. Le dernier couplet, qui lui causait toujours quelque émotion, fit malgré lui couler une larme :

> Seul et rêveur, lorsque le soir
> Une étoile se fera voir,
> Notre belle étoile chérie,
> En songeant aux jours plus heureux
> Où nous la regardions tous deux
> Ah ! mon ami, je vous en prie
> Si votre cœur a quelque émoi
> Sous le ciel de votre patrie
> Souvenez-vous encor de moi !

Violette elle-même ne disait jamais ce couplet de la vieille chanson créole sans qu'un accent de tristesse ne fît un peu trembler sa jolie voix. Elle se retourna vers Gaston qui furtivement avait essuyé ses yeux et lui montra un visage souriant.

Au jardin, Zézette leur servit un rafraîchissement. Elle était triste aussi la pauvre cafrine, sa Fifine, son joli miroir, n'avait pas encore écrit depuis trois mois qu'elle était partie pour Ceylan, avec un capitaine au long cours qui lui avait offert le voyage qu'elle avait tant désiré accomplir.

« Elle reviendra, ajouta Zézette, elle l'avait vu, mais pas avec le même navire qui, a-t-elle dit, partira sans elle et fera naufrage. Pourvu qu'elle revienne bien portante, c'est l'essentiel... Riche serait bon, mais pauvre elle sera de même bien accueillie, ajouta la cafrine avec philosophie : « Quand n'en a de riz pour l'enfant, n'en a touzou assez pour sa mère. »

Ce soir-là Gaston se retira un peu consolé !... Trois mois, pensait-il, qui sait si le ciel ne fera pas un miracle en notre faveur !

Mais les jours passèrent et chaque soir réunissait les deux amis et mettait sur leurs lèvres les dernières gouttes d'un miel d'autant plus suave et doux qu'il touchait au fond du vase.

Une fois, comme le jeune prêtre assailli par un orage entrait chez son amie, il la trouva à sa porte sous la pluie dont elle était trempée.

« Oh ! Gaston, lui dit-elle, pourquoi ne pas m'avoir dit la vérité ! » Et elle montra à l'abbé Bornave le journal du matin annonçant le prochain départ de Mgr Delannoy, désigné pour l'évêché d'Aire, et celui de son secrétaire, l'abbé Bornave qui partait comme missionnaire pour l'Afrique.

XLII

Bien tristement l'abbé Bornave regagna lentement l'évêché en donnant un libre cours aux pensées qui assaillaient à la fois son esprit et son cœur, livrant un assaut douloureux à sa raison et à sa passion.

Il avait laissé Violetta en proie à un peu de fièvre et les doux reproches qu'elle avait adressés à son ami les avaient tous les deux émus et troublés.

Gaston blâmait en ce moment sa propre conduite car il eût agi plus loyalement en préparant la jeune fille à la réalité future de son départ et de la séparation fatale qui devait en être le résultat. Au lieu de cela, il avait laissé fuir les jours et les semaines sans vouloir les assombrir et ne songeant pas que le coup serait d'autant plus cruel pour la pauvre enfant qu'il aurait été plus inattendu.

La feuille officielle qui lui avait appris le départ de Mgr Delannoy rappelé dans la Métropole pour être placé à la tête du diocèse d'Aire, dans les Landes, s'échappa de ses mains avant que ses yeux eussent pris connaissance de la mutation qui affectait le secrétaire de l'évêque de la Réunion.

Elle avait compris seulement qu'il accompagnerait le prélat et qu'elle demeurerait seule abandonnée.

Silencieuse et abattue par la douleur, elle laissa ses pensées poursuivre les chimères qui accouraient en foule, pensées vagues, imprécises que seule l'imagination dirigée par un petit cœur blessé peut enfanter quand il est meurtri. Elle se plut à rêver que Gaston allait en France d'où elle recevrait de lui des lettres qui la consoleraient dans sa solitude... car il n'oublierait jamais celle dont toutes les pensées iraient vers lui. Elle le voyait s'élever par ses talents et sa beauté dans la hiérarchie ecclésiastique, il devenait coadjuteur d'évêque et d'archevêque... sa réputation d'orateur éloquent et brillant grandissait et le faisait bientôt arriver évêque à son tour.

Alors, joignant les mains, Violetta adressa au Ciel une prière fervente, une de ces prières qui montent vers Dieu comme la fumée odorante de l'encens devant l'autel. Qui sait ? songeait-elle : comme prince de l'Eglise il reviendra peut-être un jour vers mon île chérie bénie par la présence de Mgr Bornave... Alors, mon Dieu, changeant en profond respect l'affection si tendre et coupable à vos yeux que j'éprouve pour lui, vous m'accorderiez le bonheur de devenir sa servante humble, dévouée et respectueuse. Réconfortée un peu, Violetta ramassa le journal qui gisait à ses pieds et lorsque son regard eut retrouvé la ligne abandonnée et qu'elle apprit que Gaston Bornave rejoindrait à Suez un groupe de missionnaires destinés à l'Afrique Centrale, elle sentit de nouveau la feuille s'échapper de ses doigts et la pauvre enfant s'évanouit. Revenue à elle sous les soins et les caresses de sa fidèle Zette, Violetta pleura longuement et, le soir venu, elle reprocha très justement à Gaston de ne jamais lui avoir parlé de son envoi probable au loin comme missionnaire.

« Pauvre amie, chère Violetta, lui répondit-il, vous savez
« que je n'aurais jamais menti devant vous ; ma seule faute
« a été de n'oser vous dire que Monseigneur m'avait annoncé
« mon départ en même temps que le sien... Mais trois mois
« nous appartenaient encore, Violetta, et trois mois je les
« croyais si lointains! alors que j'aurais dû savoir combien ra-
« pides ils s'envoleraient près de vous. Amie si douce, vos
« beaux et bons yeux me disent que vous avez versé des lar-
« mes. Vous êtes femme, vous. Mais croyez-vous que cette

« nuit je n'aie pas pleuré comme un enfant? Je me suis prome
« né des heures durant dans ma chambre, j'ai élevé mes pen-
« sées vers Dieu, je me suis prosterné devant lui, je l'ai prié,
« supplié de m'envoyer la sagesse... et ce soir près de vous,
« près de toi, ma Violetta, je sens que des idées folles s'em-
« parent de nouveau de mon esprit. Aurai-je la force de les
« repousser? Pourquoi ne suis-je pas un être libre? Pour-
« quoi ce lien qui m'attache à l'Eglise, si invisible à mes
« yeux, si ténu devant ma conviction logique, est-il une
« chaîne de fer en présence de nos préjugés? Je n'ai rompu
« aucun de mes vœux et le respect que j'ai pour vous et
« qui me donne le droit de vous adorer doublement, Violetta,
« augmente encore la douleur de vous quitter. Si mon vœu
« a enchaîné ma chair, il n'a pas engagé mon cœur, ma
« fleur chérie, il est bien à moi, et en vous quittant, je le
« déposerai à vos pieds, jamais plus il ne battra. J'aurais
« peut-être à vos yeux, Violetta, plus de valeur si j'avais
« le courage de jeter loin de moi cette robe de paria sur
« laquelle est écrit « Tu n'aimeras jamais ! » Mais nous le
« regretterions bien vite lorsque, brisant mes vœux, je me
« serais délicieusement enivré de tout votre parfum, de
« toute votre beauté, de toute la saveur de votre virginité.
« A mesure que mes pensées s'exhalent avec mes paroles,
« comme la fumée d'un feu ardent je sens renaître en moi
« plus de calme. »

— « Oh ! cher Gaston, combien s'augmente pour vous ma
tendresse et mon admiration, en entendant ce que me disent
vos lèvres. Jamais, vous le savez, je n'aurais consenti à
approuver une révolte que je sens sacrilège. Vous me l'avez
dit, un mystère plane sur votre vie. Ce que vous croyez une
erreur est peut-être un ordre d'en haut qu'il vous fallait exécuter. Votre ami Vallas condamné au sacerdoce n'eût peut-
être pas reçu du ciel la force et le courage qui vous ani-
ment. « Ne m'avez-vous pas dit, cher Gaston, que la vie
« présente est souvent plus qu'une épreuve nouvelle, mais
« le châtiment d'un passé inconnu ici-bas. Si le sacerdoce
« vous a été imposé, subissez-le et remplissez-le avec dignité
« et résignation. Mais, puis-je empêcher mon cœur de se
« serrer douloureusement en songeant aux souffrances qui

« vous attendent sous le torride climat africain, aux priva-
« tions qui vous feront cortège, aux fièvres qui vous y ac-
« compagneront ! »

« Ah ! si le ciel, écoutant mes prières, vous avait ramené dans votre patrie, en votre cher pays Basque, près de votre frère, de votre sœur et de tous les vôtres, j'eusse pu aller un jour là-bas, amie discrète et fidèle, m'asseoir près de votre foyer. Mais à moi aussi Gaston un passé inconnu inflige une épreuve présente bien cruelle !... l'amour défendu ! »

Et disant ces mots la pauvre Violetta se répandit en des sanglots auxquels le jeune prêtre ne put, malgré son courage, que mêler ses larmes.

Laissons-les pleurer et couvrir leur amour si pur du voile du sacrifice sans chercher à comprendre le mystère qui imposait à ce prêtre jeune, beau et fort, le respect de son vœu que nous trouvons inhumain et sacrilège, et à cette belle enfant, frêle et si tendre, la force de demeurer vertueuse et chaste.

Le temps s'envolait et chaque jour les deux amis se réunissaient le soir venu. En baisant le front pur de Violetta, Gaston le sentait brûlant et fiévreux et leur séparation quotidienne devenait de plus en plus triste.

Tout a un terme en ce monde et un matin le coup de canon qui annonçait aux créoles de Saint-Denis l'arrivée de la « Malle » résonna si cruellement dans le cœur de Violetta qu'elle s'évanouit et tomba brisée dans son jardin ou Zette la releva pour la porter sur son lit.

Dans l'après-midi, Gaston vint la voir et fut frappé de la pâleur de Violetta. Les douces paroles qu'il lui adressa la réconfortèrent un peu ; il lui annonça que le paquebot partait le lendemain pour l'île Maurice et repasserait dans deux jours prendre les passagers pour Suez et la France.

Au nom de Suez, Violetta fut prise d'une syncope qui effraya l'abbé Bornave à qui elle avait caché ses évanouissements et fait défendre à sa cafrine d'en parler à son ami.

Que dire des deux derniers soirs que le ciel accorda à ces cœurs si purs et si courageux ? Ils s'enfuirent comme fuient les plus beaux et les plus tristes jours, sans regret, sans pilié pour ceux qu'ils entraînent avec eux comme le vent emporte les nuages.

> Ils passèrent ainsi que passent tous nos jours
> Dans le bonheur ou la misère ;
> Et les plus beaux s'envolent, nous laissant toujours
> Une tristesse plus amère.

XLIII

Saint-Denis. Réunion, 20 novembre 187...

Mon vénérable ami, cher R. P. Marchal,

Qui m'eût dit lorsqu'il y a moins de deux ans, vous me pressiez dans vos bras, et me donniez pour précieux viatique des conseils si désintéressés et si sages, que je verrais, en si peu de temps se succéder des événements aussi nombreux qu'inattendus et tragiques. Hélas, depuis qu'il vous a quitté, cher Père, votre jeune ami a vécu dix années. J'ai éprouvé l'inclémence des flots, j'ai fait naufrage, j'ai été malgré moi conduit vers une île lointaine où je n'ai retrouvé mon ami d'enfance que pour être témoin d'un duel dans lequel il tua son adversaire, et pour voir ce cher Maurice victime de l'amour, briser sa carrière et fuir nuitamment sa patrie avec celle qu'il aimait et à laquelle je venais de l'unir par le lien sacré du mariage.

Tout cela n'est rien, mon ami, car si vous pouviez tenir mon pauvre cœur en vos mains et y lire comme moi-même, vous y découvririez la douleur et les regrets. Vous l'aviez prédit, votre expérience vous avait fait pressentir pour votre enfant des épreuves auxquelles il n'a su résister qu'en les payant cruellement de ses pleurs. La passion terrestre, l'amour d'une femme me fait souffrir. Un ange a été mis sur mon chemin, je l'ai adoré et demain je le quitterai pour toujours afin d'obéir à ma destinée impitoyable.

Ah ! cher père, combien vos paroles toujours présentes à ma mémoire m'ont aidé à lutter contre les conseils des mauvais esprits. Vous m'écriviez un jour que vous aviez connu la souffrance d'aimer en me disant que je la connaîtrais inéluctablement puisque je suis homme et vous m'exhortiez alors à lutter contre la tentation, à rester pur, à demeurer fidèle à ce vœu que pourtant vous aviez jugé si arbitraire et si injuste. Je suis toujours digne de votre affection, cher et vénérable ami, mais l'épreuve pourrait-elle durer ? En nous séparant, le ciel a-t-il compris que sans son aide j'eusse été peut-être la victime de ma faiblesse. Il me semble inexorable et pourtant je le bénis.

« La souffrance sera, je le sens, tout à la fois mon châtiment et ma récompense ; mais, plein d'égoïsme, j'aurais voulu emporter pour moi seul toute la douleur dont un être charmant va garder la part la plus cruelle... »

Le jeune prêtre en était là de sa lettre lorsque son domestique indien vint lui dire qu'un petit noir désirait lui parler.

En proie à une appréhension cruelle l'abbé Bornave se leva et courut au-devant de cet enfant qui lui dit à voix basse : « Venez vite, monsieur le curé, maman Zézette demande à vous. »

Hélas, Gaston n'avait plus que deux heures devant lui pour s'embarquer avec Mgr Delannoy qui pouvait le faire appeler à chaque instant.

La veille au soir, il avait étreint Violette dans ses bras et l'avait embrassée comme un frère embrasse sa sœur en fuyant rapidement pour ne pas entendre les sanglots de la pauvre fille et pour lui cacher les siens. Pourquoi la servante de Violette le faisait-il appeler ?

Prenant une détermination, il appela son indien et lui dit : « Si Monseigneur me fait appeler dites-lui que je suis parti en voiture et « serai de retour dans une demi-heure ». Et sautant dans une victoria, il se fit conduire en hâte au Butor. Pour la première fois son amie ne l'attendait pas sur le seuil de sa porte. Son jardin odorant était désert. Il entra dans ce qu'il appelait le « doux nid de sa colombe », le petit salon était muet, le piano fermé, la guitare qu'il n'entendrait plus gisait à terre. La chambre de Violetta, qu'il n'avait jamais franchie, était ouverte ; il y pénétra pour la première fois.

Son amie pâle était couchée, sa tête échevelée reposant sur l'oreiller; près d'elle était le vieux Dr Legras qui avait donné ses soins au jeune prêtre le jour où Taïlé l'avait blessé — et Zézette en pleurs était affaissée sur le tapis. — « Qu'y a-t-il, docteur? » demanda avec anxiété l'abbé Bornave? — « Rien de grave, je pense, une syncope et un peu de fièvre... « trop de fièvre, mais « j'espère » la tirer de là... Restez près « d'elle quelques instants, j'ai deux visites assez pressantes « à faire, je reviens. »

Gaston accompagna le Dr Legras jusqu'au jardin et lui dit avec fermeté : « Cher docteur, je m'embarque, vous le sa- « vez... il me faut dire la vérité ? » — « Mon cher abbé, l'état « de la chère enfant est grave, elle est depuis minuit sous « l'empire d'une poignante douleur qu'hélas vous compre- « nez. Son cœur est affaibli et si la fièvre augmente, quelques « complications pourraient se produire, mais elle est si « jeune ! » Au revoir, à tout à l'heure ! »

Et Gaston rentra dans la chambre de la chère malade. « Pauvre Violette! s'écria-t-il avec un sanglot ! et dire qu'il « faut que je la quitte ! » En entendant cette voix, Violette ouvrit les yeux, reconnut son ami, et sourit... une rougeur subite monta à ses joues pâles...

« C'est vous Gaston ! » — « Oui, tendre amie, vous êtes « souffrante ! Non, dit-elle, je me suis évanouie, j'ai un peu « de fièvre, voyez, et elle tendit sa main au jeune prêtre « qui la couvrit de baisers en pleurant. — Oh ! Gaston, ne « pleurez plus, je suis heureuse puisque je vous revois en- « core une fois... C'est Dieu qui me donne cette douce con- « solation avant de nous séparer... pour combien de temps?... « Vous allez courir tant de dangers... Qui sait si j'aurai de « vos nouvelles !... Quand la fille de Zette sera de retour, « vous savez Gaston... Fifine... Les anges lui ont donné le « don de voir dans l'espace, elle vous retrouvera, elle vous « verra... N'est-ce pas vrai, ma bonne Zette ?... — Oui, « maîtresse, répondit en pleurant la fidèle cafrine. »

Gaston s'était assis près de Violette et avait passé son bras gauche sous la tête de « sa colombe » et sa main droite te-

nait une main de la malade. Ils demeurèrent muets, laissant couler leurs larmes. — « Gaston, vous ne pourrez peut-être
« pas m'écrire de vos pays de sauvages, mais vous n'ou-
« blierez jamais votre amie... Elle priera pour vous matin
« et soir en demandant au Ciel de vous protéger et de m'ac-
« corder la résignation.

— « Et moi aussi, ma chère Violette, votre petit portrait
« que j'emporte dans mon livre de prières sera l'image de
« mon ange gardien ; jusqu'à mon dernier jour mes yeux
« le regarderont et mes lèvres prieront pour vous. Hélas !
ma douce colombe, notre amour n'était pas de ce monde.
« Peut-être au Ciel serons-nous réunis, et sous l'œil de Dieu,
« pourrons-nous vivre dans un bonheur éternel ?

— « Gaston, vous m'avez parlé de résurrection, de réin-
« carnation, de vies successives. Y croyez-vous fermement ?
— « Oui, Violette, avec une conviction profonde qui s'appuie
« sur la justice divine... serait-il possible de mériter après
« quelques années d'une vie éphémère, une récompense ou
« un châtiment éternels ?

— « Alors, il est possible que nous revenions ensemble sur
cette terre ?

— « Oui, Violette, mais espérons nous revoir d'abord dans
« l'au-delà... Si nous restons fidèles à cette idée, nos prières
« assureront cette réunion.

— « Quelle consolation, mon cher Gaston, vous m'avez ap-
« portée... Avec quel courage je supporterai les épreuves
« de cette vie... » — « Et moi, les miennes, Violette aimée. »

— « Et Vallas, et Eveline, nous les retrouverons aussi ?
« Oui, chère enfant, mais ceux-là vous les reverrez ici.
« Une lettre de Maurice, arrivée hier, me dit qu'il est souf-
« frant des fièvres, qu'il va revenir avec sa femme et, après
« avoir passé ensemble un mois à Salazie ils partiront pour
« la France. Pauvre Violette, vous savez que je ne m'ap-
« partiens plus, les minutes me sont comptées, Monseigneur
« m'attend, il faut nous séparer, ange adoré qui m'avez
« donné sur cette terre l'année la plus heureuse de ma vie...
« Adieu, je ne vous oublierai jamais ; et ne pouvant retenir
« ses sanglots, le jeune prêtre saisit dans ses bras son amie
« et couvrit de baisers et de larmes ce visage charmant qu'il

« ne devait jamais revoir. En lui rendant ses caresses, Vio-
« lette prit la main de Gaston et la mit sur son sein.

— « Gaston, lui dit-elle, le cœur de votre Violette n'a battu
« que pour vous... jamais il ne battra pour un autre... et,
« je le sens, il ne battra pas longtemps!! Puis, tirant de
« sous son oreiller un petit bouquet de violettes, que Gaston
« lui avait apporté la veille, elle le porta à ses lèvres et le
« lui donna en disant : « Gardez cela en mémoire de votre
« pauvre Violette qui va se faner... et mourir. »

L'abbé Bornave, dans un dernier baiser, cueillit un soupir
de Violette et s'enfuit, laissant évanouie et mourante celle
qui lui donnait aussi son pauvre petit cœur.

Il remonta en voiture comme le Dr Legras rentrait. —
Docteur, une prière, je vous en conjure, écrivez-moi à Aden
où je serai dans un mois. Adieu !

— Je vous le promets... Partez tranquille, l'indisposition
de Mlle D... ne sera rien... N'a-t-elle pas vingt ans !... Bon
voyage !

Quelques heures après cette scène terrestre, Mgr Delannoy, installé à bord du paquebot *Pei-Ho* dans une cabine
de luxe, était assis ayant devant lui un jeune prêtre en pleurs
à ses genoux. « Monseigneur, disait celui-ci, je me jette à
« vos pieds pour implorer votre bénédiction. Ce n'est point
« une confession que je fais ici au prélat bienveillant qui
« depuis quinze mois m'a traité avec une bonté que je n'ou-
« blierai jamais... réconfortez-moi, monseigneur, car ce
« n'est point un pécheur qui s'agenouille ici, c'est un homme
« dont le cœur est brisé. — Je sais tout, mon pauvre enfant,
« lui dit le bon prélat, relevez-vous... Que le ciel vous donne
« du courage. Pour être prêtres, nos cœurs sont-ils moins
« sensibles! Hélas! les regrets s'envolent, la résignation
« nous réconforte, les épreuves nous endurcissent. Allez en
« paix, mon cher Gaston... Le missionnaire effacera les fai-
« blesses de l'abbé Bornave... » Le rideau vient de tomber
sur votre jeunesse.

*
* *

EPILOGUE

Si j'arrêtais brusquement là cette histoire de l'abbé Bornave, histoire dont tous les personnages ont vécu, dont beaucoup, hélas, et les principaux ont vu se terminer leurs jours trop tôt, dont quelques autres — sont-ce les plus heureux ? — ont été les favoris des Parques, je crois de bonne foi que certains lecteurs, des lectrices aimables et curieuses sans doute... ne seraient peut-être pas satisfaits. Un très petit nombre certainement, ceux ou celles qui ont pu trouver un léger intérêt à lire ce que j'ai écrit sur deux hommes dont la destinée semble avoir été changée, dont la vie fut si troublée, voudront connaître ce qu'il est advenu de tous les acteurs qui ont joué un rôle quelconque dans ce roman, si l'on veut donner ce titre à *L'Abbé Bornave*.

C'est chose admissible puisque, dans ces pages il a été parlé de duel, d'amour et de mariage.

Pour satisfaire à ce désir qui n'existe peut-être que dans l'imagination de l'écrivain, il faut laisser passer bien des années, c'est-à-dire de 1875 à 1894... presque vingt ans !

Le colonel Dodds, en une campagne aussi heureuse qu'habilement conduite, a conquis à la France un territoire de plus de 300.000 kilomètres carrés sur le continent africain et vaincu puis fait prisonnier dans Abomey, sa capitale, le redoutable et sanguinaire Behanzin en janvier 1894. Il rentra en France ayant reçu les étoiles de général pour ses services et transmit le commandement au gouverneur Ballot à qui il laissa une petite armée aguerrie commandée par quelques officiers à toute épreuve.

Parmi eux se trouvait une de nos anciennes connaissances, le commandant Charles Lionnet qui dirigeait une colonne à travers le Borgou et le Gourma.

C'est lui qui avait arrêté, après la défaite de Behanzin une horde de Dahoméens amenant à Abomey des prisonniers parmi lesquels se trouvaient le R. P. Dorchère et huit missionnaires qui eussent été massacrés si le cruel Behanzin n'avait été fait prisonnier et emmené à la côte avant d'être embarqué pour la Martinique.

« Nous ne sommes pas les seuls, avait dit le P. Dorchère « au commandant Lionnet. Six autres missionnaires à Sava-« lou ont été séparés et emmenés, les uns à Louba vers la « rivière Zord, les autres vers Kokoro.

La colonne était en route depuis un mois, ne se souciant plus des prisonniers, lorsqu'un jour le commandant apprit qu'on avait vu trois blancs passer deux jours auparavant à Ouoris dans le haut Dahomey.

Changeant la direction de sa route le chef de la colonne atteignit le village de Oubou où l'un de ses tirailleurs, cherchant des vivres dans les cases des naturels qui avaient fui à l'approche de nos soldats, vint lui dire que deux blancs étaient attachés dans une paillote à laquelle on avait mis le feu. Le commandant envoya aussitôt un capitaine avec sa compagnie et peu après cet officier faisait appeler son chef.

Lionnet se rendit au lieu désigné et trouva, au fond d'une case de nègres à demi consumée, deux missionnaires dont l'un était mort depuis peu et dont l'autre, un vieillard à barbe blanche, était mourant.

L'officier supérieur le fit transporter sous sa tente où il l'installa sur son petit lit de sangle. Après lui avoir fait prendre un peu de boisson chaude, le pauvre missionnaire sembla reprendre quelques forces. « Où sont nos conducteurs? demanda-t-il. « Ils ont pris la fuite, mon révérend père. » — « Qui donc nous a délivrés ? » — « L'arrivée de la colonne « sans doute. Y a-t-il longtemps que vous étiez prisonniers ? « — Oui, depuis près de deux mois. Quand les soldats de « France sont arrivés, Behanzin a envoyé de tous côtés l'or-« dre de lui amener à Abomey tous les blancs qui seraient « trouvés dans ses États et c'est ainsi que nous avons tous « étés arrêtés, liés et conduits à Abomey. Lorsque nos gar-« diens reçurent avis de l'arrivée de soldats marchant vers « le nord, ils tuèrent six d'entre nous et revinrent en arrière « avec mon compagnon, le frère Antoni et moi, convaincus « qu'ils recevraient beaucoup d'argent s'ils pouvaient re-« joindre le P. Dorchère. Ce missionnaire est peut-être mort? — « Non, mon père. Il est arrivé fort heureusement à Abo-

« mey, deux jours après la capture de Behanzin, sans quoi
« il ne serait plus de ce monde. A l'heure qu'il est il doit
« être en France.

— « Et vous, mon révérend père, depuis combien de temps
êtes-vous en Afrique ?

— « Depuis 1875, cela fait dix-neuf ans. »

— « Vous veniez de France, mon père ? »

— « Non, j'arrivais de l'île de la Réunion. » Très affaibli
par cette conversation faite à voix basse, le vieillard épuisé
tomba inerte sur le pliant. Un violent accès de fièvre s'empara de lui, et le soir, il expirait sous la tente même du
commandant Lionnet, avant d'avoir pu dire son nom.

Le lendemain, avant de le faire ensevelir, Lionnet le fit
déshabiller pour le vêtir de linge blanc. Dans sa misérable
soutane en loques il trouva un livre de prières au milieu
duquel une photographie de jeune fille, effacée par les années, était difficile à reconnaître. Dans la doublure du vêtement, un objet de mince volume attira l'attention de l'officier qui assistait avec deux sergents le commandant Lionnet. Ayant fait découdre cette doublure, on trouva, dans un
petit sac un léger bouquet de fleurs fanées et une lettre...

— Je pense que je puis la lire, dit à haute voix le commandant, elle nous dira peut-être le nom de ce pieux missionnaire.

Et c'est avec une émotion que le lecteur partagera que
l'ancien lieutenant, témoin des faits de l'île de la Réunion,
lut ce qui suit :

Ile de la Réunion, Saint-Denis, 16 mai 1875.

A Monsieur l'abbé Gaston Bornave, missionnaire évangélique à Aden.

« Mon pauvre ami. Vous m'avez prié, lors de votre der-
« nière visite à Mlle D..., au Butor, de vous adresser de
« ses nouvelles à Aden où vous les attendriez. Hélas, mon
« cher abbé, elles sont de nature à vous causer une peine
« profonde : le sixième jour après votre départ celle qui
« fut la jolie et charmante Violette, s'éteignit sans douleur
« après une série d'accès de fièvre dans lesquels elle vous

« appelait sans cesse et contre lesquels mon dévouement et
« ma science furent inutiles.

« Je pourrai dire que le chagrin peut tuer une femme.

« Je fais des vœux pour que cette lettre ne vous parvienne
« point. Mais vous l'avez désirée, je vous l'envoie en vous
« disant combien je partage votre peine et en vous souhai-
« tant du courage et l'oubli qui ensevelit toute douleur hu-
« maine. Dr Legras. »

— Ainsi donc, dit Lionnet, ce vieillard à qui j'eusse donné soixante-dix ans est l'abbé Bornave, le beau et séduisant ami de mon pauvre Vallas... et l'officier se rappela sa dernière visite à l'Evêché de Saint-Denis où, s'étreignant l'abbé et lui s'étaient dit : Quand et où nous reverrons-nous ? Quelle bizarrerie que la destinée !

Afin de le mettre à l'abri de la dent des hyènes et des chacals, le pauvre missionnaire fut enterré dans une case dont le sol fut ensuite damé. Toute inscription était inutile et n'aurait servi qu'à faire violer cette sépulture.

A son retour en France, le commandant Lionnet écrivit au maire de Laruns, en pays basque, afin d'apprendre aux familles Bornave et Vallas que l'abbé Bornave, missionnaire, était décédé au Dahomey en février 1894, à l'âge de 45 ans.

C'est le tour de Maurice Vallas, maintenant. Victime de fièvres contractées sur une habitation de l'île Maurice, il revint à la Réunion quinze mois après son départ, et mourut dans la famille de sa chère Eveline d'un accès bilieux en juin 1877.

Des autres acteurs, il vous importe peu, ceux pour qui nous avions le plus de sympathie étant allés là-bas où nous irons tous. Pourtant, amis lecteurs, je vous dirai que Mme Vallas s'est remariée, que Fifine est revenue dans sa chère île où elle est morte de la poitrine en 1884 et que la vieille Zézette suivit sa fille en 1892.

Enfin, si, relisant le premier chapitre, vous me demandiez ce que sont devenus tous ces chefs et ces jeunes, brillants et insouciants officiers qui fêtaient en 1873 l'annonce de la prochaine libération du territoire après la guerre de 1870, je vous apprendrais ceci :

Notre bon colonel Gassias, âgé de quatre-vingt-six ans,

plante et arrose ses fleurs et ses légumes en un coquet village des environs de Paris.

Le commandant Bourgey est mort général de division, commandant un corps d'armée et grand'croix de la Légion d'honneur.

Le capitaine adjudant-major de Vourgny est mort au Val-de-Grâce il y a trois mois ; il était lieutenant-colonel et officier de la Légion d'honneur ; je lui ai fermé les yeux.

Le lieutenant Giliani, le plus brillant de tous, est l'un des plus jeunes généraux de l'armée française et après avoir été gouverneur général de l'une de nos grandes colonies, il a été nommé à l'un des plus beaux commandements de France.

Le capitaine Pajol est entré comme général de brigade dans le cadre de réserve d'où il descend quelquefois sur les boulevards parisiens et y brille encore par son allure juvénile de capitaine. Mon pauvre et bon Lhôtelier a cassé sa flûte en Cochinchine.

Le lieutenant de Beauchesne, après vingt-cinq campagnes, dont la dernière au Tonkin l'a fort éprouvé, a dû prendre sa retraite alors qu'il pouvait prétendre aux étoiles de général. Il marie sa fille aînée le mois prochain.

Le brave sous-lieutenant alsacien Genmeyer est mort colonel commandeur de la Légion d'honneur en regrettant de quitter la vie avant d'avoir combattu pour reprendre l'Alsace et la Lorraine.

Enfin, pour parler de celui qui me fut le plus cher et qui est demeuré le bon et loyal camarade d'autrefois, Charles Lionnet, il est commandant retraité. Il porte gaiement sa soixantaine et, en lisant *L'Abbé Bornave* que je vais me faire un plaisir de lui envoyer, il aura le droit de penser que si le manuscrit qu'il m'a confié et qui m'a permis, avec les notes de mes pages retrouvées, de reconstituer l'histoire qui s'achève ici, eût été publié tout simplement, mes lecteurs y eussent certainement trouvé plus d'intérêt.

LÉOPOLD DAUVIL.

SOUVENIR DE TRAVERSÉE

Ces pages datent de 1882... d'un quart de siècle. Je les arrache d'un journal de bord écrit sur le transport de l'Etat, l'*Orne*, dans une traversée des Antilles en France.

Je revenais vers la terre natale, après trois années vécues à la Martinique où j'avais connu tour à tour la joie, la douleur, les regrets, l'oubli et l'amitié, matériaux suffisants à une plume autre que la mienne pour écrire un livre rempli d'impressions humaines tour à tour cruelles et douces.

L'*Orne* avait fait la relève des troupes coloniales et des fonctionnaires à la Guyane, à la Martinique, à la Guadeloupe et rapatriait quelques passagers cueillis en ces beaux pays tropicaux.

La nuit sans lune était sombre malgré les étoiles d'or qui scintillaient au firmament ; la mer était calme ; l'hélice ralentissait la vitesse du navire comme si rien ne pressait le commandant d'arriver à Toulon, ou si les parages des Açores, que nous avions à bâbord et à peu de distance, ordonnaient la prudence. Le silence régnait sur le pont où les hommes de quart, sans rien craindre du vent ni des flots, reposaient allongés un peu partout.

J'étais monté à l'arrière fumer un cigare, et respirer la brise qui semblait parfumée de la senteur des orangers ; je m'y croyais seul lorsqu'une voix douce m'interpella : « Vous ne jouez pas, capitaine ? »

— « Non, comtesse, la partie de whist du commandant est au complet ; j'ai écrit quelques pages et j'éprouve le besoin d'aspirer un peu d'air pur au sortir de l'entrepont enfumé. »

— « Vous écrivez, capitaine et quoi donc ? »

— « Oh ! comtesse, on a toujours quelque chose à écrire,

« des notes, des lettres... parfois des souvenirs à conserver.
« Vous-même, Madame, vous devez écrire ; vos voyages di-
« plomatiques vous ont certainement fourni bien des sujets
« intéressants à noter ? »

Cette question posée en échange de celle qui m'avait été faite, je m'approchai de l'agréable passagère dont j'avais reconnu la voix et qui était allongée sur une chaise rotinée de Cayenne. Malgré l'ombre qui régnait sous la vaste tente abritant l'arrière des deux côtés du gui, je devinais dans le clair obscur la forme blanche, svelte et gracile de sa personne distinguée.

La comtesse de C... était née à la Martinique et avait épousé en France un consul revenant d'Italie et partant pour la Russie, il avait servi aux États-Unis et, après un congé passé à Fort-de-France où la consulesse s'était retrempée dans l'affection familiale, M. de C... promu consul général était appelé à représenter la France en Espagne.

La passagère de l'*Orne* avait dû être fort jolie en son printemps et elle l'était encore en son été où sa beauté avait mûri doucement lui laissant un visage aimable sur lequel pas une ride ne commettait d'indiscrétion. Sa chevelure seule, dont la blancheur était coquettement poudrée à la maréchale, y posait un point d'interrogation. Cette femme mince, mignonne et gracieuse avait-elle trente-cinq ans ? En comptait-elle cinquante ? N'ayant point eu le mauvais goût de le lui demander, je n'ai jamais su son âge.

Le commandant, homme du monde raffiné, lui faisait ce doigt de cour de bon ton, permis par les maris, témoignage d'une éducation pleine de galanterie et qui s'arrête à la limite permise, tout en laissant croire à une femme charmante qu'on regrette de n'oser aller plus loin.

Le consul général et la comtesse étaient les hôtes du capitaine de frégate commandant ; mais, dans les causeries de l'arrière, les officiers du bord et les passagers trouvaient plaisir à converser avec Mme de C.... qui avait beaucoup vu et semblait avoir beaucoup retenu.

Je m'approchai d'elle, pressai la main gantée qu'elle me tendit gracieusement et, dès qu'elle m'eût autorisé à m'asseoir sur un fauteuil voisin du sien : « Il me semblait, lui

« dis-je, sentir en montant sur le pont, comme des effluves
« parfumés de fleur d'oranger. — « Et vous ne vous êtes
« pas trompé, capitaine, car le commandant nous disait ce
« soir au dîner que toute la nuit nous naviguerons sous le
« vent des Açores et qu'il n'est pas rare de percevoir en
« cette saison l'odeur des orangers en fleurs surtout par des
« nuits calmes comme celle-ci jusqu'à plusieurs milles en mer.
« Avez-vous débarqué aux Açores, capitaine ?

— « Non, Madame, j'ai aperçu leurs belles montagnes
« bleues lors de mon retour du Brésil, il y a une douzaine
« d'années, mais je ne les ai pas visitées.

— « Je le regrette pour vous, capitaine, car c'est un joli
« pays, et lorsque vous êtes arrivé, j'envoyais mon âme er-
« rer là-bas près de Horta, dans l'île Fayal, où j'ai vécu
« près de trois ans, et dont j'ai gardé un souvenir charmant
« quoique plutôt triste. Avant d'aller en France, une sœur
« que j'ai perdue depuis, était souffrante et le séjour des
« Açores lui fut bienfaisant. Sur ces petites îles aussi iso-
« lées que les terres des archipels océaniens, la vie passe
« douce, insouciante, dans une température tiède et cons-
« tante qui rappelle les printemps chauds de France. De
« temps en temps un tremblement de terre ou un violent
« orage accompagné de pluies diluviennes vient troubler
« la monotonie d'une existence paisible, mais le calme repa-
« raît et rien ne vient atténuer le décor agréable offert par
« une végétation luxuriante et des montagnes admirables.

« Peut-être aurais-je gardé de mon séjour en ces îles odo-
« rantes un souvenir moins durable, s'il ne m'avait été donné
« d'y voir des choses merveilleuses pour l'esprit humain,
« faits incroyables dont le souvenir m'attriste, et m'enchante
« encore... C'est bien loin de moi pourtant, mais vivrais-je
« cent ans que jamais la trace de ces images ne s'effacerait
« de ma mémoire.

— « Vous excitez vivement ma curiosité, comtesse, et peut-
« être que, si près des lieux où ils se sont accomplis, vous
« me les racontiez, vous feriez revivre, pour un auditeur
« attentif et pour vous-même, ces souvenirs que la brume du
« passé a pu estomper, mais dont votre récit raviverait les
« couleurs.

— « Etes-vous spirite, capitaine ? » me demanda tout à coup, ma voisine sur un ton presque éteint et comme en hésitant.

— « Non, Madame (en effet, je ne l'étais pas alors, ou craignais de le devenir), « mais je n'ignore pas les faits « étranges qui se rattachent au spiritisme et si votre « his-« toire » doit me faire pénétrer dans ce temple étrange dont « un ami regretté a essayé de m'ouvrir les portes, j'en éprou-« verai un plaisir extrême. Racontez, comtesse ; vous allez « me fournir, j'en suis certain, un motif de plus de conser-« ver de vous un souvenir gracieux. »

— « Vous êtes flatteur, capitaine, et votre amabilité, dont « je n'abuserai pas, m'engage à évoquer des êtres que la « mort a depuis longtemps fauchés mais dont les âmes en-« tendront peut-être ce récit mêlé de regrets qu'une amie « qui ne les a point oubliés aura du plaisir à vous faire. »

Et la comtesse de C... me raconta de sa voix douce, avec l'accent créole de son île, dans le silence de cette nuit maritime parfumée, ce que vous allez lire :

« Mon père, capitaine au long cours, faisait alors de fréquents voyages des Açores et de Madère en France pour le trafic des vins et des fruits et nous avait loué à Fayal, à une lieue du port de Horta, une coquette demeure cachée sous les orangers, les lauriers-roses, les bananiers et entourée de fleurs odorantes toujours vivaces. La mer était proche du chemin et nous nous plaisions, ma mère, ma sœur Laure et moi, à passer la plus grande partie du jour au bord de ses flots capricieux.

« Nous avions pour voisin un pasteur anglais, dont la fille Fany, était venue endormir, sous ce beau ciel, un mal qui pardonne rarement mais qui, aux Açores, semble s'immobiliser. Miss Fany était poitrinaire ; cependant le docteur qui l'avait envoyée à Fayal, avait assuré au bon pasteur Finley qu'il y conserverait l'objet de sa tendresse s'il le préservait de toute fatigue, de toute émotion, de tout chagrin, prescription qui semblait facile à exécuter pour ce père qui tenait à éviter à sa chère enfant la fin cruelle de sa mère.

« Nous n'avions point tardé à nous lier d'amitié, car le caractère de cette jeune Anglaise était fait pour gagner l'affection que lui attiraient en outre sa grâce, sa douceur et sa beauté.

« Elle ne parlait pas français, nous ne connaissions qu'imparfaitement sa langue. Mais toutes, ainsi que son père, nous avions appris le portugais qui plus guttural que l'espagnol, n'est pas moins une jolie langue facile et harmonieuse surtout aux Açores où elle est mélangée d'un peu de patois indigène qui y ajoute quelque grâce.

« Fany n'était pas mélancolique ; mais, à de certains jours, elle semblait moins communicative et son visage portait l'empreinte d'une fatigue que j'attribuais, au mal qui sommeillait chez cette belle enfant blonde.

« Dans la petite anse où nous aimions à nous abriter à l'ombre de quelques rochers, des barques de pêcheurs donnaient de l'animation à ce petit coin tranquille et agréable... dont je possède encore une vivante aquarelle par Fany.....

« Parmi les pêcheurs, il y en avait un qu'il était impossible de ne point remarquer, tant il était gracieux, alerte, et bien fait. Il s'appelait Maniello, il était mulâtre, c'est-à-dire fils d'un blanc et d'une fille de couleur, mais sa chevelure abondante n'avait plus rien de celle du nègre, et son teint très légèrement bistré faisait ressortir la beauté de ses traits. Sa voix était belle, et lorsqu'il s'éloignait de terre pour se livrer à la pêche, la brise légère nous en apportait souvent les notes harmonieuses. Fany aimait à l'entendre, et lorsqu'il revenait à terre et regagnait sa maisonnette, muette elle le suivait des yeux. Lui, nous saluait toujours avec grâce, et je n'avais pas été sans remarquer de quel regard tendre, quoique toujours empreint de respect, il accompagnait son : « Bonjour mesdames, salut miss Fany. »

« Il allait quelquefois à la montagne où demeurait Dolorès, sa mère, qui nous apportait chaque semaine des fruits et des œufs. Quelquefois, il demeurait absent plusieurs jours, et Fany devenait pâle et triste sans motif pour nous.

« Un jour, il se passa, pour la première fois, un fait si étrange, que vous auriez de la peine, non à le comprendre, capitaine.... il est incompréhensible, mais à l'admettre, s'il ne s'était renouvelé bien des fois... Je vais vous le dire.

« Fany et le pasteur étaient allés faire une excursion à la

montagne, le père suivant à pied sa fille montée sur une de ces mules au pied sûr, renommées aux Açores. Ils s'étaient arrêtés à l'un des coquets village qui brillent au soleil, et s'étagent dans les bois d'orangers, et ils n'étaient rentrés qu'à la nuit. Ce jour-là, Maniello était allé au large sur sa péniche, il chanta puis revint à terre de bonne heure, chercha des yeux Fany et, au lieu de gagner le village, il erra un moment sur la grève, puis, semblant céder à la fatigue, il s'étendit à l'ombre d'un rocher garni de vertes broussailles marines et s'endormit.

« A leur retour Fany et le pasteur s'arrêtèrent chez nous, et je remarquai le ton enjoué avec lequel notre jeune amie me dit : « Nous avons vu Maniello à la Montagne, il chantait sous les arbres et il m'a adressé de loin son plus joli sourire. » Laure et moi ne pûmes cacher notre surprise : « Vous avez fait erreur, Fany, lui dis-je, Maniello n'a pas quitté la plage où il dormait encore lorsque nous sommes rentrées. »

— « Vous voyez, ma fille, lui dit son père, je vous disais bien que vous vous étiez trompée, moi je ne l'ai pas vu ce jeune homme. Mais Fany, pâle, nous assura qu'elle n'avait pas rêvé. Convaincues de l'erreur de la chère enfant nous gardâmes le silence.

« A quelque temps de là, c'est le contraire qui se produisit : le pasteur Finley et sa fille virent passer Maniello devant leur villa et les yeux du pêcheur s'arrêtèrent doucement sur ceux de Fany qui détourna le visage pour cacher la rougeur dont il s'était empreint, et c'est Laure et moi qui rencontrâmes Maniello dans un bois d'orangers où nous fûmes étonnées de le trouver endormi. Je voulus m'assurer que c'était notre beau pêcheur et je l'appelai... Il s'éveilla comme à regret, paraissant sortir d'un rêve agréable. « Comment, Maniello, lui dis-je, vous vous endormez ainsi... à quoi rêviez-« vous donc ? — Pardonnez-moi, mesdemoiselles, mais de-« puis quelque temps il me semble obéir à une force étrange « et puissante qui me terrasse et m'endort, et mes rêves sont « non moins bizarres car je me vois aussitôt transporté en « un lieu où je suis certain de ne pas dormir, ainsi, je ferais « serment que lorsque votre voix m'a fait sortir de mon rêve, « j'étais devant la fenêtre de Mlle Fany et que j'ai salué

« M. Finley et échangé un regard avec sa fille... et il ajouta, « malgré lui... Elle est si jolie... et si malade ! »

« Redescendues à Horta, nous entrâmes chez les Finley qui nous attendaient pour nous offrir le thé. — « Quel dormeur que Maniello, dis-je, poussée malgré moi par la curiosité, croiriez-vous que je l'ai éveillé sous les bois de Lito où il faisait un beau rêve. »

« A mes paroles, Fany se leva, pâle, et regarda le pasteur. — « Père, lui demanda-t-elle, me suis-je encore trompée ? — Non aimée, ces demoiselles ont cru voir Maniello à la montagne, mais aujourd'hui, j'affirme l'avoir vu il y a deux heures passer là devant la villa et nous saluer de son air avenant. » Il n'y avait rien à répondre... le fait existait, nous étions bien certaines, ma sœur et moi, d'avoir parlé à Maniello, et M. et Mlle Finley de l'avoir vu passer devant le jardin à la même heure.

« Quelques mois plus tard, vers le soir, comme j'étais à la petite anse où je prenais mon bain seule avec Clara ma mulâtresse, Fany arrivant, je remarquai sa pâleur et son air de profonde tristesse, même de souffrance.

« A mes questions, elle répondit par le silence; puis, après un moment d'hésitation, de lutte intérieure visible, elle éloigna nos deux suivantes et me dit d'une voix que je n'oublierai jamais : « Marie, chère amie, tirez-moi d'un doute cruel. Est-ce que j'aimerais Maniello, ou bien suis-je sous l'empire de ce beau pêcheur ?... Il se passe entre lui et moi une chose si incroyable que je me résigne à vous la confier avant d'en parler à mon père :

« Dites-moi, chère Marie, un être humain peut-il se dédoubler ? Puis-je voir Maniello ici, alors que vous le réveillez au bois de Lito ? — Question difficile à résoudre Fany... j'ai lu le fait, mais je ne croyais pas qu'il fût possible. Ma mère m'a affirmé que, dans sa jeunesse, à la Martinique, on a vu à Fort-de-France, une belle jeune fille qui apparut plusieurs fois à son cousin, officier de marine, à qui elle était fiancée et dont elle devint l'épouse, alors qu'il était démontré qu'elle était à Saint-Pierre chez une de ses tantes. Elle apparaissait dans le jardin, elle cueillait une fleur, elle l'offrait à son cousin, lui donnait même un baiser puis s'évanouissait aux yeux émerveillés du jeune homme.

Voilà le fait... qui n'est peut-être qu'une légende... du moins je le pensais, mais si Maniello...

« Oui, chère Marie, Maniello a cette faculté d'émettre son double en dehors et loin de lui, mais est-ce lui, est-ce son âme que je vois ?... et après une hésitation dans laquelle évidemment la pudeur de la jeune Anglaise livrait à elle-même un violent combat, elle ajouta en baissant la voix et les yeux : Je vais tout vous dire... je sens qu'il y a là un secret... mon cœur est coupable peut-être, mais, sans provoquer ce... comment dire ?... ce phénomène, j'éprouve malgré moi du bonheur à y participer et, puisque j'ai promis de tout vous avouer, je crois que lorsque je vois Maniello je suis inconsciente... J'ai acquis la certitude que lorsque le pêcheur part pour la montagne je le verrai à un moment quelconque du jour... et chère Marie, là est ma faute, je serais désolée de ne pas le voir apparaître. Dois-je en faire l'aveu à mon père ? — « Oui, Fany, le pasteur doit être averti de ce lien mystérieux qui vous attache à Maniello. » — « Eh bien je vais le faire dès ce soir, Marie, mais alors écoutez jusqu'au bout cette étrange histoire » :

« Il y a un mois, nous n'avions pas vu depuis trois jours celui que je ne sais plus par quel nom désigner, lorsqu'un soir que je venais de me mettre au lit et que je dormais déjà, je crois, je m'entendis appeler par mon nom. Je me levai malgré moi et courus à ma fenêtre qui, vous le savez, donne sur le jardin du côté de la montagne. J'ouvris sans crainte et j'aperçus Maniello qui leva vers moi ses beaux yeux, me prit la main, la porta respectueusement à ses lèvres et me dit doucement : « Bonsoir Mathilda, ma sœur aimée. » Je n'étais pas le jouet d'un rêve, je n'étais point hallucinée, je vis bien, reconnus et entendis celui qui me parlait ; mais, subitement, il s'évanouit à mes yeux comme un léger nuage. Je me remis au lit et ne dormis pas ; le lendemain, votre mère, votre sœur et vous, remarquant ma pâleur, me fîtes quelques questions auxquelles j'eus honte de répondre.

« Depuis lors, Maniello est revenu chaque semaine m'appeler, me baiser la main et me donner ce nom de Mathilda, puis il a disparu comme la première fois...

« Mon esprit anxieux n'est point calmé... Je dirai tout à mon père, mais quand vient Maniello sans que rien ne décèle sa présence, je sens que je ne m'appartiens plus et je ne songe point à éveiller mon père.

« Si tout s'était borné à cette vision si prompte qui me cause un bonheur que je ne puis vous cacher, je croirais à une manifestation de somnambulisme de ma part. Mais ce que je vais vous dire encore est venu entr'ouvrir des horizons si inadmissibles à mon cerveau, à mon cœur que vous allez me croire folle, Marie ; et Fany se jetant dans mes bras, se mit à pleurer.

« Je n'osais la questionner, j'avais peur d'un aveu au-devant duquel je n'osais aller, mais je ne doutais nullement de son entière innocence.

« Ecoutez tout, continua-t-elle en prenant ma main et en la mettant sur son cœur, voyez, je suis calme, et pourtant je dois rêver. Cette nuit, sous le reflet de la lune argentée, Maniello m'a appelée... Mathilda !... Heureuse je volai à la fenêtre. « Venez au jardin, ma sœur, » me dit-il. Je répondis sans crainte à son appel et lorsque je fus près de lui je reconnus Maniello, mais ce n'était plus le pêcheur açorien ; non, c'était un jeune seigneur, qui me fit asseoir sur le banc du grand citronnier, s'agenouilla près de moi, et me dit : « Ecoutez, ma sœur, cette chanson de Pétrarque, mon ami, et, de sa voix sonore et pure mais avec un organe plus tendre, il me chanta des vers du poète italien que je reconnus, Marie, pour les avoir entendus déjà... où ?... quand ?... C'est ce que m'expliqua Maniello qui me reporta avec lui, dans un passé reculé de cinq siècles, lorsque j'étais sa sœur. Il me dit qu'alors j'étais belle... très belle et qu'il était jaloux de moi... au point qu'un soir il provoqua en combat singulier et blessa à mort un jeune Vénitien qui m'aimait. Après ce crime, il avait dû s'enfuir et ne m'avait jamais revue... Etait-ce un rêve, ma chère Marie ? En voici la fin. « Maintenant
« que vous connaissez tout de notre passé, ajouta Maniello,
« sachez que je suis revenu en cette vie pour vous revoir
« un seul instant... je ne reparaîtrai plus qu'une fois pour

« vous donner un dernier baiser. Maniello le pêcheur ne
« sait rien.. Je suis son âme... Son corps repose endormi
« là-bas ; et, de son doigt, le jeune Italien désignait la mon-
« tagne. « A bientôt, dans une autre vie où j'aurai enfin le
« bonheur de vous aimer toujours, et d'être votre époux...
« Au revoir ! le jour où vous mourrez, Mathilda..., mon
âme... (celle de Maniello) suivra la vôtre... Adieu ! » Et la
vision disparut... Ce matin, à l'aube, mon père, me trouva
endormie ou évanouie sous le grand citronnier. J'étais donc
sortie. Maintenant, dites-moi Marie, si je suis folle !

— « Non, Fany, vous n'êtes point folle..: Mais...

— « Mais quoi, Marie ?

— « Vous êtes somnambule et, dans tout cela, vous êtes le
jouet de votre imagination » du moins, telle était alors ma
conviction. »

« Maniello ne revint plus éveiller Fany, mais plusieurs
fois, en dépit de mes doutes, il fallut bien constater que le
pêcheur étant chez Dolorès au Lito, démontrait sa présence
à Horta où elle fut visible de nous tous.

« La pauvre Fany semblait heureuse de ces visions, et je
n'ai jamais douté que le beau pêcheur n'eût fait une douce
impression sur le cœur de cette belle enfant qui resta toujours innocente et pure.

« Une année passa pour elle dans des alternatives de joie,
de mélancolie et de tristesse ; sa pâleur allait s'accentuant,
son état de langueur s'aggravait rapidement. La pauvre fille
déclinait de jour en jour.

Elle venait s'asseoir parfois encore avec nous sur la grève
où elle cherchait du regard la venue de Maniello, et, ce que
ni le pasteur ni nous, ne pûmes jamais comprendre, c'est
que le beau pêcheur, tout en saluant la jeune malade avec
une touchante sympathie, se rendait à sa barque ou retournait au village comme un garçon dont le cœur était libre de
tout amour.

« Un soir que la mer était calme et que la beauté du ciel
et la douceur de la température invitaient à s'étendre
dehors, nous étions allées chercher les Finley pour nous
asseoir avec eux sur la grève. Fany était languissante et
muette ; ses yeux, errant sur les flots, ne se détachaient point

d'une barque de pêcheur dont la rame avait signalé la présence non loin de nous. Tout à coup une délicieuse romance dont nous ne pouvions distinguer les paroles arriva jusqu'à nous, apportée par la brise et chacun reconnut la voix sonore et harmonieuse de Maniello. Alors, Fany, pâle, se dressa, les regards tournés dans la direction de Maniello, puis allongeant la main vers ce point, elle s'écria : « La Canzona di Pétrarca ! » puis elle tomba évanouie dans nos bras en criant : Maniello !

« La barque, comme si le pêcheur eût entendu son nom ou deviné la détresse de celle qui l'avait prononcé, revint à la plage, où Maniello jeta ses rames et, sautant à terre, il s'écria en accourant vers nous tristement : « Je me suis encore endormi malgré moi... j'ai entendu sa voix qui m'appelait... » Et, dans ses bras vigoureux il enleva Fany comme un enfant et la transporta sans qu'elle eût repris connaissance jusqu'à sa demeure où nous la déshabillâmes et la mîmes au lit.

« Le lendemain, comme j'étais près de son lit, elle me dit : « Marie, ma folie continue, elle ira jusqu'au bout ; cette nuit, Maniello est venu me donner son dernier baiser... il est entré sans bruit et s'est approché de mon chevet... C'était le baiser de nos fiançailles ! Oh, Marie ne souriez pas.. Je sens que nous serons bientôt réunis et pour toujours... Il y a si longtemps que mon bien-aimé me cherche ! Marie, après que je serai morte, si vous rencontrez encore Maniello au bord de la mer ou à la montagne, vous pourrez dire alors : « Pauvre Fany, elle avait rêvé ! »

« Le lendemain dans la matinée une secousse de tremblement de terre ébranla fortement la demeure du pasteur et la nôtre, un orage éclata violemment et les échos de la montagne répercutèrent les terribles coups du tonnerre. Puis le calme revint.

— « C'est l'annonce de notre fin ! » dit à voix basse Fany qui n'était plus qu'une ombre... et, à 2 heures, cette vierge, ange de douceur et de souffrance, s'envola au ciel. A cet instant, Maniello passa en courant devant le jardin sans détourner la tête se rendant vers la petite anse. Il ignorait sans doute la mort de celle qui mourait de son amour innocent, mais je fus surprise de ne pas le voir s'arrêter un moment.

« Nous restâmes tout le jour et toute la nuit près du corps diaphane de la morte disparaissant sous un grand voile blanc et sous les fleurs. Laure, ma sœur, avait couronné son front pur de fleurs d'oranger.

« Le pasteur agenouillé priait et pleurait doucement. Sa grande douleur était muette. Vers minuit des bruits de pas lourds attirèrent notre attention et nos regards vers la fenêtre ouverte; des pêcheurs portaient sur une civière le corps d'un mort que suivait une femme poussant des sanglots... Le cadavre était celui de Maniello que ses camarades avaient trouvé sur la grève où la mer avait rejeté la barque et le pêcheur... La femme était la pauvre Dolorès, sa mère.

« Deux jours plus tard, nous accompagnions au cimetière d'Horta, ombreux et fleuri, la dépouille légère de la pauvre Fany et, derrière nous, suivait le cercueil de Maniello porté par les pêcheurs en deuil.

« Leurs tombes sont voisines, et l'herbe qui les recouvre sans doute aujourd'hui n'en doit plus former qu'une seule... Pendant l'année qui suivit la mort de Fany et de Maniello, j'allai chaque semaine déposer une gerbe de fleurs au pied des croix de bois sous lesquelles dorment depuis vingt ans ces mystérieux amants ! »

Puis, baissant la voix dans laquelle je sentais passer des larmes, la comtesse ajouta lentement : « Voilà capitaine le pèlerinage que, pieusement, mon âme était allée faire sur la terre voisine qui exhale pour moi ses chères senteurs, lorsque votre présence l'a rappelée en moi.

« Voilà ce souvenir tel que l'a gardé ma mémoire... Il est bien étrange, n'est-ce pas ? Croyez-en et faites-en ce que vous voudrez ! » Et, me tendant de nouveau sa main que, très ému moi-même par ce récit, je portai silencieusement à mes lèvres, la petite comtesse ajouta en se levant : « ... Devenez spirite, capitaine, votre cœur comprendra les beautés de notre croyance, le mystère divin des vies successives et de la réincarnation qui fait de la mort une amie qu'on voit arriver sans l'appréhender... Et si tout cela n'était pas vrai... Quel doux rêve quand même ! »

Je rentrai dans ma cabine et j'écrivis ce que, pour vous, mes amis, je viens de recopier.

QUATRIÈME PARTIE

Jérusalem

JÉRUSALEM

A la suite de la conférence que je fis, le 31 mai dernier, à la salle du cercle Allan Kardec, mes auditeurs m'ont demandé de la publier pour les lecteurs de la *Revue*. J'avais répondu par le silence ; mais cette demande m'étant réitérée par des amis et par plusieurs prêtres, je vais les satisfaire.

Dire ou écrire, c'est bien différent ; ce qui s'échappe des lèvres, surtout lorsque le discours s'adresse à des auditeurs bienveillants et sympathiques, se volatilise promptement et ne laisse pas à leur esprit la même impression que celle de pensées écrites, imprimées... devenues indélébiles. Le proverbe latin : *verba volant, scripta manent* se présente à ma mémoire pour me conseiller la prudence. Laisser des preuves écrites d'un fait, d'une opinion est parfois dangereux, surtout en matière religieuse. Je n'oublie pas que si je m'adresse à des spirites, il en est parmi eux, dans nos lectrices surtout, qui pratiquent la religion dans laquelle ils ont été élevés et trouveront plus qu'étrange ce que je leur dirai. Je serais fâché de faire la moindre tache sur la blancheur de leur robe, d'écrire une parole blessante pour leur foi, de troubler cette croyance héréditaire qui a été léguée par les siècles mais qui se transmet, en s'affaiblissant d'année en année, non sous les coups du temps, mais sous ceux, répétés, de la science, de la philosophie et du bon sens.

Ma loyauté m'impose donc le devoir de dire à ceux de mes lecteurs qui tiennent à conserver intacte cette foi irraisonnée qui a été appelée la « foi du charbonnier » que Dieu est Dieu, mais que Jésus n'est que son prophète... alors qu'ils passent ce chapitre et ne cherchent pas le nom de l'écrivain ou qu'ils l'oublient s'ils l'ont aperçu.

Que les lecteurs qui voudront lire ces impressions sachent qu'elles sont toutes personnelles et bien particulières. C'est la transcription de notes modestes prises sans ordre, au jour le jour ; c'est une causerie qu'ils croiront entendre des lèvres du voyageur. Mais comme, en dehors de mes observations bien à moi, tout ce que je dirai, je l'aurai vu, je prie les lecteurs d'oublier ce méchant dicton qui n'a pas toujours eu la valeur d'un axiome : « Peut bien mentir qui vient de loin. »

Ce voyage en Palestine, nous en avions formé le projet depuis longtemps ma femme et moi et en remettions chaque année l'exécution à la suivante. La cause déterminante a été le grand malheur qui nous a frappés si cruellement, la mort subite de notre fils bien-aimé au seuil de sa vingtième année.

Persuadée qu'elle trouverait des consolations en allant porter, dans un très pieux pèlerinage, son cœur meurtri, sa douleur poignante sur le saint sépulcre de Jésus-Christ, la pauvre mère se souvint du désir qu'elle avait eu d'aller en Palestine et la semaine sainte approchant, nous résolûmes d'aller la passer à Jérusalem.

Nous avons une égale douleur, mais des convictions différentes. Une piété profonde, invulnérable qu'elle doit à une mère et une sœur qui ne cessent de donner l'exemple de la pratique la plus rigide, de la charité souvent exagérée et de la dévotion quotidienne conforme à l'Église, — ont fait de ma femme une sainte dans toute la belle acception du terme... Et je dois avouer que si l'exemple d'une semblable conduite n'a pu que me confirmer dans ma foi spirite qui m'oblige à prier Dieu au soleil et non à l'ombre du temple, — de même je dois reconnaître que mes efforts et mes tentatives sont demeurés nuls pour attirer ma chère compagne vers des idées que je sais plus consolantes que celles qu'elle croit les vraies. Pourtant elles lui laissent un doute cruellement dur au cœur d'une mère quand elle songe : « Mon fils n'allait pas à la messe ! Mort sans pousser un soupir, il n'a pu recevoir les derniers sacrements ! Donc le ciel lui est fermé ! » Et dans sa douleur immense que je voudrais tant adoucir par des paroles tendres, par l'exposition d'arguments sensés, elle demeure impassible et froide. Je sens bien que parfois certaines pensées la troublent, qu'elle prête un moment l'oreille à ces mots que j'empreins de douceur : « Ne jugez point si cruel ce Dieu que vos prêtres vous représentent toujours menaçant. Vos prières constantes, bien plus que les 500 messes que fait dire partout votre sainte mère, vos larmes surtout l'ont déjà attendri, mais non apaisé, car Notre Dieu ne connaît pas la colère et n'a point à être apaisé. Qui profite de l'or que vous prodiguez à ces prêtres pour qu'ils sollicitent Dieu en faveur de notre fils ? Ne voulez-vous donc point me croire ? L'âme de notre enfant était pure, son corps vierge de toute souillure. Rappelé par un ordre divin, sa tâche était accomplie... Si sa vie présente a été courte, elle a été douce, heureuse, et l'amour pieux dont vous avez entouré ce cher cœur n'a pu lui attirer que le bonheur dans l'au-delà »... Mais, semblable à un parfum trop subtil, ma logique n'atteint point ses sens et ses pensées douloureuses ne varient point.

Quand donc l'humanité catholique secouera-t-elle ce joug séculaire de l'Eglise ? Quand donc chaque âme, consentira-t-elle à comprendre qu'entre la créature et le créateur aucune créature égale à elle ne saurait s'interposer ?

Nous sommes arrivés à un tournant de l'histoire où l'humanité, surprise par les merveilles que lui révèle la science, doit, par une force inéluctable, s'affranchir des vieilles idées imposées par l'Eglise et par la papauté vacillantes. Le jour est proche où le penseur, comprenant mieux son Dieu, et adoptant la saine morale et les devoirs qu'elle impose à tous les hommes, demandera à la Raison seule de lui montrer du doigt la route qu'il doit suivre pour se diriger désormais sans crainte vers la Vérité, vers la Lumière ?

Les esprits qui rompent leurs chaînes rouillées, entraves inutiles, surgissent de tous les rangs de la société et apparaissent nombreux même dans le clergé plus instruit. Ils osent combattre aujourd'hui, par la parole et par la plume, ce que la terreur des supplices infernaux et le respect obligatoire dû à l'Eglise ont protégé durant trop de siècles d'ignorance et d'obscurité.

Mais il est temps de commencer les préparatifs de notre voyage et de nous mettre en route pour Jérusalem. De

Paris à Marseille la distance est rapidement franchie... plus n'est besoin de faire son testament comme jadis. On quitte la capitale à 7 heures du soir et à 6 heures du matin on débarque dans la ville des « bons sentiments et de la raison ».

Le soleil de mars ensoleillait et réchauffait déjà la Canebière, ce beau boulevard un peu court, mais large et splendide, dont les Massiliens sont aussi fiers que les Athéniens, leurs aïeux, l'étaient de la voie qui conduisait au Parthénon. C'est au coin du vivant quai de la Joliette que, le 13 mars, nous entendions crier la catastrophe de l' « Iéna », sinistre épouvantable et mystérieux qui coûta la vie à tant de matelots et d'officiers à la tête desquels je lus, les larmes aux yeux, le nom de mon vieil ami le commandant même de l' « Iéna », le capitaine de vaisseau Adigard, dont j'ai parlé jadis dans mes « vieilles notes » sous le nom de Radiguet. J'avais prédit à ce beau caractère les étoiles d'amiral qui s'apprêtaient à tomber du ciel sur les épaules de cet excellent marin, mais sans prévoir une fin aussi cruelle et aussi prématurée. Combien notre malheur nous semblait moindre en songeant à toutes ces victimes qui faisaient verser des larmes à plus de trois cents familles et laissaient, une fois de plus et si tristement, la France en deuil.

De France à Jérusalem plusieurs trajets nous étaient offerts : d'abord par le chemin de fer, de Paris à Constantinople et de là à Smyrne, Beyrouth et Jaffa ce qui demandait dix jours, — puis par Marseille, Gênes et Jaffa, — enfin directement de Marseille à Alexandrie et Port-Saïd en Égypte et de Port-Saïd à Jaffa. C'est cette dernière ligne que nous choisîmes et, avec un instinct délicat, le capitaine du « Portugal », l'un des plus beaux paquebots des Messageries Maritimes, lequel devait nous prendre le lendemain, étant M. Étienne Protet, créole de la Réunion comme ma femme et son cousin par alliance. Le commandant Protet est le neveu de l'amiral tué glorieusement en Chine. Très aimable pour ses passagers et surtout pour une cousine, il donna gracieusement l'ordre, dès notre arrivée à bord, pour que la plus belle cabine de luxe fût mise à notre disposition. Pour moi, qui ai toujours préféré un hamac à la plus moelleuse couchette, cette amabilité m'eût moins touché que ma femme qui souffre toujours du mal de mer, sans que cinq voyages de France à l'île de la Réunion, soit près de vingt mille lieues sur mer, l'aient cuirassée contre ce mal redoutable, pour lequel, à l'exemple de bien des passagères, sa couchette fut toujours le seul remède efficace.

Pour moi, qui compte plus de vingt-cinq traversées dont deux autour du monde, j'étais heureux de me confier, pour quelques jours, à la vieille amie qui m'a tant bercé. Il me souvient qu'à bord de la « Sibylle » où j'eus le bonheur de passer six mois — il y a de cela quarante ans... hélas ! trois fois hélas ! — au milieu d'une jeune et brillante promotion d'aspirants tous devenus, sauf ceux qui sont tombés en route, officiers supérieurs, frégatons, capitaines de vaisseau et amiraux, — je me souviens, dis-je, que plusieurs étaient peintres, musiciens et poëtes.

Nous invitions ensemble les muses à venir nous consoler des ennuis d'une longue traversée, et, rivalisant avec ceux qui tenaient la lyre, j'avais composé une ode à la mer, grotesque certainement, qui débutait par ce quatrain :

> Mer tant capricieuse et si souvent traîtresse,
> Quand on s'est, dans tes bras, vu bercer tant de jours,
> Comme en ceux d'une belle et jalouse maîtresse,
> On a beau te maudire, on veut t'aimer toujours !

début poétique qui m'avait valu l'interruption suivante de Richard d'Abnours, aujourd'hui amiral : « On dirait, lieutenant, que vous naviguez depuis cent ans ! »

Le « Portugal » a lâché ses amarres, il quitte le port de Marseille, le ciel est pur, les flots sont bleus, les chapeaux, les mouchoirs s'agitent pour les adieux aux amis venus à la Joliette ; on donne un dernier regard à la « bonne mère », la grande vierge dorée qui domine la ville et la rade et à laquelle plus d'un matelot adresse une prière, une pensée, un au revoir toujours sincère. Les côtes rocheuses et abruptes fuient rapidement, l'île Sainte-Marguerite, d'où un maréchal de France, traître à la Patrie, put s'échapper, si aisément, le château d'If, célébré par Alexandre Dumas dans *Monte Christo*, Toulon, Cannes, et les derniers caps de la terre de Provence s'effacent à nos yeux et voici la pleine mer ! Nous gagnons le cap Corse, nous filons à toute vapeur vers les bouches de Bonifacio où la mer est fort houleuse, puis vers le détroit de Messine où les flots resserrés sont toujours agités. Ma femme est couchée, souffrant du mal de mer auquel j'apporte un peu d'adoucissement en lui faisant boire du champagne frappé. Sur le pont, une troupe de comédiens, à destination du Caire, rit et chante avec insouciance ; quelques Anglais, dont les pipes ne quittent que rarement les lèvres, arpentent le pont et comptent les kilomètres hygiéniques qu'ils doivent faire entre chaque repas. Une vieille dame me demande le nom de cette terre nouvelle. « C'est la Crète ou l'île de Candie... Oui, madame, lui dit, sans rire, l'un des acteurs... On y fabrique le sucre du même nom, exporté jadis par les Phéniciens... » La dame s'éloigne, incertaine du renseignement. A midi, chaque jour, le point calculé, un officier le marque sur la carte géographique placée dans le salon, et tous les passagers viennent voir la distance parcourue et celle à parcourir.

Enfin, le sixième jour, le mardi 19 mars, nous apercevons les terres basses de l'Egypte, c'est le delta du Nil... Tous les passagers sont sur le pont vêtus pour débarquer. On dépasse les deux môles, le phare, et à 8 heures le « Portugal » mouille bord à quai... Deux jours à passer dans cette belle ville : demain soir le « Portugal » se rendra à Port-Saïd où nous trouverons le paquebot pour Jaffa.

Alexandrie, cité antique des pharaons, était déjà bien vieille lorsqu'en 330 avant Jésus-Christ, Alexandre le Grand la construisit pour en faire un vaste entrepôt entre l'Orient et l'Occident. L'histoire de *La Cité* d'Alexandre se perd dans la nuit des temps ; elle repose sur les ruines amoncelées par plus de quarante siècles qui ont vu se succéder, sur son sable humide des eaux du Nil, les Éthiopiens, les Égyptiens représentés par vingt dynasties de Pharaons dont les noms bizarres de Khéops, Khéphren, Ameneh, Toutmès, Ramsès, et Sésostris reparaissent à mon esprit sur ce sable que je foule pour la dixième fois. Vieille terre de Cléopâtre, que de souvenirs tu évoques... Aujourd'hui ville splendide et cosmopolite où se parlent toutes les langues et où il n'est pas rare de rencontrer des drogmans qui en interprètent huit ou dix. Deux promenades en voiture du port à Ramley nous font apprécier les beautés d'Alexandrie. La place des consuls entourée de palais, la colonne en marbre rouge de 15 mètres de haut, érigée en l'honneur de Pompée par Dioclétien est là, depuis 1.500 ans, rappelant qu'un esclave affranchi pouvait devenir empereur à Rome... Pourquoi Dioclétien ajouta-t-il à sa gloire le souvenir des sanglantes persécutions contre les premiers chrétiens ? Les catacombes d'Alexandrie, égyptiennes et romaines, sont devenues « modern style » ; elles sont éclairées à l'électricité. Lorsque j'aurai ajouté qu'Alexandrie compte une population de 300.000 âmes dont 45.000 Européens j'aurai, je crois, satisfait mes lecteurs.

Le jeudi 21 nous débarquions du « Portugal » à Port-Saïd pour passer sur le « Tzar », paquebot russe qui devait nous conduire à Jaffa. Port-Saïd est un des ports que j'ai le plus fréquentés ayant traversé huit fois la mer Rouge. La statue du grand Français Ferdinand de Lesseps, l'ingénieur du canal de Suez, se dresse sur une belle jetée du port. Elle est majestueuse... L'intelligent et tenace travailleur que fut de Lesseps montre de la main l'entrée du canal et, de sa belle tête, il semble répéter les paroles écrites sur le piédestal : « La terre est ouverte au monde entier. » La longueur du canal de Port-Saïd à Suez est de 82 milles (152 kilomètres). Commencé en 1859, il était inauguré en septembre 1869, dix ans après. Il est traversé chaque jour par un nombre qui varie de quinze à quarante navires. Il y a quelques années, les navires y entraient le matin et y mouillaient la nuit. Mais depuis que de puissants réflecteurs électriques, placés à l'avant de chaque navire, permettent d'y voir comme en plein jour, la traversée se fait sans arrêt, les paquebots s'y croisant sans danger. Une seule cause d'arrêt obligatoire est le vent du désert, le « khamsin » qui brûle et amène avec lui des nuages de sable qui aveuglent les passagers et obscurcissent littéralement la route, au point de ne pouvoir distinguer les bouées indiquant le chenal ni les navires arrivant à contre-sens.

A notre retour du Caire par Ismalia le long du canal, en chemin de fer, nous comptâmes vingt-deux navires de toutes nations, mouillés dans le canal les 19 et 20 avril, en proie à un « khamsin » violent qui nous avait fait fuir la cité des pyramides et nous contraignit d'attendre vingt-quatre heures à Port-Saïd l'arrivée du *Calédonien* qui venait de la Réunion et qui nous ramena en France.

Quelques mots sur Port-Saïd : j'y ai constaté les progrès énormes dus à la présence des administrateurs anglais. Les rues sont propres, des trams les sillonnent. On n'y voit plus ces bazars où les roulettes et les Juives appréhendaient jadis sans vergogne les passagers attendant le départ du paquebot et qui n'avaient pas besoin de passer la nuit pour être soulagés de leurs provisions pécuniaires au départ ou de leurs économies au retour. Les caravanes de bédouins et de chameaux ne dépassent plus le quartier arabe et la ville neuve, qui s'embellit chaque jour, ne voit plus cette race malpropre y laisser des immondices comme autrefois.

A 8 heures du soir, le *Tsar*, dont le capitaine russe parle français et nous accueille avec affabilité, quitte Port-Saïd et la terre d'Afrique pour gagner l'Asie dont la côte est distante de dix heures et le 23 mars, samedi, veille des Rameaux, nous nous réveillions, après une excellente nuit à Jaffa, en Asie, à quatre heures de Jérusalem.

La vue qu'offre la ville de Jaffa est fort belle. Bâties en amphithéâtre, ses maisons, vieilles et blanches, noyées dans une verdure luxuriante d'orangers, de citronniers, de palmiers, reposent agréablement la vue, et les hautes collines qui s'élèvent artistement dentelées dans un ciel pur, lui communiquent une étrange et réelle beauté ; mais, pour débarquer sur ses quais, il faut lutter contre les grosses lames houleuses qui rendent presque toujours dangereux le trajet des navires, prudemment mouillés à plus d'un mille au large et qui sont souvent contraints de lever l'ancre pour s'en retourner à Beyrouth ou à Port-Saïd sans avoir osé débarquer leur chargement ni leurs passagers. La rade foraine est livrée à tous les vents et le petit port qui est entouré de brisants peu élevés exige, de la part des bateliers, une adresse qui ne leur fait point défaut. Mais les barques arabes sont fortes et les bateliers, d'une habileté remarquable. Aussitôt prêts, j'engageai ma femme, un peu effrayée de l'état de la mer, à suivre le conseil du capitaine qui nous engagea à débarquer sans plus attendre, le vent menaçant de grandir.

Je pris un bon patron que le second me désigna et, nos bagages dans l'embarcation, nous sautâmes à l'instant propice sans attendre d'autres passagers qui perdaient du temps à discuter le prix du transport ou à se réunir sous l'œil du correspondant de l'agence Cook qui recevait plus de vingt pèlerins. Libres et indépendants nous payâmes les 20 francs et, un quart d'heure après, un peu mouillés, mais sains et saufs, nous mettions le pied sur le quai de Jaffa où notre patron nous guida, précédés de notre malle légère et de nos deux valises, vers la Douane, où l'on vérifia d'abord notre passeport. De tous les pays de l'Europe, la Turquie est la seule nation qui ait maintenu cet inutile parchemin qu'il me fallut aller demander à l'ambassade de Turquie à Paris, moyennant 8 fr. 50, et sans lequel nous n'eussions pu débarquer ma femme ni moi. Avant d'entrer dans la salle où se visitent les bagages, le patron me glissa à l'oreille « donne *bacchich* (gratification que réclame tout Arabe, pour tout et partout) et l'officier n'ouvrira pas ta malle ». — Comme nous n'avions rien de sujet à contravention je refusai d'acheter une conscience et je vis le signe qu'échangèrent le préposé de la douane et le patron. Mécontent de ma ladrerie il fit ouvrir la malle et les valises dont il fit retourner le contenu puis me dit sèchement : « Tu peux partir. » — « Je te remercie », lui répondis-je, et quelques instants après une voiture légère conduite par un Arabe nous emportait à l'hôtel du Parc tenu par des Allemands, où la cuisine fut détestable et où l'on nous servit, pour 5 francs, une bouteille de vin baptisé Médoc composé de divers produits chimiques et même d'un peu de raisin.

Jaffa, l'antique Joppé des Grecs, la Japho des Hébreux, veut dire « la belle ». Les savants assurent que son origine toute mythologique vient de Jopa, fille d'Éole (qui souffle les vents) ; enfin les rabbins juifs prétendent que Jaffa fut fondée par Japhet, fils de Noé, aussitôt après le déluge. Ce serait à Jaffa que le héros Persée serait venu, sur les ailes d'un aigle, sauver la belle Andromède enchaînée sur le rivage et livrée au monstre marin qu'il tua au bord de la mer.

C'est à Jaffa que le prophète Jonas, envoyé, par Dieu en personne, à Ninive (disent les vieux écrits juifs), afin d'y prêcher la pénitence, s'embarqua à Joppé. Une tempête s'étant soulevée le prophète tomba à la mer où, chacun le sait, puisque les prêtres racontent encore ce miracle aux petits enfants, une baleine ouvrit démesurément la bouche et offrit chez elle une hospitalité, qu'on ne qualifiait pas alors d'écossaise, à Jonas. Elle ne consentit à lui donner son *exeat* que trois jours après, le « déposant », c'est le mot propre, au bord de la mer, où il reprit tranquillement sa route vers Ninive.

C'est à Jaffa, que Saint Louis, roi de France, débarqua en 1251, à son retour d'Égypte où il était allé combattre les infidèles lors de la septième croisade. Le roi chrétien y passa quatre ans et fit entourer la ville d'une vaste et solide enceinte fortifiée dont on voit encore quelques vestiges.

Enfin le général Bonaparte, à la fin de sa campagne d'Égypte, se rendant à Saint-Jean-d'Acre, s'empara de Jaffa le 3 mars 1799. Des historiens lui ont reproché d'avoir ordonné le massacre de quatre mille Albanais qu'il avait vaincus en dehors de la ville et renvoyés saufs. Ayant pénétré dans Jaffa, ils avaient tourné leurs armes contre lui. Furieux, Bonaparte fit donner l'assaut par le brave Desaix et massacrer la garnison. D'autres ajoutent qu'avant de s'embarquer, il aurait fait empoisonner, afin de les soustraire aux horribles douleurs de la peste, trois cents de ses soldats atteints de ce mal impitoyable. C'est là une calomnie. Bonaparte, a dit un de ses historiens, était trop chéri de la victoire pour massacrer des ennemis vaincus... Quant à ordonner la mort de ses soldats pestiférés, Desgenettes, son héroïque médecin, qui n'avait pas craint de s'inoculer le virus de la peste pour rassurer les soldats frappés, n'aurait jamais consenti à commettre ce crime.

Par un soleil splendide nous fîmes, ma femme et moi, une promenade à travers Jaffa accompagnés d'un drogman pris à l'hôtel et qui parle admirablement français, employant même certaines locutions qu'il a dû prendre à quelques Parisiens venus avec l'agence Cook. Il nous conduisit à la maison de Simon le corroyeur que la voiture atteignit en longeant des rues tortueuses, vrais casse-cou, remplies d'immondices de toute sorte. C'est chez Simon le corroyeur que saint Pierre fit jaillir l'eau d'un puits que montrent les guides. A la maison de Tabitha l'apôtre ressuscita la pieuse femme. Nous tombâmes à la maison de Simon au milieu d'une bande de « pèlerins Kook » ainsi qu'on appelle en Palestine les clients de l'agence qui dépensent gaiement leur piété à heures fixes et à doses pesées. Tout bas, notre drogman me dit, en désignant le guide arabe qui débite ses immuables récits au nom de l'agence qui le paie sans préjudice des « bacchichs » qu'il réclame à ses pèlerins, « c'est un sacré blagueur ! »

Jaffa est riche par l'immense commerce de ses belles et délicieuses oranges dont les vergers admirables et nombreux sont, en cette saison, couverts de fruits d'or. Ses cuirs, ses parfums sont l'objet d'un commerce rémunérateur.

La ville, qui compte 35.000 habitants, est musulmane autant qu'israélite. Plusieurs maisons appartiennent à des Allemands et à des Italiens.

A 3 heures, nos bagages enlevés, nous quittons l'hôtel du Parc et nous nous dirigeons, toujours flanqués de notre drogman qui est assis à côté du cocher, vers la gare de Jérusalem... la chaleur est très élevée. Nous entendons un tapage infernal en arrivant au chemin de fer. Il est produit par les vociférations et les disputes des portefaix, des cochers, des chameliers, tous Arabes et Juifs, qui parlent rarement et crient sans cesse ; ils semblent toujours prêts à en venir aux coups, mais ne se battent jamais... « Ils « gueulent », nous dit notre drogman, mais comme de bons chiens, ils ne mordent point.

Au guichet, tenu par un Arabe de haute mine, je demande : deux premières. — « Trente francs. » Je donne un billet de la Banque de France qui fait toujours prime ; ce qu'il me rendit de monnaie est incalculable et eût pu remplir une assiette creuse en medjidiés, demi-medjidiés (d'argent), — paras, demi-paras (d'argent mélangé d'étain), — de métallies (gros sous qui peuvent servir au jeu du tonneau), — et de bacchichs de toute taille et de toute valeur qui rappellent nos vieux liards. J'appelle le drogman qui, après avoir compté et recompté, verse le tout dans la poche de mon

paletot d'un geste inimitable, ajoutant ce mot impayable :
« A peu de chose près le compte y est. »

Enfin notre cocher, bien payé, après avoir discuté comme si j'étais le voleur et lui l'homme désintéressé, fouetta ses chevaux et retourna à Jaffa. Le drogman conduisit ma femme, dont les vêtements et le grand voile de deuil attiraient la sympathie et la pitié chez tous ces Arabes qui s'écartaient avec respect pour la laisser passer, jusqu'à notre wagon. Là, il nous installa, puis nous souhaita un bon voyage, accompagné d'un : au revoir, scellé de deux poignées de main, certifiant ainsi qu'il avait trouvé généreux le *bacchich* que je venais de lui glisser en lui disant, le sourire aux lèvres, « le compte y est, je crois… à peu de chose près. »

Enfin tous les voyageurs et les pèlerins sont arrivés, les « Cook » joyeux, anglais et allemands pour la plupart, munis du guide Bedecker, de jumelles et de l'inséparable Kodak, ont pris leurs places, la locomotive siffle, mais rien ne presse, le train est seul sur la voie… Enfin il s'ébranle et se met en route pour Jérusalem.

II

De Jaffa à Jérusalem, un seul train de voyageurs circule ce qui fait que rien ne le presse pour arriver à heure fixe. Les stations sont interminables et le motif le plus insignifiant, tel qu'une conversation inachevée entre le chef de train, ou le mécanicien avec un ami, suspend le départ cinq ou dix minutes.

Une autre route que la voie ferrée permet au voyageur moins désireux d'arriver promptement à la ville sainte de faire le trajet à cheval ou en voiture ; mais, s'il faut de trois à quatre heures par le wagon, on en doit compter de sept à huit en voiture et de dix à douze à cheval, la route étant fort accidentée et contraignant les bêtes à marcher souvent au pas. J'aurais de beaucoup préféré l'excursion en voiture, mais nous étions à la veille des Rameaux, et ma femme tenait à arriver de bonne heure à Jérusalem.

JÉRUSALEM

En sortant de Jaffa, le chemin de fer contourne, au nord, une série de jardins splendides. Un beau clocher russe attire les yeux, puis ils se fixent sur le cimetière de Tabitha. Le premier village, en franchissant la route de Naplouse à Caïffa, est Sarôna, colonie allemande de Wurtembergeois qui compte de quatre cents à cinq cents âmes. Nous entrons dans la plaine de Saron d'une fertilité remarquable et d'une vaste étendue, le guide nous assure qu'elle s'étend jusqu'aux montagnes de Judée sur une largeur de 18 kilomètres et depuis le Carmel jusqu'à Gaza sur plus de 120 kilomètres. Le sol est partout jonché de fleurs où les narcisses dominent. C'est le moment du labour ; partout de petites charrues traînées par des ânes ou des chameaux, poussées par des Turcs à moitié nus, tracent de longs sillons d'où s'enfuit le gibier nombreux à poil et à plume.

Ce qui frappe le voyageur traversant cette vaste plaine si bien cultivée, c'est la rareté des arbres... le sol est livré aux céréales seules. La première station est Lydda, à 20 kilomètres de Jaffa. C'est une vieille cité fondée par la tribu israélite de Benjamin qui s'était établie en Samarie ; Lydda est une ville déchue, et qui me semble en ruines. Richard Cœur de Lion, roi d'Angleterre, y battit les Sarrasins, lors de la troisième croisade, vers 1190. Lydda n'a plus de commerce, et toute industrie y a cessé. C'est une ville entièrement musulmane.

De Lydda à Ramleh, le trajet est court. A la gare quelques Pères franciscains attendaient une famille qui descend et les suit à leur couvent. En Palestine, l'ordre des Franciscains est fort industrieux et fort riche et ses couvents, très nombreux, sont de réelles hôtelleries, où les voyageurs, qui ne sauraient être dénommés autrement que « pèlerins » sont toujours bien accueillis.

Ramleh est l'ancienne Arimathie, patrie du centurion Joseph qui, selon la légende, aurait cédé son tombeau pour ensevelir le Christ.

L'histoire de Ramleh est longue et, de Jaffa à Jérusalem, j'aurais le temps de copier plusieurs pages historiques concernant les tribus d'Israël et vingt faits de combats glorieux attribués aux Juifs, aux Sarrasins, aux soldats des croisades, et noter les miracles nombreux que les guides pieux attribuent à tous les saints de ce pays fertile en légendes miraculeuses. Ce sol de Ramleh a vu couler des flots de sang chrétien et musulman et les noms de Baudouin, de Richard, de Saladin, reviennent à chaque phrase sur les lèvres des guides. On aperçoit de la gare une vieille tour qui s'appelle Tour des martyrs, du haut de laquelle quarante chrétiens, tués par des Musulmans, auraient été précipités. Dans la ville, les Arabes donnent une version contraire. Ce sont les croisés qui auraient massacré quarante Sarrasins qu'ils jetèrent ensuite du haut de la Tour... C'est toujours ainsi que se transmet l'histoire.

Je note les stations suivantes : Sedjed-Deiraban et Bittir où les arrêts sont longs, la population bruyante, où les marchands offrent des oranges, de l'eau fraîche, des fleurs, des cailles et des perdrix prises au filet.

L'ascension est lente, la locomotive halète et souffle, la pente lui semble rude, car Jérusalem est à 800 mètres au-dessus de la mer et la vallée n'a pas permis partout aux ingénieurs de donner à la voie ferrée une pente plus douce. Nous traversons nombre de ponts jetés sur des ravins où l'eau est rare. Nous contournons des collines rocheuses, tristes et abruptes où la terre végétale, emportée par les pluies, est rare et employée avec parcimonie. La vigne se traîne sur le sol, noire et recroquevillée, et quelques oliviers maigres, dont les branches tourmentées par le vent donnent pourtant un excellent fruit, sont les seuls représentants de la flore utile. Nous suivons en partie la vallée de Raphraïm dont l'histoire biblique raconte les témoignages glorieux et merveilleux... C'est par là que David abattit le géant Goliath, c'est non loin d'ici qu'eut lieu le miracle incroyable de Josué arrêtant le soleil, histoire que naïvement on racontera encore longtemps aux petits enfants sans se douter qu'une seconde d'arrêt dans la course furieuse de l'astre glorieux pulvériserait toutes les planètes. Le guide nous montre le mont de la « mâchoire » près duquel le bon géant Samson, trahi par la perfide Dalila, mit à mal des milliers de Philistins comme le pied d'un enfant écraserait une fourmilière. Il pleut, des nuages sombres voilent les hauteurs, le ciel est gris, il fait froid et chacun se couvre. Enfin on approche et, dans la brume, on aperçoit Bethléem, le couvent de Saint-Élie, le mont du « Mauvais Conseil ». Dans les hauteurs abruptes, déchirées, incultes, apparaissent quelques clochers qui percent les nuages et découvrent plusieurs maisons blanches ; le rideau vaporeux s'écarte, le paysage se dessine plus nettement, la ville sainte est proche, les dames se lèvent, se signent, croisent les mains, l'émotion étreint les cœurs... saluez... voici Jérusalem !

Pourquoi fûmes-nous si mal accueillis le jour de notre arrivée en la ville sainte qu'une impression pénible nous en est restée à l'âme ? Est-ce parce que nous l'abordions à toute vapeur au lieu d'y arriver en caravane à la façon biblique, ou par la montagne désolée, au lieu d'y entrer par la Galilée ! Et puis, à notre descente de wagon, il pleut à verse sans que l'eau du ciel réussisse à coucher à terre le nuage de poussière qu'un vent violent abat sur nous. Après avoir assisté à deux ou trois batailles entre portefaix et cochers qui se disputent les « pèlerins de l'agence Kook » et leurs bagages, nous réussissons à prendre d'assaut une voiture qui nous emporte vers la ville, éloignée de 2 ou 3 kilomètres de la gare sans avoir pris souci de notre malle emportée par un Turc.

On devait jadis entrer à Jérusalem avec une impression toute différente, transmise, triste, mystique, dirai-je douloureuse ?

Il n'en peut plus être de même en arrivant en wagon, lorsqu'on entend crier : Jérusalem ! Tout le monde descend ! qu'une cohue de chasseurs d'hôtels, en livrées européennes, vous apostrophent dans toutes les langues : New English hotel ; Deutch hotel ; Central hotel ; Lloyd hotel ; Palazo Italiano ; Hôtel du Parc, etc...

Malgré le vent très froid qui prend nos chevaux à la bride nous gravissons la rude montée de Sion sur la route d'Hébron à Jérusalem et entrons dans la ville neuve après avoir franchi le ghetto juif aux maisons bleues. Nous longeons tous ces hôtels cosmopolites aux enseignes trop modernes : Pensions à prix fixe pour la plupart, puis les Banques : Société générale ; Banque allemande, italienne, grecque et les maisons de commerce, Alberti photographo, et se voilant la face, ma femme a pu lire : Alcazar, ce soir concert !! entrée des Artistes. Café de l'Alcazar !

Un serrement de cœur s'empare de moi et je ne puis m'empêcher de traduire une pensée amère. « Ce n'est pas cela Jérusalem », me répond ma femme, de sa voix douce de créole. — « C'est égal, dis-je, la reliure en est tristement européenne. »

Nous débarquons à la porte monumentale de Jaffa, délicieusement gothique et gracieuse, l'une des quatorze portes de l'enceinte sarrasine dont huit subsistent seulement. Une muraille extérieure haute et solide demeure encore debout pour faire à la cité biblique comme une ceinture de chasteté qui la protège encore un peu et la conserve inviolable à la civilisation moderne... pour combien de temps ?

J'avais noté ces impressions personnelles avant de lire celles de mon ami Pierre Loti dans son livre *Jérusalem* et je vois qu'il a éprouvé les mêmes sensations tristes en arrivant ici. Lors de ma conférence je n'ai pas résisté au plaisir de lire à nos auditeurs quelques-unes de ses belles pages inimitables pour ma plume, et je renvoie mes lecteurs au livre du jeune académicien.

La porte de Jaffa franchie, le vent a cessé et, en quelques minutes, par des ruelles étroites qui sont les mêmes dans toutes les villes musulmanes, tortueuses, sombres, emplies de bazars, d'échoppes, de boutiques étroites et noires où l'air et la lumière ne pénètrent que par la porte, où des odeurs de toute sorte saisissent l'odorat au passage, nous arrivons à la « Casa nova hospitium franciscanum », vraie forteresse qui peut résister à un siège, où les Pères franciscains offrent l'hospitalité aux pèlerins de tout rang. Nous leur étions recommandés par le père Hennion, leur préfet en France, demeuré seul à Paris, après l'exode plus ou moins complet des religieux et par M. Alex. Guasco, secrétaire général de la propagation de la foi. J'en nommerai deux pour les avoir vus tous les jours pendant les deux semaines que nous avons passées à Jérusalem : le père Luigi, Vénitien de grande famille, directeur de la Casa Nova et le père Barnabé Meistermann, un savant profond et modeste, auteur de nombreux ouvrages sur la Palestine, lequel se constitua cicerone obligeant et ponctuel durant notre séjour. Son nom reparaîtra plus d'une fois dans ce récit de notre voyage.

Dans toute la Palestine les couvents reçoivent les pèlerins de toute nationalité et font ainsi une concurrence très loyale aux hôtels qui s'en plaignent. L'hospitalité des Franciscains est gratuite mais largement rémunérée et la richesse de leur établissement démontre la gratitude des pèlerins.

A la Casa Nova de Jérusalem, les Franciscains ont trois vastes réfectoires de cinquante couverts chacun. Table n° 1 où les pèlerins triés sur le volet sont gens du monde ; on y est admis de quinze à vingt jours à 5 francs par jour au moins ; table n° 2 pour quinze jours... on donne ce que l'on veut, enfin autour de la table n° 3 sont invités les pèlerins malheureux qui restent à la Casa Nova de trois à sept jours et ne sont tenus qu'à laisser une aumône quand ils ne la reçoivent pas.

Nos chambres, exposées au midi, étaient encore bien froides en mars et dans ces longs corridors de moines, que j'ai gémi ! Mais la reconnaissance de l'estomac me fait un devoir de dire que la cuisine y était parfaite, le vin exquis et la règle peu monastique puisque, même le vendredi, les pèlerins n'y sont pas tenus de faire maigre et que le jeûne y est interdit. Depuis cinq cents ans l'ordre des Franciscains est installé en Palestine où il y a de nombreux établissements. Attenant à la Casa Nova est le couvent de Saint-Sauveur, véritable ruche ouvrière que nous a fait deux fois visiter le père Barnabé, où, sous la direction d'un certain nombre de pères qui représentent l'état-major, fonctionnent une vingtaine de frères, sous-officiers intelligents qui font marcher un régiment d'ouvriers dociles dans des ateliers divers. Imprimerie, reliure, lithographie en noir et en couleur, menuiserie, sculpture sur bois, forge, serrurerie, minoterie, et boulangerie où, chaque jour, se cuisent 1.200 miches de 2 livres dont 400 pour les religieux et les pèlerins et 800 pour les pauvres de Jérusalem. Les celliers de Saint-Sauveur sont vastes et tout le vin s'y fait avec le raisin des vignes de Palestine cultivées par les Franciscains ou acheté par eux.

La bibliothèque des Franciscains est splendide et dirigée par un père âgé qui fit ses études à Sorez et sortit de Polytechnique. Je ne dirai donc pas de mal des Franciscains intelligents et travailleurs que j'ai admirés à Jérusalem, mais j'ai le droit de penser qu'une pareille intelligence produit des fruits et que la Casa Nova et le couvent de Saint-Sauveur enrichissent puissamment ces frères quêteurs dont la présence est un bienfait pour les Hiérosolymitains ou habitants de Jérusalem. Quant au père Barnabé, il nous a laissé le souvenir d'un réel savant, d'un saint homme que n'ont pas fâché mes discussions d'incrédule, d'un conteur spirituel et infatigable et nous nous sommes séparés en bons amis.

Après un repos bien nécessaire, nous allons parcourir la vieille cité et la décrire aussi exactement que ma mémoire et mes notes me le permettront. La matinée est fraîche à Jérusalem en mars à une altitude aussi élevée et il est 9 heures lorsque le soleil fait sentir la tiédeur de ses rayons printaniers.

La pluie d'hier a cessé, c'était l'une des dernières, et la saison hivernale s'est paraît-il prolongée cette année ; le vent s'est apaisé et nous sommes heureux de la prédiction de Yacoub notre garçon de chambre qui nous promet de joyeuses Pâques. Nous sortons, le ciel est d'un bleu très pur, les hirondelles font de grands cercles et sifflent le bonheur de vivre. En quittant la Casa Nova des Franciscains on longe trois ou quatre ruelles étroites où grouille déjà une population cosmopolite qui fait songer à la babel de Sennaar par la confusion des langues qui frappent nos oreilles. Dans ces passages si étroits qu'en allongeant les bras à droite et à gauche chaque main touche un mur ou une porte, circulent, outre les piétons, des chiens fort laids, des chèvres, des ânes, des mules, quelques petits chevaux aux longues queues et surtout des chameaux chargés qui obligent les passants à entrer un moment dans les boutiques. « La nécessité fait loi » est un proverbe fort souvent appliqué ici et les marchands ont pris dès l'enfance sans doute l'habitude de voir entrer et sortir, l'une après l'autre, des ombres muettes au seuil de leur demeure et ne disent jamais rien.

Toute la population est dehors ; c'est une fourmilière où

l'on croise des spécimens de tous les peuples dans les costumes les plus divers. Rien de plus disparate, de plus hétéroclite, de plus étrange : Arabes aux longues robes blanches, aux turbans enroulés ; Bédouins aux blouses bleues ceintes à la taille, tête nue... chameliers pour la plupart ; Turcs au chef couvert du tarbouch rouge ; Juifs de l'époque biblique, type immuable figé dans le temps, aux faces patibulaires, qu'ils soient jeunes ou vieux, au nez d'oiseau rapace, aux yeux louches et haineux, la tête enveloppée de fourrure teinte, les tempes garnies de papillotes en tire-bouchon qui les font ressembler à de vieilles femmes, aux barbes longues clairsemées... Ils sont là trente mille représentants de cette race pour laquelle le cœur le plus généreux a beau faire il n'éprouve qu'une antipathie qui va souvent jusqu'à la répulsion... Beaucoup, parmi ces Juifs, sont venus de la Pologne et une fois à Jérusalem, ils y demeurent, ils s'y multiplient, ils y foisonnent, ils s'y enrichissent vivant dans l'avarice et la crasse et y veulent mourir. Au milieu de tout ce peuple déambulent des nègres de toute teinte, depuis le Soudanais couleur d'ébène jusqu'à l'Egyptien cuivré, fellah émigré. Des prêtres de toutes les églises, de toutes les sectes : Arméniens au bonnet carré ; Coptes à toque d'avocat, la chevelure noire nouée en épais chignon ; religieux latins, de robes et de frocs multicolores, vivant tous de leur autel ; Européens de toutes les contrées qu'il est difficile de reconnaître : des Anglais, le bœdeker à la main, protestants venus par curiosité... toute l'agence Cook ; Allemands attirés par le commerce ; Italiens flairant des affaires. A Jérusalem, après les Israélites, les Grecs sont en grand nombre et avec eux les Arméniens rivalisent pour le trafic de toute sorte avec une adresse merveilleuse. Un dicton prétend qu'il faut deux Arméniens pour « rouler » un Juif, mais qu'il faut deux Juifs pour « mettre dedans » un Grec. On dit encore que la parole d'un Juif vaut deux paras. Celle d'un Arménien un seul... Celle d'un Grec rien du tout.

Depuis la visite de l'empereur Guillaume les Allemands ont afflué à Jérusalem. Ils construisent une vaste église et un couvent catholiques, et les protestants jaloux ont obtenu à leur tour des sommes considérables qui leur permettent d'ériger un temple splendide.

Les Russes sont ici en foule et pullulent... on les reconnaît aisément à leurs vêtements épais doublés de peau de mouton, à leurs bottes énormes suifées, à leur bonnet de cuir... gens pauvres, sordides, malpropres. Le P. Barnabé m'assure que du Caucase, de l'Oural, de la Sibérie, de la Pologne ils sont venus dix mille... Les églises, les basiliques, les chapelles en sont pleines, leur piété irraisonnée est touchante... Pour la plupart, hommes, femmes, enfants, ils sont venus à pied. Sur la hauteur de Sion, l'empereur Nicolas, qui a versé l'or à pleines mains, leur a fait construire un hospice, des salles, des dortoirs, une basilique magnifique d'où il faut les expulser de temps en temps pour faire place à d'autres pèlerins... on les voit dans les boutiques et les bazars faire de modestes emplettes consistant en chapelets, croix et images qu'ils portent sur le sépulcre et font bénir et qu'ils emporteront au fond de leurs villages glacés comme un pieux porte-bonheur pour la famille, comme un souvenir révéré de ce pèlerinage dont beaucoup d'entre eux, qui meurent en route, ne voient pas la fin.

Pour terminer avec cette nomenclature des races humaines vivant à Jérusalem ou de Jérusalem puis-je ne pas parler des Turcs, les maîtres du pays et de la ville sainte... Garnison pauvre, déguenillée, mal équipée, entendant parler souvent d'une solde que les officiers touchent quelquefois, mais les soldats presque jamais... population armée, douce, impassible, sobre, muette, placée là par le Sultan d'abord, puis par Dieu afin d'y maintenir la paix.

Tout se vend, tout s'achète dans ces ruelles où le soleil ne jette un rayon doré qu'au milieu du jour lorsque de son zénith il peut tout voir, tout éclairer, tout assainir ; des pains, de la pâtisserie, de la viande cuite ou crue, de la charcuterie, de la cuisine préparée, mets innommés qui nous contraignent à nous boucher les narines... Mais surtout ce qui est la base d'un commerce antique et constant qui enrichit les nombreux marchands dont les boutiques se touchent ce sont les objets de piété qui font couler l'or dans Jérusalem... petites croix, chapelets dont les grains sont faits de toute matière, en bois, graines d'olivier, verre, cristal, os, ivoire, nacre, ambre, en pierres précieuses d'améthystes violettes, de topazes jaunes aux reflets d'or, de perles vraies ou fausses, de rubis, de diamants... objets de peu de valeur ou bijoux d'un grand prix qui s'accordent souvent plus avec la richesse de l'acheteur qu'avec sa piété, reliques d'une crédulité sur laquelle ces Juifs, ces Arabes et ces Grecs pourront toujours faire fond car elle est née avec l'humanité et ne cessera qu'avec elle. Aussi, quelle concurrence effrénée règne à Jérusalem entre tous ces mécréants dont pas un seul ne croit à la vertu de sa marchandise ; mais il faut entendre tous les mensonges qui sortent des lèvres de Jacob, de Mahmoud ou de Crapoulos pour vanter les mérites de ces bibelots très saints !

Mais assez de digressions... Nous avons marché lentement au milieu de ces ruelles où ma femme en grand deuil, avec son long voile de crêpe qu'elle a tenu comme sa douleur à apporter à Jérusalem, voit s'écarter, pour lui faire respectueusement place, tous ces gens qui nous croisent surpris par ce costume qu'ils voient rarement, nous arrivons à une porte basse, à gauche ; nous descendons six ou huit marches, nous sommes sur la place du Saint-Sépulcre, ou plutôt de la vieille basilique qui le renferme et le cache à tous les yeux. Cette place du parvis, aussi large que la façade de la basilique, est rectangulaire. Une rangée de troncs de colonnes brisées, restes d'un ancien temple, subsistent encore au-dessus de trois marches, larges et hautes, qui longent la rue des chrétiens et font face à l'église. La dernière colonne à droite avec son chapiteau byzantin est encore encastrée dans le mur. Cette place a été autrefois l'intérieur d'un temple et du côté occidental on aperçoit encore les absides de trois chapelles grecques qui existaient au IXe siècle. Que de fois, depuis les siècles reculés, les dalles de cette place ont ont été rougies de sang chrétien, de sang musulman, sang de martyrs, sang de bourreaux.

En ce moment s'agite là toute une multitude de marchands d'objets de piété à vil prix, étalés à terre, c'est l'article du pauvre. Des mendiants, des estropiés, des aveugles surtout encombrent la place, et un peloton de soldats turcs vient d'y arriver ; il fait halte, forme les faisceaux, et rompt les rangs pendant qu'un sous officier va lui-même placer les sentinelles dans la basilique.

Au fond, la vieille église ; deux portes gothiques, dont une seule, à gauche, ouvre sa bouche sombre recevant et rendant la foule qui se précipite au dedans et au dehors ; l'autre portail a été muré grossièrement par les Turcs. Au-dessus de ces ouvertures un peu basses, deux belles fenêtres ogivales, closes par des croisillons de fer, semblent des yeux d'aveugles fermés à la lumière ; enfin, dominant cette façade triste, au briquage trop apparent, la coupole entourée d'une vaste balustrade, puis, sur le tout, bien au-dessus de la foule et de l'édifice, dans l'azur du ciel, la grande croix chrétienne.

Des hirondelles, des moineaux braillards ont fait leurs nids partout.

Ces légers oiseaux aux ailes noires, à la gorge blanche, libres et gazouillant, ce sont des voyageurs venant comme nous de loin, dis-je à ma compagne... et les moineaux pillards, qui sont ici chez eux, me font songer à cette foule de Juifs.

Nous gagnons à notre tour la porte de la basilique.

« Entrons », me dit la pauvre mère, et nous pénétrâmes pour la première fois au Saint-Sépulcre, elle éplorée,. moi respectueux et froid.

III

Sous le porche grand ouvert, à gauche est un long divan, sorte de lit de camp recouvert de tapis sordides sur lequel deux Turcs, d'aspect vénérable, fument paisiblement leur narghilé en causant tandis que, par habitude, leurs doigts égrainent un lourd chapelet. Ce sont les gardiens de la porte du Saint Sépulcre. On nous a assuré que chaque matin à l'aube se reproduit une scène que je n'ai eu garde d'aller vérifier.

Un Père franciscain, toujours arrivé le premier, frappe à la porte close. Le gardien turc lui demande : qui il est et ce qu'il désire ? — « Adorer le Saint-Sépulcre de Notre-Seigneur », lui répond le moine. La porte s'ouvre, le gardien tend la main, reçoit une aumône, laisse passer le Père francicain, et la basilique est ouverte pour tout le jour.

A l'heure où nous y pénétrâmes pour la première fois, la foule des pèlerins et des fidèles avait déjà envahi la basilique. Dans l'obscurité que mes yeux parvinrent peu à peu à percer, je fus arrêté tout d'abord par un groupe nombreux qui entourait une longue et large table de marbre rouge surmontée d'un édicule fort riche où brûlent constamment des lampes et des cierges.

Cette dalle, qui mesure 2 m. 70 de longueur sur 1 m. 30 de largeur, a une épaisseur de 15 à 20 centimètres. C'est la pierre dite de l'Onction qui recouvre, m'a dit le Père Barnabé, le rocher sur lequel fut placé le corps du Christ après sa descente de Croix et qu'il fut oint de parfums par Nicodème et les saintes femmes. Je regrette qu'on n'ai point gravé en grosses lettres sur ce marbre : *Cette pierre recouvre le rocher où Notre-Seigneur fut couché à sa descente de croix.* Le rocher, si la place est exacte, doit seul être sanctifié. Cette dalle qui reçoit cent mille baisers par jour, sur laquelle se couchent les malades, les infirmes et les enfants, qui a été remplacée déjà, n'a rien de commun avec le rocher qui devrait s'étaler aux yeux des croyants et qu'ils pourraient baiser pieusement. C'est le premier subterfuge qui frappa mon esprit. Mes yeux auraient voulu voir le rocher et non cette riche dalle de marbre sur laquelle tous ces pèlerins ignorants sont convaincus que le Christ sanglant a été étendu après son martyre. Combien de baisers se trompent d'adresse !!

Quittant la pierre de l'onction je pénètre dans la basilique sombre en me frayant un passage avec peine parmi cette fourmilière de pèlerins. Partout s'envolent des chants religieux, des psalmodies sur tous les tons, dans toute les langues qui produisent, sous ces voûtes séculaires, une cacophonie discordante et presque grotesque et je reconnais qu'il faut avoir assisté plusieurs fois à cette scène qualifiée de religieuse, avoir contemplé de nouveau ce tableau bizarrement hétéroclite pour en conserver un souvenir qu'il est difficile de traduire. En avançant dans l'enceinte, le sens olfactif est saisi par des odeurs dont les effets désagréables sont à peine atténués par la quantité d'encens qui s'y brûle.

L'homme ne sent pas bon, disait Talleyrand ; il parlait du moral ; au physique, pensai-je, c'est la même chose. Des soldats turcs équipés comme pour la bataille, immobiles où on les a placés, l'arme au pied, muets, indifférents, font songer aux automates du musée Grévin. Enfin j'entre dans le cercle lumineux ; mille lampes d'or et d'argent éclairent le dédale des chapelles qui entourent un monument central élevé sous la coupole, vaste kiosque en marbre couvert de dorures. C'est sous cet édicule resplendissant qu'en se baissant on pénètre dans une petite chapelle peu élevée, ou mieux dans un réduit que l'on traverse chacun à son tour pour arriver à la porte très basse qui s'ouvre sur un petit caveau où l'on ne peut pénétrer qu'en se baissant jusqu'à terre ou en se traînant sur les genoux. C'est le tombeau où le corps de Jésus reposa une nuit. C'est, dit la légende, le sépulcre qu'avait fait creuser pour lui-même le Centurion Joseph d'Arimathie et qu'il avait offert avant qu'il n'eût été pollué pour y déposer le corps du « roi des Juifs ». On n'aperçoit pas le tombeau creusé dans le rocher et je le regrette sincèrement. Un sarcophage béant et vide serait plus émotionnant ; la piété s'y représenterait mieux le Christ couché. Au lieu de cela du marbre blanc sculpté, poli, incrusté d'or, un autel d'or et une dalle de marbre recouvrant le rocher. Des sculptures en marbre rose revêtent la paroi circulaire de ce petit réduit où brûle, sans jamais s'éteindre, une huile pure parfumée, dans des lampes d'or. Le prêtre qui y dit la messe y peut seul tenir debout avec le frère qui l'assiste pendant la cérémonie pieuse et chaque pèlerin, à tour de rôle, pénètre à genoux et peut approcher, durant l'espace d'un moment très court, le marbre qui rend ce tombeau à jamais invisible. A la Communion, un frère franciscain (lorsque la messe est dite par un Père franciscain) désigne, en dehors de l'édicule, un groupe devant l'ouverture du saint réduit où le prêtre offre à chacun l'hostie. Une messe trop longue cause souvent du malaise à l'officiant qui finit par manquer d'air, lorsque l'antichambre sacrée contient dix ou douze pèlerins agenouillés sous le feu des lampes. Lorsque le frère surveillant se départ un instant de sa vigilance c'est entre les pèlerins une bousculade qui dégénère en bataille pour arriver à l'ouverture du tombeau.

Pourquoi avoir ainsi caché, enchâssé ce sépulcre au lieu de le délivrer de tout ce qui semble vouloir le céler aux yeux ?

Un tombeau de roi, d'empereur est accessible à la foule, celui de Jésus-Christ ne devrait-il pas l'être à la chrétienté tout entière ? Cette tombe est-elle bien celle où fut couché celui que ses disciples appelèrent le fils de Dieu ? On a discuté ce point, moi, je ne l'éclaircirai pas, mais, bien des réflexions faites là même me font douter de son authenticité.

Jérusalem, par sa situation, a dû garder de tous temps l'enceinte vingt fois renversée et redressée qui l'entoure encore. Sa ceinture renouvelée affecte sans doute à peu de chose près la forme qu'elle avait au temps du procurateur romain Pontius Pilatus, aussi est-il permis de croire avec certains auteurs que les tombes creusées par les juifs dans le rocher ne l'étaient qu'en dehors de la ville et Joseph le Centurion n'avait pu être autorisé à déroger à cette règle. De plus les suppliciés étaient emportés loin du Temple et il est permis de douter que le Sanhédrin, pas plus que le gouverneur romain, n'aurait autorisé personne à faire entrer dans l'enceinte de Jérusalem le corps de celui qu'il avait envoyé au gibet. Ce ne sont là que des présomptions, mais ma visite aux lieux qui environnent la ville m'en a fourni d'autres. Jamais la preuve n'en sera faite, donc respectons cette croyance et que les fidèles pèlerins sauvés par la foi continuent à aller adorer le Saint-Sépulcre là où respectueux, je me suis moi-même agenouillé au milieu d'eux, comme tous ceux qui pénètrent dans la basilique.

Voici l'instant psychologique où vous attendez, lecteurs, la traduction des sentiments que j'ai éprouvés en présence de ce tombeau, qui a pu contenir celui qui, par sa douce philosophie, a changé la face du monde, de cette pierre autour de laquelle s'échappent tant de larmes, où j'ai entendu des sanglots faire résonner les voûtes de cette basilique. Je vais vous le dire en toute sincérité. J'y suis demeuré impassible et froid. Afin de bien sonder mon esprit, je suis resté plus de vingt minutes assis dans le premier caveau et j'ai examiné avec calme les visages de tous ces pèlerins. Je n'ai participé nullement à l'auto-suggestion que j'ai constatée chez ces mentalités qui, une fois entrées dans ce caveau, avaient toutes déposé leur personnalité en dehors de l'édicule suggestif. Aucune foi raisonnée n'y pénétrait, presque tous les visages que j'examinais l'un après l'autre me semblaient privés d'intelligence et comme subissant le coup du moment, choc moral préparé par l'ambiance mystique et religieuse qui se communique de l'un à l'autre et que je n'avais pas subi. C'est que seul peut-être, ce jour-là, je ne venais pas avec cette conviction absolue qu'un Dieu, martyr volontaire, avait été couché là.

Toutes ces figures, je les ai retrouvées dehors, et la pensée momentanée de tout à l'heure en était déjà partie, rien chez ces paysans allemands, chez ces Russes simples et grossiers, chez ces gens venus du désert, ne subsistait de l'émotion passagère et fugitive qui, sincère, je le reconnais, avait fait un instant surgir des sanglots de leurs poitrines, des larmes de leurs yeux.

Avant d'expliquer les motifs de mes doutes, lisez avec moi complaisamment quelques notes prises rapidement sur l'histoire de Jérusalem et vous serez libres ensuite de partager ou de rejeter la déduction que j'en tirerai et qui me sera toute personnelle.

Elle est très ancienne la cité juive, et plus de vingt siècles avant Jésus-Christ, Melchisédech, roi de Salem, qui personnifia, dit-on, Moïse, avait offert à Dieu le pain et le vin lorsqu'il reçut la visite du patriarche Abraham. La position de la cité sur une montagne, entre deux vallées profondes, celle du Cedron et celle de Hinnam, la dut désigner depuis les temps les plus reculés comme une place facile à fortifier et à défendre. Elle appartint pendant plus de cinq cents ans aux Pharaons d'Egypte. A l'entrée des Israélites dans la terre promise, c'est la tribu de Benjamin qui fut désignée pour occuper Jérusalem où elle se répandit peu à peu et y prospéra. En 1051 avant Jésus-Christ, David ayant été reconnu roi des tribus d'Israël, il dut reconquérir Jérusalem sur les Jésubéens, et s'y étant établi, la place prit le nom de Ville de David. Le grand roi y fit construire un vaste palais et commencer le temple des Juifs dont les pierres ont servi vingt fois à la reconstruction de cet édifice autant de fois renversé, pierres qui gisent encore aujourd'hui dans les fossés de la citadelle. Salomon, fils de David, fit, dit-on, de Jérusalem une cité grandiose, riche et bien défendue, et le temple des Juifs lui dut sa plus grande splendeur. Son propre palais, dont les restes sont à jamais ineffaçables, avait été bâti sur l'aire d'Ornan et sur une surface de 500 mètres de côté. C'est sur une partie de ce vaste emplacement que s'élève depuis l'an 697, c'est-à-dire depuis plus de douze cents ans, la riche et gracieuse mosquée d'Omar, l'une des merveilles du monde. Elle a été plusieurs fois remaniée mais elle est toujours imposante et admirable. Ce qui m'a frappé tout de suite, c'est qu'elle n'a pas de minarets. Sa forme est celle d'un vaste octogone dont chaque côté a 22 mètres ; une vaste coupole svelte et légère surmonte la mosquée sans l'écraser. J'aurais voulu décrire longuement cette antique construction plus ancienne que nos plus vieilles cathédrales et dont la construction ferait la gloire d'un de nos architectes prix de Rome. Je l'ai visitée seul et avec le Père Barnabé qui ne pouvait s'empêcher d'avouer, mais avec regret, combien ce temple païen est supérieur en tout à la basilique où se cache le Saint-Sépulcre. « Si cette mosquée est si riche et si belle, me dit mon aimable cicerone, c'est que les Arabes nous ont tout volé dans nos églises pour l'orner ainsi ; ils ont pris nos galeries ciselées, nos boiseries sculptées, nos vitraux. » Je ne pus m'empêcher de lui répondre combien tout cela avait le cachet arabe. Mais je ne le convainquis point. Je voudrais faire de nouveau avec mes lecteurs la promenade sur la grande esplanade du temple de Salomon, et dans ces écuries immenses où 2.000 chevaux et 100 chariots de guerre étaient à l'aise et qui se trouvent dans un immense souterrain où l'on accédait par les fossés de la citadelle. Les portes en ont été murées, mais leurs encadrements de guerres sont encore là et les 500 piliers de blocs granitiques énormes dressés debout pour soutenir les voûtes du palais, disent de combien d'ouvriers et d'esclaves disposait Salomon pour une œuvre semblable. Sur ces piliers existent encore d'énormes anneaux scellés où les chevaux étaient attachés. Je passe à regret en quittant ces monuments et ces choses antiques. De tous temps, les rois de Jérusalem écrasèrent leur peuple d'impôts et si le quartier royal toujours au large était construit *extra muros*, la ville de Jérusalem dut toujours être à peu près ce qu'elle est, une série de ruelles inextricables et sordides. Qu'on le sache bien, les Israélites sont rarement demeurés paisibles dans la vieille cité, et tour à tour, les Égyptiens, les Assyriens, les Perses, les Arabes conquirent et occupèrent Jérusalem d'où ils chassaient les Juifs et détruisaient leurs temples. Comme des fourmis ceux-ci revenaient toujours vers la fourmilière écrasée après maintes captivités en Égypte, en Perse et à Babylone. Cyrus, Artaxerxès, Aristobule général d'Alexandre, Pompée apparurent tous à Jérusalem en conquérants et en tyrans.

Enfin les Hérodes, après avoir chassé les Machabée, règnent sur la Judée. C'est vers la trente-huitième année du règne d'Hérode le Grand que Jésus naquit à Nazareth ou à Bethléem, point douteux dont je reparlerai plus loin.

Tous les conquérants qui soumirent Jérusalem la détruisirent plus ou moins. Titus, avec ses légions romaines, la renversa complètement en l'an 70. Adrien ne la fit reconstruire qu'en 183. En 614, Chosroès II, à la tête de 40,000 Perses, conquit la Syrie et incendia complètement Jérusalem et son temple dont pas une pierre ne resta sur une autre ; 40.000 habitants y furent égorgés, le reste conduit en captivité ; les églises et tous les monastères, les hospices, les tombeaux, tout fut renversé et livré au pillage et aux flammes. En 637, les Arabes réédifièrent la ville actuelle avec les pierres de l'ancienne et celles que fournirent les carrières du Cedron et y demeurèrent près de trois cents ans sans rappeler les Juifs. On a donc le droit de se demander si les Arabes eurent seulement connaissance du tombeau de Jésus-Christ.

Ce n'est qu'en 800 que le calife de Bagdad, Haraoun-al-Raschid, un musulman, aurait, au dire des historiens de l'Église, fait demander au grand empereur Charlemagne sa protection pour les saints lieux en lui adressant, disent-ils, les clefs du Saint-Sépulcre brûlé et anéanti depuis cent soixante-dix ans. Cela paraît au moins étrange pour un seclateur de Mahomet alors que d'après les ordres du prophète la mosquée d'Omar devait seule subsister à Jérusalem depuis le jour où la cité mahométane l'avait vu édifier. Quoi qu'il en soit, une basilique fut élevée par les Chrétiens mais elle fut renversée en 1010 par le calife Hakem qui ne voulut une fois de plus laisser subsister que la mosquée d'Omar sur l'emplacement du temple de Salomon. En 1060, on reconstruisit la basilique actuelle sur les lieux mêmes de la précédente et depuis lors les Chrétiens ont toujours publié qu'elle recélait le tombeau du Christ. En 1099, la première croisade envoyée par le pape Urbain II et composée du ramassis de tous les peuples, vit arriver bien peu de ces guerriers vagabonds à Jérusalem, la plupart ayant succombé avant d'y parvenir. Mieux organisées les deuxième et troisième croisades, en 1147 et en 1158, purent aborder aux saints lieux et depuis lors la croyance que les croisés avaient vu le Saint-Sépulcre devint immuable dans l'esprit de tous les Chrétiens. En 1187, les Turcs s'emparèrent de Jérusalem qui depuis lors leur appartient et, dit l'historien Henri Martin, ils démantelèrent la ville et ravagèrent les églises à l'exception du Saint-Sépulcre. La façade actuelle de la basilique date de cette époque et l'on peut dire que si le prétendu Saint-Sépulcre est encore debout, c'est à la mansuétude des sectateurs du Croissant que les Chrétiens le doivent. Je me demande alors, moi qui ne suis point un historien mais un simple voyageur, si, après tant de bouleversements, après des siècles d'oubli jetant un voile épais sur des ruines, le tombeau du crucifié Jésus qui passa inaperçu à Jérusalem au temps des Rom...s, des Juifs et des Arabes, est bien celui que la Papauté et l'Église avaient tant d'intérêt à retrouver et à entourer de vénérations, de marbre et d'or?

Quittons ce tombeau et visitons la basilique. Dans cet édifice de tous les temps, de tous les pays on voit surgir, des coins les plus obscurs, des sanctuaires étrangers les uns aux autres, des autels tous fort riches, qui vont de l'intérieur au premier étage et sous terre, masse confuse inégale, hétéroclite, où chaque rite jalouse le voisin.

Faisant le tour de ce temple, nous trouvons la chapelle des Coptes, celle des Syriens, celle de sainte Marie-Magdeleine, celle des Franciscains; celle de la sainte Croix et de sainte Hélène, la chapelle de l'invention de la sainte Croix, celle d'Adam, le chœur des Grecs schismatiques, la chapelle des Arméniens chrétiens et celle des Maronites.

Qui pourrait savoir sans être allé aux lieux saints, toutes les désignations données aux sectes qui adorent le tombeau du fils de Dieu?

Voici une liste prise à Jérusalem et peut-être n'est-elle pas complète. Là-bas, autour de la basilique et vivant du Saint-Sépulcre, sans quoi ils n'y viendraient pas, il y a les Chrétiens romains : les latins, les Grecs unis, les Arméniens unis, les Maronites du Liban, les Coptes unis ; les Chrétiens hérétiques, c'est-à-dire les Grecs schismatiques, les Arméniens schismatiques, les Coptes schismatiques, les Abyssins schismatiques ; les Chrétiens protestants et les luthériens ; on m'a même nommé une secte fanatique rappelant assez l'*Armée du Salut* et s'intitulant les *Martyrs de la dernière heure*. Je n'en ai vu qu'un spécimen grotesque dans une vieille fille, squelettique, à force de privations, qui passait la plus grande partie de sa journée au Saint-Sépulcre et suivait toutes les processions... Elle vivait de la charité des Franciscains.

Si vous croyez que toutes ces sectes qui adorent Dieu vivent en paix entre elles, vous vous trompez étrangement ; chacune porte envie à l'autre, elle ne cherche qu'à acquérir des droits plus grands pour ses prêtres et ses membres, et n'a qu'un désir : posséder le plus de richesses pour sa chapelle. Elles comptent parfois avec rage les lampes, les cierges des autres autels, s'en disputent parfois la possession et en viennent trop souvent aux mains. Mme Mathilde Serao, dans son beau livre, *Au pays de Jésus*, empreint d'un gracieux mysticisme féminin très littéraire, raconte qu'elle eut le cruel regret d'être témoin d'un véritable pugilat entre prêtres Arméniens et Grecs revêtus de leurs ornements pontificaux et cela à deux pas du sépulcre divin. Et le P. Barnabé, qui n'a pas d'intérêt, l'excellent homme, à raconter ces choses, ne nous a pas caché que ces débats ne se renouvellent que trop souvent pour des motifs futiles, pour un tapis qui aura été tiré sur les dalles d'une chapelle qui n'a pas le droit de le fouler, pour une procession qui en défilant aura momentanément obstrué l'ouverture d'un chœur voisin... Ce fait eut lieu il y a peu de temps. Les Coptes ayant accusé les Franciscains de passer trop fréquemment devant leur chapelle et de fouler leurs tapis, une vraie bataille eut lieu entre les bons religieux et le sang coula de part et d'autre sur les dalles de la basilique.

Je vous le dis en toute vérité, on entend dire bien souvent que c'est une ignominie de penser que des Mahométans possèdent et surveillent le tombeau de Notre-Seigneur. Eh bien, chrétiens mes frères, dites-vous bien que si les Turcs n'étaient pas là pour mettre toutes ces sectes ennemies, envieuses et jalouses, d'accord entre elles, le Saint-Sépulcre ne tarderait pas à être dépouillé de ses richesses. Le bon Père Barnabé me disait très bas : « Sans les soldats de garde à « la Nativité, il y a longtemps que les vases sacrés seraient « dérobés... non par les pèlerins, mais par les Grecs. »

Chaque secte a son trésor, et quel trésor ! des richesses énormes autant qu'inutiles. Lisez dans le volume de Pierre Loti, *Jérusalem*, ouvrage sincèrement écrit, librement pensé, la description qu'il y donne du trésor des Arméniens : missels à couvertures d'or, tiares d'or et de pierreries, mitres d'évêque garnies de perles et d'émeraudes, étoffes féeriques brodées d'or et couvertes de pierres précieuses, brocarts riches, tapis somptueux... Et tout cela à cent pas du tombeau de Celui qui marchait nu-pieds, qui n'eut jamais que sa belle chevelure pour coiffure et une tunique sans ornements pour tout vêtement, de Celui qui chassa les marchands du Temple et dont est rempli de nouveau ce Saint-Sépulcre où sa grande âme généreuse veille peut-être sur cette pauvre humanité et sourit sans doute de pitié en considérant ceux qui l'adorent.

IV

Deux semaines passées dans la ville sainte ne permettent pas de se faire une idée exacte de tout ce que la main de l'homme est parvenue à élever d'édifices à la gloire du Créateur. Il me faudrait une page entière pour donner quelque valeur à ce modeste article en y inscrivant la liste complète de toutes les églises, des chapelles, des couvents rencontrés à chaque pas dans une ville où, du centre à un point quelconque des murs d'enceinte, il ne faut pas plus d'une demi-heure : Eglise des Trois Marie, E. Saint-Jean le Majeur, Chapelle des Anges, E. Sainte-Marie-Marc, Le Saint-Cénacle du Mont Sion, E. de Saint-Jean-Baptiste, E. de la Visitation, E. Saint-Thomas des Allemands, E. des Syriens, Oratoire des Templiers, E. Sainte-Marie-Majeure, E. de N.-D. du Spasme, E. de la Dormition de la Vierge, E. Sainte-Anne. Et les couvents ! A peine ai-je pu retenir les noms du dixième de ceux qui abritent tant d'hommes et de femmes qui ont fini par accepter une existence pour laquelle cinq sur cent (j'exagère certainement mon pour cent) n'étaient pas créés parce que, je le répète, elle n'est pas selon les lois de la nature : trois couvents rien que pour les pères Franciscains, Patriarcat latin, Sœurs de Saint-Joseph de l'Apparition, Dames de Sion, Sœurs Carmélites, Frères des Ecoles Chrétiennes, Pères blancs, Sœurs du Saint-Rosaire, Pères de Sion, Pères Dominicains, Sœurs Clarisses, Sœurs Franciscaines, Sœurs de Saint-Vincent-de-Paul, Sœurs de Saint-Charles Borromée, Pères Augustins, Sœurs de Marie Réparatrice, Pères Lazaristes, Pères Bénédictins de la Pierre-qui-vire, Pères Passionnistes. Je m'arrête sans vouloir parler des églises grecques, de la basilique russe, du temple protestant... et si, pour être impartial, je disais un mot des mosquées élevées à Allah et à son prophète Mohamed, je n'en finirais pas... Il me semble, en traçant ces lignes, que je suis encore au moyen âge et je sens éclore en mon esprit des idées qui sont bien à moi. Je me dis que devant ce flot toujours montant des ordres religieux auquel il a été sage d'opposer une digue, on aurait pu imposer une loi d'épreuve que le pontife romain eût peut-être appuyée de son infaillibilité.

Tout homme, toute femme qui, sans contrainte, se consacrerait à Dieu comme religieux ou religieuse, porterait un costume unique, la robe grise des franciscains, la taille ceinte d'une cordelière de même couleur. Les prêtres des paroisses seuls auraient le costume noir. Les évêques, vu leur humilité, ne se distingueraient des simples abbés que par une ceinture violette. Quant aux cardinaux, aux archevêques, aux nonces et à toute la hiérarchie orgueilleuse, princière et inutile, tout cela serait supprimé, et tous ces représentants du Christ, devenus humbles et pauvres comme lui, se verraient entourés d'un respect imposé par un détachement sincère des biens de ce monde. Il est probable que le recrutement monastique diminuerait sensiblement, mais qualité surpasserait quantité. Les religieux, les religieuses se dévoueraient spécialement aux pauvres, aux malades, aux missions et aux quêtes pour les malheureux, les souffrants. Voilà quelles devraient être les attributions exclusives qui nous font entourer de vénération les Sœurs de Saint-Vincent de Paul et les petites Sœurs des pauvres. Quant aux belles Réparatrices qui réparent si peu de chose en leurs cloîtres inutiles elles reviendraient au service des vieillards et des enfants malades ou, même, elles demeureraient tout simplement dans le monde où elles feraient de bonnes et saintes mères de famille.

Rien, dans ces réflexions n'essaie de jeter une pensée calomnieuse sur cette immense armée de religieux, sur ce troupeau voilé de sœurs de tant d'ordres aux appellations parfois grotesques. Tous, toutes, croyez-le bien, vivent dans la pratique la plus rigide de la vertu, s'écartant très rarement du sentier épineux vers lequel beaucoup ont été poussés. La vie familiale leur eût offert cependant un champ assez vaste pour y moissonner le sacrifice, et la lutte de chaque jour pour élever et nourrir des enfants, pour soulager des parents âgés ou infirmes doit avoir, aux yeux de Dieu, autant de mérite que de réciter des litanies, chanter des psaumes, ou dire inutilement des dizaines de chapelets du matin au soir.

Hélas ! qu'il est grand le nombre de ces jeunes filles qui ont cédé aux propositions répétées des pieuses sœurs, des dames dévotes du monde, des vieilles filles vouées au noir et aux regrets superflus et dont la fonction est de racoler pour les couvents. Toujours on leur a vanté le calme de la vie monastique où elles auront Jésus pour époux, toujours on leur a opposé avec habileté un tableau lugubre des chagrins et des « fausses joies » du monde.

Aussi, combien en est-il, parmi ces pauvres cœurs privés de liberté qui, s'il faut en croire Diderot, regrettent toute leur vie ces « fausses joies » auxquelles elles n'ont pas goûté.

Mais j'avais fui Jérusalem en laissant la bride sur le cou à la folle du logis. J'y reviens en songeant combien toutes ces églises, tous ces couvents auraient peu leur raison d'être si, dans cette fourmilière humaine, tous ces religieux ne vivaient pas des nombreux pèlerins dont le flot grossit chaque année avec les facilités de voyager. Supprimez le pèlerin, le couvent tombe en ruine... le religieux disparaît.

Je m'étonne que depuis longtemps l'autorité ecclésiastique n'ait pas créé ce devoir à tout chrétien d'aller à Jérusalem, comme pour le mahométan d'aller au moins une fois à La Mecque.

Peu de plumes ont osé écrire ce que vous lisez, amis lecteurs, mais je suis sincère en même temps que respectueux, je pense donc j'écris. Malgré le pèlerinage que j'ai fait aux lieux saints en pleurant mon fils bien-aimé, en accompagnant une tendre mère dont le cœur est à jamais meurtri, je n'ai pu m'empêcher de voir combien toutes ces pratiques religieuses sont fausses, exagérées d'une part, vénales de l'autre.

Abordons un autre sujet non moins intéressant, parlons de cette *via dolorosa*, de ce chemin que Jésus aurait parcouru en portant sa lourde croix depuis le Prétoire où il est curieux qu'elle se trouvât là juste au moment où l'on venait de condamner le « Roi des Juifs » à mourir, et qu'il aurait été contraint à porter ou plutôt à traîner. Cette procession faite chaque vendredi par les Franciscains, j'ai tenu à la suivre respectueusement une fois.

Elle est accompagnée d'un nombre de fidèles assez restreint, les gens de Jérusalem ne se dérangent pas pour cela ; quelques pèlerins allemands, russes et français, des femmes en plus grand nombre, c'était tout. Quant aux autres ordres religieux ils semblent affecter de ne pas marcher derrière les Franciscains, et, ce grand élan d'amour et de reconnaissance pour le Rédempteur du genre humain dont on parle toujours m'a semblé bien tiède à deux pas du tombeau de l'homme-Dieu.

Cette procession part du Prétoire de Pilate à la forteresse Antonia et se termine au Calvaire, enfermé dans la basilique. L'emplacement du prétoire, le *lithostrotos* où Jésus fut jugé, condamné, flagellé et couronné d'épines, est aujourd'hui dans la cour de la caserne turque. On y accède par une rampe assez raide d'une dizaine de marches. La sentinelle turque appelle un sous-officier, qui prévient un officier, et l'autorisation est accordée à la procession chrétienne de pénétrer dans la caserne où les soldats turcs observent le silence. Je me posais cette question en regardant ces soldats du sultan réservés et respectueux : si les chrétiens étaient maîtres de Jérusalem, permettraient-ils à une procession de sectateurs de Mahomet de traverser la cité en psalmodiant le Coran? Sûrement non ! Les prières de la première station sont dites par le Père Franciscain, on se relève si l'on s'est agenouillé, et l'on sort. La procession, précédée de deux bachi-bouzouks qui écartent les passants, suit à travers les ruelles tortueuses le chemin qui ne saurait être celui que parcourut le supplicié il y a plus de 1.800 ans, et j'ai dit pourquoi. C'est que Jérusalem a été détruite de fond en comble plusieurs fois, que des peuples divers s'y sont succédé durant des siècles, tels que des Juifs, des Égyptiens et des Arabes qui n'avaient aucune raison pour reconstruire la ville en conservant intact le tracé d'une voie dont pas un habitant n'avait conservé la mémoire et suivie par un condamné dont pas un individu ne connaissait la vie. Néanmoins, on nous montra l'endroit où fut flagellé Jésus ; la chapelle de l'imposition de la croix ; l'arc de l'Ecce homo ; le lieu exact où Jésus fit sa première chute ; l'église du spasme ; la chapelle où Simon le Cyrénéen prit par ordre la croix bien lourde pour un seul homme ; la station où sainte Véronique essuya le front ruisselant du condamné à mort et en conserva l'empreinte sacrée sur son voile; le carrefour où le Christ s'adressa aux filles de Jérusalem ; puis le sentier du Calvaire situé au milieu des bazars grecs. Enfin, après avoir traversé quelques endroits, les plus sales de la ville, on arrive devant la basilique du Saint-Sépulcre où l'on pénètre. Un tableau de mosaïque indique le lieu du crucifiement. A 4 mètres de là un trou cylindrique revêtu d'argent dit que c'est en cet endroit précis que fut dressée la croix. Arrivé là, je me convainquis — seul sans doute au milieu de tous ces pèlerins hypnotisés, — que ce chemin de croix est une pure légende créée au temps des dernières croisades. Il me semble peu admissible que Jésus ait été crucifié autre part qu'en dehors de la ville et loin des murailles, au champ même affecté aux suppliciés. A cette époque les exécutions devaient être fréquentes et se faisaient la nuit ou avant le jour, et les gibets toujours dressés devaient attendre les malheureux destinés à mourir ignominieusement. Si Jésus porta sa croix, les deux larrons durent aussi transporter les leurs, et il n'est pas parlé d'eux dans les évangiles sur le chemin de la croix. C'est qu'ils étaient déjà attachés au gibet toujours dressé, toujours debout.

Dans une cité qui comptait 60.000 âmes, le sanhédrin, qui voulait la mort du roi des Juifs, aurait pu craindre qu'il ne fût délivré par ceux qui, le jour des Rameaux, l'avaient accueilli d'une manière si éclatante. Les Romains eux-mêmes devaient veiller à ce que cette mort, dont Pilate s'était lavé les mains, ne causât aucun trouble, et tout fait supposer que Jésus en sortant du Prétoire fut emmené *extra muros* et exécuté promptement et sans bruit, seule excuse accordée à l'absence des apôtres.

Une autre question qui n'a jamais été résolue est celle-ci : Jésus est-il né à Bethléem ou à Nazareth ? Ce n'est pas moi qui pourrai la résoudre, mais je partage à ce sujet l'avis de Renan. Jésus fut toujours appelé le Nazaréen ou le Galiléen, et jamais le Bethlémite. Or, à cette époque, on désignait par le lieu de leur naissance ceux qui voyageaient dans la Judée et que faisait reconnaître le dialecte de leur pays d'origine. C'est ainsi qu'en France nous disons le picard, le breton, le basque, le gascon. — Ma femme et moi sommes allés à Bethléem avec le P. Barnabé. Il y a 5 kilomètres de Jérusalem, et de bonnes calèches bien attelées transportent ceux qui ne désirent pas faire le pèlerinage à pied. Il est évident que Nazareth, situé dans la Galilée, à plus de 80 kilomètres de Jérusalem aurait difficilement attiré les nombreux pèlerins qui sont une source de richesse pour Bethléem où les couvents et les églises commencent à s'élever nombreux autour du berceau caché, comme est caché le tombeau de Jésus. Le procédé a été le même, on ne peut accéder à l'ancienne crèche, changée en une minuscule chapelle de marbre d'or et d'argent, qu'en descendant un certain nombre de marches et en traversant une salle obscure. Comme pour le Saint-Sépulcre je me demandai en sortant de là le visage ruisselant de sueur : pourquoi donc n'avoir pas mis à jour cette grotte comme, par exemple, celle de Lourde, afin d'y pénétrer aisément ? Il est vrai de dire que dans celle de Bernadette Soubirous, j'ai failli m'asphyxier et m'incendier au milieu des cierges. La crèche de Bethléem, entourée d'une belle galerie à colonnes de marbre, serait imposante, comme devrait l'être le berceau d'un Dieu.

Les bazars d'objets de piété, souvenirs de toute sorte qu'on tient à garder de ce voyage se font à Bethléem, de même qu'à Jérusalem, une concurrence qui laisserait le pèlerin froid si, à la descente de voiture, de cheval, d'âne ou de chameau, il n'était saisi, appréhendé, ahuri d'abord, par les mendiants, les aveugles demandant « bacchis » sur tous les tons de l'échelle larmoyante, puis par les marchands qui ont tôt fait de vous débarrasser de cette cour des miracles, et s'emparent de vous. -- Ils parlent toutes les langues et sont d'une obséquiosité déplaisante. Un Grec dont le magasin est le plus voisin réussit à nous mettre à l'abri de ces mouches du commerce qui nous attendront à la sortie laissant à ma femme le temps de se faire dépouiller et retourner les poches par ce Grec et de lui vendre, par la force de son astuce, pour 55 francs de chapelets, de croix, de vierges, de cœurs de Jésus, pour sa mère, pour sa sœur, pour ses cousines, pour ses amies... ne sachant plus pour qui lui fourrer encore une croix, ou un chapelet... il ajoute avec un sérieux imperturbable en tutoyant la pauvrette : pour celui qui te confesse ! Si notre cocher et le P. Barnabé n'avaient usé de leurs bras et moi de ma canne pour faire partir la calèche, je crois que ces Juifs l'auraient dételée...

Je voudrais, mes amis, vous faire faire avec nous le voyage qui dure deux jours pour voir Jéricho, le Jourdain où le P. Barnabé dit à notre intention une messe au bord du fleuve sacré en un endroit délicieux où nous assistâmes au lever du soleil, car nous avions dû quitter l'hôtel de Jéricho à 3 heures du matin. Mille oiseaux gazouillaient dans les arbres épais d'une île placée au milieu du Jourdain au cours rapide.

Je voudrais vous décrire la Mer Morte, vaste lac aux eaux bleues immobiles et empoisonnée où pas un être ne peut vivre. Je voudrais vous faire partager les impressions de ces jours brûlants passés dans les plaines bibliques de cette Palestine qu'on ne peut traverser sans émotion, puis vous parler de la fontaine de Moïse, de celle d'Abraham, du tombeau de Rachel, la fille adorée de Laban qui ne l'accorda à Jacob qu'après quatorze ans de servitude.

Mais en résumant ma conférence en un article peut-être un peu long, je n'eus qu'une intention, celle de vous parler de Jérusalem, des pensées qui m'y sont venues et que j'ai, au fur et à mesure qu'elles traversaient mon esprit, fixées sur le papier.

Je veux l'achever en parlant encore de Jésus au point de vue spirite.

Il est certain que trop de gens en ont parlé, quoique longtemps après sa mort, pour douter de l'existence de cette grande figure. Et si l'humanité pensante peut regretter quelque chose, c'est que ce philosophe admirable n'ait pas laissé quelques parchemins écrits de sa main avec lesquels nous seraient parvenues, authentiques, quelques-unes des belles pensées qui, présentées par d'autres soixante ans après, permettent de supposer qu'elles ont été revues et amplifiées.

Que d'ouvrages ont été écrits sur Jésus ! Si vous les pouviez tenir et lire froidement en dégageant toute idée religieuse et mystique de ces lectures, vous vous feriez peut-être une image plus exacte de lui. Vous verriez dans les ouvrages de Philon le Juif, qui vivait à Alexandrie à l'époque de Jésus, dans les écrits de Josèphe Flavius, historien du 1ᵉʳ siècle, né à Jérusalem trente-huit ans après lui, combien les courtes notices qu'ils donnent du grand martyr dénotent bien que du temps où il prêcha parmi les Juifs on songeait peu à le regarder comme un Dieu. Dans la traduction du *Talmud* vous verriez les contradictions surgir de toules parts. Dans les évangiles si nombreux et comme multipliés à l'envi de 60 à 150 ans après Jésus-Christ, les récits faits sur lui étaient si remplis d'exagération, chaque écrivain renchérissant tellement sur le précédent en miracles et en paraboles que ces écrits étaient alors traités de légendaires. Ce n'est que longtemps après que ceux qui s'intitulèrent Pères de l'Église firent une sélection en ne conservant que les livres de saint Jean, saint Mathieu, saint Luc et saint Marc et encore, qu'ils durent mettre d'accord autant que possible.

Lisez enfin la *Vie de Jésus* par Renan, relisez-la froidement, sans parti pris, et vous n'y découvrirez rien qui ne soit plein de respect et d'admiration pour celui dont la doctrine a remué le monde. Dans les renseignements qu'il donne, après être allé les puiser à toutes les sources les plus vraies, en Galilée, en Judée, ce savant et judicieux hébraïsant démontre combien la vérité se dégage des brumes épaisses que l'Église a su maintenir pour conserver sa puissance et consolider une religion allégorique en établissant successivement pour ses besoins tous ces mystères, tous ces dogmes, tous ces sacrements dont pas un seul ne vient de Jésus. Ce prophète a-t-il seulement eu connaissance de Socrate et de Platon qui furent ses précurseurs, et de la religion indoue vieille de plus de 8.000 ans déjà quand vint Jésus, et dans laquelle nos prêtres ont pris la Vierge et la Trinité? Le fils de Dieu ne devait-il pas tout savoir? En le répudiant comme le Messie, les Juifs furent logiques. Eux qui ne croyaient qu'au Dieu unique de Moïse, pouvaient-ils présumer que Dieu avait un fils venu pour prêcher l'égalité, la charité, le détachement des biens de ce monde, et parler du royaume réservé aux pauvres. Jamais, à leurs yeux, cet homme ne pouvait être Dieu lui-même.

Prenez le Coran écrit par un autre prophète de Dieu, livre dans lequel il n'a rien été changé depuis la mort de Mahomet à Médine en 632, époque à laquelle le calife Abou-Beckr, son beau-père, réunit toutes les feuilles de palmier, et les peaux de gazelles sur lesquelles avaient été tracées les pensées dictées par Mahomet à tous ceux qui le suivaient et qui furent des disciples.

Sourate IV — Versets 14, 36 et 69. — « O vous qui avez reçu les Écritures, ne dépassez pas la juste mesure dans votre religion. »

— « Le messie Jésus n'est que le fils de Marie, un envoyé de Dieu, son Verbe. Croyez en Dieu et en Jésus comme son envoyé ; mais ne dites pas qu'il existe une Trinité. »

— « Dieu est toujours unique et ne peut être qu'unique ; il ne saurait avoir de fils, cela serait indigne de lui. S'il décide une chose, il dit : Que cela soit, et cela est. »

Aux yeux de Mahomet, Jésus fut donc simplement comme lui un envoyé de Dieu.

Il n'est pas possible de séparer l'image de Jésus de Jérusalem qui demeurera toujours, aux yeux des chrétiens et de tous les hommes, le cadre sacré dans lequel il exprima des pensées dignes d'un Dieu et où il est mort sur la croix victime de sa philosophie surhumaine et grandiose sans se douter qu'on ferait de lui un Dieu dont la mort rachèterait l'humanité, mystère à jamais incompréhensible. — Racheter la créature de Dieu par Dieu lui-même !!

Jésus fut plus grand que lui-même et sa doctrine est vraie puisqu'elle est demeurée dans la mémoire des hommes. A-t-il fait ce qu'on appelle des miracles ? Ses disciples l'ont dit, et c'est certainement sa puissance qui les a attachés à lui. Il avait de grands pouvoirs médianimiques, il était voyant, il était guérisseur, et à cette époque ces dons que nous voyons tous les jours devaient sembler surnaturels, surtout employés avec amour et désintéressement.

Devant ce grand initié qui a pratiqué la charité, la pauvreté, l'humanité, qui a pardonné à ses bourreaux, je m'incline, moi qui ne suis rien et je termine par une pensée que jamais je n'ai entendu émettre par personne et que je n'ai lue nulle part : Si dans leur ignorance et leur simplicité, ses apôtres émerveillés des grandes vertus de Jésus l'ont cru Dieu fils de Dieu, et que, condamné à mort, il ait traversé Jérusalem en traînant sa lourde croix, comment l'ont-ils si lâchement abandonné, et comment ne se sont-ils pas tous fait tuer pour le sauver ou pour mourir avec lui ?

Pourquoi tous les douze, même Judas repentant, n'ont-ils

pas fait un cercle glorieux de leurs douze croix autour de celle de ce Dieu qui mourait pour eux.

Un tel drame eût à jamais divinisé Jésus.

Il est temps de clore ce long article sur Jérusalem que je serais désolé d'avoir écrit s'il devait me faire passer pour un destructeur de la religion — ceux qui la dirigent s'en chargent mieux que moi. — L'idée de religion, c'est-à-dire ce sentiment intime attaché à toute âme humaine, même chez le matérialiste, qui nous fait deviner un créateur vers lequel il faut lever les yeux, je ne songe point à la détruire. Mon Dieu est forcément puissant, juste et bon. C'est tout ce que je comprends de lui quand je contemple le ciel étoilé, la mer calme ou mugissante, les montagnes neigeuses, le chevreau qu'allaite sa mère, le papillon qui se pose sur la rose, et que j'admire la main et l'œil de l'homme... En présence de ces merveilles je sens la grandeur de leur créateur.

A nous, spirites, la consolation de croire que notre rêve s'accomplira, et que nous contemplerons toujours les beautés de la nature créée par Dieu, les comprenant davantage dans la série logique de nos existences successives, à l'aide desquelles, nous purifiant de plus en plus, nous abandonnerons un jour cette gangue charnelle à laquelle nous devons être longtemps attachés pour n'être plus que des âmes légères qui se transporteront comme la pensée d'un point à l'autre de l'Univers... Connaissant Dieu ne serons-nous pas des anges, et peut-être des dieux ! Un jour viendra, n'en doutez pas, où le mal épuisé, nos larmes séchées, nous jouirons tous — c'est notre idéal — avec tous ceux que nous aurons le plus aimés, de la béatitude divine due à notre immortalité.

Telle est ma dernière pensée, la meilleure que j'aie rapportée de Jérusalem.

TABLE DES MATIÈRES

Vieilles notes 5
Roman de deux âmes 135
Pages retrouvées. — L'abbé Bornave 249
Jérusalem 151

www.ingramcontent.com/pod-product-compliance
Lightning Source LLC
Chambersburg PA
CBHW071724230426
43670CB00008B/1116